FRÜHE NEUZEIT

Band 14

Studien und Dokumente zur deutschen Literatur
und Kultur im europäischen Kontext

In Verbindung mit der Forschungsstelle
„Literatur der Frühen Neuzeit"
an der Universität Osnabrück
und der Herzog August Bibliothek Wolfenbüttel

Herausgegeben von
Jörg Jochen Berns, Gotthardt Frühsorge, Klaus Garber,
Wilhelm Kühlmann und Jan-Dirk Müller

Meiner Kollegin Andrea
Spielberger herzlich
Hannes

Johannes Rettelbach

Variation – Derivation – Imitation

Untersuchungen zu den Tönen der
Sangspruchdichter und Meistersinger

Max Niemeyer Verlag
Tübingen 1993

Die Deutsche Bibliothek – CIP-Einheitsaufnahme

Rettelbach, Johannes:
Variation – Derivation – Imitation. Untersuchungen zu den Tönen der Sangspruchdichter und
Meistersinger / Johannes Rettelbach. – Tübingen : Niemeyer, 1993
(Frühe Neuzeit ; Bd. 14)
NE: GT

ISBN 3-484-36514-5   ISSN 0934-5531

Druck und Einband: Weihert Druck GmbH, Darmstadt

Vorbemerkung

Angeregt wurde die nachfolgende Untersuchung von Prof. Dr. Horst Brunner, der sie mit stetem Interesse, mit zahlreichen grundsätzlichen und detaillierten Anregungen, mit notwendiger Kritik und nicht zuletzt mit größter Geduld begleitete.

Ihm und meinem weiteren wichtigen mediävistischen Lehrer, Prof. Dr. Siegfried Beyschlag, Erlangen, danke ich das Interesse an Formfragen und die Grundausbildung in der Metrik des Mittelalters einschließlich ihrer »musikalischen Randzonen«. Daneben waren mir die wichtigsten und äußerst kompetente Gesprächspartner stets Gisela Kornrumpf, München, und Prof. Dr. Burghart Wachinger, Tübingen. Zahlreiche Anregungen und konkrete Hilfen gaben mir meine Kollegen an den beiden Arbeitsstellen des »Repertorium der Sangsprüche und Meisterlieder«, Dr. Eva Klesatschke und Dr. Dieter Merzbacher in Nürnberg und Dr. Frieder Schanze in Tübingen. Weitere Anregungen und Hilfen ergaben sich in Gesprächen mit Dr. Dorothea Klein, Würzburg, Prof. Dr. Hartmut Kugler, Kassel, Prof. Dr. Walter Röll, Trier, Prof. Dr. Paul Sappler, Tübingen, und Prof. Brian Taylor, M.A., Sidney. Helmut Bottler, Neu-Ulm, hat zum großen Teil den jüngeren Teil des Tönekatalogs für das RSM bearbeitet. Auf seine Vorarbeiten konnte ich dankbar zurückgreifen.

Besonderer Dank gilt Prof. Dr. Jan-Dirk Müller und seinen Mitherausgebern, die die Arbeit in die Reihe 'Frühe Neuzeit' aufnahmen.

Schließlich danke ich der Stadtbibliothek Nürnberg, wo mir das Material fast so zur Verfügung stand, als wäre ich Mitarbeiter.

Würzburg, im Dezember 1992

J.R.

Inhalt

Einleitung

Abgrenzung des Themas

Seit Jacob Grimm wurden in regelmäßigen Abständen Sammlungen von Verzeichnissen aller Minne-, Sangspruch- und Meistertöne angekündigt, doch nie veröffentlicht, obwohl vermutlich zahlreiche Zettelkästen existierten und existieren. Ein Teilziel erreichte erstmals A. H. Touber mit seinen 'Deutschen Strophenformen des Mittelalters', einem Werk, das in der Tat große Bereiche des vorhandenen Materials erfaßt, freilich nicht besonders benutzerfreundlich erschließt. Im Rahmen des 'Repertoriums der Sangsprüche und Meisterlieder des 12. bis 18. Jahrhunderts' (RSM) verzeichnet Bd. 2 die Tonschemata der Sangspruchdichtung und des Meistergesangs. Auch dieser Band bringt also keine komplette Übersicht über alle mittelalterlichen Strophenformen, schließt aber zumindest die größte Lücke bei Touber. Durch den Umgang mit diesem Tönekatalog ist die vorliegende Arbeit initiiert. Denn bei der Erstellung zeigt sich, daß mit einer puren Wiedergabe der Schemata alle problematischen Bereiche und alle Querverbindungen nur unzureichend dokumentiert werden können. Eine feste Zuordnung jedes Liedes zu einem Ton, jedes Tons zu einem Erfinder spiegelt Klarheit und Eindeutigkeit vor, wo doch Übergänge und Ungewißheit ein wirkliches Bild weit eher auszeichnen müßten. So versucht meine Arbeit Grundprobleme der Töneforschung ins Licht zu stellen und einige Teilprobleme zu lösen.

Sie baut dabei auf die bisherigen Pfeiler der Sangspruchtonforschung auf: nach ersten Anregungen von der Hagens die Untersuchungen Roethes zur Verwandtschaft von Tönen, einschließlich seiner Entdeckung der Tonfamilien, im Kommentar seiner Reinmar-Ausgabe; Bartschs Beschäftigung mit den Tönen der Meisterliederhandschriften; Brunners erstmalige Überschau über alle Sangspruchtöne, seine Untersuchung der Melodieüberlieferung mit konsequenter Ausweitung in die Jüngeren Handschriften; Rölls Formales und Inhaltliches verbindende Studie zu einem einzelnen Ton; Kornrumpf/Wachingers dicht gepackter Versuch über den Tongebrauch in der älteren Sangspruchdichtung, der zu allen offenen Fragen teils Lösungen, teils Anregungen gibt.

Kommen aus diesem Zentralbereich die wesentlichen gedanklichen Anstöße für das Thema, so gibt es aus angrenzenden Gebieten sowohl unverzichtbare Hilfsmittel als auch weitere wichtige Anregungen; hier allerdings kann ich nur noch einige Namen stellvertretend aus den wichtigsten Themenbereichen benennen: für formverpflichtete Editionen die Göttinger Frauenlob-Ausgabe durch Stackmann/Bertau; für formal orientierte Textkritik die Untersuchungen von Thomas zum gleichen Dichter. Auch in Töne-Fragen weiterführend ist die primär inhaltlich und überlieferungsorientierte Untersuchung von Schanze zur 'Meisterlichen Liedkunst', die Grundlegendes zu den einschlägigen Handschriften zu sagen hat. Teilbereiche untersuchten z.B. vom formal-musikalischen Aspekt her Pickerodt-Uthleb ('Jenaer Liederhandschrift') und Lomnitzer, sowie in zahlreichen anregenden Einzelstudien Petzsch. Benachbarte Felder decken Bertaus 'Sangverslyrik' (Leich) sowie Arbeiten Kuhns ('Minnesangs Wende') und seiner Schule (Kippenberg, Ranawake) ab.

Gegenstand der folgenden Untersuchung ist der Gebrauch der Töne von Sangspruchdichtern und Meistern vom Beginn der Gattung bis zur Erneuerung des Meistergesangs im Gefolge der Reformation um 1520, so wie sie in den Handschriften bis zum Ende des Meistergesangs im 18. Jahrhundert dokumentiert ist. Dieser Gebrauch wird unter nahezu ausschließlich formalem Aspekt untersucht, wobei auch unter diesem formalen Aspekt die Melodien nur sekundär Berücksichtigung finden.

Daß inhaltliche und formale Gesichtspunkte untrennbar zusammengehören, wird das I. Kapitel lehren: dort muß die Untersuchung des Überzarten Tons zwangsläufig Inhalte einschließen, weil keine Textinterpretation vorliegt, auf die man sich beziehen könnte. So kann sie zugleich zeigen, wie hier formale, stilistische und inhaltliche Elemente zusammenwirken. Im weiteren Verlauf leitet dieses Kapitel dann zur rein formalen Betrachtungsweise über. Paradigmatisch wird es an der Teilgeschichte der Überlangen Töne zu zeigen versuchen, was ich – abgesehen vom eigentlichen schöpferischen Prozeß – für die bestimmenden Kategorien in der formalen Entwicklung der Gattung Meistergesang halte:

Variation – die Fortentwicklung präexistenter Tonschemata;

Derivation – die unmittelbare Ableitung neuer aus vorgefundenen Tonschemata;

Imitation – die kreative Fortführung einzelner innovativer Elemente in später komponierten Tönen.

Am Ende des Kapitels kann die Themenfrage vor dem Hintergrund der bis dahin gemachten Erfahrungen nochmals vertieft gestellt werden. Der Beschreibung dieser Erscheinungen sind die drei folgenden Hauptkapitel II., III. und IV. gewidmet. Dabei stellte es sich als sinnvoll heraus, die Beobachtungen auch systematisch in der älteren Sangspruchdichtung mitzuerfassen, da ein prinzipieller Unterschied methodisch wie sachlich nur in Teilbereichen besteht. In den Hauptkapiteln II. – IV. wird auch von zahlreichen, den alten Meistern unterschobenen Tönen die Rede sein. Den Toncorpora versucht das V. Kapitel in einem Überblick gerecht zu werden, indem es das vorher verstreut Dargestellte zusammenzufassen sucht. Den Abschluß bildet ein Ausblick auf den Gebrauch, den der Jüngere Meistergesang von der Tradition in Rezeption, Theorie und beim eigenen Neukomponieren von Tönen macht.

Bei der Angabe von Strophen bzw. Liedern und Tönen beschränke ich mich weitgehend auf die Lied- und Tonnummern des RSM. Wo es um die Inhalte edierter Texte geht, sind Editionen jeweils zusätzlich zu den RSM-Nummern verzeichnet, um den Umweg über das RSM zu ersparen. Die Auflösung der Siglen leistet das Werkregister S. 382-387.

Zur Terminologie: kurze Reime; Darstellung der Reimschemata; Unterarten der Kanzonenform

Die grundlegende Studie 'Der innere Reim in der höfischen Lyrik' von Karl Bartsch ist bis heute nicht überholt. Sie behandelt keineswegs nur den »höfischen« Zeitraum, sondern bezieht späten Minnesang, Sangspruchdichtung und frühen Meistergesang mit ein. Seine Terminologie, z.T. natürlich die »communis opinio« der Abfassungszeit, wird bis heute weitergebraucht, wobei im Raum einer eher nichtexpliziten Rezeption einige seiner Begriffe auch vergessen oder verdrängt sind. Metriken, die seither erschienen sind, sparen den Raum oft weitgehend aus, selbst Heusler verweist allenfalls auf Bartsch. Editoren beschränken sich in der Regel auf das für ihre Zwecke Notwendige und sprechen in einer eingeschränkten, oft auch abgewandelten Terminologie. Bartsch gibt zu Beginn seiner Untersuchung folgende Definitionen:

»Wir werden von folgenden Arten des inneren Reimes handeln:
I. Inreim, d.h. ein oder mehrere Reimwörter in einer Zeile, die aber nicht aufeinander oder mit dem Schluß reimen, sondern in einer der vorhergehenden oder folgenden Zeilen gebunden werden.

II. Mittelreim, d.h. das Reimen eines in der Zeile stehenden Wortes mit dem Ende derselben Zeile, wenn beide Reimwörter durch wenigstens éine Hebung von einander getrennt sind.

II. Binnenreim, d.h. zwei reimende Worte innerhalb einer Zeile, die durch wenigstens éine Hebung von einander getrennt sind.

IV. Schlagreim, d.h. zwei oder mehrere unmittelbar auf einander folgende Reimwörter innerhalb eines Verses.

V. Übergehender Reim, d.h. zwei unmittelbar auf einander folgende Reimwörter, von denen das eine den Schluß einer Zeile, das andere den Anfang der folgenden bildet.

VI. Pausen, d.h. zwei Reime, von denen der eine am Anfang, der andere am Schluß ... einer einzelnen Zeile der Strophe steht.«[1]

Die präzise und umgreifende Definition verlangt vorweg zwei kleine Korrekturen. Entgegen dem Wortlaut von IV. und V. sind Schlagreim und übergehender Reim nicht an das nächste Wort gebunden, sondern in Umkehrung der Bedingungen von II. und III. an den Bereich der nächsten Hebung. Die Korrektur wird einleuchtend, wenn man folgendes Beispiel bedenkt. Bartsch zitiert Walther von Breisach:

der tag ûf gât
und lât   die naht ir vinster varw als ie

Hier sollte kein übergehender Reim (und was dann?) stehen, während in der Folgestrophe an der gleichen Stelle ein solcher anzusetzen wäre, weil zufällig ein zweisilbiges Wort steht:

der trähene flôz
begôz   ir beider wengel dô vil gar

Wahrscheinlich sah Bartsch selbst es so und hat nur ungenau definiert. Die Formel hat sich allerdings leider eingebürgert.[2] Die zweite Korrektur betrifft den Pausenreim. Hier ist nicht erwähnt, daß auch Pause auf Pause reimen kann; in Bartschs Material kommt dies wiederholt vor.

Bartschs Untersuchung ist vor allem auf das Bedürfnis des Editors nach Kriterien zur Zeilenteilung ausgerichtet. Hier erzielt er weiterführende Ergebnisse, hier aber liegen auch die grundsätzlichen Schwierigkeiten. Der Leser von heute hat einen berechtigten Anspruch auf Editionen, die seiner vorherrschenden Neigung, Lyrik lesend zu konsumieren, entgegenkommen. Doch dies entspricht nicht

---

1 Bartsch <III>, S. 129f.

2 W. Grimm, S. 185-189, der ebenfalls bereits den Schlagreim behandelt, hat trotz einer Fülle von Beispielen kein einziges dieser Sorte dabei. Gleichzeitig weitet er die Schlagreimdefinition auch auf längere Einheiten aus; dabei erlaubt er ausdrücklich mehrere Wörter umfassende Einheiten!

ebenso den Intentionen der mittelalterlichen gesungenen Dichtung.
Bei ihr ist zunächst von einem zeitlichen Kontinuum auszugehen,
innerhalb dessen sich der Vortrag vollzieht. Der Vortrag ist untergliedert mittels Melodie, Syntax und Reim. Gehen wir von der
Kanzonenform aus, so könnte eine solche Gliederung lauten:
Vortragseinheit, Strophe, Strophenteile (Stollen, Abgesang). Noch
kleinere Einheiten lassen sich schon nicht mehr hierarchisch abgestuft
angeben. Häufig bildet die Melodie noch kleinere Einheiten, vor
allem durch Wiederholung und Wiederkehr bestimmter Abschnitte.
Doch die Feinstruktur wird durch das Zusammenspiel von Melodie,
Reim und Syntax erzielt.[3] Diese stehen meist so zueinander, daß die
Zeilenstruktur durch Reim, Melodiebogen und bevorzugte syntaktische Einschnitte außer Frage steht, insbesondere wenn es sich um
Strophen mit gleichversigen oder nahezu gleichversigen Zeilen
handelt, gibt es keinerlei Probleme; aber eben nicht immer, ganz
besonders dann nicht, wenn auch kurze Abstände von einem Reim
zum nächsten belegt sind. Die mittelalterlichen Handschriften bilden
in der Regel den Hörvollzug nach (auch dann, wenn sie, wie die kalli-
graphischen und illustrierten Handschriften, nicht als Vortragsvorla-
gen gedacht sind) und unterteilen an den Grenzen von Strophen,
Leichversikeln, Strophenteilen;[4] werden Reime angezeigt, so durch
Punkte oder Virgeln; die Bedeutung des Reims für die Strophenglie-
derung spielt dabei keine differenzierende Rolle. Die ersten Versuche
innerhalb des Meistergesangs, zeilenweise abzusetzen, liefern – noch
ganz inkonsequent – die Handschriften x und y in der Mitte des
15. Jahrhunderts, ferner ein Teil der Beheim-Handschriften. Die
Anregung dazu dürfte von außerhalb der Gattung gekommen sein,
aus der Reimpaardichtung. Durchgesetzt hat sich zeilenweise Schrei-
bung erst, seit Hans Sachs 1525 sein 2. Meistergesangbuch zu schreiben begann. Von da an wird in der Regel pro Reim eine Zeile notiert,
lediglich Pausen werden in vielen Handschriften zur Folgezeile
gezogen und durch Virgeln abgetrennt, Schlagreim wird meist am
Zeilenende angehängt. Selten werden zwei hintereinanderstehende
viersilbige Zeilen zusammengefaßt, dies in auch auf andere Weise
deutlich platzsparenden Handschriften.

Dem Bauprinzip trägt meine Darstellung Rechnung, indem sie die
Reimschemata waagerecht anordnet (was daneben auch der Platzer-
sparnis dient) und wichtige Teilgrenzen durch vergrößerten Abstand,
besonders eng Zusammengehöriges durch verkleinerten Abstand

---

3 Dazu die Untersuchungen von Pickerodt-Uthleb in ihrem Kapitel I 'Die Zeile in
   der Jenaer Liederhandschrift', insbesondere S. 69-86.
4 Vgl auch Kornrumpf <IV>, S. 34 mit Anm. 22.

hervorhebt. Die Zählung erfaßt alle metrischen Einheiten, die mit
Reim oder Waise abgeschlossen sind und wenigstens zwei Hebungen
umfassen. Zäsurierte Langzeilen mit Waisen werden aus der
Strophenstruktur abgeleitet, soweit möglich in Anlehnung an die
maßgeblichen Editionen und als eine Zeile gezählt. Die taktierende
Darstellung unterscheidet weder zwischen weiblich-vollem und
klingendem Ausgang, noch werden stumpfe Takte angesetzt.

Als Zeilen werden alle Einheiten dargestellt, die wenigstens zwei
Hebungen aufweisen. Dies erfolgt aus Überlegungen heraus, die an
die Untersuchung von Röll <II> anknüpfen. Schon bei einheitlichem
Gebrauch ist die Zeilenstruktur nur durch Interpretation zu erschließen. Bei Fremdverwendung von Tönen – das zeigt Röll am Barantton
Peters von Sachs – verschiebt sich unter Umständen durch Neube-
wertung des Schemas die Struktur erheblich. Außerdem ist auch die
Vergleichbarkeit von Tönen nur bei einer nivellierten Darstellung
gewährleistet. Aus demselben Grund verbietet sich eine Unterscheidung von Schlagreim und übergehendem Reim. Zweisilbig-männli-
cher wie weiblicher Schlagreim werden daher der vorhergehenden
Zeile zugeordnet; männlicher Schlagreim wird allerdings, wo Varianten oder sonstige strukturelle Gründe dies zwingend geboten
erscheinen lassen, als übergehender Reim der Folgezeile zugeschlagen, Kurzreime, die sich an beliebige andere Stellen binden, grundsätzlich der folgenden Zeile.

Terminologisch gelten folgende Regelungen:
Anreim: Reim der ersten oder zweiten Silbe einer Zeile.
Doppelter Anreim: Reim der ersten und zweiten Silbe einer Zeile.
Pausenreim: Anreim der ersten Silbe.
Schlagreim: Reim auf den Reim im Bereich der unmittelbar vor-
angegangenen Hebung. Es werden unterschieden: weiblicher
Schlagreim zweisilbig (auftaktlos) und dreisilbig (auftaktig);
männlicher Schlagreim zweisilbig – einsilbiger männlicher
Schlagreim kann nur als übergehender Reim vorkommen und
wird als Pausenreim angegeben.

Im einzelnen werden die Tonschemata wie folgt notiert:[5]

1.Stollen   Abgesang
2.Stollen

---

[5] Trotz unvermeidlicher Neuerungen ist die Darstellung weitgehend Roethe und
Thomas verpflichtet. Ähnlich wie hier, aber in senkrechter Anordnung, notiert
Brunner <II>. Das gewählte System wird auch im RSM, Bd. 2, so erscheinen.

Bei Tönen vor Hans Sachs werden Hebungszahlen angegeben, den weiblichen Reim bezeichnet »Apostroph« ('). Bei jüngeren Tönen stehen Silbenzahlen, sie sind durch Kursivsetzung von den Hebungszahlen zu unterscheiden. Im Normalfall ist die Verteilung der männlichen und weiblichen Reime durch die Silbenzahl der Zeilen klar (geradsilbig = männlich, ungeradsilbig = weiblich). Ausnahmen ergeben sich aus der Darstellung im VI. Kapitel.

° bezeichnet reguliert fehlenden Auftakt; fakultativer Auftakt oder regelmäßiger Auftakt sind nicht bezeichnet. Bei der Wiedergabe der Reimschemata von Einzelstrophen wird fakultativer Auftakt vermutet, wenn nicht anderes dagegenspricht.

Als Reimbuchstaben stehen a-w ohne j, bei mehr Reimen wird ein zweites Alphabet vergeben: za zb zc usw.

Großbuchstaben bedeuten Anreime, die auf andere Anreime binden, oder Reim im Refrain. Die Fälle sind problemlos zu scheiden. Reimt Anreim auf Endreim, erhält der Anreim einen Kleinbuchstaben, der sich nach dem alphabetischen Ort des Endreims richtet. K steht für Korn, x für Waise. Asterisk (*) nach Reimbuchstaben bezeichnet einen Reim, der sowohl in der Strophe als auch als Korn reimt.

Andere Zeichen sind an Ort und Stelle definiert.

Im Text werden Reimschemafolgen mit folgenden, meist gewohnten Termini beschrieben:

a a b b c c	Paarreim
a b a b c d c d	Kreuzreim
a a b c c b	Schweifreim
a a a b c c c b }	Erweiterter
a a b c d d b c }	Schweifreim[6]
a b c... a b c...	Fortschreitender Reim[7]
a b b a	Umarmender Reim

Vergrößerter Abstand bezeichnet Strophenteilgrenzen, das sind Beginn des Abgesangs, Beginn des 3. Stollens, andere eventuell abgesetzte Teile gehen aus dem begleitenden Text hervor. Verringerter Abstand und Unterstrich (_) zeigen die Zäsur der Langzeile an (in Verbindung mit dem Reimbuchstaben x) oder Zugehörigkeit zur gleichen Zeile trotz Reim. Bei einsilbigem Anreim wird der Reimbuchstabe durch Punkt getrennt vom Endreim angegeben. Die Zeilenzählung erscheint in Form tiefgestellter Zahlen beim Reimbuchstaben

---

[6] Zur Terminologie vgl. die Studie von Ch. und G. Peschel.
[7] Diesen nicht eingeführten Begriff verwende ich für ein in mittelalterlicher Lyrik häufig gebrauchtes Modell.

im Fünfersprung. Es werden Zeilen im oben genannten Sinn, nicht Reime gezählt.

Die über und unter den Reimschemata angegebenen Klammern (⌞⌟ ⌜⌝) dienen ausschließlich dem Hinweis auf entsprechende Zeilen und Zeilengruppen in verglichenen Schemata; sie haben keinen systematischen Wert innerhalb eines Reimschemas.

Die Terminologie für die geläufigen Strophenformen der Sangspruchdichtung ist nicht einheitlich. Gennrichs an sich umfassende Terminologie ist so stark mit Theorie über die Entstehung der einzelnen Formen überfrachtet, daß man sich vielfach davon gelöst und neutrale, deskriptive Begriffe gewählt hat, die sich von Gennrichs theoretischem Fundament lösen. Gennrichs Begriffe sind besonders deswegen problematisch, weil sie dazu zwingen, eine polygenetische Entstehung der lyrischen Formen in einem Ausmaß anzunehmen, das sich nicht beweisen läßt und das auch als Hypothese nicht besonders fruchtbar ist.[8] Von musikwissenschaftlicher wie von germanistischer Seite sind die Formen des mittelalterlichen Liedes mehrfach untersucht und verschieden benannt worden. Einige dieser Versuche, die mir maßgeblich erscheinen, werden hier gegenübergestellt, allerdings ausschließlich in dem Ausschnitt, den ich im folgenden für die Einteilung der in der Sangspruchdichtung vorkommenden Formen benötige. Die Terminologie wird ergänzt durch die Darstellung der Bauteile durch Großbuchstaben, wie sie eingebürgert ist.

Bis auf wenige Ausnahmen sind alle Sangspruchton-Formen stollig. Ausnahmen kommen in der Untersuchung zur Sprache. Stollig heißt hier: einem ersten Teil folgt ein musikalisch und metrisch identischer zweiter Teil, darauf ein davon abweichender, sonst in der Ausgestaltung freier – d.h. auch, daß er selbst aus mehreren Teilen bestehen kann – dritter Teil (A A B). Sofern musikalische Doppelaufzeichnung der beiden Stollen vorliegt, wird durch minimale Abweichungen der Melodie die Form nicht in Frage gestellt, unbeschadet der Entscheidung, ob es sich um bewußte Variation oder um Notationsfehler handelt. Die von Gudewill erwähnten Variationsmöglichkeiten der Stollen sind auf das untersuchte Material nicht anwend-

---

8 Pickerodt-Uthleb hat alle wesentlichen Einwände bei der Besprechung der einzelnen Bauformen zusammengefaßt (S. 176-210); dem ist nichts hinzuzufügen. Die Ablehnung einer genetischen Terminologie freilich darf nicht als Absage an das Forschen nach den Ursprüngen bestimmter Strophentypen mißverstanden werden. Gerade der Verzicht auf ein stets vom Lai ausgehendes Beschreibungsmodell macht aber erst den Blick frei.

bar.[9] Unsymmetrische Reimstrukturen und nicht-parallele Ausgestaltung mit Anreimen vertragen sich jedoch, solange sie in einem engen Rahmen bleiben, mit der stolligen Bauform. Neben der Terminologie Gennrichs gibt es an wesentlichen grundsätzlichen Ausführungen noch die von Gudewill in MGG und die von Brunner in The New Grove. Daneben gilt es auch die Terminologie von Pickerodt-Uthleb in ihrer Untersuchung von J zu beachten, da auch sie im Anschluß an ältere Versuche ein geschlossenes System entwickelt. Ich führe das von mir gewählte System im folgenden vor und stelle es der Begrifflichkeit von Gennrich, Gudewill, Pickerodt-Uthleb und Brunner entgegen. Die vorgenommenen terminologischen Scheidungen sind ausschließlich an dem orientiert, was in Sangspruchdichtung und Meistergesang tatsächlich vorkommt, und berücksichtigen weder neuzeitliche Formen der allgemeinen Musikgeschichte (wie Gudewill) noch die romanischen Formen (wie Gennrich) oder die Form des deutschen Minnesangs und der späteren Lieddichtung. Soweit diese Formen stollig sind, widerspricht ihnen die gewählte Terminologie nicht.

	A A B	A A B B C
	(zugleich Oberbegriff)	
Gennrich	Kanzone	Lai-Ende
Gudewill	Barform	-
Pickerodt-Uthleb	Stollige Form	Stollige Form mit Schwellenrepetition
Brunner	Kanzone	Kanzone mit repetiertem Steg
hier	Kanzone (K)	Kanzone mit repetiertem Steg (KRS)

	A B A B C B	A B A B C C B (A B A B C C D B)
Gennrich	-	-
Gudewill	-	-
Pickerodt-Uthleb	Rundkanzone	Rundkanzone mit repetierter Schwelle
Brunner	Rundkanzone	-
hier	Rundkanzone (RK)	Rundkanzone mit repetiertem Steg (RKRS)

---

[9] Gudewill in MGG, Bd. 1, Sp. 1261. Die von ihm beigegebenen Beispiele stammen aus der Klassik.

	A B A B C B	A B A B C C B
Gennrich	-	-
Gudewill	-	-
Pickerodt-Uthleb	-	-
Brunner	-	-
hier	Kanzone mit verkürztem 3. Stollen (KV3)	Kanzone mit repetiertem Steg und verkürztem 3. Stollen (KRSV3)

	A A B A	A A B B A
Gennrich	Reduzierter Strophenlai	-
Gudewill	Reprisenbar	Potenzierte Form
Pickerodt-Uthleb	Da-Capo-Form	Da-Capo-Form mit Schwellenrepetition
Brunner	Kanzone mit 3. Stollen	Kanzone mit repetiertem Steg und 3. Stollen
hier	Kanzone mit 3. Stollen (K3)	Kanzone mit repetiertem Steg und 3. Stollen (KRS3)

	A A B B C A	A A B A C (A A B A B)
Gennrich	-	-
Gudewill	-	-
Pickerodt-Uthleb	-	-
Brunner	-	-
hier	Kanzone mit kanzonenförmigem Steg und 3. Stollen (KKS3)	Kanzone mit 3. Stollen und Coda (K3C)

	A A B B	A A B B C C
Gennrich	Laiausschnitt	Laiausschnitt
Gudewill	-	
Pickerodt-Uthleb	Repetitionsform[10]	Repetitionsform
Brunner	Kanzone mit repetiertem Abgesang	-
hier	Repetitionskanzone (RepK)	Repetitionskanzone (RepK2)

Nicht nur die Terminologie Gennrichs hat einen theoretischen Hintergrund, alle hier vorgestellten Ansätze ringen mit bestimmten Entstehungserwartungen, zumindest aber mit den Voraussetzungen der vorgegebenen Terminologie. Pickerodt-Uthleb faßt die in J auftretenden Bautypen des Liedes als »Stollige Bautypen«[11] zusammen (nichtstollig sind allein Alexanders 'Kindheitslied' und die Spervogelstrophe). Die stolligen Bautypen untergliedert sie in Kanzone mit

---

[10] Für diese Form, die in auffälliger Häufung bei Walther von der Vogelweide und bei Oswald von Wolkenstein vorkommt, wird von einigen Autoren der Begriff »quadratische Form« gewählt.

[11] Pickerodt-Uthleb, S. 176.

Rundkanzone, Repetitionsform und Da-Capo-Form.[12] Der entscheidende Vorteil dieser deskriptiven Terminologie gegenüber den Termini von Gennrich und Gudewill ist die Möglichkeit, alle stolligen Formen als Einheit jenseits einer polygenetischen Theorie zu sehen. Die Konsequenz einer beschreibenden Terminologie muß aber wohl sein, daß man für den übergreifenden Sachverhalt der stolligen Formen auch einen entsprechenden übergreifenden Begriff findet. Alle stolligen Formen erfüllen die Grundforderung der Kanzonenstrophe, die Ausgestaltung im einzelnen ist dann Sache der melodischen Struktur im Abgesang. Vergleicht man Pickerodt-Uthlebs Einordnungen der Melodien von *J* als »Rundkanzone« und »Da-Capo-Form«, so fällt auf, daß Da-Capo-Formen nicht immer den gesamten Stollen wiederholen (z.B. Meißner, Ton VIII, der nicht wirklich da capo geht) und daß Rundkanzonen nicht unbedingt nur in den Stollenschluß münden, sondern zuvor mit anderem Stollenmaterial spielen. Das hat selbstverständlich auch Pickerodt-Uthleb gesehen.[13] Wenn sie weiter deutlich macht, daß dies auch für provenzalische Formen gilt – woher wir unseren Kanzonenbegriff haben –, so kann man wohl unbedenklich jenen Begriff auch auf die anderen Formen ausdehnen. Ihr Begriff Da-Capo-Form ist ja ebenso belastet, weil »Da-Capo« zunächst einmal an die Form der Da-Capo-Arie denken läßt, und die ist nicht A A B A, sondern A B A, also eben nicht stollig. Ein ebenfalls terminologisch schwieriger Begriff ist der der »Barform«. Er ist dadurch entstanden, daß Richard Wagner in seinen 'Meistersingern' den Begriff »Bar« der Meistersinger mißverständlich gebrauchte. Statt »mehrstrophiges Lied« bedeutet er ihm an einer Stelle »Strophe«, von wo der Ausdruck als Terminus in die Musikwissenschaft eingegangen ist.[14] Den Begriffen »Schwelle« und »Schwellenrepetition« wird »Steg« und »repetierter Steg« vorgezogen. Diese Termini sind dem Repertoire der Meistersinger entnommen. Problematisch sind sie allenfalls in ihrer Bedeutungsentstehung. Noch in *k* bedeutet *steige, absteige* den Abgesang im ganzen, außer es folgt ein 3. Stollen, denn dann meint *steige* bereits das davorliegende Bindeglied; im Jüngeren Meistergesang wird der *steg* ausschließlich in der zwei-

---

12 Dieser Begriff wohl erstmals bei G. Müller.
13 »... schon die ältesten Belege« sprechen »dafür, daß Kanzonen und Da-Capo-Formen schon von alters nicht streng zu trennen sind ...« (S. 197f).
14 Bei Gudewill trotz Kenntnis der Zusammenhänge beibehalten, um den eingeführten Terminus nicht zu ändern; kritisiert bei Petzsch <VI> und Brunner in The New Grove s.v.

ten Bedeutung gebraucht.[15] Was *steige* hieß, wird dann – wie auch hier – »Abgesang« genannt. Von Brunner ist der Ausdruck »repetierter Abgesang« nicht übernommen. Das, wenn auch seltene, Vorkommen mehrfacher Repetition im Abgesang (A A B B C C) scheint mir nahe verwandt, so daß diese Formen auch mit einheitlicher Begrifflichkeit beschrieben werden sollten. Die Möglichkeit der mehrfachen Repetition, aber auch Übergangserscheinungen zu anderen Formen, sollten davor warnen, diese Form von anderen stolligen Formen zu trennen, wie dies z.B. Röll und Wachinger im Zusammenhang mit Oswald von Wolkenstein tun; auch die Repetitionskanzone gilt mir hier unabhängig von ihrer möglichen Genese als Kanzone.

Die in der Übersicht dargestellten Fälle decken das ausgebreitete Material ab. Sie berücksichtigen auch eine häufige Übergangserscheinung und einige beachtenswerte Sonderfälle.

A A B – Kanzone (K). Dies ist zunächst einmal Oberbegriff, denn auch alle folgenden Fälle erfüllen dieses Schema. Wenn sie keinem der genannten Spezialfälle angehört, muß sie gleichwohl nicht notwendig ohne Untergliederung im Abgesang sein. Besonders zahlreich: A A B C, also zwei deutlich unterschiedene Teile, die sich sowohl metrisch wie musikalisch von einander absetzen können. Schlußzeile von B und Schlußzeile von C sind musikalisch oft aufeinander bezogen oder gleich. Auch noch mehr Teile lassen sich gelegentlich unterscheiden. Denkbare Wiederholungstypen, die in der weiteren Übersicht nicht beschrieben sind, fehlen im untersuchten Material nicht gänzlich (etwa Strukturen wie A A B C B, A A B C C u.ä.), sind aber sehr selten. Dies sind Anzeichen dafür, daß die im weiteren angezeigten Substrukturen doch fast so etwas wie einen Kanon bilden. In den untersuchten Fällen wird darauf hingewiesen.

A A B B C – Kanzone mit repetiertem Steg (KRS). Die Meistersinger sprechen nur bei Kanzonen mit 3. Stollen von einem Steg (vgl. oben), tatsächlich aber ist eine Folge repetierter Zeilen zu Beginn des Abgesangs auch sonst weit verbreitet. Schon Pickerodt-Uthleb hat entsprechende Formen besonders ausgewiesen.

A B A B C B – Rundkanzone (RK). Die Darstellung deutet durch den kleineren Satz des Buchstabens B an, daß der übereinstimmende Teil wesentlich kürzer ist als das zuvor notierte Melodiestück, außerdem untrennbar zu ihm gehört. C vertritt wieder die

---

15 Zu den lateinischen Bezeichnungen *versus* und *repetitio* vgl. Kornrumpf <IV>, S. 34.

Möglichkeit einer mehrteiligen Form, der Abgesang kann z.B. auch C D B sein.

A B A B C C B (A B A B C C D B) – Rundkanzone mit repetiertem Steg (RKRS).

A B A B C B – Kanzone mit verkürztem 3. Stollen (KV3). Diese Form wird in der bisherigen Literatur nicht gesondert geführt. Pickerodt-Uthleb faßt solche Formen, die es in J nicht selten gibt, stillschweigend mit unter die mit 3. Stollen. Der gesonderte Ausweis dieser Strukturen soll deutlicher machen, daß von der vollständigen Wiederholung bis zur lediglichen Einmündung in den Stollenschluß ein Kontinuum von Formen existiert. Die Einordnung wird jedoch immer ein subjektives Moment behalten: sie ist von der Abschätzung der Länge der Wiederholung im Verhältnis zur Gesamtlänge der Strophenteile abhängig. Eine Übernahme der letzten beiden Zeilen der Stollenmelodie wird man bei einem 5- oder mehrzeiligen Stollen noch als Rundkanzone, bei einem kürzeren als Kanzone mit verkürztem 3. Stollen ansprechen.

A B A B C C B – Kanzone mit repetiertem Steg und verkürztem 3. Stollen (KRSV3).

A A B A – Kanzone mit 3. Stollen (K3). Diese Form ist eine der häufigsten im untersuchten Material. Da sie so weit verbreitet ist, wird gelegentlich mit der Form gespielt, indem der 3. Stollen leicht variiert wird.

A A B B A – Kanzone mit repetiertem Steg und 3. Stollen (KRS3). Die im Normalfall gegebene relative Kürze der Stegteile im Vergleich zu den übrigen Bauteilen ist hier im Grundschema berücksichtigt. Es gibt einzelne Ausnahmen, in denen die Teile B ebenso lang sind wie A.

A A B B C A – Kanzone mit kanzonenförmigem Steg (eine »potenzierte« Form) und 3. Stollen (KKS3). Diese Sonderform von A A B A gilt es deswegen zu beachten, weil sie im 15. Jahrhundert und danach mit zunehmender Häufigkeit vorkommt.

A A B A C (A A B A B) – Kanzone mit 3. Stollen und Coda (K3C). Diese Form ist selten. Die in J vorkommenden Fälle ordnet Pickerodt-Uthleb unter andere ein. Sie halten sich jedoch auch später.

A A B B (A A B B C C) – Repetitionskanzone (RepK und RepK2). Die Kanzone mit ausschließlich paarigen Gliedern ist oben in der Übersicht doppelt aufgeführt, um die verschiedenen terminologischen Zuordnungen zeigen zu können. Noch häufigere Repetitionen sind in reiner Form nicht belegt, man beachte jedoch die Form des Überzarten Tons im I. Kapitel und die von Muskatbluts Neuem Ton (vgl. S. 239).

I. Kapitel
Die Tradition der überlangen Töne

1. Ein Weihnachtslied für Ludwig den Bayern

Zu Beginn, unmittelbar nach Frauenlobs Marienleich, überliefert die
'Kolmarer Liederhandschrift' (*k*) sechs Strophen in einem Ton,
überschrieben *Dys ist in frauenlobes vberzarten don* ([1]Frau/31/1 und 2;
28ᵛ-30ᵛ und 30ᵛ-31ᵛ). Die Strophen sind von der Handschrift zu Recht
in zwei Dreierbare unterteilt. Beide Texte sind nahezu ohne Abweichung in der 'Donaueschinger Liederhandschrift' (*u*, S. 236-241) nochmals überliefert; der erste, vermehrt um eine 4. Strophe, auch in *m*,
215ᵛ-217ᵛ, dort überschrieben *Der sinnen kamer* und ohne Tonangabe.
Gedruckt wurde der erste Dreierbar bereits mehrfach,[1] doch noch
niemals näher untersucht. Ich drucke den Text erneut ab einschließlich der in *m* überlieferten Zusatzstrophe.

> [1]Frau/31/1 ist hier nach *k* abgedruckt, mit Angabe der wesentlichen Varianten
> nach *u* und *m*, Str. 4 nach *m*. Nicht aufgenommen sind folgende Varianten: Gra-
> phien, Diphthongierung und kleinere Vokaldifferenzen, Wechsel von Lenis und
> Tenuis (andernfalls hätte *m* vollständig wiedergegeben werden müssen). Kürzel
> sind aufgelöst, Groß- und Kleinschreibung normalisiert. Interpungiert ist auch
> der Text der Str. 4, obwohl der schlechte Textbefund in *m* an manchen Stellen
> keine eindeutige sinnvolle Interpretation zuläßt. Den schlechten Text dokumen-
> tieren vor allem Lücken, das sinnlose *maker* und Verschreibungen wie *ktag* und
> *lelget*. Die Zeilenanordnung unterscheidet sich aufgrund der von Bartsch in den
> Anmerkungen zum Text (S. 626f.) selbst aufgestellten Kriterien von dessen
> Anordnung: Bartsch stellt wechselndes Reimgeschlecht V. 8/18 fest und erklärt
> diese daher zu Inreimen, dasselbe gilt auch für 21/22, die deswegen zu
> binnengereimten Langzeilen zusammengefügt sind. Die Zusammenfassung der
> anderen Kurzzeilen ergibt sich aus der Melodie und der metrischen Struktur der
> Strophe. Ich folge bis auf einen Fall Runge. Der Text von *m* ist in allen Strophen

---

[1] Abdrucke: [1]Frau/31/1 bei Bartsch, S. 188-192, nach *k* unter Einbeziehung der
Varianten von *u* im Apparat; die 1. Str., der Melodie unterlegt nach *k*, und alle
drei nach *u* bei Runge, Nr. 2; Poynter, S. 122-127 (Text) und 574 (Kommentar).
Docen in Aretins Beyträge 9, 1807, S. 1146f, Str. 3 nach *m*.

stark gestört. Bei dem teilweisen Stollentausch in Str. 3 könnte *m* allerdings die
ältere Fassung wiedergeben, ebenso bei vielen einzelnen Wörtern.

Dyß ist in frawenlobes uberzarten don

1

Heyliger geist,   herlucht minr syne kamer!
hilf, daz ich zammer
werd, wan ich gewesen bin!
min cluger sin,   wol vff, far hin
5 *vnd gar schon in   dryfaltikeit,*
da vinst daz wort 'caleyum' meynsterlich bereit.
vnd studir gancz   gar sunder schrancz,
daz my<n> geticht   also verslicht,   daz es gefall
zu lob dem hochsten küng mit schall
10 *vnd auch dar zu der lieben muter sin!*

Myn   kunst volleist   ist noch nit gancz fucht worden
nach meynsters orden,
als sanges konst von recht sol sin,
vnd all hie yn   daz hercze myn
15 *clar, luter, fin   getrucket fest.*
daz macht myn tumpheit swerer sorgen uberlest,
daz ich kuntlich   dich junckfraw rich
wol loben müß.   din werder gruß   ave, daz wort,
da von vns kam ewiger hort
20 *vnd ymmer wernder clarer lichter schin.*

Wolt mich der edel schin herquicken,
so wolt ich der juncfraun zart
mit ticht ein lop zu sammen stricken
durch ir hoch gebornde art.
25 *ich bitt dich, schin ob allem tag,*

Str. 1: Tonangabe] Überschrift *Der sinnen kammer* m. 1 *herlucht – kamer*] *durch-
leucht meiner sin ein karner* m. 2 *zamer*] *nü* m. 3 *wan*] *den* m. 4] *Myn liber sin nun
far dahin* m. 5] *al in die schul der d.* m. 6 *caleyum* = Kollegium (Lexer I, Sp.1664;
Schmeller I, Sp.1236). *meynsterlich*] *meisterlich* u, in *vinsterlich* m. 7 *gar sunder*] *dz
ane* m. 8 *also verslicht*] *sich also schlicht* m. 9] *dem höchsten küng mit lob zu schal* m.
11 *ist – worden*] *die ist feucht nich nie gancz worden* m. 12 *meynsterlich*] *meister* u,
maister m. 14/15] *vnd auch ein mein hercz gedenken stark vnd feste* m. 16 *myn –
uberlest*] *meiner tumhait schwer und sorgen uberlescht* u. 18 *din werder*] *du edler* m.
ave] *nue* m. 18 *wol*] *ja wol* m. 19 *da von vns kam*] *dz aus uns tagt* m. 20] *mit imer
werden claren lichten schein* m. 21 *herquicken*] *derquiken* m *erquiken* u. 22 *juncfraun*]
junckfraw m. 23] *ir in lob ein dicht zu samen sacken* m. 24 *gebornde*] *geporne* m. 25
schin] *schon* m. *allem*] *allən* m.

darzu din güt mir nit versag,
wann ich tun alles, daz ich mag.
junckfraw durch dine<n> prys bejag,
so fah ich es mit willen an
30 *nach mym vermogen, als ich kan,*
zu tichten vff der künste ban
die kunst, dar uß mang meinster span,
zü lob in ewikeit
dir, hochgeborne meit.

daz ander liet

Das heilig rich   stund manig jar ellende
on hilflich wend<e>,
byß vns ein heupt gegeben wart
von hoher art,   was lang verspartt.
5 *es lag vns hart,   wir warn verflucht,*
byß eins kunges gewalt mit craft vns wyder rucht,
der vns mit kur   wolt tragen fur
mit syben fursten,   die wol tursten   hymmel vnd erd
durchluchten schon in vollem werd.
10 *ir herschaft ist groß, michel vnde her.*

Der   fürsten glich   ir craft man nirgent funde,
alz man vns kunde.
vnder in wart ein wyder teil,
ee vns daz heil   on alles meil
15 *wart genczlich feil   vnd doch glich mass.*
der dryer fursten craft ist gancz on allen hass.
der junge sass   vnd mittelt daz,
daz all gemein   wart uber ein   vnd welt ein heupt.
daz ewig wort ir cristen gleupt,

Str. 1: 26 *güt*] *hilf* m. 27 *wann*] *zwar* m. *tun*] *tu* m. 28 *Junckfraw*] *fraw* m. 29 *so − es*] *dar in heb ich* m. 30 *nach*] *mit* m. 31] *vnd such auf der sinen pan* m. 32 *die*] fehlt m. *meinster*] *meister* u *maister* m. 33] *ein lob deiner wirdikait* m. 34 *dir hochgeborne*] *du hochgeporen* m.
Str. 2: Strophennr.] fehlt m. 1 *ellende*] *ellend* m. 2 *wende*] *wend* km. 4 *von*] *aus* m. 6 *kunges*] *kunigs* u. *rucht*] *davor rufft* gestrichen k, *richt* u.] *bis vns ein gwaltig kunk mit kraft her wider rucht* m. 7 *wolt*] *wider* m. 8 *mit*] *von* m. *erd*] *erden* m. 9] *durchleuchten schon vnder vollen werden* m. 10 *ist − her*] *die ist michel stark vnd gros* m. 11 *ir − funde*] *in der kronig man nindert fund* m. 12 *man vns*] *ich euch* m. 13 *in*] *in so* m. 15] *gar gailich enspross* m. 16 *ist − hass*] *ward mich stark vnd gros* m. 17 *junge*] *sibent furst* m. 18 *daz*] *sie* m. *wart − welt*] *wurden ein vnd wolten* m. 19 *wort ir cristen*] *wer fur war das* m.

20   *der junge furst lost vns vß aller swer.*
     Vnd da der herr herwelet wart
     al in der fursten zirckel mass,
     gab ym ein kusch junckfrauwe zart,
     die sinem adel zimlich was.
25   *der kunig tet nit alz ein zag:*
     er macht die welt gar alle rag
     vnd lost gevangen, da sie lag
     versencket in der vinstern slag.
     darnach er listeclichen san,
30   *byss er sie uß der pin gewan.*
     Er furte selb den sturme fan,
     dem aller wicze nie zurran.
     lob hab er ewiclych
     vnd auch die kungyn rich.

     daz drytt

     Ich wil dem kung   vnd auch der kungin singen.
     menschlich kan ringen
     vnd die yn megetlich gebar
     on alle far   luter vnd clar,
5   *bleib gancz vor war   gar vnengenczt.*
     die prophezyen worden gancz vnd gar verschrencz<t>
     vnd all wyssag   wart fur getrag.
     vff ein crist morgen   wir ußer sorgen   gancz warn herhaben
     von eynem hochgelopten knaben,
10   *der sin vermug wolt menschlich zu vns ton.*

     Mon   sach das hong vß fliessen adellichen
     in allen richen,
     als vns das heil da wart gegeben.

Str. 2: 20] *kain kunk ward nie des junck fursten genos* m. 21 *vnd*] fehlt m. *herr*] *kunk*
m. 23] *man gab in ein kaische junkfraw z.* m. 26 *welt gar*] *weralt* m. 27] *vnd mangen*
gefangen der da lag m. 28 *versencket*] *vorschprucket* m. 30 *sie*] *vns* m. *pin*] *gefenknus*
m. 31 *selb*] *selben* m. *sturme*] *sanen* m. 32] *an im kain hilf halt nie zu ran* m. 33 *lob*
hab] *globt sei* m. 34 *kungyn rich*] fehlt u, *kunig reich* m.
Str. 3: Strophennr.] fehlt m. 13 *da*] fehlt u. 1–13 Aufgesang mit teilweisem
Stollentausch] *Ich wil der kungin singen die den kung/ nenschlichen vin runig/ machet*
vnd maitlich gepar/ dz pertal klar/ dz pleib furwar/ gar vnzer gancz/ esechiel dein
profesey gar vnuerschrencz/ nach deim begern/ samt dz bewern/ auf ein crist nach/ hub
sich den pracht/ von engel scholl/ da vns die junkfraw all/ mit al durch strait mit irem ein
gepornen sun// man sach dz honig auftringen adel leichen/ dz allen rachen/ sussikait hat
gegeben/ m.

meitliches weben   wurcht daz wol eben

15   *on wyder streben   der ewikeit.*

die prophezyen waren gancz vnd gar bereyt.

meitlich geschaft,   drylich behaft,

vff ein crist nacht   hub sich ein bracht   von engel schal,

da vns die jungfraw alzu mal

20   *herquickt mit yrem ein gebornen son.*

Lop hab daz edel tabernackel,

da got selber inne stunt

in dem captel, du brynnend fackel,

vnd all christenheit enczunt.

25   *Ich bitt dich, wunnebernder hag,*

hilff, daz ich mich minr sund erclag,

der ich in grosser vnwicz pflag

vnd noch gar schuldiclichen trag.

fraw, der genaden ich dich man.

30   *dar vmb ich dir gesungen han.*

daz myn geticht vff dysem plan

wil ich dir hie zulecze lan

in dry vnd xx jar

eyn m dru c vor war.

4

Der furste namen,   nun merkt ich wil sie nennen,

so mugt ir kennen

craft vnd auch wirdikait.

al himel prait,   was ertrich trait,

5   *dz wechst mit glait   in irem lauf.*

Saturnas ist der hochsten †maker eben trauft†,

vnd Iupiter,   ein furst vnd her.

Markurius   sein schwinder <fus>.   nun sind ir drey,

Str. 3: 14–20] *maitliches weben/ worcht dz vil eben/ an alle streben es geschach/ do sich enczundet frolich aller himel tach/ vnd als weis sagen/ wart fur getragen/ in eim krist morgen/ da wir aus sorgen/ wurden der haben/ von eim hoch gelobten knaben/ der sein vermugen hat zu vns menschlich zu vns tun* m. 21 *Lop – daz*] *globt sey der* m. 22] *dar vnder got menschlichen stunt* m. 23 *dem*] *dein* m. *du*] *die* m. 24 *vnd*] *die* m. 25 *wunnebernder*] *wonderbernder* u. 29 *man*] *der man* m. 30 *han*] fehlt m. 31 *vff dysem plan*] *an argen wan* m. 33/34] *im siben vnd achczigen iar/ ein m drew ze stud hie fur war* m.

ain hochsten zirkel wandels frey,
10   *die ob der sunnen sein behauset schon.*

O Mars, dein flamen   wirt sterkt al mit der sunnen,
leuchczt aus wunnen
vnd derwekest alle frucht
mit pernder zucht   dein<er> genucht.
15   *es hat zuflucht   als das da lebt.*
wz fleuset, schwimet, klimet, fleuget oder schwebt,
den gibs du saft   aus gotes craft,
dar zu speisung   alt vnd auch jung.   dz sind die zwen,
die vor der sunnen laufen vnd<e> gen:
20   *dz ist Venus, dar zu der edel Mon.*

Mit Soles so sind ir siben.
die fursten hab ich euch genant.
vnd ob dz vnter wegen pliben,
ir het ir namen denn derkant?
25   *wol an, kunk lucifer, nun nag*
pis dz derfullet wer dein [k]tag.
got selber sich zu vns vermag
vnd le[l]get ab des fluches plag.
sein hercz durch vns in lib enpran,
30   *er waich holt nie von vns hin dan.*
man seczt im auf ein durn<en> kran.
dazu pracht <...> des speres lan
al in der alden e.
globt sey dz wort 'aue'.

Str. 4: 24 Statt Frage anzunehmen, vielleicht *nicht* für *denn.* 32–33 vielleicht zu lesen: *dazu pracht vns des speres lan/ al aus der alden e.*

Der Überzarte Ton ist die mit Abstand längste in *k* vollständig überlieferte Strophenform. Der vorstehende Text ist – abgesehen von
vielen anderen Auffälligkeiten – auch der einzige datierte der Handschrift. Obgleich er seit über hundert Jahren ediert vorliegt, hat sich
kaum jemand mit ihm beschäftigt; weder seine Affinität zur Astronomie noch zur Politik haben dazu beitragen können. Bartsch selbst
macht lediglich einige Bemerkungen zur Frauenlob-Schultradition
des Textes[2] und weist auf die Diskrepanz zwischen Tonbezeichnung

---

2   Bartsch <II>, S. 626f. Aus Frauenlobs Wortschatz stammt z.B. die zur Über-

und Datierung hin (Frauenlob starb 1318). »Meistersingerische Übertreibung ist der Überzarte Ton mit 42 Versen«, äußert Thomas[3],
während Schumann[4] die Melodie für potentiell echt hält, was von
Stackmann[5] positiv aufgenommen wird.

Die Jahreszahl (3, 33f) – 1323 nach *k*, 1387 nach *m* – ist mit großem
Abstand die früheste textimmanente Datierung eines Liedes. Doch ist
der Anlaß derselbe, der in den Liedern der späteren Meistersinger die
Datierung zur Gewohnheit werden läßt: die Nennung der neuen
Jahreszahl zu Weihnachten. Denn zweifellos ist Str. 3 eine Evokation
des Weihnachtsgeschehens; als Anlaß läßt sich Vortrag am
Weihnachtstag vorstellen. Doch nicht nur die schwankende Datie-
rung gibt Grund zum Nachdenken über den glatten Befund. Der
nächste Fall eines datierten Weihnachtsliedes findet sich nicht vor
Lienhard Nunnenbeck im Jahr 1517 (¹Nun/42).

Sollte das Lied eine Tradition einleiten, die bekannte Nachfolger
erst im 16. Jahrhundert findet, so ist die Möglichkeit der Fälschung zu
erwägen. Doch die Datierung 1517 ist auch von der Abschrift in *m* um
1430 so weit entfernt, daß die Traditionen nicht zusammenhängen
können. Fiktiv ist eine Marner in den Mund gelegte Datierung 1207
(¹Marn/7/570), die in *q* steht; dagegen hat ein Weihnachtsbar in Marners Langem Ton die glaubwürdige Angabe *me wanne drey zehen hundert jar* (¹Marn/7/515; Peperkorn <I>, S. 62). Das ist zwar alles andere
als eine exakte Datierung, zeigt aber, daß auch im 14. Jahrhundert
bereits die Zeitangabe im Zusammenhang mit dem Weihnachtsfest
nahelag. So ist vielleicht einer der beiden Datierungen durchaus zu
trauen – eine inhaltliche und formale Interpretation kann wohl am
ehesten weiterhelfen. Charakterisiert ist bereits der Inhalt der
3. Strophe als Weihnachts»lied«. Der 1. fehlen solche Anspielungen,
beherrschend sind Anrufung der göttlichen Personen und vor allem
Marias mit Bitte um Beistand, daneben stehen Elemente der
Tonweihe, auch vornehmlich an Maria. Die Demutsformel

Min kunst volleist ist noch nit gancz fucht worden

ist wohl zu übersetzen: »Meine Kunstvollendung ist noch nicht ganz
ausgebildet.« Ob das *noch nit* Jugend bedeutet, ist zu erwägen.

---

schrift gewordene Formel *der sinnen kamer*. Sie kommt im Minneleich, GA III,
29,7, vor.
3 Thomas, S. 127.
4 Schumann, S. 118.
5 Stackmann in VL², Bd. 2, Sp. 869.

Str. 2 scheint auf den ersten Blick die religiöse Thematik von Str. 1.
weiterzuführen. Die Zeilen

Wir warn verflucht
bys eines kunges gwalt mit craft vns wyder rucht

passen zur kommenden Weihnachtsthematik. Doch gehen manche
Bilder nicht auf. Wer sollen die »sieben Fürsten« sein? Die einzige im
religiösen Bereich denkbare Antwort wären die sieben Geister vor
dem Thron Gottes der Apokalypse (Apo 1,4), doch ihnen eine der
Strophe entsprechende Bedeutung im Erlösungsratschluß beizumessen, wäre – soweit ich sehe – ohne Vorbild.[6] Eine völlig andere
Deutungsmöglichkeit bietet die nur in *m* überlieferte 4. Str. an. Sie
von vornherein wegen der fehlenden Überlieferung in *k* und *u* auszuschließen, geht nicht an, da die Tendenz von *k* zur Herstellung von
Dreierbaren bekannt ist. Aber auch wenn sie Zudichtung ist, kann sie
die Intention des Autors richtig wiedergeben. Danach wäre Str. 2 als
Allegorie auf die sieben Planeten zu verstehen. Die Deutung kann
einige der Textzüge auslegen: der herausgehobene Fürst bedeutet die
Sonne, *zirckel mass* wird als Sphäre interpretiert, die drei besonders
herausgehobenen Fürsten sind erklärt als die Planeten, die oberhalb
der Sonne *behauset* sind. Unerklärt bleiben freilich die »erlösungs-
spezifischen« Momente des Textes, allenfalls könnte der Dichter den
Beginn des neuen Sonnenzyklus zur Wintersonnwende mit der
Weihnachtsthematik zusammengebracht haben. Der Strophenschluß
spielt jedoch ganz unmotiviert gerade auf das Karfreitagsgeschehen
an – Bezüge, die die anderen Strophen meiden. Ist die Strophe
jedoch unecht, bieten sich auch andere Deutungsmöglichkeiten an.
Liest man Str. 2 unvoreingenommen, d.h. ohne Beziehung zu 1, 3
und 4, so wird man versuchen, sie auf das *heilig* römische *rich* zu
deuten. Die sieben Fürsten sind die Kurfürsten, der König ist der
König. Diese einfachste Erklärung drängt sich dem heutigen Leser
zunächst nicht auf, und zwar wegen ihrer strukturellen Einbettung in
zwei geistliche Strophen. Diese hat wohl auch verhindert, daß die
bisherigen Editoren Hinweise auf den möglichen »politischen«
Charakter des Liedes gaben und daß auch sonst jemand die Strophen
näher untersucht hat. Es kommt daher darauf an, ob sich die Textbe-
dingungen historisch aufspüren lassen. 1386 ist das sicher nicht
möglich, weil das Römische Reich keineswegs *manig jar ellende on*

---

6 Zur Siebenzahl vgl. Meyer/Suntrup, Sp. 479-565. Nach gängiger Überzeugung
   stehen die sieben Geister vor Gottes Thron für den Heiligen Geist (Sp. 546). Das
   wäre mit dem Text zur Not noch zu vereinbaren, keinesfalls aber in diesem
   Zusammenhang die Teilung in drei plus vier.

hilflich wende stand, *byß* ihm *ein haupt gegeben wart.* Denn zu diesem Zeitpunkt regiert Wenzel (der Faule) noch unangefochten seit acht Jahren, seine Regierungszeit folgt lückenlos der seines Vaters Karls IV. dank dessen geschickter dynastischer Politik.

Die Zahl 1323 verspricht da besseren Erfolg. 1313 war nach kaum fünfjähriger Herrschaft des Luxemburgers Heinrichs VII. der Kaiserthron erneut vakant. Die Nachfolgefrage geriet in den Sog der Auseinandersetzung zwischen Habsburg und Luxemburg, aus dem schließlich die Kandidaten Friedrich der Schöne von Österreich und der Wittelsbacher Ludwig von Oberbayern hervorgingen. Eine Einigung der Parteien war nicht möglich, und es kam 1314 zur gespaltenen Wahl. Die Verhältnisse wurden kompliziert durch die Tatsache, daß einige Stimmen umstritten waren, so daß beide Seiten über einen böhmischen und einen sächsischen Wähler verfügten. Unter den Wählern der Gegenpartei befand sich Ludwigs eigener Bruder Rudolf in seiner Eigenschaft als Pfalzgraf bei Rhein. Wie zu Zeiten der Doppelwahl von 1198 kam es auch zu zwei Krönungen: Ludwig am rechten Ort, doch vom Mainzer Erzbischof Peter von Aspelt mit falschen Insignien, Friedrich in Bonn, doch sonst nach Recht. Daß die Zeitgenossen die Doppelregierung in der Tat als Interregnum verstanden, läßt sich übrigens aus anderen politischen Sangspruchstrophen belegen. Denn 1321 oder 1322 entstand die älteste Fassung der strophischen 'Sibyllenweissagung', wie sie in *n* überliefert ist (¹Marn/6/101a), die diese Zeit nicht nur als rechtlose Zeit voll Krieg und Leid schildert, sondern durch Einarbeitung einer echten Marner-Strophe aus dem großen Interregnum (¹Marn/6/4) einen unmittelbaren Bezug zu dieser Zeit herstellt.[7]

Die Auseinandersetzungen, in die ab 1316 auch Papst Johannes XXII. eingriff – zuvor war der päpstliche Stuhl in Avignon vakant –, zogen sich bis 1322 hin, als Ludwig am 28. September in der Schlacht bei Mühldorf seinen habsburgischen Gegner besiegen und gefangensetzen konnte, wodurch die Sachlage zumindest innerhalb Deutschlands bereinigt war. Die kommende Auseinandersetzung zwischen Papst und Kaiser kündigte sich zum Jahresende schon an, da Papst Johannes auch weiterhin Ludwig den Titel »König« verweigerte.[8]

In dieser historischen Situation, sollte es denn zum Weihnachtsfest 1322 verfaßt sein, vertritt unser Lied einen sakralen Anspruch des Königtums und die hohe Würde des Kurfürstenkollegiums, das durch Str. 1 höchste sakrale Rechtfertigung erhält: die Trinität selbst

---

[7] Vgl. dazu zuletzt die Inhaltsangabe zum Lied im RSM, Bd. 4, S. 279f und bei Neske, S. 6-8.

[8] Vgl. C. Müller, S. 57; Schütz <II>, S. 63.

ist ja kollegial organisiert. In der Weltsicht des Verfassers ist für den kurialen Anspruch auf Wahlentscheidung und Bestätigung kein Platz, ja eine selbständige geistliche Macht erscheint überhaupt nicht. In deutlicher Parallele zur 3., der Weihnachtsstrophe, erscheint *der junge fürst* als Erlöser *aus aller swer*, als der, der die *welt rag* (frei) macht. Unüberhörbar wird der Anspruch deutlich, daß allein aus der Machtvollkommenheit des Kurfürstenkollegiums der römische König hervorgeht. Deutlich wird die ursprüngliche Uneinigkeit (*wyderteil*) apostrophiert, nun aber wird Einigkeit beschworen.[9] Der *junge furst* soll diese Einigkeit erreicht haben, wie, das wird einerseits namhaft gemacht: *er furte selb den sturme fan*, andererseits eher verhüllt dargestellt: *der junge sass vnd mittelt daz*, will man nicht auf den vielleicht stattgefundenen Einigungsversuch zwischen Ludwig und Rudolf 1317 (kurz vor Rudolfs Tod) rekurrieren.[10]

Einige Textstellen setzen der Interpretation Widerstand entgegen:

der dryer fursten craft ist gancz on allen hass.

Eine Korrektur zu *siben* würde die Stelle entschärfen, doch bringen beide Textzeugen übereinstimmend die schwierige Lesung. Sie muß dann wohl auf die ursprünglich abweichenden Wähler gemünzt sein und ihre ausdrückliche Exkulpierung beinhalten – wie denn Ludwig sogleich nach seinem militärischen Sieg höchst rücksichtsvoll wurde, ja schließlich seinen Gegner Friedrich sogar formell zum Mitregenten erhob. Zum Tenor der Strophe, die – nunmehr – Einheit beschwört, paßt das. Die Stelle gäbe dann aber auch eine ausdrückliche Anerkennung der sächsischen Kurstimme für die Seite der Gegner, da sonst die Gegenwähler nur mit zwei hätten beziffert werden dürfen.[11] Die größten Schwierigkeiten bei der Interpretation bereitet jedoch die Erwähnung der Königin. Die Schlußadresse der Strophe:

lob hab er ewiclych
Vnd auch die kungyn rich

scheint vorauszusetzen, daß König und Königin noch ein Paar sind. Doch war die *kungyn*, die schlesische Herzogstochter Beatrix, bereits kurz vor der Schlacht bei Mühldorf am 24. August gestorben, die zweite Heirat Ludwigs mit Margarethe von Holland 1324 lag noch in

---

[9] Zu den politischen Auseinandersetzungen vergleiche man z.B. Schütz <I>, S. 389.

[10] Vgl. C. Müller, S. 43.

[11] Nach C. Müller, S. 5, ist der Streit zwischen Sachsen-Lauenburg und Sachsen-Wittenberg unter Ludwig noch unentschieden (Lauenburg stimmt für Ludwig), schließlich siegt Wittenberg.

weiter Ferne. Die Interpretation kann aber ebensogut davon ausgehen, daß dem Preis des Königs ein Nachruf auf die Königin beigefügt
wird. Nur für den, der nicht Bescheid weiß, evoziert das Bild die
Anwesenheit der Königin.

Vnd da der herr herwelet wart
al in der fursten zirckel mass,
Gab ym ein kusch junckfrawe zart,
die sinem adel zimlich was.

Bartsch schlägt die m.E. unnötige, an der Formulierung in *m* orientierte, Konjektur vor: *man gab im ein junckfroun zart,*[12] denn faßt man
ym reflexiv auf, ist der Text völlig eindeutig. Weniger der Sachverhalt:
denn am ehesten würde er zu einer Hochzeit nach dem vollständigen
Sieg passen, was ja den Tatsachen nicht entspricht. Ludwig hat aber
auch nicht nach der gespaltenen Wahl von 1314 geheiratet, sondern
lange vorher, 1309. Allenfalls, so könnte man etwas überspitzt
formulieren, Königin ist sie erst durch die Wahl ihres Gatten geworden. Will man diese Stelle für die Interpretation retten – und das
möchte ich entschieden –, so muß man hier ein Element der Stilisie-
rung ansetzen, das weniger einen realen Lebenslauf dokumentiert als
einen welterlösenden Helden feiert.[13] Durch die inhaltliche Stilisie-
rung wird zugleich der sprachstrukturelle Anschluß der Mittelstro-
phe an die beiden Randstrophen gesichert, die Einbeziehung der
Königin ist geradezu notwendig für die Herstellung der strukturellen
Einheit der Strophen[14] (s.u.).

Die Interpretation hat bis jetzt bewußt den Text als gegeben hinge-
nommen. Beide Überlieferungen sind aber wohl auch schon vom
Original durch das geistliche Verständnis von Str. 2 getrennt, auch

---

[12] Bartsch, S. 827.

[13] Wer eine religiöse Interpretation dieser Strophe vorzieht, wird freilich nicht
weniger Schwierigkeiten haben, wenn hier Christus und Maria gemeint sind,
dies theologisch aufzubereiten. Ganz eindeutig nämlich ist der Beziehungs-
wechsel von Mutter – Sohn (in Str. 1) zu Gatte – Gattin (in Str. 2). Der *junge fürst*
wäre aber allenfalls Äquivalent für Christus.

[14] Diese sprachstrukturelle Zusammenbindung drängt den Vergleich mit dem
Reichston Walthers von der Vogelweide auf. Knüpft man an die Ansätze Bey-
schlags <II> an, so geht die Affinität sogar noch weiter: er geht für den Reichs-
ton von einem leichartigen Charakter aus, der auch der Form des Überzarten
Tons (s.u.) eignet. Wenn er dabei auch von überholten Voraussetzungen bei der
Melodie ausging (Zuordnung des im Jüngeren Meistergesang überlieferten
Langen Ton Walthers von der Vogelweide), so bleibt die These doch von den
Voraussetzungen des Tonschemas her diskussionswürdig. Eine direkte Verbindung von Reichston und Überzartem Ton braucht man gleichwohl nicht vor-
aussetzen.

wenn *k* keine entsprechende Zusatzstrophe bietet. Eine Fassung, die den Text bereits geistlich begriff, mag manche unserer Verständnisprobleme erst bewirkt haben. In einigen Fällen hat sogar *k* entsprechende Wendungen, wo *m* noch weniger geistlich Orientiertes bewahrt hat: dort fehlt sowohl das *ewig wort* (V. 19) als auch die Erlösung der gefangenen Welt (V. 27). Doch mit der schlechten Textfassung von *m* möchte ich so wenig wie möglich argumentieren. Da die geistlichen Erklärungsversuche erst recht scheitern und – im ganzen betrachtet – die oben gegebenen Argumente schlüssig wirken, dürfen wir die drei Spruchstrophen auf die Jahreswende 1322/23 datieren. Sie gliedern sich in eine (im weiteren Sinn) Tonweihestrophe, eine politische Strophe und eine geistliche Weihnachtsstrophe.

Sieht man die Datierung als fest an, so ergibt sich eine Reihe von Fragen, die nun geklärt werden sollen. Die berechtigte Unterscheidung der Forschung zwischen Lied und Sangspruch fordert für die Sangspruchdichtung die Selbständigkeit der Einzelstrophe im jeweiligen Toncorpus.[15] Übergänge gibt es allenthalben: eng zusammengehörige Sprüche – in der Spätzeit Töne, in denen nur ein Bar überliefert ist –, formale Übergänge und d.h. in der Regel Übernahmen aus dem stets fortschrittlicheren Bereich des Minnesangs, und inhaltliche Übergänge, vor allem bei religiöser Thematik, gelegentlich in der Minnelehre. Zeitlich sind wir 1322 offenbar genau in einer Phase des Übergangs zur Barbildung.

Die hier untersuchten Strophen sind durch sprachlich-stilistische Mittel aufs engste zusammengebunden. Der Dichter zieht die Motive vom Preis der Königin bzw. Jungfrau und des Königs durch alle drei Strophen. Der jeweils letzten Strophenzeile in 1 und 2, den der Datierung unmittelbar vorhergehenden Zeilen in 3 gehört das Lob der *meit, küngin, frau*. Besonders eng sind Str. 2 und 3 verknüpft:

Lob hab er ewiclych
vnd auch die kungyn rich

---

15 Die Gesamtdiskussion der Lied-Spruchproblematik aufzunehmen, ist hier nicht der Ort. Der generelle Verweis auf Tervoorens <III> Forschungsbericht muß statt einer Darstellung stehen. Ich füge eine Art »Credo« an, damit man den Ausgangspunkt meiner Überlegungen kennt; eine Begründung ließe sich nur in größerem Zusammenhang geben: Minne- und Spruchsang sind keine diametralen, sondern polare Gegensätze, geprägt durch die drei Einzelzüge Inhalt, Form und Strophenbindung – diese verstanden im Sinne von Ruhs Beobachtungen an Walther von der Vogelweide (S. 208-212) und im Bewußtsein, daß das letztgenannte Gattungsmerkmal in der Spätphase nur in der Variante überlebt, daß in einem Ton beliebig viele Bare stehen können.

endet Str. 2; Str. 3 beginnt in der besseren Fassung von *m*:

Ich wil der kungin singen, die den kunig
menschlichen runig
machet.

Das grammatisch gleiche Subjekt meint jeweils andere Personen. Ist hier der Hörer schon vorbereitet auf einen Wechsel des Inhalts, so nicht am Beginn von Str. 2, wo im Interesse der Verständlichkeit mit deutlicher Kennzeichnung der Themenwechsel, nicht mehr Maria, sondern das *heilig rich*, angekündigt wurde. Umgekehrt wird durch die 2. Strophe erst recht verständlich, warum in der 1. die Dreifaltigkeit als Urbild des *calayum* gefeiert wurde: sie übernimmt die geistliche Rechtfertigung der kollegialen Entscheidungsgewalt des Kurfürstenkollegiums. Diese Vorausdeutung der geistlichen Strophe auf das Thema der 2. scheint mir ein weiteres überzeugendes Argument für die oben gegebene Interpretation des Liedes.

Die drei Strophen im Überzarten Ton feiern Ludwig IV. am Weihnachtsfest 1322 nach der Schlacht bei Mühldorf als erlösenden Helden in Parallele zur Geburt Christi. Mitgefeiert werden die sieben Kurfürsten in bisher nicht gekannter Art. Wir wissen nicht, ob dem König das Lied am Weihnachtstag in Regensburg[16] tatsächlich vorgetragen wurde. Doch spricht alles dafür, daß es für diesen Anlaß gedichtet und komponiert wurde.

Über die volkssprachliche Literatur am Hof Ludwigs ist nicht allzu viel bekannt. Strophen an den jungen Ludwig dichtete Frauenlob. Vertrautheit Ludwigs mit dem Minnesang bezeugt eine Episode der 'Limburger Chronik'; aus seiner Spätzeit stammt ein allegorisches Preisgedicht 'Ludwig der Baier' eines nicht sicher bestimmbaren schwäbischen Autors.[17] Wesentlich besser faßbar ist uns die lateinische Publizistik rund um Ludwigs »Kampf mit der Kurie«, die sich in dem Namen Marsilius von Padua verdichtet und erst – wie der Streit selbst – in den beiden Jahren nach unserem Lied langsam Kontur gewinnt. Insofern setzt unser Lied auch historisch einen Akzent. Denn es bezeugt, daß die Theorie vom »Alleinbestimmungsrecht« der Kurfürsten und vom unbeschränkten, sakral legitimierten Herrschaftsanspruch des Kaisers bereits vor Marsilius in der Umgebung Ludwigs als Vorstellung lebendig ist. Als Idee war sie zu dieser Zeit ohnehin

---

16 Dort weilte er am 24. Dezember 1322 und feierte zusammen mit seinem luxemburgischen Verbündeten König Johann den Sieg (Schütz ‹II›, S. 62), danach hielt er sich an anderen Orten der Oberpfalz auf (5. Januar Amberg, 6. Januar Velburg und Kastl).

17 Vgl. Brunner ‹VI›.

nicht revolutionär; bereits unter Heinrich VII. spielten solche Gedanken eine wesentliche Rolle in der Auseinandersetzung mit der Kurie.

2. Der Überzarte Ton

Frauenlob, Überzarter Ton
Form 1

2	3'	2'	4	2	2	2	2	6	2	2	2	2	2	4	5
a	b	b	c	c_5	c	c	d	d	e_{10}	e	f	f	g	g_{15}	h
a	i	i	k_{20}	k	k	k	l	l_{25}	m	m	n	n	o_{30}	o	h

4	4	4	4	4	4	4	4	4	4	4	4	3	3
p	q	p_{35}	q	r*	r*	r*	r*	s*	s*	s*	s*	t_{45}	t

Form 2[18]

2	3'	2'	4	2	2	2	3'	6'	2	2	2	2	2	4	2	3
i*.a	b	b	c	c_5	c	c	d	d	e_{10}	e	f	f	g	g_{15}	h	i
i*.a	k	k_{20}	l	l	l	l	m	m_{25}	m	n	n	o	o_{30}	p	p	h	i

4	4	4	4	4	4	4	4	4	4	4	3	3
i*.q_{35}	r	q	r	s	s_{40}	s	s	t	t	t_{45}	t	u	u*

Neben die Einheitsstiftung durch den raffinierten Sprachgestus tritt in *'Der sinnen kamer'* die formale. Die Strophen werden durch verbindende Kornreime engstens verknüpft, allerdings nicht in der ab Heinrich von Mügeln (Hofton) in der Sangspruchdichtung geläufigen Form, daß eine Zeile ihren korrespondierenden Reim allein in der Folgestrophe findet, sondern indem zwei Vierertiraden des Abgesangs sich in allen Strophen binden (die -*ag*- und -*an*-Reime). Die Massierung in acht hintereinander folgenden Zeilen dient offenbar als Hörhilfe über den enorm weiten Abstand hinweg. Das unterscheidet diese Reime auch deutlich von jenen sogenannten »durchlaufenden« Reimen, die die Forschung zu Gruppenbildungen in älterer Sangspruchdichtung angeregt hat.[19] Sie treten dort in der Regel nicht »ortsfest« in der Strophe auf. Dennoch ist auch dieser Kunstgriff nicht völlig neu: das Vorbild – den Neuen Ton Frauenlobs – werden wir noch kennenlernen (vgl. S. 112ff). Der Kornreim verbindet die drei Strophen noch enger, ohne ihre Selbständigkeit in Frage zu stellen,

---

18 Zu den Formunterschieden vgl. S. 31-33.
19 Man vergleiche hierzu vor allem das reiche Material, das Tervooren <I> in *J* gefunden hat.

denn der Strophenform fehlt nichts ohne sie. Auch sonst ist dieses
Tonschema bis dahin einmalig: übergehender Reim von Strophenteil
zu Strophenteil (hier vom 1. zum 2. Stollen) ist vorher nur in Frauenlobs Goldenem Ton belegt (dort vom 2. Stollen zum Abgesang). In
der Länge ist der Ton jedoch unerreicht, auch von dem bis dahin
längsten Ton, Ton VI Hermann Damens (Gegenstand: drei Preisstro-
phen auf verschiedene Fürsten!). Die Reimlängen im Aufgesang sind
extrem unterschiedlich, die Kurzzeilen in dieser Häufung völlig
ungewohnt.

Die Pausenreime sind – hier nicht zum erstenmal – Übernahmen
aus dem Minnesang (vgl. IV. Kapitel). Auch die zahlreichen Kurz-
verse des Aufgesangs weisen in diese Richtung. Die Tendenz der
Ausweitung führt aber auch zu einem weiteren Traditionsstrom, auf
den man hinweisen muß: die Leichdichtung – speziell Frauenlobs –,
die freilich in der Großstruktur anderen Gesetzen folgt. Einen ersten
Fingerzeig gibt die Überlieferungslage. In *k* ist der Überzarte Ton im
einleitenden »Leichteil« plaziert, als zweites Stück unmittelbar hinter
Frauenlobs Marienleich[20], und es scheinen in diese Richtung auch
innere Verbindungen zu weisen.

Lange, reimreiche und in der Verslänge stark wechselnde Reimge-
bilde, wie sie die Stollen des Überzarten Tons dokumentieren,
werden z.B. greifbar im 2. und 14. Doppelversikel von Frauenlobs
Marienleich. Sie sind den Stollen des Überzarten Tons weit ähnlicher
als irgend Vergleichbares in der Sangspruchdichtung. Auffällig ist
jedoch, daß diesem unruhigen, reimreichen Aufgesang ein Abgesang
folgt, der mit wenigen Elementen auskommt; ein kreuzgereimtes
Quartett zu Beginn, das durch den Wechsel des Reimgeschlechts bei
Erhalt der synaphischen Fugung (weiblicher Schluß und Auftaktlosigkeit der Folgezeile in V. 1 und 3) in Langzeilennähe rückt und fol-
gend zwei durchgereimte Vierheberquartette, die ein dreihebiges
Paar abschließt. Auch das sind aber Elemente, mit denen Frauenlob

---

[20] Die Überlieferungslage bestätigt zumindest, daß *k* kein Problem mit dieser
Anordnung hat. In der ältesten Konzeption war zwar dieselbe Reihenfolge
geplant, denn der Überzarte Ton steht in der gleichen Lage wie der Marienleich.
Der Ton hätte allerdings den Übergang zur strophischen Dichtung Frauenlobs
gebildet, wie sich aus Schanzes kodikologischer Analyse als wahrscheinlich
ergibt (Schanze <II>, Bd. 1, S. 42 mit Anm. 27). Von den zahlreichen denkbaren
Erklärungsmöglichkeiten für die Tatsache, daß die Melodie und die Melodiestrophe auf einem eingelegten Blatt zu Ende geführt sind (vgl. ebenfalls
Schanze), scheint mir die wahrscheinlichste, daß die Melodienotation am Schluß
erfolgte und man den Platzbedarf unterschätzt hatte. Nach der exakten Einpas-
sung aller anderen Melodien kann man dies nur als später gemiedenen
Anfangsfehler verstehen.

im Marienleich arbeitet. Auch hier wechseln rhythmisch erregte Versikel mit ruhigen, aus gleichlangen Zeilen gebauten Versikeln ab, die mit nur wenigen Reimklängen auskommen (z.B. Doppelversikel 11).

Die metrische Struktur des Abgesangs läßt sogar die Frage zu, ob dem Autor nicht eine Verquickung von Leich und Spruchform, eine Art strophischer Leich vorschwebte.[21] Faßt man nämlich die Stollen als ersten Doppelversikel eines solchen Leichs auf, so könnte der Abgesang bei Orientierung an der durch die Reime geprägten Struktur in zwei bzw. drei paarige Glieder zerlegt werden, die weitere Versikel eines Leichs formieren, deren Einzelglieder aber sehr kurz wären.

```
Stollen        Abgesang
.......    4 4 | 4 4 | 4 4 4 4 | 4 4 4 4 | 3 3
A A        B     B      C          C        D
oder
.......    4 4 | 4 4 | 4 4 | 4 4 | 4 4 | 4 4 | 3 3
A A        B     B     C     C     D     D     E
```

Die Antwort auf diese Frage kann nur die Melodie zum Überzarten Ton geben. Die ist in sieben Fassungen überliefert: in *k* und *u*, Runge Nr. 2, Mel.*m*, 404^r, Mel.*p*, Münzer Nr. 1, Mel.*o*, 16^r, Mel.*v*, 124^v, und Mel.*x*, Nr. 51. *k* und *u* repräsentieren ein Melodiegerüst des 15. Jahrhunderts, Mel.*v* die Aufzeichnung Valentin Voigts vor 1558, Mel.*m* und Mel.*p* die Puschmansche, Mel.*o* eine davon abhängige Fassung des Tons, die Spätfassung Mel.*x* geht vermutlich auf eine verlorengegangene Aufzeichnung des Tons von Benedict von Watt zurück. Es zeigt sich folgendes Bild: Mel.*m*, Mel.*o*, Mel.*p*:

```
Stollen    Abgesang
.......    4 4 | 4 4 | 4 4 4 4 | 4 4 4 4 | 3 3
A A        B     B      C          C        D
```

die beiden abschließenden Verse sind also ungleich; Mel.*v*:

```
.......    4 4 4 4 | 4 4 4 4 | 4 4 4 4 | 3 3
A A        B          B'         B'         C
```

k, *u* und Mel.*x* lassen eine so geartete Abgesangsgliederung überhaupt nicht zu. Nur die Fassung Puschmans entspricht also dem gewünschten Baugesetz. Nun kann Schumann zeigen, daß generell die späteren Versionen gegenüber *k* das bewahren, »was am Bau formelhaft ist«[22]. Die Reduktion auf einfache, wiederkehrende Bau-

---

[21] Mit Gennrichs Begriff »Strophenlai« hat das nur indirekt zu tun.
[22] Schumann, S. 241.

glieder ist überhaupt ein Kennzeichen der meistersingerlichen Melodieüberlieferung.[23] Was metrisch angelegt ist, die Paarigkeit der Glieder, wurde also musikalisch ursprünglich nicht nachvollzogen. Die melodische Angleichung an Muster des Leichs ist demnach sekundär. In der ursprünglichen Gestalt der Strophenform wird mit dieser Form kokettiert, doch der Charakter als Spruchstrophe bleibt deutlich erhalten. Schumann hat aufgrund vergleichender Untersuchungen den Überzarten Ton für potentiell echt erklärt, obwohl es keine Texte Frauenlobs in diesem Ton gibt.[24] Die Verwandtschaft stellt sie im Vergleich der Melodie zu den echten Spruchtönen fest, da sie die Leichs nicht untersucht. Soweit die Baugesetze es zulassen, gilt die melodische Verwandtschaft aber auch zu diesen. Die Nähe zu Frauenlob läßt sich freilich auch anders als durch »Echtheit« erklären.

Daß auch sprachliche Beziehungen zu Frauenlobs Dichtung bestehen, hat bereits Bartsch bemerkt und auch, daß diese offenbar durch Ersatz oder Umdeutung des Wortkörpers einiger seltener Wörter in der späten Überlieferung teilweise verwischt sind.[25] In zahlreichen Fällen scheint *m* dem Archetypus näher als *k*, das freilich insgesamt den Text besser bewahrt hat. Zu viel sollte man aus solchen Gleichungen freilich nicht folgern: Frauenlob-Tradition wird fast immer greifbar, wo im 14. und noch im 15. Jahrhundert das Thema »Maria« eine Rolle spielt.

Der Autor der besprochenen Strophen war offenbar ein direkter Frauenlob-Schüler. Strophenform, Melodiegestaltung, Stil und politische Parteinahme weisen ihn aus. Leider fehlen die geringsten Hinweise auf die Person selbst oder den Umkreis, in dem er dichtete. Peter von Aspelt, der einstige Gönner Frauenlobs und wichtigste Wähler Ludwigs, war damals bereits tot. König Johann von Böhmen hatte zwar Guillaume de Machault seit 1323 als Hofdichter im Gefolge, auf Förderung der deutschen Sangspruchdichtung zuvor gibt es jedoch keinen Hinweis.

Die Zuschreibung des Tons an Frauenlob in *k* und *u* hat keinen zu hoch anzusetzenden Stellenwert. Kein stolliges Strophengebilde dieser Handschriften nämlich bleibt ohne Tonbezeichnung und ohne Bezeichnung des Tonautors – nur einige Grenzfälle kommen vor: der Sanfte Ton (Nachtigalls) und der Unerkannte Ton (Nestlers), wo die Tonautoren verschwiegen werden, ferner einige Töne, die eher inhaltlich gekennzeichnet sind, ganz deutlich natürlich bei den Leichs. Deswegen muß allerdings nicht der »Magister huius libri« als

---

[23] Brunner <II>, S. 288f.
[24] Schumann, S. 118.
[25] Bartsch <II>, S. 626f.

Erfinder von Tonname und Tonzuschreibung an Frauenlob gelten, denn dieser Zwang liegt in der Tradition des Meistergesangs. Die ältere Überlieferung in *m* kennt keine Tonbezeichnung, sie überschreibt mit *der sinnen kamer*, dem häufigen mittelalterlichen Brauch gemäß, Titel aus den ersten Versen eines Texts zu gewinnen, und dies muß auch in der Vorlage so gestanden haben, denn die Textstelle selbst ist ganz deutlich, aber völlig unsinnig zu *sinein karner* entstellt. Auch bei einigen anderen seltenen Tönen fehlt in *m*, die nicht nach Tönen ordnet und keine Melodien mitteilt, die Tonbezeichnung. Die Zuschreibung in *k* ist aber nicht ganz willkürlich: die aufgezeigten Affinitäten zu Frauenlob veranlaßten sie. Die Namengebung – wann immer sie erfolgt sein mag – orientierte sich entweder am echten Zarten Ton, zu dem ich sonst eine besondere Beziehung nicht erkennen kann, oder spielt auf »Überzart« als Marienattribution an.

Die 4. Str. steht nur in *m*. Dem Sprachgestus nach löst sie Str. 2 auf wie in einem Rätsellied:

die fursten hab ich euch genant.
vnd ob dz vnter wegen pliben,
ir het ir namen denn derkant?

Die Auflösung als sieben Planeten ist nicht ungeschickt, eine Menge Einzelzüge des Texts sind verarbeitet. Doch zu viele Ungereimtheiten müssen stehenbleiben, um auch nur eine entsprechende Nebendeutung des Ausgangstextes zu erwägen. So muß es sich um eine formal gut angeglichene Zudichtung handeln. Zeilenlänge und Reimstruktur entsprechen dem »Original«, in den Reimklängen des Abgesangs werden die Körner der ursprünglichen Strophen aufgenommen. Allein der übergehende Reim zwischen den Stollen ist möglicherweise übersehen, will man nicht an ein nasaliertes *schon* denken, was nicht ausgeschlossen werden kann (*scho: o*). Die Zudichtung enthebt das Lied seiner ursprünglichen zeitpolitischen Bedeutung. Es könnte dies bewußt geschehen sein, wahrscheinlicher aber, weil der Zeitbezug gar nicht mehr erkannt wurde. Geht man von dieser Voraussetzung aus, läßt sich auch das Datum in *m* – 1387 – neu interpretieren. Als bloßen Überlieferungsfehler kann man es schwer auffassen, weil es mit 1323, sowohl in Worten wie in römischen Ziffern geschrieben, kaum zu verwechseln ist. Ich halte es nicht für ausgeschlossen, daß die Zahl uns das Datum der Zudichtung liefert und daß zur Jahreswende 1386/87 das Lied erneut aufgeführt wurde.

Die Rezeption des Tons beschränkt sich nicht auf die Zudichtung einer Strophe. *k* und *u* überliefern einen weiteren Dreierbar im gleichen Ton (¹Frau/31/2), der in inhaltlicher Geschlossenheit das Verhältnis von Trinität und Maria abhandelt. Die Abfassung des Lieds liegt sicher deutlich nach *'Der sinnen kamer'*. In der Form sind kleine, aber eindeutige Unterschiede erkennbar. Der Wechsel des Reimgeschlechts in den Binnenreimen unterbleibt. Außerdem verzichtet der Text auf die Strophenbindung durch Kornreim. Bewahrt hat er dagegen den übergehenden Reim an der Grenze vom 1. zum 2. Stollen, und merkwürdigerweise bewahrt er auch einen bisher nicht erwähnten übergehenden Reim von Strophe zu Strophe. In *'Der sinnen kamer'* liegt dieser Reim allein zwischen Str. 2 und 3 und ist unrein, in diesem Bar zwischen 1 und 2. Der Reim, der also ursprünglich nicht zum obligaten Strophenschema gehörte, bewirkt eine zusätzliche Strophenbindung, in der jeweils betroffenen Strophe stellt er, da nun auch der 1. Stollen über einen Anreim verfügt, völlige Parallelität der Stollen her. Auch diese Reimbindung ist in der Sangspruchdichtung bis dahin genau so nicht belegt.[26]

Aus der Zeit vor der Reformation sind weitere Texte im Ton nicht bekannt. Im Jüngeren Meistergesang wird er nicht häufig, aber doch konsequent benutzt. Hans Sachs verwendete den Ton 1528 allein fünfmal; für zwei Psalmversifikationen: den 23. (^{2}S/211) und 127. Psalm (^{2}S/224), außerdem für ein Pfingstlied (^{2}S/249), das eine große Zahl Bezugsstellen thematisch zusammenstellt. Dann leitet er sein 3. Meistergesangbuch mit einer Allegorese von Matthäus 15, 21-28 ('Die Heilung der Tochter der kananäischen Frau'; ^{2}S/258), ein und läßt eine Sammlung von Bibelzitaten über den Geiz folgen (^{2}S/259). In späteren Jahren hat er noch dreimal Psalmen, den 31. (^{2}S/4729), 38. (^{2}S/1790) und 45. (^{2}S/1795), in diesem Ton versifiziert. Weniger herausgehoben verwenden Valentin Voigt und Georg Hager den Ton im Rahmen von Zyklen: Voigt in seinem Genesis-Zyklus ('Isaaks Segen über Jakob'; ^{2}Voi/36 1544)[27], Hager in seinem Epistel-Zyklus (Epistel von Sexagesima, 2. Korinther 11, von 1593; ^{2}HaG/55). Puschman hingegen benutzt den Ton für den Schöpfungsbericht Genesis 1 (^{2}Pus/145). Das 'Singebuch' wird mit diesem Lied eingeleitet.[28] Hans Müllner verkündet 1547 nach dem Scheitern katholisch-protestantischer Einigungsversuche auf dem Reichstag von Worms die Teilung des Reichs nach dem Vorbild der Teilung Israels (^{2}Müln/17). Der

---

[26] Ganz nah verwandte Erscheinungen gibt es aber bei Frauenlobs Neuem Ton, vgl. S. 117ff.

[27] 1. Str. bei Ettmüller, S. 15f.

[28] Dies hängt mit dem Anlageprinzip der Handschrift zusammen. Frauenlob eröffnet die Sammlung der Zwölf alten Meister und Puschman ordnet die Töne nach absteigender Reimzahl, der Überzarte Ton ist der längste unter Frauenlobs Namen.

nicht ganz vollständige Überblick hat gezeigt, daß auch nachreformatorisch der Ton seinen besonderen Charakter als feierliche Großform für nun ausschließlich geistliche Thematik bewahrt hat.

In allen späteren Liedern hat der Ton das Schema der Form 2. Die Pausenreime sind konsequent auf den 1. Stollen und den Beginn des Abgesangs ausgeweitet. Alle Strophenteile und die Strophengrenzen werden dadurch überspielt. Thomas hat, wie oben (S. 20) schon zitiert, zu dem Ton nur bemerkt: »Meistersingerische Übertreibung ist der überzarte Ton mit 42 Versen.«[29] Ich gebe das Urteil dieses besonnenen Forschers stellvertretend für die »normale« Einschätzung von Reimschemata dieser Prägung, möchte aber ausdrücklich die Erfahrungen mit dem Ton nochmals dagegenhalten: er ist nicht »meistersingerisch«, denn er wurde 1322 für den Gebrauch am Hof erfunden, und seine Kunstform entsprang einem Bedürfnis, das diese Form voll erfüllte. Niemand erhebt gegen Leichs ihrer Länge wegen Einspruch.

3. Traditionsstränge

Die Wirksamkeit des Überzarten Tons in der Geschichte der Sangspruchdichtung ist mit seiner Weiterverwendung nicht erschöpft. Albrecht Lesch hat ihn ganz offensichtlich gekannt und durch Übernahme formaler Elemente den Ton eines fünfstrophigen Weihnachtsliedes danach gebildet, seinen Gekrönten Reihen ([1]Lesch/1/1; Cramer <I>, Bd. 2, S. 256-265):

Lesch, Gekrönter Reihen

2	2	2	2	2	2	3
m.a	a	a	b	b_5	c	d
e	e	e_{10}	f	f	c	d

4	4	4	4	4	4	4	4	4	4
K_{15}	g	g	g	h	h_{20}	h	i*	i*	i*

4	4	4	2	2	2	2	2	5
i*	i*	b	k	k	k_{30}	l	l	m

Frauenlob, Überkrönter Ton

2	2	2	2	2	2	3
a	a	a	b	b_5	c	d
e	e	e_{10}	f	f	c	d

4	4	4	5	4	4	5	4	4	4
g_{15}	h	h	h	i	i_{20}	i	k	k	k

4	4	4	2	2	2	2	2	3
k_{25}	k	g	l	l	l_{30}	m	m	c	d

---

[29] Thomas, S. 127.

Die formalen Anklänge der Strophenform scheinen mir unübersehbar. Am deutlichsten wird das in der Verwendung des mehrfach reimenden Korns (i*). Daneben kann Lesch nun aber auch den normalen Kornreim verwenden, weil Mehrstrophigkeit mittlerweile längst Gattungsnorm geworden ist. Statt der übergehenden Reime von Strophe zu Strophe, die ihm vielleicht zu kühn erschienen, setzte Lesch den Anreim des 1. Stollens auf das Strophenende ein. Das Schema von Stollen und Steg ist ähnlich in Kurz- und Normalverse differenziert wie im Überzarten Ton. Neu ist das Ausmünden des Abgesangs in einen 3. Stollen. Auch sonst ist metrisch eine Tendenz zur Einfachheit festzustellen: nur männlicher Ausgang, außer am Stollen- und Abgesangsschluß nur zwei- und vierhebige Einheiten. Die Reimordnung kompliziert eher das Vorbild, der Rückgriff des Stegendes auf Reim b – eher würde man d, vielleicht h erwarten – ist ungewohnt. In k und u, den einzigen Überlieferungsorten des zugehörigen Bars, ist die 1. Str. mit Lücken im 1. Stollen und zu Beginn des Abgesangs tradiert. Vermutlich deshalb blieben die Notensysteme, denen der Text unterlegt ist, unausgefüllt. Auch meistersingerische Melodieüberlieferung gibt es nicht, und so bleibt uns ein Vergleich der Melodien von Vorbild und Imitation verwehrt.

Textlich nimmt der Gekrönte Reihen keinen Bezug auf 'Der sinnen kamer', vom Thema Weihnachten einmal abgesehen. Auch die Anregung, zu datieren, hat Lesch nicht aufgegriffen. Albrecht Lesch ist 1372-1381 in München nachgewiesen. Mit diesem Datum sind wir in erstaunlicher Nähe zur anonymen Zudichtung von 1386 zu 'Der sinnen kamer', die wir nun mit einer gewissen Wahrscheinlichkeit in den gleichen Umkreis verweisen dürfen; daß gerade in München dieses Lied lebendig war, ist ja angesichts seiner wittelsbachischen Verbindungen nicht unwahrscheinlich. Lesch hat möglicherweise in Tönen anderer Meister gedichtet (vgl. S. 182f).

Leschs Ton ist unter dem Namen »Gekrönter Reihen« und in genau dieser Form nicht wieder verwendet worden. Doch ein ganz nah verwandtes Schema wird noch dreimal benutzt: es kursiert unter dem Namen »Überkrönter Ton Frauenlobs«.

Leschs Ton stand in freier Nachfolge des Überzarten Tons, der Überkrönte Ton ist trotz des neuen Namens – wie man so sagt – »im Grunde« genau der Gekrönte Reihen in vereinfachend umdeutender Rezension: der 3. Stollen ist nun exakt den ersten beiden parallelisiert, die Reimresponsion der k-Reime (entsprechend den i-Reimen im Original) über die Strophengrenze ist vernachlässigt, der Kornreim zu Beginn des Stegs ist ebenso beseitigt wie der b-Reim an dessen Ende; die beiden Ärgernisse reimen einfach aufeinander. Beseitigt ist der stropheneröffnende Anreim, die Schlußzeile greift auf den Stollenschluß zurück. Daß zwei Zeilen (18 und 21) aus unerfindlichen Gründen auf 10 Silben verlängert wurden, bleibt dagegen sekundär. Zwei Texte stammen von Lienhart Nunnenbeck: ein Marienpreis (¹Nun/18; Klesatschke Nr. 19) und ein Tabulaturlied (¹Nun/32; Klesatschke Nr. 46), ein Lied von Sachs (²S/3330 von 1550), eine Allegorese von Ex 17.[30] Die unikale Rezeption nach der Reformation spricht vielleicht für Schwierigkeiten bei der Beschaffung der Melodie. Merkwürdig nah steht der Name dem des Überzarten Tons, da kann aber Zufall im Spiel sein.

Daß ein normal ins Strophengefüge integrierter Reim zugleich strophenübergreifend als Korn reimt, wurde oben als äußerst selten deklariert. In Sangspruchdichtung und Meistergesang finde ich nur noch ein weiteres Beispiel, das hier angefügt wird, obwohl es mit der angesprochenen Traditionskette allenfalls ganz locker zusammenhängt. Es ist ein anonym überlieferter Ton in w:[31] *hienach stend schoner lied iij ain parat von vnser liebn frawen.*

Schonsbekel, Paratweise

4	4	4	4	4		2	2	2	2	4	4		4	4	4	4	4
a	a	b	b	c_5		d	d	d	d_{14}	e*	K		f	f	f	f_{20}	e*
a	a	b	b	c_{10}													

Der Ton unterscheidet sich kraß durch seine geringe Länge. Man kann aber auch einige Ähnlichkeiten zu Leschs Ton beobachten: Nebeneinanderverwendung der beiden Korntypen, Verwendung ausschließlich männlicher zwei- und vierhebiger Reime, wobei die Verteilung genau umgekehrt wie bei Lesch ist – die Vierheber im Stollen, die Zweiheber im Steg. Das Lied, das wohl jünger ist, mag also in einer ganz freien formalen Nachfolge stehen, mehr nicht. In die hier untersuchte Tradition der überlangen Töne gehört es selbstverständlich nicht, auch der Lesch-Ton steht da eher am Rande.

Leschs Ton hat vom Überzarten Ton seine Anregung erfahren, ja arbeitet fast ausschließlich mit dessen Mitteln, die er teils reduziert, teils noch ausbaut. Die Abhängigkeit ist offensichtlich. Ganz anders, weit komplizierter liegt der Fall beim Überlangen Ton Regenbogens. Die beiden ältesten Texte stehen in *d* (¹Regb/13/1a und 2; Frauchiger, S. 28-31). 13/1 ist auch in *q* und fragmentarisch in *k* überliefert. Die Altersbestimmung erfordert auch hier wieder eine Auseinanderset-

---

[30] Die Nachweise auch bei Brunner <II>, S. 108 Anm. 129, dort auch Hinweis auf Erwähnungen in Töne-Verzeichnissen.

[31] ¹Schonsb/2/1. Die Zuschreibung an Schonsbekel ergibt sich aufgrund einer signaturähnlichen Formel in Str. 3.

zung mit dem Inhalt. Bartsch[32] geht nur kurz auf den Ton ein. Als
A.Taylor die Tradition der überlangen Töne untersuchte, setzte er
Regenbogens Ton »in the first half of the fifteenth century«,[33] wobei
er sich zu Unrecht auf Bartsch berief und wie dieser die Texte noch
nicht kannte, die drei Jahre später Frauchiger veröffentlichte. 13/1
bringt Bitten um Kunst, dann um Erlösung von Sünden und um
Auferstehung, denen ein ausgedehnter Marienpreis folgt. Aufschluß-
reicher ist das zweite Lied (13/2), das ich für älter halte; an seinem
Ende befiehlt Regenbogen seine Seele Gott an:

> *des regenbogen selle*
> *welle,   das sein stat*
> *sey   pey   dir in dem drone.*

Die beiden Stollen der 1. Str. tragen das typische Gepräge der Tonweihe. Der Dichter dankt für den von Gott verliehenen *gaist* und be-
reut seine mangelnde Gebotstreue, um schließlich seine einzigartige
Strophenform zu feiern:

> *her, ich mine*
> *dein gebot nit also woll;*
> *von roch ich sülde myne*
> *hie disse weisse hercz-geleich*
> *mit weissen schrencken jn vollaist,*
> *in freden genczlich schon vnd eben,*
> *mit sweren finden pey*
> *uil pas dan alle weisse.*
> *hoch zu preisse*
> *stat sein reich*
> *mit spechen sol*
> *man sy da pillich preisse.*[34]

Die hier wiedergegebene syntaktische Interpretation Frauchigers
versucht dem unveränderten Text zu folgen, ist aber unwahrscheinlich. *von roch ich sülde myne* muß sinngemäß zum vorhergehenden
Satz gehören. Doch fehlen dann dem Folgesatz Subjekt und Prädikat,
die sich aber durch die Konjektur *ich vollaist* herstellen lassen. Für
hercze-geleich (in der Tat mit Bindestrich in der Handschrift) schlägt
Frauchiger selbst *herczegleich* in der Anmerkung vor. Eine schöne,
geglättete Strophenform, besser als alle bekannten Strophenformen,
preist der Dichter also an. Mit so *sweren finden* ist sie versehen, daß er

---

[32] Bartsch <II>, S. 177.
[33] A.Taylor <II>, S. 226.
[34] Text und Interpunktion nach Frauchiger, S. 30.

im Abgesang dem, der sie richtig nachvollziehen kann (*eben misset*), sogar großspurig einen goldenen Ring als Preis aussetzt. Worin liegt nun das Geheimnis der Strophenform? Bereits in den zitierten Versen ist es erkennbar. Der Dichter hat Equivoca-Reime verwendet. Schon in Liedern des 13. Jahrhunderts, z.B. bei Neifen, sind solche rhetorischen Spielformen üblich.[35] Auch bei den Meistersingern seit dem 15. Jahrhundert sind Spielereien üblich, bei denen die »Normal«-Reime einer gängigen Strophenform durch Equivoca-Reime ersetzt sind (während sie normalerweise verboten sind).[36] Hier sind sie an bestimmten Stellen des Strophenschemas fest eingebaut. Daneben treten fast alle denkbaren Raffinessen des Anreims, des doppelten Anreims und des Schlagreims. Von einer Silbe bis zu acht Silben erscheinen alle Reimlängen, geregelt auftaktlose Verse wechseln mit auftaktigen und binden manche Einheiten enger zusammen. Wir verdienen uns also den goldenen Ring durch die Aufstellung des folgenden Schemas, wobei wir es freilich leichter haben als das angesprochene Publikum des Liedes, weil wir von der schriftlichen Aufzeichnung, nicht von Gehörtem ableiten. Equivoca-Reime sind durch gleiche Index-Zahlen gekennzeichnet:

Regenbogen, Überlanger Ton

$$2' \quad °2 \quad 4 \quad 3' \quad °3 \quad 3' \quad °2' \quad °2 \quad 2 \quad 3'$$
$$\text{A.}a^1 \quad b \quad c \quad d \quad e_5 \quad a^1 \quad a^2 \quad b \quad f \quad a^2_{10}$$
$$\text{A.}g^1 \quad h \quad c \quad d \quad e_{15} \quad g^1 \quad g^2 \quad h \quad f \quad g^2_{20}$$

$$3' \quad 2 \quad 3' \quad 3 \quad °2 \quad 2' \quad 3 \quad 3' \quad 2 \quad 2 \quad 3' \quad 2'°1' \quad °2' \quad 2 \quad 2$$
$$i^1 \quad u.k \quad l \quad m \quad m_{25} \quad n \quad o \quad o.l \quad p \quad p_{30} \quad q \quad r \quad r \quad q \quad s \quad s_{35}$$

$$°2 \quad 3' \quad 4 \quad 4 \quad 4 \quad 4 \quad 3' \quad 2'°1' \quad °2 \quad 2 \quad 4 \quad 3'°1' \quad °2 \quad 1\_2$$
$$t \quad n \quad u \quad K \quad v_{40} \quad v \quad i \quad w \quad w \quad t \quad z_{45} \quad z \quad y \quad y \quad m \quad \text{B.B} \quad i^1$$

Das Reimschema zeigt noch einmal ganz offensichtlich, daß dem Dichter daran gelegen ist, ein möglichst kompliziertes Strophengebilde zu schaffen, um die Fähigkeit der Zuhörer zu testen, oder genauer gesagt, um zu beweisen, daß sie der Aufgabe nicht gewachsen sind, wie die Preisaussetzung belegt.

Argumente für das Alter lassen sich aus sprachlichen Gesichtspunkten kaum gewinnen, da das Lied an das sprachliche Niveau der Handschrift angeglichen ist. Diese setzt eine zeitliche Obergrenze bei ca. 1440. Die Verfasserangabe »Regenbogen« andererseits ist sicher

---

[35] Vgl. Tschirch, 347f, und Ranawake, Register. Equivoca-Reime dieser Art, die fest ins Strophenschema eingebaut sind, werden später nur noch einmal verwendet – in Kettners Schlüsselweise.

[36] Z.B. Muskatblut (¹Musk/1/29; Groote Nr. 1)

fiktiv, zu groß ist der Abstand zum kleinen Kernbestand der Sprüche in C und den Regenbogen-Fragmenten des Grimm-Nachlasses (Berlin Nachlaß Grimm 132/13). So bleibt zunächst ein Zeitraum von ca. hundert Jahren für die Entstehung. Es ist naheliegend, doch nicht sicher, daß der Ton eher in die zweite Hälfte dieses Zeitraums gehört. Die fiktive Regenbogen-Signatur ist vor allem aus fiktiven Frauenlob-Regenbogen-Streitgedichten bekannt. Hier tritt sie ohne Nennung Frauenlobs, allerdings nicht ohne Polemik auf. Sie richtet sich gegen eine unbestimmte Mehrzahl von Anwesenden, am ehesten Sangesgenossen. Die typische Frauenlob-Regenbogen-Situation fehlt also, sie ist aber vielleicht als Tradition vorauszusetzen (andere fiktive Autorsignaturen gibt es bereits in H). Es besteht eine geringe Möglichkeit, den Textzusammenhang auch anders zu verstehen. Die dritte Strophe beginnt nämlich nochmals mit einer Bitte um Weisheit, *das ich mess schon jn disse weissen.* Sollte das eine Antwortstrophe auf die ersten sein? Dann wäre die Auflösung des Rätsels der Strophenform durch die formal richtige Zudichtung der 3. Str. gelungen. Dann könnte aber nur Str. 3 von »Regenbogen« stammen, die 1. und 2., vor allem aber die Erfindung der Rätsel-Strophenform wäre einem fiktiven Gegner, am ehesten »Frauenlob«, zuzuschreiben. Der Ton läuft aber in der gesamten Überlieferung unter Regenbogen. Für ein etwas höheres Alter könnte die relative Selbständigkeit der Einzelstrophen sprechen, die so bei Dichtern um 1400 nicht mehr üblich ist. Das in d voranstehende Lied ist unseren Überlegungen zur Strophenform nach sicher nicht älter, es liefert keine zusätzlichen Alterskriterien. Die fragmentarische Überlieferung dieses Liedes in k weist auf eine nah verwandte Vorlage hin, allerdings fehlt hier eine Zeile im Stollen. Dies, die Kompliziertheit des Tons überhaupt oder die ungewöhnlichen Reime, die in k etwas anders aussehen, könnten bewirkt haben, daß der Schreiber aufgab. (Zur Überlieferung in k und q s. unten.)

Die im ersten Teil des Kapitels beschriebenen Linien, die vom Überzarten Ton ausgehen, waren klar erkennbar: die Abhängigkeit des Lesch-Tons und des davon wieder abgeleiteten Pseudo-Frauenlob-Tons. Vergleicht man Überzarten und Überlangen Ton, fallen Kontraste, keine Gemeinsamkeiten ins Auge. Abhängig vom völlig unterschiedlichen Funktionsrahmen bleibt im Überzarten Ton trotz der reimreichen Großform und der Neuerungen die Form auf Durchschaubarkeit angelegt. Der Überlange Ton dagegen treibt ein Verwirrspiel mit Zeilen und Reimen, flicht völlig Neues und Ungewohntes ein, um den Zuhörer am Verfolgen der Struktur ausdrücklich zu hindern. Die reimreiche Großform hat zwar als Hintergrund schon das Vorbild einer anderen Großform, folgt ihr jedoch nicht im einzelnen. Dieser Befund scheint anders bei den Melodien der beiden Töne. Puschman notiert in Mel.*m* anläßlich der Niederschrift des Über- langen Tons, »daß der A[bgesang] in der Melodey concordir mit dem überkrönten Dullners und dem überzarten Ton Fr[auen]l[obs]«.[37] Ich scheue mich freilich, dieser für Puschmans Zeit sicher richtigen Bemerkung zu große Bedeutung beizumessen. Leider ist für den Überlangen Ton erst nachreformatorisch eine Melodie belegt, weil *k* wegen der geschilderten Schwierigkeiten keine beigibt. Erhalten sind Melodien in Mel.*m*, 464^r[38], Mel.*o*, 14^v, Mel.*p*, 153^r (von Münzer nicht abgedruckt), Mel.*v*, 107^r-108^r, Mel.*x*, 3$^{rv}_{(1)}$ und 17^r-18$^r_{(2)}$ und Mel.*s*, 1^r- 2^r. Die Rezeption ist damit sehr breit, neben Puschmans Version (Mel.*m*, Mel.*o*, Mel.*p*, Mel.*x*$_{(2)}$) kennen wir die Nürnberger (Mel.*x*$_{(1)}$, zurückgehend wohl wieder auf eine nicht erhaltene Niederschrift Watts), die von Valentin Voigt (Mel.*v*) und eine Straßburger Fassung (Mel.*s*). Alle stimmen bis auf Mel.*x*$_{(1)}$ relativ gut zusammen. Dort ist das »Dreiklangs«-Motiv des Anfangs, das abgewandelt wiederkeh- rend den gesamten Melodieaufbau bestimmt, durch einen zögernd- schrittweisen Aufstieg durch mehrere Distinktionen ersetzt. Überein- stimmend setzen alle Fassungen den melodischen Gipfel in den Beginn des Abgesangs. Zeilenübergänge verlangen häufig Quint-, Sext-, und Oktavsprünge. Der Ambitus umspannt eine Undezim – Unterquart bis Oktav der Finalis (ich verzichte auf Notennamen wegen der wechselnden Tonalität der Überlieferungen). Der Über- lange ist ein gesangliches Bravourstück mehr noch als der Überzarte Ton. Das Eingangs- und Grundmotiv des Anstiegs in zwei Terzen rückt die Melodien nahe zusammen. Die abweichende Fassung in Mel.*x*$_{(1)}$ könnte aber ein Fingerzeig sein, daß hier konvergente Entwicklung im Spiel ist. In jedem Fall aber scheint der Überlange Ton seiner melodischen Gestalt nach dem Typus der Frauenlob-Töne mit ihren ausgeprägten Sprüngen und dem großen Tonumfang recht nahe zu stehen.

Auch der Überlange Ton bleibt im Repertoire der Meistersinger. Nach dem Fragment in *k* ist der Text auch in *q* überliefert, allerdings in überarbeiteter Form, die auch das Reimschema betrifft. Die Equi- voca-Reime des Abgesangs sind gänzlich beseitigt, die des Aufge- sangs dadurch verdeckt, daß das Reimgeschlecht differenziert wird. Die entsprechenden Reimwörter der beiden Stollen der 1. Str., die in der Fassung von *d* identische Reime sind, lauten nun:

---

[37] Münzer, S. 16.
[38] Abdruck: Mey, S. 187-189; Text nicht der in der Handschrift unterlegte (^{2}S/4251), sondern ^{2}Dei/132/104 aus Dresden M 7 von Hans Deisinger 1606.

leucht/ leuchte/ feucht/ feuchte// sterck/ stercke/ merck/ mercke.[39]

Außerdem werden zwei der Anreime des Abgesangs beseitigt. Einer der beiden frei werdenden Reime wird durch zusätzliche Zeilenteilung aufgefangen, der andere wird zu einem Korn. Ein neuer Anreim zu Beginn der ersten Abgesangszeile bindet auf die Anreime der Stollen. Daneben treten noch einige weniger bedeutsame Änderungen wie eine weitere Zeilenteilung im Stollen und Ausweitung des Auftakts. Die Einführung des Kornreims und der Anreim zu Beginn des Abgesangs rücken den Überlangen Ton näher an den Überzarten. Die nachreformatorischen Meisterlieder kennen den zuletzt genannten Anreim nicht und bieten auch sonst wieder kleine Abweichungen. Als Ton ist er beliebter als der Überzarte. In Puschmans 'Gründlichem Bericht des Deutschen Meistergesangs' wird er sogar als Muster zitiert, das alle bekannten Reimarten enthalte:

Nu die Art vnd Eigenschafft dieser Sechßerley Reimen in Thönen zu erkennen/ besehe man eigentlich den künstreichen vberlangen Thon des Regenbogens/ Der denn diese Sechserley Reimen nach rechter art innehelt. Vnd ist gemelter Thon nicht allein/ an zal vnd maß kunstreich/ wie jtzt gesagt/ Sondern auch an dem Gebänd und Melodey.[40]

Freilich irrt Puschman hinsichtlich der »sechserlei Reime«, denn in keiner bekannten Fassung ist eine Waise eingebaut. In der 2. und 3. Fassung des 'Berichts' ist der Passus denn auch entsprechend geändert. Puschman selbst hat offenbar niemals im Überlangen Ton gedichtet, sowohl in Mel.*m* wie in Mel.*p* unterlegt er Sachs-Texte, in Mel.*m* [2]S/4251, in Mel.*p* [2]S/989. Als Beispiel eines Tons, der Körner enthält, nennt den Ton auch schon Lorenz Wessel in seiner Tabulatur.[41] Wie der Überzarte Ton steht der Überlange in seiner späten meistersingerischen Verwendung im Dienst der »großen« geistlichen Thematik. Ich verzichte wegen des häufigen Gebrauchs auf Einzelnachweise, erwähne aber, daß – wie Puschman im Überzarten –

---

[39] In der Tabulatur heißen solche Reime »halbe Equivoca« und sind verboten. Sie sind ein Sonderfall des grammatischen Reims.

[40] B.Taylor <VI>, Bd. 2, I, Bl. 2ʳ. Die drei Fassungen des 'Gründlichen Berichts' sind bei Taylor einzeln gezählt; die römische Zahl nach der Bandangabe gibt die jeweils gemeinte Fassung (des Berichts) an.

[41] Im Abdruck bei Streinz <I>, S. 88. Das doppelte Auftreten in den beiden recht unabhängigen Quellen könnte auf eine Tradition der meistersingerischen Unterweisung deuten, in der der Überlange Ton als Lehrstück genannt wurde, dann freilich für Reimarten, die z.T. verboten waren. Denkbar ist übrigens, daß auch in der Tabulatur einige Verbote ursprünglich auf verbotene Kunststückchen, nicht auf eigentliche Fehler zielen.

Sachs im Überlangen Ton die Schöpfungsgeschichte (²S/1512) vertont hat. Puschman hatte den Ton auch als melodisches Muster gerühmt. Wie sehr sich hier zeitgenössische und Forschungswertung widersprechen können, sei abschließend noch herausgestellt. Denn Münzer notiert: »P[uschman]s Melodie ist wenig verlockend. Sie besteht aus den gewöhnlichsten Motiven und fällt im A[bgesang] völlig auseinander«.[42] Mey hatte schon zuvor noch vernichtender geurteilt: »Man könnte es [das Melos des Überlangen Tons] sogar ein Hin- und Hergesinge nennen.«[43]

Es ist nach der bisherigen Untersuchung klar, daß die Entfaltung der überlangen Töne viel weiter zurückreicht, als die Forschung bislang gesehen hat. Sie behält aber insofern recht, als diese Erscheinung auf Erfindung und Rezeption weniger Töne und Texte begrenzt, ihr spätmittelalterliches Dasein fristet. Es blieb dem Nürnberger Meistersinger Ulrich Eislinger (2. Hälfte des 15. Jahrhunderts) vorbehalten, das »Überbietungsschema« des Überlangen Tons Regenbogens durch einen eigenen Überlangen Ton zu überbieten. Hatte der Ton Regenbogens es in seiner reimreichsten Fassung auf 60 Reime gebracht, so gelingen Eislinger nun 70![44] Dagegen nimmt sich Sachs' Überlanger Ton von 1529 bescheiden aus, er hat nur 66 Reime. Wie Eislingers Ton zeichnet er sich durch klare Gliederung aus und verfügt über die aus der Tradition vorgegebenen Pausenreime zu Stollenbeginn. In den Jahren zwischen ca. 1540 und 1575 kommt es dann zu einer explosionsartigen Vermehrung der überlangen Töne. In Nürnberg komponieren Hans Vogel einen Überlangen Ton (88 Reime, enthält Körner), Michael Vogel eine Überlange Vogelfreudweise (105 Reime, mit vielen Anreimen, auch zu Beginn der Stollen) und Kaspar Betz einen Überlangen Ton (106 Reime, zahlreiche Anreime, auch zu Beginn der Stollen), in Augsburg Onoferus Schwartzenbach einen Überlangen Ton (71 Reime) und eine Überlange Tagreise (105 Reime), Sebastian Wild einen Überlangen Löwenton (100 Reime) und eine Überlange Straßweise (116 Reime), in Oberösterreich Lorenz Wessel einen Überlangen Ton (121 Reime) und in Breslau Wolf Herolt eine Überlange Sommerweise (81 Reime). Wer dabei als erster die Traummarke von 100 Reimen durchbrochen hat, läßt sich nicht sicher sagen, wahrscheinlich einer der Nürnberger,

---

[42] Münzer, S. 16.
[43] Mey, S. 189.
[44] Ein Text Eislingers in diesem Ton ist nicht erhalten, der Ton ist überhaupt erst nachreformatorisch nachgewiesen, doch zur Fälschung bestand kein erkennbarer Anlaß.

Hans Vogel oder Caspar Betz. Nicht viel später warnt dann Adam
Puschman in seinem 'Gründlichen Bericht':

> *Dieweil man es aber ja für ein Kunst achtet/ vberlange Thön zu machen:*
> *Deuchte mich/ es were vbrig lang und hoch gnug hinauff gestiegen/ wenn*
> *ein Thon 100. Reimen oder Versen hette/ vnd das die Thön so vber 100.*
> *Reimen kein Vortheil hetten/ vor denen so 100. inhalten/ bey den man es*
> *solte bleiben lassen. Weil doch nicht wol müglich in solchen vberlangen*
> *Thönen ein gedrittes Lied nacheinander zu singen (Ich geschweige der*
> *gefünfften oder gesiebenden Lieder) Wie sich denn wol gebürte.*[45]

Puschmans Einwand scheint einen Brauch zu kritisieren, der den
überlangen Tönen beim Merken einen Vorsprung an Fehlersilben
gibt, um so die Probleme der Länge ein wenig auszugleichen, den ich
aber positiv nirgends nachweisen kann. Der Nürnberger 'Schulzettel'[46] von 1540, damit die Töne überhaupt gebraucht werden,
erlaubt das *Überlengen* im Gleichen. In Nürnberg belegen die Singschulprotokolle auch eindeutig den Brauch, daß ein Singer nur eine
Strophe eines überlangen Tons singen mußte. Greifbar wird das dort,
wo die Protokolle das Initium der zweiten oder dritten Strophe eines
Bars als Kennmarke geben. Auch der Gebrauch des Hans Sachs, bei
überlangen Tönen dreistrophige Bare mit nur lockerem thematischem
Zusammenhang zu dichten, weist in die gleiche Richtung.[47]
     Puschman hat eingedenk seiner Warnung selbst eine Überlange
Adlerweise von genau 100 Reimen gedichtet. Sein Breslauer Sanges-
genosse Martin Drillner tat es ihm mit einem Überlangen Ton nach,
und auch des Nürnbergers Hans Georg Findeisen Überlange
Walweise besitzt 100 Reime. Aber durchgedrungen ist Puschman mit
seinem Votum nicht. Zwar bescheidet sich der besonnene Georg
Hager um 1600 mit einem 80reimigen Überlangen Ton, doch Martin
Gümpel aus Straßburg erfindet einen Überlangen Ton (auch Überlange Gimpelweise) von 120 Reimen. Die letzten und längsten Töne
liefern Benedict von Watt und Ambrosius Metzger. Watt, der eifrige

---

45 B.Taylor <VI>, Bd. 2, I, Bl. 14ᵛ.
46 Der 'Schulzettel' von Hans Sachs ist dem 'Generalregister' angefügt. Im
     'Generalregister' (und im Reprint von R. Hahn) sind die Bll. nicht numeriert.
47 In der Singschule vom 22. September 1555 singen beim Gleichen Hans Nörlin-
     ger, Anton Fibinger und Hans Grieser die drei Strophen von ²S/1715 (*die drei*
     gotlosen kunig jude) nacheinander, allerdings in verkehrter Strophenfolge und
     unterbrochen von zwei weiteren Singern, weil man die gleiche Reihenfolge ein-
     hielt wie beim Hauptsingen. Dazwischen trug noch Michael Vogel *das ander gsez*
     der rut (²S/2516) vor. Übrigens ging es beim Gleichen nur noch um den zweiten
     Platz. Der Gewinner des Hauptsingens, Jacob Sailer, stand bereits fest, vgl. Dre-
     scher <II>, S. 2f.

Tönesammler, komponiert in Kenntnis der Tradition einen Überlangen Ton von 122 Reimen, genau einem Reim mehr, als der bis dahin längste von Lorenz Wessel besitzt.[48] Sein Reimschema, das – sicher bewußt – allen bis dahin stillschweigend akzeptierten Regeln der Reimfolge Hohn spricht, indem es z.B. in den Stollen keinerlei Parallelismus der Reime walten läßt, ist dabei ein letztes Beispiel für eine reine – hier völlig manierierte – Überbietungsform.[49] Dies gilt nämlich keineswegs für alle überlangen Töne der Spättradition, denen insgesamt eher ein konstruktivistisches Gepräge und Bemühen um klärende Binnengliederung eignet, wenn sie auch gerne Körner, Pausen und Schlagreime, in der Mehrheit der Fälle den »ererbten« Pausenreim zu Beginn der Stollen aus ihrem Frauenlob- und Regenbogen-Vorbild herübernehmen. Dies gilt auch für den längsten und letzten aller überlangen Töne, die Überlange Walfischweise Ambrosius Metzgers, einen Leviathan von 134 Reimen. Da dieser Ton im Abgesang überwiegend Zeilen »normaler« Länge (8-10 Silben) aufweist, kann er als längste Strophenform der deutschen Literatur- und Musikgeschichte gelten mit, wenn ich mich nicht verzählt habe, 963 Silben. Die Melodie ist übrigens erhalten.[50]

Schon A. Taylor hat darauf hingewiesen, daß die Geschichte der überlangen Töne letztlich auch eine Geschichte der überkurzen Töne in Gang gesetzt hat; davon am Ende des VI. Kapitels.

Ein letztes Traditionselement konstituiert sich im Namen. »Überzart« nennt sich auch ein Ton Sixt Beckmessers. Die in diesem Ton verwendeten einfache und doppelte Anreime leiten sich eher vom Goldenen Ton Frauenlobs her – und der Ton hat auch in der Tradition zwei Namen, Goldener oder Überzarter. Mit seiner Länge von 39 Reimen, mit langen, allerdings nicht zu schwierigen Koloraturen knüpft er offenbar bewußt an den Namensvorgänger an. Und daß 'Der sinnen kamer' selbst als Vorbild gesehen wurde, läßt sich daran

---

48 Den Grund hat Merzbacher, S. 152, herausgefunden. Watt hatte seine Sammlung aller Meistertöne nach absteigenden Reimzahlen geordnet. Die Autoren inserierte er konsequenterweise nach der Länge ihres jeweils längsten Tons. Durch den Überlangen Ton konnte er die Sammlung selbst eröffnen!

49 Merzbacher, S. 151, sieht in dieser Form ein »arbeitsökonomisches Prinzip« walten. »Man konnte so ohne Rücksichtnahme auf Reimbindungen einen großen Teil der Strophe schnell herstellen.« Die Reime werden dadurch freilich nicht weniger; an späterer Stelle mußten dafür in jeder Zeile Reimwörter gefunden und zuvor Zufallsreime unterdrückt werden. Die einfachste Art des Dichtens ist die unmittelbare Abfolge des Paarreims. Die verschobene Form stellt zwar sicherlich eine Erschwerung für die Merker dar, aber keineswegs eine Erleichterung für den Dichter.

50 Mel.z$_2$, Nr. 5.

erkennen, daß der einzige echte Text im Ton ein Weihnachtslied ist ([1]Beckm/2/1).

4. Was ist ein Ton?

Die Geschichte der überlangen Töne, scheint mir, kann paradigmatisch zeigen, wie Entwicklungen im Feld der Tonschemata verlaufen und welche Arten von Tonveränderungen und Tonbeziehungen dabei greifbar werden. In diesem Teilbereich ist es auch möglich, Entwicklungslinien zu verfolgen und Überlegungen zu Texten einzubeziehen. Die klaren Linien und Ergebnisse sind auf die außergewöhnliche Stellung der beteiligten Töne zurückzuführen. Dies ist nicht auf alle anderen Töne übertragbar. Dort, wo nicht schon Überlänge oder seltene Reimspielereien Kriterien liefern, sind Tonbeziehungen schwerer zu erschließen und in ihrem Charakter zu beurteilen. Die gesammelten Beobachtungen werden aber wohl ausreichen, um Sensibilität für das Problemfeld zu wecken, das nun thematisiert werden soll.

In den Sammlungen des 15. bis 18. Jahrhunderts präsentieren sich die Töne der Sangspruchdichter und Meistersinger in einer Gestalt, die durch eine Reihe spezifischer Kennzeichen konstituiert sind. Formale Kennzeichen sind die feste Struktur des Reimgebäudes (in der Terminologie der Meistersinger: *Gebänd*) und des Metrums (*Gemäß*) – beide zusammen bilden das Tonschema – sowie eine bestimmte Melodie. Charakteristisch ist weiter, daß die Melodie im Regelfall nicht niedergeschrieben ist, sondern durch Angabe des Tonnamens und des Tonerfinders vertreten wird. Diese Art der Tonangabe ist so typisch für den Meistergesang, daß sie Meistersingerhandschriften erkennen läßt. Es ergibt sich also folgendes, fünf Größen umfassendes Gerüst, das die Einheit eines Tons konstituiert:
- Name des Tonautors,
- Tonname,
- Metrische Struktur,
- Reimanordnung,
- Melodie.

Das Problemfeld, das diese fünf Konstituenten eröffnen, ist die Frage nach der Einheit des Tons angesichts von Varianten und Schwankungen einzelner Größen einerseits, und die nach dem Zusammenhang verschiedener Töne, die Ähnlichkeiten aufweisen, andererseits. Beide Fragen haben in der bisherigen Forschung bereits eine erhebli-

che Rolle gespielt, ohne daß indes der Hintergrund je gänzlich aus-
geleuchtet worden wäre; es fehlt vielmehr an einer – allen beleg-
baren Fällen standhaltenden – klaren Terminologie. »Ton« ist ein
Terminus der Meistersinger selbst und heißt zunächst einmal
»Melodie«:

> In dysem hohen guldin canczler mag man singen all die [die] lieder dye
> im gulden canczler gent der ist nu herlich hoch vnd swer Aber hienach ist
> genotiert ein anderer tone in demselben gemess der ist nu senfter vnd
> sußer zu singen da man der merer teil alles gesang jnn singet daz in
> canczlers guldin done stet.[51]

Der Redaktor von k wollte also angeben, daß ein ganzes Corpus von
Strophen auf zwei verschiedene Melodien gesungen werden kann.[52]
Nur an diesem singulären Beispiel läßt sich aber die Bedeutung
überhaupt klar machen. Der Normalfall nämlich ist die Existenz nur
einer Melodie, und dann, das beweist die Unzahl der anderen Belege,
ist die Dependenz des Tonschemas, des metrischen Schemas und des
Reimgefüges also, bei der Melodie immer schon mitgedacht. Wir
müssen den Extremfall aber weiter im Auge behalten; der Schreiber
scheint nämlich den beiden Melodien verschiedene Namen zu geben,
er unterscheidet den *hohen guldin* [Ton] vom *guldin* [Ton] – die
Weglassung von »Ton« ist hier als Ellipse zu verstehen und hat sicher
keine programmatische Bedeutung. Dann aber verwendet er plötzlich
am Schluß *guldin don* als Metabegriff für den ganzen Komplex, der
offenbar auch zwei Melodien umspannen kann. Im späteren Meistergesang ist Mehrfachnotation von Melodien gelegentlich noch
bezeugt. Puschman teilt in Mel.*p* zwei Melodien zu Konrads Aspiston
mit; da die Handschrift verloren ist, sind die Unterschiede nicht
bekannt. In den Handschriften Mel.*x* und Mel.*y* kommen mehrmals
Gegenüberstellungen zweier Melodiefassungen vor, allerdings deutlich als bloße Varianten erkennbar und gekennzeichnet. In anderen
Fällen wird darauf hingewiesen, daß es sich um Vortragsvarianten
handle, ohne daß eine Gegenüberstellung stattfindet. Auch für die
beiden Fassungen des Goldenen Tons in k kann man vielleicht eine
einheitliche Ursprungsmelodie voraussetzen (vgl. S. 168f), aber dies
spielt deswegen für unsere Beurteilung keine Rolle, weil der Schreiber sie als selbständige Melodien, nicht als Varianten betrachtet.

---

[51] k, 545ᵛ. Runge, S. 130.
[52] Nimmt man den Text ganz ernst, heißt es: auf die eine Melodie kann man das
gesamte Toncorpus singen, auf die andere den größeren Teil davon. Eine entsprechende Kennzeichnung der einzelnen Lieder fehlt allerdings.

Von Boppe ist ein in der Meistersingerüberlieferung Hofton oder Langer Ton genannter Ton belegt. Diese Angabe erscheint erstmals (lateinisch) in der 'Ungarnchronik' Heinrichs von Mügeln als *nota curie mensurata Fortis Popponis rethoris*. Von derselben Strophenform heißt es jedoch an anderer Stelle derselben Chronik, dies sei ein Ton Mügelns. In der Mügeln-Sangspruchsammlung *g* steht dann erstmals der Tonname: *Das sind die getichte Meister Heinrichs mögelin/ die er gemessen had in sinem langen done* <...> (Überschrift zu [1]HeiMü/1-17a). In der Meistergesangsüberlieferung gibt es einen Langen Ton Mügelns neben dem Hofton Boppes (später ebenfalls Langer Ton genannt). In *k* und wo immer die Töne melodisch belegt sind, haben sie gesondert notierte Melodien.[53] Die Textkorpora sind getrennt, nur gelegentlich wechseln Strophen oder Bare die Tonbezeichnung von Handschrift zu Handschrift. In diesem Fall werden also anders als im ersten die Töne trotz Schemaidentität bei unterschiedener Melodie nicht identifiziert. Die unterschiedlichen Melodien werden durch unterschiedliche Tonangaben ausdrücklich gefordert. Die Problematik soll hier einstweilen nur aufgezeigt werden.

Eine adäquate Terminologie wird nur dann zu erreichen sein, wenn sie die Spannweite des Vorgefundenen einerseits berücksichtigt, andererseits von individuellen Fehlern und kollektiven Inkonsequenzen der mittelalterlichen und frühneuzeitlichen Autoren, Redaktoren und Schreiber zu abstrahieren in der Lage ist. Schließlich sollte durch einheitliche Terminologie auch ein möglichst großes Stück Diachronie beschrieben werden können.[54]

---

[53] Vgl. dazu aber im einzelnen S. 164-168. Dort auch die Nachweise.

[54] Meine Vorstellungen berühren sich sehr eng mit dem, was Kornrumpf/Wachinger, S. 384-387, zu dem Themenkomplex formuliert haben. Wenn ich sogar die gleichen Beispiele (Boppe/Mügling, Langer Ton und Kanzler, Goldener Ton) wähle, so deswegen, weil es tatsächlich die instruktivsten sind. Kornrumpf/Wachingers Alment-Aufsatz setzt von seiner Ausgangslage her andere Schwerpunkte: 1. kommt er von den Verhältnissen des 13. Jahrhunderts her, 2. ist er als Aufsatz zunächst daran orientiert, die Problematik aufzuzeigen – er muß nur ausgewählte Einzelfälle lösen, nicht den Gesamtkomplex systematisch darstellen. Daraus ergeben sich etliche Nuancen der Gewichtung: »... zugefügte Auftakte, eine geänderte Kadenz, die Anreimung einer Waise – zu anderer Zeit oder bei anderem Kunstanspruch bloße Nuancen des Form-Gebrauchs – konnten durchaus ein 'neue' Strophenform konstituieren. Das bedeutet aber: Ton-'Identität' (und -entlehnung) ist gar nicht durch einen exakt festlegbaren Grad von Übereinstimmung in der Form definiert und daher bei fehlender Melodie auch nicht von einem irgendwie meßbaren Grad der 'Originalität' der Form her allein wahrscheinlich zu machen, sondern ist zum guten Teil eine Sache der Konvention, wird jeweils neu gesetzt und im Gebrauch bestätigt.« (S. 384f.) Dies ist uneingeschränkt richtig. Doch ist die mittelalterliche Konvention eben nicht

Für den Meistergesang des 15. bis 18. Jahrhunderts, wo die regelmäßige Tonangabe beim Corpus oder beim Einzellied jeden Text einem bestimmten Ton zuweist,[55] läßt sich ein System recht gut erstellen, wenn man neben den eingangs aufgeführten Kenngrößen noch einige Hilfsparameter zuläßt. Von Zugehörigkeit zu einem Ton wird in dieser Arbeit gesprochen, wenn metrische Struktur und Reimordnung einer oder mehrerer Strophen eines Überlieferungszusammenhangs einem Ton eindeutig zugewiesen werden können. Bei mehrdeutigen Tonschemata entscheiden die beigegebene Melodie oder der beigefügte Tonname. In den allermeisten Fällen reichen diese Kriterien bereits, ja es entsteht sogar Redundanz. Daher ist auch leicht die Korrektur falscher Überschriften möglich, wenn z.B. über einem Lied mit dem Tonschema von Marners Langem Ton *Jn dem newen don* angegeben ist ([1]Marn/7/515c-Str. 4). Schwieriger ist der Fall, wenn fälschlich Konrads Aspiston angegeben ist, das Schema jedoch zu den schemagleichen Tönen Frauenlob, Kupferton oder Wolfram, Goldener Ton gehören kann ([1]Wolfr/2/2c). In diesem Fall hilft die sonstige Überlieferung des gleichen Bars weiter – sie steht im Beispielfall unter dem Namen von Wolframs Goldenem Ton. Normalerweise sind die beiden zuletzt genannten Töne durch verschiedene Melodien und durch Opposition in der gleichen Handschrift ausreichend geschieden.

Dieser rekonstruierbare Konsens der Liederbuchredaktoren ist in vielen Fällen ein wichtiger, ja ausschlaggebender Grund für die Zuordnung. Er überbrückt die gelegentlich drastischen Schemavarianten und Veränderungen der Melodiegestalt. Tonidentität wird aber auch da angenommen, wo der Zusammenhang faktisch nachweisbar ist, ohne daß wir ein entsprechendes Bewußtsein nachweisen können. So erscheint in *k* ein Kurzer Ton Konrads von Würzburg, der schemagleich und mit einer nur leicht abweichenden Melodie als Hagenblühweise Frauenlobs in Nürnberger und anderen Handschriften des 16. Jahrhunderts auftaucht – hier kann man von einer Umbenennung sprechen (vgl. im einzelnen S. 193f). Die Melodie

---

nur wechselnd, wie hier festgestellt wird, sondern überhaupt nur in seltenen Ausnahmefällen zu erschließen (auch deshalb die Identität der Beispiele). Darum gilt es, nach der grundlegenden Feststellung des mittelalterlichen Sachverhalts, dem heutigen Betrachter phänomenologisch ähnlich Scheinendes entsprechend zuzuordnen und ein vermittelndes Beschreibungsmodell zu entwickeln.

[55] Ausnahmen gibt es nur gelegentlich in dieser Zeit. So bleiben die Folzschen Autographen häufig ohne Tonangaben. Wahrscheinlich waren sie nur für den eigenen Gebrauch bestimmt. Folz kannte die von ihm selbst verwendeten Töne.

sichert den Zusammenhang des Tons. Immer dann, wenn diese Zusammenhänge nicht gegeben sind, spricht man wohl sinnvollerweise nicht vom gleichen Ton, sondern von Schemaidentität, von ähnlicher Melodie usw. Daß problematische Einzelfälle übrigbleiben, ist klar, doch kann deren Behandlung den folgenden Kapiteln überlassen bleiben.

Dagegen sollen hier noch andere Termini eingeführt werden, die es erlauben, bestimmte Beziehungen zwischen Tonschemata und Melodien unterschiedlicher Textgruppen zu beschreiben. Solch ein Begriff ist der der »Derivation«: er soll die Ableitung eines Tons von einem anderen bezeichnen, und zwar in all den Fällen, in denen ein »genetischer« Zusammenhang zwischen Tönen in dem Sinn nachweisbar ist, daß einerseits das Tonschema in seiner Gestalt völlig oder fast völlig und beinahe ausschließlich von e i n e m anderen Ton abhängt, daß andererseits aber die Identifizierung der Töne dem modernen Betrachter nicht mehr sinnvoll erscheint und/oder daß sie im gleichen Traditionszusammenhang nebeneinander auftauchen und so bereits historisch geschieden sind.

Ein besonders typisches Beispiel ist der Zusammenhang von Konrad von Würzburg, Aspiston – Liebe von Giengen, Jahrweise – Frauenlob, Jahrweise; es zeigt besonders klar auch die beiden Haupttypen dieser Derivationen, nämlich einerseits der bewußten und andererseits der eher »versehentlichen« und traditionsbedingten Abspaltung einer solchen Derivation (s. S. 160-163). Daß es im einzelnen auch für die Abgrenzung von Schemavariante und Derivation immer noch Übergangsfälle oder definitorisch schwer abgrenzbare Fälle gibt, dafür bietet der bereits oben vorgestellte Fall Lesch, Gekrönter Reihen – Frauenlob, Überkrönter Ton, ein deutliches Beispiel. Die schmale Rezeptionsbasis, vor allem die fehlende Melodie lassen bei wechselndem Tonnamen und einigen Schemavarianten die Definition hier schwierig werden. Die Tonbeziehung zeigt aber auch: ist ein klares Raster für die vorstellbaren Sachverhalte da, so kommt es unter Umständen eben weniger auf die definitorische Abgrenzung als auf die Aufhellung des Einzelfalls an. Ich ordne solche Grenzfälle in der Darstellungssystematik allerdings eher den Derivationen zu.

Schwierig wird die Erfassung, wo größere »Nester« von sehr ähnlichen Tonschemata und/oder Melodien[56] zusammenkommen.

---

[56] Letztere kann die Arbeit nur ganz bedingt erschließen. Denn ausgeprägte melodische Ähnlichkeit kann auch bei deutlich divergentem Tonschema auftreten. Das Corpus der Melodien wurde aber nicht in sich untersucht. Ansätze zu solchen Erschließungen bei Schumann.

Roethe hat für sie den Begriff der »Tonfamilie« eingeführt, den ich –
genau auf solche Fälle beschränkt – beibehalte.[57] Er beschreibt die
Verwandtschaft, ohne den Anspruch zugleich mitzuformulieren, wie
die Töne zusammenhängen. Nicht immer läßt sich überhaupt eruieren, wie der genetische Zusammenhang aussieht, und gelegentlich
wird man sogar vermuten müssen, daß Strophenformen, aus »vorge-
fertigten« Einzelteilen zusammengefügt, nur aus diesem Grund identisch oder nahezu identisch sind. Solche Einzelteile, weit verbreitete
Stollen etwa oder typische Abgesangsteile, wird man im Kapitel
»Imitation« wenigstens angedeutet finden, in das darüber hinaus
andere mögliche Beeinflussungen in Einzelzügen mit eingehen, wie
sie z.B. an den überlangen Tönen gezeigt worden sind. Diesen
Komplex vollständig darzustellen, hieße eine Geschichte der Sang-
spruch-Strophenformen zu schreiben. Dies ist hier nicht möglich.

Die Darstellung hat vielmehr primär die Rezeption der Strophenformen im Meistergesang im Blick, kann als solche aber auf die Vorgeschichte der dort rezipierten Töne nicht verzichten und wird auch
auf die anderen – nicht im Meistergesang fortlebenden – Töne
eingehen. Im Bereich der älteren Sangspruchdichtung freilich versagt
das oben entwickelte Beschreibungsmodell zur Toneinheit partiell,
denn: nur J stellt in größerem Umfang Melodien bereit, so daß Oppo-
sitionen fehlen. Noch schwerer wiegt das nahezu völlige Fehlen von
Tonangaben. Die Systematik läßt sich daher nach rückwärts nicht
beliebig verlängern. Dennoch wird auch die Frage der Benutzung
fremder Töne in der Sangspruchdichtung durchaus zur Sprache
kommen.

---

[57] Roethe, S. 164. Zu einzelnen deutlicheren Festlegungen bzw. Differenzierungen
gegenüber Roethe vgl. S. 203ff.

II. Kapitel
Variationen der Tonschemata

Die Tonvariationen, die im folgenden zu besprechen sind, werden nach einem systematischen Prinzip geordnet. Die Art der Varianten hängt weitgehend von ihrer Genese ab, umgekehrt erlauben bestimmte Varianten Rückschlüsse auf die dahinterstehende Ausgangslage. Deutlich lassen etwa die bei der Übernahme aus *k* mißverstandenen Reimschemata, die bereits bei Brunner <II> beschrieben sind, bei der Veränderung ganz spezielle Züge erkennen. Ihnen schließen sich einige Töne an, bei denen man aus vergleichbaren Varianten folgern möchte, daß ebensolche oder ähnliche Rezeptionsbedingungen herrschten. Eine dritte Gruppe ist die der Autorvarianten; sie freilich muß als Problemfeld insofern verstanden werden, als die Einordnung als Autorvariante immer gegen die Möglichkeit der nachträglichen Änderung echter Strophen oder der variierten Fremdbenutzung abgewogen werden muß. Zu dieser Gruppe gehören auch einige variierte Töne des Hans Sachs. Weil er die Töne seiner unmittelbaren Vorgänger genau so wie seine eigenen umgestaltete, werden diese an derselben Stelle behandelt. Dann folgt der weitaus größte Komplex der älteren umgestalteten Töne, die im laufenden Gebrauch in Metrum und Reimschema variiert worden sind.

Da im einzelnen keine systematischen Untergliederungen mehr möglich sind, weil die beobachteten Varianten sich in jedem Ton in beliebiger Kombination überschneiden können, ist innerhalb der Gruppen – und dies gilt für alle vergleichbaren Teile – nach den Autoren geordnet, und zwar so, daß die Zwölf alten Meister in der, soweit möglich, historischen Reihenfolge vorangehen, dann weitere Autoren des 13. und danach die des 14. und 15. Jahrhunderts in der erschließbaren historischen Sequenz folgen.[1]

---

[1] Die zwischen Historizität und Tradition vermittelnde Anordnung ermöglicht die adäquate Einbindung der nur vielleicht historischen Gestalt Heinrich von Ofterdingen und der sicher fiktiven Figur Klingsor. Außerdem trägt sie der Tatsache Rechnung, daß auch bei der Anordnung der Töne ein Kompromiß in glei-

1. Schriftliche Rezeption
Direkte Übernahmen aus *k*

Um das Jahr 1550 wurde die Handschrift *k*, die sich im Besitz der Kolmarer Meistersinger befand, nach Augsburg ausgeliehen. Dort erstellte man eine vollständige oder zumindest fast vollständige Kopie der Melodien und Melodiestrophen.[2] Diese Kopie ist nicht erhalten und hat auch in Augsburg zumindest keine frühen Rezeptionsspuren hinterlassen. Doch ist in der Zeit um 1600 ein großer Teil des enthaltenen Gutes, vor allem der Töne, die in Nürnberg unbekannt waren, rezipiert worden. Es sind uns sowohl Melodieaufzeichnungen erhalten als auch Abschriften originaler Texte, vor allem aber neue – in den alten Tönen gedichtete – Texte. Sie unterscheiden sich in der Art der auftretenden Tonveränderungen charakteristisch von anderen Entwicklungen der Tonvariation. Auch die Veränderungen sind bereits bei Brunner dokumentiert, müssen wegen ihres systematischen Stellenwerts hier aber nochmals aufgenommen werden.

Die Gruppe der zu besprechenden Töne umfaßt – abgesehen von den versuchten Übernahmen von Frauenlobs Marien- und Kreuzleich – ausschließlich Töne vom Ende des 14. oder aus dem 15. Jahrhundert oder solche, die älteren Meistern lediglich unterschoben wurden. Das rührt daher, daß sich bei der Rezeption der echten Töne *k* nur in kleinen Bereichen vom Jüngeren Meistergesang unterscheidet.

---

cher Richtung geschlossen werden muß: nicht für jeden unterschobenen Ton können wir den wahren Autor ausfindig machen oder auch nur die Kompositionszeit sicher bestimmen. Im Toncorpus des einzelnen Autors spiegelt sich also in den eingeordneten unterschobenen Tönen zwangsläufig die Rezeption. Zur Tradition der Zwölf alten Meister vgl. zuletzt Brunner/Rettelbach <II>. Im Abschnitt 3., wo ausschließlich echte Töne zur Sprache kommen und in dem die Alten Meister kaum vertreten sind, ist die Anordnung rein chronologisch.

2 Vermittlungsweg, Zeit und Umfang hat Brunner <II>, S. 84-136, aus den wenigen vorhandenen Nachrichten rekonstruieren können. Dort auch eine Zusammenstellung sämtlicher aus *k* übernommener Töne. Sie sind am übersichtlichsten der Tabelle, S. 144-152, zu entnehmen (in der mittleren »Gemeinsam« überschriebenen Spalte die kursiv angegebenen Töne).

Marner, Prophetentanz
Form 1

4 4 4 4 3'   4 4 4 4 4 4 4 4 4 4 2 2
a a a a b_5 c c c c d_{15} d e e e e_{20} f f
a a a a b_{10}

        4 2 2 4 3' 3' 3' 3' 3' 3' 3' 3' 3' 6'
        f f f_{25} f g g g g_{30} g g g g h h_{35}

Form 2

4 4 4 4 3'   4 4 4 4 4 4 4 4 4 4 2 2
a a a a b_5 c c c c d_{15} d e e e e_{20} f f
a a a a b_{10}

        2 2 4 4 4 4 4 3 4 3
        f f f_{25} g g g g g_{30} h K h

Form im Jüngeren Meistergesang

4 4 4 4 3'   4 4 4 4 4 4 4 4 4 4 4 4
a a a a b_5 d d d d e_{15} e f f f f_{20} g g
c c c c b_{10}

        4 4 3' 3' 3' 3' 3' 3' 3' 3' 3' 6'
        g g h_{25} h h h h h_{30} h h i i

Der Name bezeichnet in *k* den Text, denn ursprünglich ist dieser Ton an den Text [1]Marn/11/1 gebunden. So geht denn offenbar die zweite Form lediglich auf das Bemühen zurück, aus einer verderbten Vorlage einen brauchbaren Text zu konstruieren. Während die erste Form in *k* und *m* steht, ist die zweite die von *q*. Sachs, der sie aufgeschrieben hat, könnte die Umarbeitung selbst zuzutrauen sein. Die dritte Form schließlich ist eine der mißverstandenen Entlehnungen aus *k*. Zwar hat schon Puschman die Melodie zu diesem Ton in Mel.*p*, 150ᵛ, und Mel.*m*, 441ᵛ, aufgezeichnet, aber seine Fassung ist der von *k* so ähnlich, daß der Entlehnungsweg gesichert ist.[3] Deutlich zu bemerken ist ja auch, daß die Version von *q* keinesfalls die Vorstufe der Spätfassung sein kann. Diese weicht nur in ganz typischen Kleinigkeiten von der *k*-Fassung ab: der 2. Stollen führt einen neuen Reim ein, wo er mit dem ersten korrespondieren sollte (c statt nochmals a), im Abgesang wurden zweimal Binnenreime übersehen, und die Schlußreime wurden in der Länge etwas eingeebnet.

---

[3] Für die Melodie nachgewiesen bei Brunner <II>, S. 135f.

Konrad von Würzburg, Blauer Ton
Form in *k*

1_3	4	4	3'		4	3'	4	3'		4	4	4	3'
h	a	a	b	c		e	f_{10}	e	f		g	g	h_{15}	f
d_5	d	b	c											

Form im Jüngeren Meistergesang

4	4	4	3'		4	3'	4	3'		4	4	4	3'
a	a	a	b		d	e_{10}	d	e		f	f	f_{15}	e
c_5	c	a	b										

Unter dem Namen Konrads von Würzburg läuft in *k* ein Blauer Ton, der in gleicher metrischer Gestalt sonst Frauenlob zugesprochen wird (vgl. hierzu S. 203-205). Doch wurde unter Konrads Namen dieser Ton auch noch einmal aus *k* übernommen.[4] Dabei übersah man den Anreim und setzte zwei verschiedene Reime der Ausgangsform gleich (Reimwörter des 1. Stollens: *hân: ergân: man*), ohne auf den 2. Stollen zu achten.

Lesch, Kurzer Reihen/ Konrad von Würzburg, Goldener Reihen
Form in *d*

4	2	2	4	4	4	4	4		4	4	4	4	4	4	4		4	4	4
a	a	a	b	a_5	a	a	b		c	c_{10}	d*	c	c	c	d*		A_{16}	A	d*

4	4	4	4
A	A_{20}	A	d*

Form im Jüngeren Meistergesang

4	2	2	4		4	4	4	4	4	4	4	4	4	3	4
a	a	a	b		d	d_{10}	d	e	f	f_{15}	e	f	f	f	e
c_5	c	c	b												

Es gibt zwei alte Texte in diesem nichtstolligen Ton, von denen einer sich in die Meistersingerhandschriften *d* und *k* verirrt hat (^{1}Lesch/10/1). Von den beiden angegebenen Tonautoren kommt allenfalls Lesch in Frage – dann freilich auch für den Text.[5] In *k*, Nr. 11, wo Konrad von Würzburg genannt wird, fehlt der Refrain. Musikalisch ist in dieser Handschrift der zweite Abschnitt als ein allerdings sehr stark variierter 2. Stollen aufzufassen. *k* notiert auch

---

4 Vgl. Brunner <II>, S. 119. Hans Winter (^{2}WiH/11) und Ambrosius Metzger (^{2}Met/524) sind die einzigen Benutzer. Winter dichtet übrigens einen dreistrophigen Hort in den Blauen Tönen Frauenlobs, Konrads und Regenbogens, drei Tönen also, die genetisch verwandt sind.

5 Dagegen mit berechtigten Gründen Schanze <I>, Bd. 1, S. 277 Anm. 224. Weihnachtsthematik und die Verwendung des gleichzeitig in der Strophe und als Korn reimenden Reims d könnten allerdings doch für Lesch als Autor sprechen.

stol und *steyg* (Abgesang), letzteres aber eine Zeile zu spät.[6] Bei der Übernahme der Tonform durch die Meistersinger wurde der 2. Stollen vermißt; man hielt ihn für fehlend oder für nicht mitnotiert und ergänzte ihn. Daß die Reime des zweiten Melodieabschnitts mit denen des ersten gleich sind, hat man dagegen übersehen. Jedenfalls entstand so eine Kanzonenstrophe, die noch mehrmals verwendet worden ist.[7]

Frauenlob, Gekrönter Reihen
Form in *k*

5'	5'	3'		5'	3	5'	3	3	5	3
a	a	b		c	d	c	d_{10}	e	e	d
a	a_5	b	

Form im Jüngeren Meistergesang

3	3'	5'	4		5'	3	5'	3	3	5	3
a	b	c	d		e	f_{10}	e	f	g	g	f_{15}
a	b_5	c	d	

Alt belegt ist dieser Ton im Leichteil von *k* und mit demselben sieben-strophigen Lied auch in der direkt oder indirekt abhängigen Hand-schrift *u*. Offenbar war die Form an den überlieferten Marienpreis gebunden. Über die Augsburger Teilabschrift von *k* gelangte der Ton nach Nürnberg.[8] Dort begegnen nur zwei anonyme Texte (²A/220 und 221), deren Verfasser Benedict von Watt sein könnte; sie benüt-zen die zweite Form. Deutlich läßt sich erkennen, wo das Mißver-ständnis bei der Formübernahme liegt, wenn man die Melodie ansieht. Z. 1 ist nach der fünften Silbe des Originals geteilt, die erste Note verdoppelt, so daß eine sechssilbige Zeile daraus wird. Der zweite Teil der Zeile gewann eine zusätzliche Silbe durch Auflösung der Ligatur in der Kadenz.

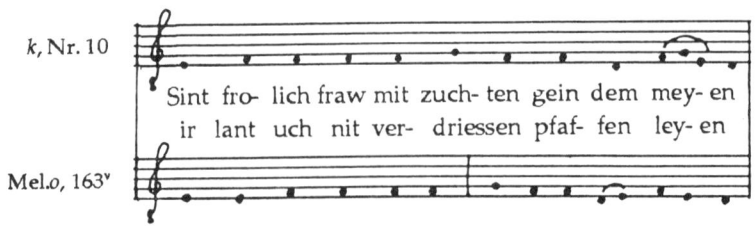

k, Nr. 10

Sint fro- lich fraw mit zuch- ten gein dem mey- en
ir lant uch nit ver- driessen pfaf- fen ley- en

Mel.*o*, 163ᵛ

---

6 Runge, S. 27.
7 Brunner <II>, S. 105 Anm. 126 und S. 119f.
8 Brunner <II>, S. 111.

Die Notation wurde einer mißverstandenen Lesung von *k* angepaßt. Dort ist nämlich nach dem vierten f (*mit*) Zeilenwechsel. Man faßte *mit* als Reimwort zu *nit* auf und glich die entstandenen metrischen Ungleichmäßigkeiten aus. Da der Zeilenwechsel in *k* bei diesem Mißverständnis eine Rolle spielt, muß die Augsburger Kopie von *k* entweder auch in der Zeilenteilung exakt die Vorlage nachgeahmt haben, oder sie hatte schon beim Abschreiben den Text entsprechend bearbeitet. Warum auch die letzte Stollenzeile falsch aufgefaßt wurde, kann man hingegen nicht aus *k* begründen.

Frauenlob, Hundweise
Form in *k* und *u*

3'	3	3'	4	2	3'		4	6	6	5'		4	6	6	5'
a	b	a	b	b_5	c		f	f	f_{15}	g		h	h	h	g_{20}
d	e	d	e_{10}	e	c										

Form im Jüngeren Meistergesang (Name dort: Hundsfüßweise)

3	3	3	4	2	3'		4	6	6	5'		4	6	6	5'
a	a	a	a	a_5	b		d	d	d_{15}	e		f	f	f	e_{20}
c	c	c	c_{10}	c	b										

Kelins Ton III steht unter dem Namen Hundweise – der aus dem Inhalt einer echten Strophe zu begründen ist – als Ton Frauenlobs nur in *k* und *u*. Daß diese Kelin-Strophe in *k* noch mitgeführt wird, weist wohl aus, daß hier keine Derivation vorliegt, sondern eine bloße Inserierung unter einem bekannten Tonautor; denn Kelin ist im 15. Jahrhundert und später vergessen. Das bestätigen auch die in *J* und *k* überlieferten Melodien, die deutliche Übereinstimmung zeigen.[9] In Nürnberg wurde der Ton in der zweiten Form benutzt.[10] Diese beruht auf einer Fehlinterpretation der Melodiestrophe in *k*. Dort heißen die ersten fünf Reimwörter nämlich *kunigynne/ schrin/ synne/ dyn/ myn*. Das End-*e* wurde also vernachlässigt (ebenso der Quantitätsunterschied); der erste Benutzer Watt (²Wat/75) hielt das ganze für eine durchgehende Tirade.

---

[9] Brunner <II>, S. 236.
[10] Brunner <II>, S. 111. Dort auch die Erklärung des Namens *hundsfüßweiß* der Nürnberger Fassung.

Marienleich, Versikel 7

```
3'  3'  5'  5'  4   4   4   5'
a   a   a   a   b   b   b   c
d   d   d   d   e   e   e   c
```

Frauenlob, Leichton im Jüngeren Meistergesang

```
3'  3'  5'  5'        4   4   4   5'        4   4   4   5'
a   a   a   a         c   c₁₀ c   d         c   c   c₁₅ d
b₅  b   b   b
```

Das obere Schema ist der 7. Versikel des Marienleichs (GA I,7). Durch Teilung in zwei Hälften und getrennte Wiederholung wurde eine formal korrekte Kanzonenstrophe des – verhältnismäßig seltenen – Typs A A B B (Repetitionskanzone) erzeugt.[11]

Frauenlob, Süßer Ton

```
3'  3   3'  3         2   3'  4   2   3'  3
a   b   c   d         d   e₁₀ f   f   e   f
a₅  b   c   d         └─┬─┘
                        5'
                        e
```

Nur mit drei Baren in fünf Überlieferungen ist der Ton im Älteren Meistergesang belegt. Er wurde im Jüngeren Meistergesang aus *k* neu entlehnt, dabei wurde der Reim vom Stollenende zum Abgesangsbeginn übersehen, die Zeilen 9/10 wurden zusammengefaßt.[12] (Vgl. zu diesem Ton aber S. 188.)

Frauenlob, Kreuzleich, 11. Versikel

```
5'  4   1   1   1   2'  8'
a   b   b   b   b   c   c
a   d   d   d   d   c   c
            └─┬─┘
```

Regenbogen, Leichton im Jüngeren Meistergesang

```
5'  4   1   1   3'        4   2'  3'
a   b   b   b   c         x   a₁₀ c
a₅  d   d   d   c
```

Die Art, wie der 11. Versikel des Kreuzleichs von Frauenlob (GA II,11; in *k* unter Regenbogens Namen) zum »Leichton« umgearbeitet wurde, ist bei Brunner[13] beschrieben. Es handelt sich abermals um eine der zahlreichen Direktentnahmen aus *k*. Bei der Übernahme

---

[11] Brunner <II>, S. 98f.
[12] Brunner <II>, S. 111f.
[13] Brunner <II>, S. 96-98.

wurde der letzte b-Reim übersehen. Der Abgesang ist aus der letzten
Versikelzeile herausgesponnen, die dreigeteilt wurde; sie wurde vom
Vorhergehenden abgetrennt und nicht wiederholt. Es existieren nur
zwei Lieder Hans Winters (²WiH/80 und 85), die beide den mit
»Leiche« zusammengebrachten Tonnamen zum Ausgangspunkt ihrer
Thematik nehmen. Auch ein aufgeschlossener Meistersinger wie
Hans Winter konnte also im 17. Jahrhundert mit dem Wort »Leich«
keine adäquate Vorstellung mehr verbinden.

Regenbogen, Torenweise [= Dornenweise]
Form in *k*

4	4	4	4	4		4	4	4	4
x	a	b	a	a_5		x	d	x	d
x	c	b	c	c_{10}					

Form im Jüngeren Meistergesang

4	4	4	4	4		3'	4'	5	4'
a	b	b	b	b_5		x	d	x	d
a	c	c	c	c_{10}					

Dieser Ton ist vorreformatorisch nur in *k* in einem Lied belegt, *in den
dryzehen Reyen in der tornwise* (¹Regb/11/1). Der Ton, der offenbar auf
diese Reihen beschränkt war,[14] ist ebenfalls auf dem beschriebenen
Weg nach Nürnberg gekommen und dort für Meisterlieder verwendet und auf der Singschule vorgetragen worden.[15] Die jüngere Form
wurde von Watt geprägt, der erstmals 1599 ein Lied in diesem Ton
dichtete (²Wat/466); der Ton kam mit fünf weiteren Verwendungen
sogar noch zu einer kleinen Spätblüte. Leicht lassen sich die Abweichungen gegen die Ausgangsform im Abgesang klären: sie gehen auf
Unregelmäßigkeiten der Quelle zurück. Die dreihebig-weibliche Zeile
steht nicht nur in der Melodiestrophe, sondern in den ersten drei
Strophen, galt dem Dichter des Liedes also offenbar als gleichberech-
tigt. Der Fünfheber dagegen entspringt einem echten Fehler der
Melodiestrophe von *k*, die 10 Silben mißt und die Melodie diesem
Befund angepaßt hat. Die »Verweiblichung« des Reims führe ich auf
die auffällige Reimbindung in *k* zurück, die recht ungeniert *lucifer*:

---

14 Es geht um 13 im Text numerierte »Reihen«, die gleichwohl 23 Strophen füllen,
vgl. Petzsch <VI>, S. 59-65. Die im Jüngeren Meistergesang als Torenweise ety-
mologisierte Tonangabe *torn wise* geht auf die Erwähnung der *cron von dorn* in
Str. 18 zurück (*k*, 299ᵛ). Damit entfällt die Spekulation, zu der der Name reizt, es
handle sich um die Kontrafaktur eines Minneliedes oder Pseudo-Neidharts. Das
Schema ist dafür allerdings ohnehin untypisch.

15 Brunner <II>, S. 124f.

schoppfer reimt, was wegen des zweiten Reimworts offenbar als weiblich aufgefaßt wurde.[16] Um zu einem korrekten Versbau zu kommen, wurde eine Silbe ergänzt. Im Aufgesang wird der Reim b mit a bzw. c gleichgesetzt. In *k* heißen die Reimwörter *almechtigkeit/ zit/ deit/ schneyt*. Mit neuhochdeutscher Diphthongierung handelt es sich viermal um die gleiche Reimqualität, und dementsprechend wurde fehlinterpretiert. Daß die Sache im 2. Stollen nicht aufgeht, hat Watt (wenn er den Fehler nicht schon von einem verlorenen Gedicht eines unbekannten Autors übernahm) nicht beachtet, denn dort steht als Reimkorrespondenz zu *zit*: *nyt*, daneben aber finden sich nur *-ar-*Reime. Ebenso unaufmerksam war er bei der ersten Zeile. Daß diese im 2. Stollen einen Reimpartner findet, war ihm offenbar völlig selbstverständlich, denn einen Reim kann man beim besten Willen hier nicht heraushören (*sang: ewikeit*). Da diese Nachlässigkeit zur sonstigen – wenn auch mißverständnisreichen – Akribie der Tonübernahmen in einem recht deutlichen Gegensatz steht, bietet sich auch die Erklärung an, daß in diesem Fall ausnahmsweise die Vorlage nur einen Stollen notiert hatte.

Neidhart, Fraß

Der einzige Ton, den *k* unter Neidharts Namen führt, ist der Fraß. Auch dieser Ton kam durch mittelbare Kopie nach Nürnberg, wo Benedict von Watt einen exakt angepaßten Text verfaßte – allein die konsequente Einführung des Auftakts unterscheidet sein Tonschema vom Muster. Dort war bei weiblichen Binnenreimen zugunsten synaphischer Fugung auf Auftakt verzichtet worden.[17]

Tannhäuser, Ludeleich (Ton IX)
Echte Strophen

4	4	4	5'		4	5'	4	3'	4	4	2	5'		4	4	3	3'	4	3'	4
a	a	x	b		d	e_{10}	d	e	f	f	x_{15}	e		A	A	A	B_{20}	C	B	C
c_5	c	x	b																	

Form im Jüngeren Meistergesang

4	4	3	3	3'		4	5'	4	3'	4	4	2	5'
a	a	b	b	c_5		f	g	f	g	h_{15}	h	f	g
d	d	e	e	c_{10}									

---

[16] Zum Reimausgang vergleiche man die entsprechenden Ausführungen Puschmans, s. S. 318ff.

[17] Brunner <IX>, S. 250-254, bringt eine Beschreibung der Unterschiede und Textabdruck von ²Wat/107.

Unter dem Namen »Ludeleich« tradiert *k* ein Tannhäuser-Lied mit umgestaltetem Text, doch im Prinzip in der gleichen Form, in der schon *C* den Text aufgezeichnet hat (^{1}Tanh/4/1a). Allerdings fehlt der Refrain in *k* (Überlieferung c). Wie eine Verstümmelung über mehrere Stufen zustandekommen kann, führt die Überlieferung des Liedes in Berlin Mgf 922 (4/1b) vor: hier wird der Refrain offenbar als bekannt vorausgesetzt und jeweils nur durch Wiedergabe des ersten Wortes angedeutet. Ganz anders ist der Rezeptionsvorgang im weiteren. Durch Entnahme aus *k* haben die späten Meistersinger den Ton kennengelernt; die Form wurde stark uminterpretiert. In der Melodiestrophe lautet der Schluß des 1. Stollens: *wan nu der manife zergat recht als der schne so lonet mir die reyne.* Aus diesem Textbefund wurde die oben dargestellte Version abgeleitet, kam doch Runges Warnung, »Die durch die erste Strophe nahegelegte Zeilenteilungen nach den Reimen manife: schne verbieten die weiteren Strophen.«, für die Meistersinger zu spät.[18] Die zusätzliche Einführung des Reims f am Ende erklärt sich durch Verallgemeinerung des sehr unreinen Reims *see: galile: ey.*[19]

Mönch von Salzburg, Jahrweise (Titurelton)
Form 1

3'	3'		5'	3'	5'
a	b		c$_5$	a	c
3'	5'				
a	b				

Form im Jüngeren Meistergesang

3'	3'	3'	5'		5'	5'	3'
a	b	a	b		d	a$_{10}$	d
a$_5$	c	a	c				

Als Lied des Mönchs bringt *k* einen Cisiojanus (auch in Wien 2856; ^{1}Mönch/3/1) im Titurelton mit der Überschrift *Dez munches Cisioianus die jar wyse.* Auch dieser nichtstollige Ton ist in den Jüngeren Meistergesang gelangt. Der Ton wurde stollig uminterpretiert, indem man das erste Reimpaar einfach verdoppelte.[20] Hans Winter, der den Ton verwendete (^{2}WiH/37 und 130), nahm im Reimschema auch Rücksicht auf den Abgesang: dort nämlich kehrt Reim a noch einmal

---

18 Runge, S. 65.
19 Brunner <II>, S. 105, mit Darstellung der unterschiedlichen Aufgesangs-schemata.
20 So schon Benedict von Watt in der ältesten belegten textlosen Melodieaufzeichnung. Brunner <II>, S. 121.

wieder. Offensichtlich deswegen wiederholte er den Reim a auch im 2. Stollen, statt das geläufigere Modell a b a b | c d c d anzuwenden. Die Vertauschung der Zeilenlängen im Abgesang dürfte ein Versehen sein. Mit großer Wahrscheinlichkeit ist diese Umformung einer Beinahe-Kanzone (melodisch entspricht in *k* nämlich Z. 2 der Z. 4, so gut es bei unterschiedlichen Längen möglich ist) zu einer ganz anders gebauten Kanzone keine bewußte Umgestaltung, sondern der Rezipient hielt, weil er nur Kanzonenformen im Meistergesang kannte, in der Vorlage den 2. Stollen für versehentlich nicht mitnotiert.

Mönch von Salzburg, Zarter Ton
Form in *k*

4	3	2	3	4	3	2	3		4	4	4	4	4	4	4	4	4
a	a	a	b	a_5	a	a	c		e	e	e	e_{20}	e	e	e	f	f_{25}
d	d_{10}	d	b	d	d	d_{15}	c										

Aufgesang im Jüngeren Meistergesang

4	3	4	4	3	2	3
A.a	a	b	a	a_5	a	c
A.d	d	b_{10}	d	d	d	c

Die Melodie des Zarten Tons beginnt mit einem Eingangsmelisma. Der in *k* unterlegte Text (¹Mönch/9/2) leitet in Str. 1 die beiden Stollen mit den Worten *Her* und *der* ein – offenbar ein Zufallsreim, denn in keiner Strophe kehrt er wieder. Die seltene Spätbenutzung des Tons (frühester Beleg ²Dei/252/80 von 1617, Melodieaufzeichnung schon früher) macht diesen Fall zum Gesetz, bestärkt wohl noch durch die Tatsache, daß Pausenreim häufig durch ein Melisma unterstrichen wird. Dritte und vierte Stollenzeile dagegen sind wegen eines übersehenen Reims zusammengefaßt. In Mel.*q* ist der Melodie sogar noch der 1. Stollen und der Abgesang des ursprünglichen Textes unterlegt (¹Mönch/9/2f),[21] es ist wohl aus der gleichen Vorlage abgeschrieben, aus der Deisinger die Form abgeleitet hat.

Zusammenfassung

In späten Meistersingerhandschriften sind insgesamt 40 Töne belegt (ein weiterer, Meister Ankers Ton, kommt nur als Tonname vor), die

---

[21] Brunner <II>, S. 116.

aus *k* übernommen wurden.[22] Von diesen sind 15 entweder nur als
Melodie vorhanden, oder der einzige Text ist aus *k* übernommen.
Zwei Melodien sind in *k* nur wiederentdeckt worden und wurden
einer ungebrochenen Textproduktion reimplantiert.[23] Diese beziehe
ich in die folgende Auswertung nicht ein, auch nicht, wenn sich
Textinnovationen gegen *k* nachweisen lassen, seien es Fehler oder
Versuche der Modernisierung oder »Richtigstellung«: nur produktive
Tonrezeption soll untersucht werden. In zehn Fällen ist der Ton ohne
Varianten überliefert worden.

Die 13 untersuchten Töne, die das Reimschema von *k* variieren,
lassen sich auf zwei Variantengruppen zurückführen. Im ersten Fall
wurde ein einmaliger Schemafehler der Melodiestrophe zur Regel
erhoben, es wurden Besonderheiten generalisiert oder kleinere Regu-
lierungen vorgenommen, wo vorgefundene Strophenformen nicht
den mittlerweile geltenden Bedingungen entsprachen. Im zweiten
Fall wurde die vorgefundene Form in ihrer Großform nicht erkannt
und mit mehr oder weniger Gewalt dieser angepaßt. Zur ersten
Gruppe gehören:

Marner, Prophetentanz	– Reimdifferenzierung zwischen den beiden Stollen, Übersehen von Reimen im Abgesang, kleine metrische Verschiebungen
Konrad von Würzburg, Blauer Ton	– Übersehener Anreim, offenbar deswegen nicht identifiziert mit Frauenlob, Blauer Ton
Frauenlob, Gekrönter Reihen	– Metrische Erweiterung, Zeilentei- lung (letztere aufgrund eines inter- polierten Reims)
Frauenlob, Hund(sfüß)weise	– Gleichsetzung zweier Reime durch Apokope und Negierung von Quan- titätsunterschieden
Frauenlob, Süßer Ton	– Übersehener Reim
Regenbogen, Torenweise	– Generalisieren von metrischen Ab- weichungen einer Strophe, Gleich- setzung unterschiedlicher Reim- klänge

---

[22] Vgl. zum Gesamtkomplex die Ausführungen bei Brunner <II>, S. 94-133. Dort
sind auch die nur passiv rezipierten Töne (die also von den Nürnberger
Meistersingern nicht weiterverwendet wurden) genauestens besprochen.

[23] Konrad von Würzburg, Morgenweise, und Boppe, Hofton. Brunner <II>, S. 117f
u. 120.

Neidhart, Fraßton	– Durch Einführung von Auftakten Angleichung an metrische Normen des Jüngeren Meistergesangs
Tannhäuser, Ludeleich	– Systematisierung eines Zufallsreims, dadurch Erweiterung des Reimschemas
Mönch von Salzburg, Zarter Ton	– Systematisierung eines zufälligen Anreims

Der zweiten Gruppe muß man zurechnen:

Konrad von Würzburg, Goldener Reihen	– Verdoppelung des Beginns einer unstolligen Strophe zur Herstellung der Kanzonenform
Frauenlob, Leichton	– Doppelversikel eines Leichs durch Mittelteilung in Kanzonenform umgewandelt
Regenbogen, Leichton	– Doppelversikel eines Leichs durch Abtrennung einer abschließenden Langzeile und Zusatzreime in Kanzonenform verwandelt
Mönch von Salzburg, Jahrweise	– Verdoppelung des Beginns einer Strophe mit variiertem Stollen zur Herstellung der Kanzonenform

Beide Gruppen zeigen eindrücklich die Herkunft aus schriftlicher Rezeption. Dabei sieht es manchmal aus, als habe den Rezipienten nicht einmal die ganze erste Strophe des Kolmarer Textcorpus zur Verfügung gestanden, sondern es sei (wie bei vielen späten Melodieüberlieferungen) nur ein Stollen notiert gewesen. In den Fällen Konrad, Goldener Reihen, und Mönch von Salzburg, Jahrweise, mögen sie fälschlich diesen Eindruck gehabt haben. Eine solche Form könnten uns nicht bekannte Vermittlungsaufzeichnungen zwischen der Augsburger Abschrift von *k* und den Nürnberger Rezeptionsformen gehabt haben[24], auf die vielleicht auch die wenigen unerklärbaren metrischen Varianten zurückgehen. Die hier dargestellten Rezeptionsbesonderheiten verdienen besondere Aufmerksamkeit im Gegensatz zu denen der »normal« rezipierten Tönen.[25]

---

[24] Die Abschrift »enthielt die Melodien, in denen die Ligaturen wahrscheinlich aufgelöst waren, und dazu mindestens je eine Textstrophe«. Brunner <II>, S. 132f.

[25] Der Gegensatz zu dem, was hier vereinfachend »schriftlich« genannt worden ist, ist selbstverständlich nicht schlechthin Mündlichkeit, sondern im Gegensatz zur Ableitung aus einer einzigen schriftlich fixierten Überlieferung Umgang mit

Brunner[26] hatte sich mit den Vermittlungswegen der Kolmarer Abschriften, insbesondere mit der Rolle Georg Winters und Benedict von Watts in diesem Zusammenhang, intensiv auseinandergesetzt. Das RSM hat seither wohl noch einige Texte in den angesprochenen Tönen zutage gefördert, die Brunner noch nicht kannte, kann aber sein Bild von der Rolle Watts als Vermittler nur bestätigen und die Wege der Vermittlung nicht noch genauer nachzeichnen, als er es schon getan hat. Eine frühe Augsburger Rezeption läßt sich nach wie vor nicht belegen, eine Gruppe von anonym überlieferten Liedern in Mel.*q* nicht abschließend nach Nürnberg oder gar an Watt verweisen, so daß nicht mit Sicherheit gesagt werden kann, ihm allein gebühre das Verdienst, diese Töne aus dem nur rezeptiven in den produktiven Bereich transferiert zu haben. Seine Bedeutung in diesem Prozeß wird – wie gesagt – indes voll bestätigt.

2. Weitere Zeugnisse schriftlicher Rezeption

Haben Rezeptionsvorgänge, wie sie bei den Kolmarer Abschriften deutlich werden, auch sonst gelegentlich eine Rolle gespielt? Einige wenige Fälle scheinen das auch in anderem Zusammenhang zu belegen.

Regenbogen, Tagweise
Ältere Form

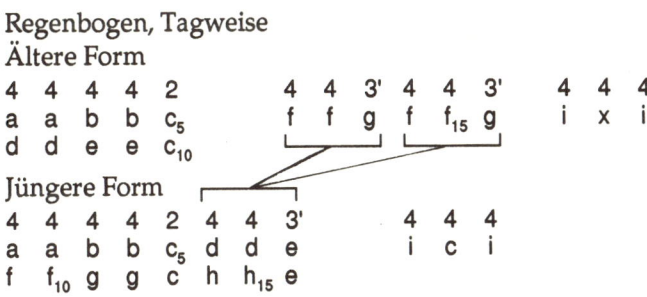

Jüngere Form

Dem Namen entsprechend, ist in diesem Ton ein zehnstrophiges geistliches Tagelied ([1]Regb/9/1) überliefert. Außer in *k* (Bartsch, Nr. 75) steht es ohne einen Hinweis auf Regenbogen, jedoch mit Melodie, noch in zwei geistlichen Sammelhandschriften des Klosters Tegernsee (München Cgm 809 und 817). Die Strophe des Tagelieds

---

einer vertrauten oder doch wenigstens aus mehreren Realisierungen bekannten Strophenform.

[26] Brunner <II>, passim.

besteht aus zwei Doppelversikeln, die in einen refrainartigen Schluß einmünden: A A B B C. In der späteren Fassung ist diese Struktur gänzlich umgebogen in A B A B C, was eine ebenso außergewöhnliche Form mit langem Auf- und extrem kurzem Abgesang ergibt. Der Grund springt ins Auge, sieht man die Kolmarer Melodienotierung an. Dort stehen die Melodieteile A und B hintereinander, nur durch Wiederholungszeichen getrennt. Die Texte sind doppelt unterlegt. Man braucht nur das Wiederholungszeichen zu übersehen, um die auffällige Variante zu erhalten. Es ist eindeutig, daß eine unaufmerksame »schriftliche« Rezeption vorliegt, aus einer Quelle, die genau wie *k* notierte. Dennoch gibt es aber auch in der zeitlichen Schichtung eine Besonderheit. Erst am 8. August 1550 nämlich benutzt Sachs die Tagweise erstmals ([2]S/3418). Nur eine kleine Gruppe von Tönen älterer Meister wird so spät von ihm rezipiert. Auch von den Augsburger Meistersingern Johann Spreng, Daniel Holzmann und Martin Dürr gibt es Lieder in der gleichen Variante, alle jedoch noch mindestens 20 Jahre später. Das gehäufte Auftreten könnte auf eine besondere Augsburger Tradition dieses Tons hinweisen.

Kanzler, Langer Ton
Form in *k*

4	3	4	3	4	3	4	3		4	3	4	3
a	b	a	b	x_5	c	x	c		g	h	g	h_{20}
d	e_{10}	d	e	x	f	x_{15}	f					

	4	3	4	3	4	3	4	3
3. Stollen	i	k	i	k	l_{25}	m	l	m
4. Stollen	n	o_{30}	n	o	p	q	p_{35}	q

Form im Jüngeren Meistergesang

4	3	4	3	4	3	4	3		4	3'	4	3'
a	b	a	b	c_5	d	c	d		i	k	i	k_{20}
e	f	e_{10}	f	g	h	g_{15}	h					

Der Lange Ton ist im Älteren Meistergesang an einen einzigen Text gebunden ([1]Kanzl/9/1). Seine einfache, aber ganz ungewöhnliche Form läßt sich mit A A B A A angeben, d.h. wie bei der gewöhnlichen Kanzone mit 3. Stollen wird nach einem Steg der Stollen wiederholt, aber dies zweimal. *k*, wo die Melodie überliefert ist, gibt diesbezüglich klare Anweisung: *aber ij stollen alz vor.* Da der ganze Text aus einer Reihung von Langzeilen besteht, könnte man vielleicht an eine Mißinterpretation denken, z.B. daß eine größere Zahl von Strophen (drei Strophen sind es nach dieser Einteilung) falsch abgeteilt wurde. Das ist indes kaum denkbar: die Langzeilen mit ungereimten Zäsuren kehren rhythmisch so wieder, daß nur das angegebene Schema möglich ist. Erstaunlich ist, daß dieser Ton im Jüngeren Meistergesang überhaupt auftaucht und verständlich, daß er uminterpretiert wurde. Erstmals am 22. September 1550 (^{2}S/3445) und dann öfter verwendete Sachs den Ton. Bei ihm und den wenigen späteren Benutzern (Watt, Metzger) fehlen der 3. und 4. Stollen, die Langzeilen des Steges sind weiblich und die Waisen im Aufgesang bereimt. Diese Veränderungen ergeben sich unmittelbar aus der Tatsache, daß Sachs die Strophenform mit dem Lied, das uns aus *k* und melodielos aus Heidelberg Cpg 693 bekannt ist, kennengelernt hat. Offenbar hat Sachs die Schlußstollen für den Anfang der nächsten Strophe gehalten und aus ihrer Lektüre die Folgerung gezogen, die Waisen der Anfangsstollen seien durch Defekte zu erklären. Noch kennzeichnender ist die dritte Veränderung des Strophenschemas. Nur in Str. 1 von ^{1}Kanzl/9/1 sind die Reime f zweisilbig-männlich. Sachs, dem diese Erscheinung nicht mehr vertraut war, faßt die Reime als weiblich auf.

Hat Sachs vielleicht die 'Kolmarer Handschrift' gekannt? Er hat sich während seiner Wanderschaft in Mainz aufgehalten und hätte dort *k* sehen können, sofern sie noch dort lag und je dort gelegen hatte.[27] Freilich ist es unwahrscheinlich, daß er mögliche Abschriften so lange aufbewahrt haben sollte, ehe er sie nutzte. Denn eine aktive Rezeption des Liedes hätte solche Fehler sicher verhindert; es sind die typischen Fehler, wie sie in den bisherigen Beispielen nur bei Abschriften aus *k* aufgetreten sind. Ferner kommt in Betracht, daß schon 1550 die ersten Exzerpte von *k* von Augsburg nach Nürnberg kamen; Brunner belegt für 1549/50 den Aufenthalt von *k* in Augsburg.[28] Dennoch kann man diesen Rezeptionsweg für Kanzlers Langen Ton ebenso ausschließen wie für die 1550 ebenfalls ins Repertoire genommene Feuerweise von Lesch und die Tagweise Regenbogens, und zwar weil die melodischen Beziehungen dieser Töne zu *k* nicht so ausgeprägt sind – bzw. bei der Feuerweise gar keine möglich sind[29] – wie bei der von Brunner beschriebenen Tönegruppe. Die Möglichkeit einer anderen gemeinsamen Quelle für die drei Töne, die Sachs 1550 kennengelernt hat, ist dagegen recht wahrscheinlich. Sie muß *k* sehr nahegestanden haben, denn sie hatte

---

[27] Vgl. dazu kontrovers Schanze <I>, Bd. 1, S. 48-55, und Brunner/Rettelbach <II>, S. 234-240; jetzt auch Kornrumpf <VI>.

[28] Brunner <II>, S. 135.

[29] Die Melodie zur Feuerweise ist in *k* nicht eingetragen (vgl. S. 133).

ganz ähnlich notiert und vermittelte dieselben auffälligen Tonzuschreibungen.[30]

3. Autorvarianten[31]

Ulrich von Singenberg, Ton XXXII

```
7' 7        7  3  7
a  b        b₅ c  c
a  b
```

Variante 1

```
7' 4  3     7  3  7
a  b  c     c  d  d
a  b₅ c
```

Variante 2

```
4  3' 7     7  3  7
a  b  c     c  d  d
a  b₅ c
```

Fünf Strophen überliefert A in diesem Ton – und fast jede ist anders. [1]UlrS/4/1 repräsentiert – zumindest schematisch gesehen – die Grundform. In der zweiten überlieferten Strophe (4/2) wird die erste Stollenzeile geteilt und bereimt, in den Str. 3-5 die zweite. Zäsuren haben auch fast alle nicht gereimten Langzeilen. Ganz offenbar ist bei diesem Ton von einer Autorvariante auszugehen. Eine besonders enge Zusammengehörigkeit der gleichgebauten Strophen 3-5 kann ich nicht erkennen.

Bruder Wernher, Ton I

```
4_4 4_4 7      4  5' 8  5'  4_4  4_4
x a x a b      d  e  d  e₁₀ x f  x f
x c x c₅ b
```

Variante

```
4  4  4  4  7      4  5' 8  5'  4  4  4  4
a  b  a  b  c₅     f  g  f  g   h₁₅ i  h  i
d  e  d  e  c₁₀
```

---

[30] Ein weiterer Fall von Fehlinterpretation des Schemas einer Einzelstrophe aufgrund eines Defektes, jedoch aus älterer Zeit, liegt vermutlich beim Ton I des Jungen Spervogels vor, vgl. S. 86.

[31] Meine Kenntnis älterer Autorvarianten stützt sich weitgehend auf Angaben in Literatur und Ausgaben. Vollständigkeit wurde wahrscheinlich nicht erreicht.

Die Varianten konzentrieren sich auf einen geschlossenen Komplex von Strophen gegen Ende der Aufzeichnung in J. Doch sind sie völlig uneinheitlich. In der oben angegebenen Art sind nur die Zäsuren von ¹Wern/1/18 gereimt. In Str. 19 und 20 reimen nur die Aufgesangszeilen in der angegebenen Weise; in 23 der Abgesang und der 1. Stollen; in 22 nur dieser. Danach kommt noch eine Strophe in der Grundform (24), mit 21 ist auch noch eine dazwischengeschoben. Der Befund ist bisher nicht gedeutet.

Reinmar von Zweter, Frau-Ehren-Ton

Roethe zählt ca. 25 Stellen auf, wo im Frau-Ehren-Ton verschiedene Zäsuren miteinander reimen (die Zahl hängt davon ab, ob man rührenden Reim insgesamt oder bestimmte Untertypen desselben mitzählt). Die Reime sind über die Strophenfolge von D breit gestreut und scheinen keine verbindende Wirkung zu haben. Manches scheint auf reine »Anaphernlust« zurückzugehen.[32]

Friedrich von Sonnenburg, Ton IV

$$
\begin{array}{llll \quad llll}
7 & 8 & 4 & 3 & \qquad 7 & 7 & 8 & 7 \\
a & a & b & c & \qquad e & e_{10} & f & f \\
d_5 & d & b & c
\end{array}
$$

Variante 1

$$
\begin{array}{llll \quad llll}
7 & 8 & 4 & 3 & \qquad 7 & 7 & 8 & 7 \\
a & a & a & b & \qquad d & d_{10} & e & e \\
c_5 & c & c & b
\end{array}
$$

Variante 2

$$
\begin{array}{llllll}
4 & 3 & 4 & 4 & 4 & 3 & \quad & 4' & °3 & 4' & °3 & 4 & 3 & 4 & 3 \\
a & b & a & b & c_5 & d & & g & h & g_{15} & h & i & k & i & k_{20} \\
e & f & e & f_{10} & c & d
\end{array}
$$

J stellt dem Ton Sonnenburgs eine einheitliche Melodie voraus. Zumindest für diese Handschrift gilt, daß unabhängig von den beiden Varianten alle Strophen als einem Ton zugehörig empfunden werden. Die Strophen in J gehen wohl nicht bunt, aber doch auffällig durcheinander, auch in C sind beide Typen gemischt vertreten. Der Normalform folgen ¹FriSo/1/13, 17-38, 40-47, 49 und 50, der Variante 1 ¹FriSo/1/1-12, 14-16 und 48. Die Strophe ¹FriSo/1/39 unterteilt alle Langzeilen durch Reime. Masser sieht in keiner der Varianten einen Anlaß, an der Einheit des Autors zu zweifeln, abgesehen davon, daß 6-10 »Gegenstrophen«, d.h. Antwort auf die Stropheneinheit 1-5

---

32 Roethe, S. 373; vgl. die Analyse unten S. 87.

sind.[33] Variante 1 ist »geistlichen Themen vorbehalten«.[34] Eine Besonderheit ist noch, daß 48 Nachtrag auf dem Rand in *J* ist. Beinahe nur Strophen der Variante 1 und die eine der Variante 2 sind auch in *H* überliefert, wo es »von herrenlosem Gute nur so wimmelt«,[35] besonders in der Kombination mit leicht variierten Reimschemata. Kornrumpf sieht auch in einigen Strophen mitteldeutsche Reime. Die Möglichkeit, daß zumindest ein Teil der abweichenden Strophen von einem anderen Autor verfaßt ist, sollte man im Auge behalten.

Damen, Hermann, Ton III

4	3	4	°2'	3		°3'	3	°3'	3		4	3'	4	°2'	3
a	b	a	b	c_5		x	f	x	f		g_{15}	h	g	h	c(f;g)
d	e	d	e	c_{10}							(2i/2g)		(i)		

Ton III hat einen 3. Stollen wie die Töne II, V und VI. Der normale Schlußreim für einen solchen Ton ist der Rückgriff auf den letzten Stollenreim (c). Dieser Hörerwartung entspricht aber nur ein Teil der Strophen des Tons (¹Damen/2/4, 6 und 10). Denkbar wäre an dieser Stelle auch ein Reim f (Rückgriff auf den letzten – hier einzigen – Reim des Stegs) oder allenfalls g (nächster Reim mit gleichem Reimgeschlecht). Auch diese Erwartungen werden in einzelnen Strophen durch Reimvarianten erfüllt: f erscheint in 9, g in 1. In 2 wählt Damen noch eine andere Lösung. Hier ist in V. 17 bei der 2. Hebung ein Binnenreim auf die Schlußzeile eingefügt; dasselbe wird man dann auch von der Folgestrophe sagen können, wo die reimende Silbe entweder in Senkung oder im Wort steht *(bî rî-chen* reimt auf *sî).*[36] Str. 5 scheint den ebenfalls ungewöhnlichen Reim auf d zu meinen. In 7 und 8 lassen sich überhaupt keine Reimwörter in der Strophe finden, allerdings reimen in diesen beiden Strophen die letzten Zeilen als Körner aufeinander, dem entsprechen aber wohl keinerlei inhaltliche Korrespondenzen.[37] Offenbar sind die Unterschiede als Autorvarianten zu

---

[33] Eine Verteidigung der Welt und die Entgegnung. Vgl. dazu Wachinger <II>, S. 141-150.

[34] Kornrumpf in VL², Bd. 2, Sp. 964.

[35] Roethe, S. 132 Anm. 170, auch zu dieser Strophe.

[36] Beides ist bei anderen Dichtern belegt. Welche Möglichkeit für Damen anzusetzen ist, oder ob sogar ein bewußt eingesetzter doppelter Binnenreim, läßt sich nach dem einmaligen Fall nicht entscheiden.

[37] So jedenfalls Tervooren, S. 335, der den Kornreim bemerkt hat. Sonstige inhaltliche Korrespondenzen stellt er jeweils an benachbarten Paaren fest, also 1-2, 3-4 usw. Das deckt sich leider in keinem Fall mit dem formalen Befund, den er in den anderen Fällen nicht erwähnt.

verstehen. Keinesfalls kann es sich in dieser Massierung um Zufallsreime handeln.

Damen hat vermutlich den jungen Frauenlob in seiner künstleri-
schen Entfaltung beeinflußt. Vielleicht haben die unfesten verborgenen Reime für Frauenlobs Goldenen und Neuen Ton Anregungen
gegeben.

Frauenlob, Goldener Ton; Neuer Ton

Diese beiden Töne enthalten mit größter Wahrscheinlichkeit Autor-
varianten in ihrem komplizierten Anreim- und beim Neuen Ton auch
Inreimgefüge. Die Erscheinung wird im Zusammenhang mit den
Gebrauchsvarianten besprochen (Vgl. S. 102-107 und 112-120).

Rumelant, Ton VI

$°7'$ $°7'$ $°7$ $\qquad$ 4 $°5'$ 4 $°5'$ $°7'$ $°7'$ $°3'$ $°4$
a b c $\qquad$ d e d e_{10} e e e c
a b_5 c

Variante
$°2'$ $°2'$ $°3'$ $°7'$ $°7$ $\qquad$ $4'$ $°5'$ 4 $°5'$ $°7'$ $°7'$ $°3'$ $°4$
a a b c d_5 $\qquad$ f g f g g_{15} g g d
e e b c d_{10}

J stellt Strophen dieser beiden Reimschemata unter eine Melodie, sie
gehören also zu einem Ton. Die Differenz ist auch gering: vier von
zwölf Strophen untergliedern die erste Zeile durch doppelten
Binnenreim und unterstreichen dadurch die »trochäische« Prägung
der Verse. Zu diesen Strophen gehört neben der Melodiestrophe und
den beiden folgenden (¹Rum/6/1-3) auch die letzte in *J*, die nicht von
Rumelant stammt (6/12), sondern polemisch an Rumelant gerichtet
ist. Zwischen den drei eng zusammengehörigen geistlichen Strophen
und der Polemik besteht kein inhaltlicher Zusammenhang, und
Wachinger hat daher eine weitere (verlorene) Strophe als Auslöser
vermutet.[38] Das ist der wahrscheinlichste Fall, und über ihn läßt sich
nicht weiter spekulieren. Im Auge sollte man jedoch auch die Möglichkeit behalten, daß der Abwandler der Strophenform stets derselbe
Autor war, daß also nicht eine Autorvariante, sondern eine Benutzer-
variante vorliegt. Das Beispiel von Stolles Alment, vielleicht auch das
des Grünen Tons von Frauenlob, lehrt, daß in *J* so etwas möglich ist.

---

[38] Die Annahme einer weiteren Strophe hat deswegen Gewicht, weil der Ton in *J*
wegen einer Lücke unvollständig auf uns gekommen ist. Wachinger <II>, S. 180.

Rumelant von Schwaben, Ton

4	4	5'		4	7'	4	3'	5'	5'
a	b	c		d	e	d	e_{10}	f	f
a	b_5	c							

Variante

4	4	5'		4	4	3'	4	3'	5'	5'
a	b	c		d	d	e	d_{10}	e	f	f
a	b_5	c								

Von den vier in *J* überlieferten Strophen in diesem Ton unterteilen
^{1}RumSw/2 und 3 die Langzeile des Abgesangs und lassen sie auf
einfache Art mitreimen. Die Zuordnung zu einer Melodie sichert die
Zusammengehörigkeit zu einem Ton.[39]

Kanzler, Goldener Ton
Reimschema der Normalform

a	b	a	c	d_5		f	g	f	g		h_{15}	i	h	i	i
e	b	e	c	d_{10}											

Variante des Aufgesangs

a	b	a	b	c_5
d	e	d	e	c_{10}

Die ausschließlich auf das Reimschema bezogene Variante (vollständiges Schema S. 168) bezieht sich nur auf zwei Strophen, und genau
genommen sind es sogar zwei verschiedene Varianten, denn in
^{1}Kanzl/2/5 ist Reim e = b. Die andere betroffene Strophe ist 10, die in
oben angegebener Variante in C vorliegt, in Normalform in b. Für
letztere Lesung entscheidet sich KLD 28,II,10. Zu bemerken ist noch,
daß Basel N I 6/50 diese Strophen – allerdings neben anderen –
nicht bietet[40] und daß andererseits die inhaltlich untrennbar zusammengehörigen Astronomiestrophen 10 und 11 in C unterschiedliche
Form haben. Die Varianten haben daher mindestens in den überkommenen Fassungen keinen systematischen Wert und sind darum
auch nicht etwa den beiden in *k* vorliegenden Melodien zuzuordnen
(vgl. S. 169).

---

[39] Eine variierte Fremdbenutzung dieses Tons unter den Derivationen, S. 171.
[40] Steinmann, S. 305–309. Dieser Befund könnte dafür sprechen, daß zwei
ursprünglich selbständige Strophencorpora zusammengewachsen sind.

Muskatblut, Hofton

2	2	2	2	3'		4	3'	4	3'	2	2	3'	4	2	2	2	3'
a	a	b	b	c		f	g	f	g	h	h	i	k	k	l	l	i
d	d	e	e	c													

Variante des Reimschemas

a	a	a	a	b
c	c	c	c	b

Die einmalige Variante für den Bar [1]Musk/1/66 (Groote Nr. 100) läßt
Kiepe-Willms[41] an der Echtheit zweifeln. Echtheit trotz der Abweichung behauptet aus inhaltlichen Gründen Schanze.[42] Er verweist für
die Möglichkeit der Autorvarianten auf das Beispiel von Beheims
Langer Weise. In der Tat reicht wohl der formale Befund zum
Ausschluß nicht aus, auch wenn der Fall bei Beheim nicht vergleichbar liegt. Geht es bei Beheim um Vereinfachung, so ist bei Muskatblut
– seine Tonvariante ist zwar nicht schwierig zu verstehen, jedoch
schwierig zu dichten – eher an eine Schmuckform zu denken, ist das
Lied doch an König Albrecht II. gerichtet.

Beheim, Lange Weise
Normalform

2	3'	4	4'	3'	4	4'		4	3'	4	3'	5	4	3'	4'	6'	2
a	b	a	c	d_5	a	e		g_{15}	h	g	h	i	k_{20}	l	m	l	g
f	d	f_{10}	c	b	f	e											

				3	4	4	3'	4
				k_{25}	i	n	m	n

Vereinfachte Variante

2	3'	4	4'	3'	4	4'		4	3'	4	3'	5	4	3'	4'	6'	2
a	b	a	b	b_5	a	c		f_{15}	g	f	g	h	h_{20}	i	i	i	k
d	e	d	d_{10}	e	e	d	c										

				3	4	4	3'	4
				k_{25}	k	l	i	l

Nur Beheim selbst hat den Ton gebraucht, die Variante stammt also
vom Autor. Wir wissen sogar, warum er das Schema veränderte. Zur
Erklärung sagt er in Gille/Spriewald Nr. 438 ([1]Beh/438), »das einen
zweiten Prolog innerhalb des Tons darstellt«,[43] das Publikum halte
nichts von den schwierigen Reimen; daher wolle er die *melodei*, die er
offenbar besonders schätzt, vor *slechten leuten* mit *offen reimen* singen,
vor *wissenhaften leuten* dagegen, die *gesanges kunst* verstehen, mit

---

[41] Kiepe-Willms <I>, S. 234.
[42] Schanze <I>, Bd. 1, S. 165.
[43] Schanze <I>, Bd. 1, S. 218.

verborgen Reimen. Beheim faßt also, wie auch wir es einschätzen würden, die Reimkorrespondenzen über lange Distanzen als Herausforderung an den Zuhörer. Er bestätigt uns vor allem jedoch die Auffassung, daß er die verborgenen Reime bei einem geschulten Publikum für nachvollziehbar hält, und offenbar nicht nur bei Sangeskollegen oder gar Merkern mit entsprechenden Aufzeichnungen. Solche Fähigkeiten sind sonst an keiner Stelle einem mittelalterlichen Publikum explizit zugesprochen worden; der Bar hat dadurch kaum zu überschätzenden Zeugniswert. Strauch[44] hatte gelegentlich vermutet, daß selbst die Dichter sich nach einem abstrakten, vorgezeichneten Schema richteten.

Varianten der Hans-Sachs-Töne und der seiner Nürnberger Vorgänger

Die folgenden Töne – vier der sieben, die Sachs vor der Reformation komponiert hat – stehen am Rand des Untersuchungszeitraums. Alle drei sind nach der Reformation charakteristisch durch Sachs selbst verändert worden.

Sachs, Goldener Ton
Form 1

$$8\ \underline{1\ 1}\ 4\ 4\ 4\ 6 \qquad\qquad 8\ 8\ 8\ \underline{1\ 1\ 1}\ 4\ 4\ 4\ 6$$
$$a\ a\ a\ b\ b\ b_5\ c \qquad\qquad f\ f\ f_{15}\ f\ f\ f\quad g\ g\ g\ c_{20}$$
$$d\ d\ d\ e\ e_{10}\ e\ c$$

Form 2

$$\underline{8\ 2}\ 4\ 4\ 4\ 6 \qquad\qquad 8\ 8\ \underline{8\ 2}\ 4\ 4\ 6$$
$$a\ a\ b\ b\ b\ c_5 \qquad\qquad f\ f\ f\ g\quad g\ g_{15}\ c$$
$$d\ d\ e\ e\ e\ c_{10}$$

Form 3

$$8\ 4\ 8\ 8\ 4\ 6 \qquad\qquad 8\ 8\ 8\ 4\ 4\ 4\ 8\ 8\ 4\ 6$$
$$a\ a\ b\ b\ c_5\ d \qquad\qquad g\ g\ g_{15}\ h\ h\ i\ k\ k_{20}\ c\ i$$
$$e\ e\ f\ f_{10}\ c\ d$$

Man kann diesen Ton in seiner ältesten Form nur silbenzählend darstellen, denn die einsilbigen Reime im Abgesang fügen sich nicht zu alternierenden Ordnungen. Weil Sachs damit indirekt wahrscheinlich

---

[44] Strauch, S. 62, über den vergleichsweise einfach gebauten Hofton Marners: »denn wir dürfen doch wohl annehmen, dass ein Spruch in einem so complicirten Tone nach einem vorliegenden aufgezeichneten metrischen Schema componirt wurde.« Nach dem Befund bei Beheim und den Aussagen über Regenbogens Überlangen Ton scheint mir so eine Annahme völlig überflüssig.

auch gegen die gültige Meistersingertabulatur verstieß, liegt hier ein erster möglicher Grund für die Umarbeitung. Allerdings hätte es dafür genügt, einen der Einsilbler-Reime im Abgesang zu eliminieren. Die Umwandlung geht aber tiefer: stufenweise werden die Kurzreime verlängert oder entfernt (durchschnittliche Reimdichte Form 1: 4,13 Silben pro Reim, Form 2: 6,2, Form 3: 6,27); stufenweise wird auch die Zahl der Reimklangwiederholungen reduziert (von durchschnittlich 3,42 über 2,86 auf 2,2; einmalige Reimkorrespondenz hätte die Kennzahl 2,0). Offenbar lag ihm daran, eine durch Reimzwänge weniger belastete Form zu schaffen. Sachs hat den Goldenen Ton ursprünglich nicht als Meisterliedton komponiert. Nach eigener Aussage war sein erstes Meisterlied das »Gloria Patri« vom 1. Mai 1514 in Marners Langem Ton (^{2}S/25); sein Lob der Musik im Goldenen Ton stammt aber bereits von 1513 (^{2}S/24).[45] Doch hat er den Ton dann wie einen Meisterton gebraucht. Nach mehreren Verwendungen (^{2}S/28, 77-Str.1, 126, 253) legte er ihn für mehrere Jahre beiseite, machte einen Versuch mit der als Form 2 notierten Zwischenstufe (^{2}S/822), die ihm offenbar noch immer zu häufig die Reime wiederholte, und schließlich gab er nach wieder mehrjähriger Benutzungspause in ^{2}S/1098 dem Ton seine endgültige Gestalt.

Sachs, Hohe Bergweise
Vorreformatorische Form

1_7_2	8	8	1	8	8	8_2	4	7		1_10	11	11	1_6_2	7
a	b	b	c	d	d	d_5	c	e	e	f	g		h	o	o_{20}	o	p	q	q	q
h	i	i_{10}	k	l	l	l	k_{15}	m	m	f	n

1_6	7	1_6	$1\_6\_2\_2$	7	1_6	7	1_6	1_6_2	7	1_7
r	n	s_{25}	t	u	v	u	u	u	t	u	s_{30}	r	g	p	w	w	w	v	a

Jüngere Form

1_7	4	8	8	4	8	8	8_2	4	7		11	11	11	7	3	7
a	b	b	c	d	d_5	e	c		f	f	g	h_{10}		p	p	p	q	q_{25}	r
i	i	k	l	l_{15}	m	k		n	n	g	o_{20}

7	7	7	7	3	3	7	7	7	1_6	1_6	3	7	8
o	s	t	t_{30}	u	u	v	v	s_{35}	m	h	e	w	w	r	a_{40}

In diesem Ton stehen die vorreformatorischen Meisterlieder ^{2}S/38, 56 und 77-Str.3, in einer höchst raffinierten und komplizierten Form, die zahlreiche Kunststücke einbaut, die zu dieser Zeit bekannt und erlaubt waren: Ein Anreim von Z. 1 reimt auf die Strophenschluß-

---

[45] Zur Problematik des einzigen vorreformatorischen Liedes und des Goldenen Tons als Meisterton vgl. Schanze <I>, Bd. 1, S. 356f.

zeile. Es gibt ein-, zwei- und dreisilbige Reimlängen, zweisilbige
Reime erscheinen als männlicher und als weiblicher Schlagreim. In
den Jahren 1521 bis 1540 verwendete Sachs den Ton dann nicht mehr.
Mit ^{2}S/1115 wurde eine erneuerte Hohe Bergweise kreiert, die offenbar bei gleicher Raffinesse doch vereinfacht und Fehler der älteren
Gestalt unterdrückt. Der 1. und 2. Stollen sind nun dadurch differenziert, daß der Anreim zu Beginn des 2. Stollen nicht wiederholt wird.
Getilgt wurde ferner ein einsilbiger Reim, der fehlerhaft war, und der
einzige weibliche Schlagreim, der im Sinn Puschmans ebenfalls nicht
richtig war, andere Reimkünste wurden radikal reduziert, es blieb
aber mindestens je ein Beispiel stehen. Der Charakter als Reimkunststückchen blieb also erhalten, aber der Trend zur Vereinfachung ist
dennoch deutlich zu erkennen.

Sachs, Kurzer Ton
Vorreformatorische Form

10 10 11   4 4 10 11 10 10 11
a a b   c c c d_{10} e e d
a a_5 b

Jüngere Form

10 10 11   4 4 10 11 10 10 11
a a b   d d d e_{10} f f e
c c_5 b

Beim Kurzen Ton beziehen sich die Unterschiede der beiden von
Hans Sachs verwendeten Formen ausschließlich auf das Reimschema.
Die Zahl der Reimklänge wurde wenig vermehrt; erstmals für das
Lied ^{2}S/208, das erste nach der Reformation.

Sachs, Morgenweise (Hohe Tagweise)
Vorreformatorische Form

7 7 6 8 7   7 7 6 8 7 7 6 8 7 7 6 8
a a b b c_5 d d e e f_{15} f g g f f_{20} g g
a a b b c_{10}

                                               7 7 6 8 7
                                               d d e_{25} e c

Jüngere Form

7 7 6 8 7   7 7 6 8 7 7 6 8 7 7 6 8
a a b b c_5 f f g g h_{15} h i i k k_{20} l l
d d e e c_{10}

                                               7 7 6 8 7
                                               m m n_{25} n c

Die Morgenweise zeigt eine noch stärkere Zunahme der Reimklänge. Die durchschnittliche Reimklanghäufigkeit sinkt bei der Änderung von 3,86 auf 2,08. Das Reimschema hat Sachs in direktem Zusammenhang mit seiner »reformatorischen Wende« geändert. Nach den vorreformatorischen Baren ^{2}S/63, 64 und 66 ist das Lied, mit dem Sachs die Reformation begrüßt, 'Die Nachtigall' (^{2}S/81), in der jüngeren Form der Hohen Tagweise gedichtet.

Trotz verschiedener Voraussetzungen ist bei jedem der vier Reimschemata der Zug zur Vereinfachung unverkennbar.

Folz, Chorweise
Form bei Folz

1'	1'	2	2	3	3	3	2	2_1	3$^{(')}$
a	a	b	b	c$_5$	c	d	d	e e	f$_{10}$
g	g	h	h	i$_{15}$	i	k	k	l l	f$_{20}$

			4	4	4	3'	4	4	4	3'	2	2	4'	4	4	2	4	3'
			m	m	m	n	o$_{25}$	o	o	n	p	p$_{30}$	q	r	r	s	s$_{35}$	q

Abgesang im Jüngeren Meistergesang

4	4	4	3'	4	4	4	3'	2	2	4	4	2	4	4	3	5
m	m	m	n	o$_{25}$	o	o	n	p	p$_{30}$	q	r	r	s	s$_{35}$	q t	t

Das oben angegebene Schema gehört dem einzigen echten Lied dieses Tons, ^{1}Folz/73, das Hans Sachs in q aufgezeichnet hat; der Bar ist störungsfrei. Um so mehr muß es verwundern, daß Sachs selbst den Ton in abweichender Fassung verwendete (erstes Lied ^{2}S/218 von 1528 und danach häufig). Er ließ die Stollen weiblich enden – was man noch als Versehen verstehen könnte –, glich die Zeilen des Reims q in der Länge einander an und hängte zwei Schlußzeilen an. Vor allem für den letzten Befund gibt es keine aus dem Reimschema erkennbaren Uminterpretationen oder strukturelle Gründe im Tonschema. Sieht man die Melodie an, so zeigen Mel.v, 133^v, und Mel.y, Nr. 75, übereinstimmend, daß ohne die beiden letzten Zeilen der Ton offen geendet hätte; zwar auf der Finalis, aber mit einer Zeile, die ganz ähnlich im Abgesang bereits dreimal vorkam. So aber erscheinen noch eine Schwebezeile und eine melodisch teilweise neue Schlußzeile, die – erstmals im Lied – die Tonart von der Unterquart aufbauend bestätigt und zum Schlußton führt. Den Sachverhalt damit zu erklären, griffe allerdings zu kurz: derselbe Effekt hätte sich auch durch eine Melodieänderung in den bestehenden Schlußzeilen erreichen lassen. Denkbar ist ferner, daß schon die ältere Melodie den Schluß hatte und daß die Verlängerung durch Wiederholung vorhandenen Materials bewerkstelligt wurde. Zu beweisen ist hier nichts, die Spekulation dient der Eingrenzung möglicher Erklärungen.

Nachtigall, Starker Ton

```
                            (5'    5'  5'     5')  Jüngere Form
3'  4  3'  4  6  2°1'  3'    3'  4'  3'  4'  6'  5'  6'  2°1'  3'
a   b  a   b  b₅ c  c  d     h₁₅ i   h   i   k   k₂₀ k   l   l   h
e   f  e₁₀ f  f  g  g  d
```

Zwei Bare (¹NachtK/8/1 und 2) stehen in q. Trotz einzelner Varianten ist offenbar das Schema so gemeint, wie oben angegeben. Die von Sachs (erstes Lied ²S/173) erstmals verwendete Variante des Jüngeren Meistergesangs – mit den in Klammern stehenden Abweichungen – ist einmal vorgeprägt durch gewisse Schwankungen der Zeilenlängen zu Beginn des Abgesangs in den acht älteren Strophen, gleicht vor allem jedoch die äußerst auffällige Variationsbreite der Zeilenlängen aus. Dabei sind auch die höchst seltenen Dreizehnsilbler (6'k) getilgt. Trotz dieser Vereinfachungen bleibt auch in der melodischen Spätüberlieferung des Tons große Vielfalt bestehen. Nur Stollen- und Abgesangsschluß entsprechen sich, sowie Z. 16 und 18.

Nunnenbeck, Kurzer Ton
Form bei Nunnenbeck

```
1'  3  3'  3        2   2    2   2   2   3
a   b  c   d        e   e₁₀  e   e   e   e.d
a₅  b  c   d
```

Form im Jüngeren Meistergesang

```
1'  3  3'  3        2   2    2   3
a   b  c   d        e   e₁₀  e   d
a₅  b  c   d
```

Es gibt nur ein Lied von Nunnenbeck selbst (¹Nun/28). Der Ton wird aber bald von Sachs aufgegriffen (²S/738 von 1536) und dann gerne und oft von ihm und anderen verwendet, immer in der gekürzten Gestalt. Freilich ist diesmal auch das »Original« so außergewöhnlich nicht. Die sechsfache Wiederholung des gleichen Reims bei so kurzen Zeilen (lauter Zweiheber) mag allerdings die Möglichkeiten des inhaltlichen Ausdrucks im Abgesang schon beschnitten haben. Von Nunnenbecks Lied existiert eine nachreformatorische Abschrift in der Handschrift Wolf Bauttners Nürnberg StB Will III 782 (¹Nun/28b; Klesatschke Nr. 22b). Weil es sich um ein Weihnachtslied handelt, das Freude über die Geburt Christi und den Anbruch des neuen Jahres äußert und dabei keine für Protestanten dogmatisch anstößigen Positionen berührt, war dies möglich. In der Spätüberlieferung ist der Abgesang im Sinn der zweiten Form des Schemas bearbeitet. Mehrere Erklärungen sind dafür denkbar:

1. Nunnenbeck selbst hat den Text noch einmal überarbeitet und gestrafft. Diese Form des Tons wurde von Sachs und späteren übernommen.
2. Sachs hat den Text Nunnenbecks bearbeitet und die umgearbeitete Form des Texts anschließend zum Paradigma erhoben. Bauttner schrieb eine verlorene Sachs-Vorlage ab.
3. Bauttner fand das Lied in der ungewohnten Form vor, wollte es als Zeugnis nicht-anstößigen Meistergesangs vor der Reformation bewahren und paßte es der ihm vertrauten Form an.

Vieles spricht für die dritte Möglichkeit, darunter auch die Tatsache, daß Bauttner mehrmals Texte aus uns unbekannten Quellen abschrieb. Für die zweite Annahme ist ins Feld zu führen, daß Sachs auch das Weihnachtslied [1]Nun/42 noch lange nach der Reformation erneut abgeschrieben hat; allerdings ließ er den Text dabei unverändert. Daß Nunnenbeck selbst überarbeitet – und das heißt hier konkret: textlich gestrafft – haben sollte, ist durch kein Beispiel aus dem Nürnberger vorreformatorischen Meistergesang wahrscheinlich zu machen.

Nunnenbeck, Langer Ton
Form bei Nunnenbeck

$$3' \; 5 \; 4 \; 3 \; 1' \; 4 \; 2 \; 4'$$
$$\text{A.a} \quad b \quad c \quad c \quad d_5 \quad e \quad e \quad f$$
$$\text{B.a} \quad b_{10} \; g \quad g \quad d \quad e \quad e_{15} \; f$$

$$4 \; 5' \; 4 \; 5' \; 4 \; 4 \; 2 \; 2 \; 2 \; 2 \; 3 \; 4 \; 4 \; °1\_5' \; 1\_4'$$
$$i \quad k \quad i \quad k_{20} \; g \quad e \quad l \quad l \quad l \quad l_{25} \; l \quad c \quad h \quad \text{A k} \quad \text{B } f_{30}$$

Abgesang im Jüngeren Meistergesang

$$4 \; 5' \; 4 \; 5' \; 4 \; 4 \; 2 \; 2 \; 3 \; 4 \; 4 \quad 5' \; 1\_4'$$
$$i \quad k \quad i \quad k_{20} \; g \quad e \quad l \quad l \quad l_{25} \; c \quad h \quad \text{A.k} \quad \text{B } f$$

Beim Langen Ton, von Nunnenbeck selbst zweimal verwendet ([1]Nun/27 und 42), ist deutlich die straffende und normalisierende Tendenz der Hans Sachsschen Eingriffe zu belegen (erstes Lied [2]S/738). Unangetastet bleibt der Aufgesang. Im Abgesang werden zwei Kurzzeilen einfach herausgenommen. Die fünffache Tirade der l-Reime verschwindet. Erhalten wird dagegen der originelle Rückgriff auf insgesamt fünf Endreime des Aufgesangs (g, e, c, h und f). Die zweite Änderung betrifft den Anreim A, der bei seinem Auftreten im

Abgesang bei Nunnenbeck wie in der Neuen Chorweise gegen alle gängigen Gepflogenheiten nicht als Auftakt in den Folgevers einbezogen ist. Dies wird bei der Fassung von Sachs, an die sich auch sporadische spätere Tonverwender halten, ebenfalls vereinfacht.

Nunnenbeck, Neue Chorweise
Form bei Nunnenbeck

$$2 \quad 3' \quad 4 \quad 2 \quad 3' \quad 2 \quad °1'°1' \quad 4 \quad °1\_\_4 \qquad °1\_5' \quad 5' \quad 3' \quad 5' \quad 4$$

A.a B.b c c d_5 c e e f f C.g g h h_{20} h h i

I.a B.b c c d_{14} c e e f f C.g

$$°1\_4 \quad 4 \quad 2 \quad °1\_\_4$$

i k k_{25} l bk A.l

Form bei Hans Sachs

$$2 \quad 3' \quad 4 \quad 2 \quad 3' \quad 3' \quad 1' \quad 4 \quad °1\_4 \qquad 5' \quad 5' \quad 5' \quad 4 \quad °1\_4 \quad 4 \quad 2 \quad °1\_4$$

a b c c d_5 e e f fg l l_{20} l m mn n n_{25} n g

a_{10} b h h d' i_{15} i k kg

Beide Formen sind je einmal belegt, einmal von Nunnenbeck selbst, einmal in abgewandelter Form von Sachs ([1]Nun/25 und [2]S/2774). Die seltene Verwendung ist verständlich – handelt es sich doch um ein höchst ausgefallenes Tonschema, nicht nur der Anreime wegen. Durchaus aus der Tradition gewachsen erscheint die gleichwohl originelle Idee, die Anreime der beiden Stollenspitzen auf Anfang und Schluß der letzten Zeile zu beziehen (Reime A und I). Völlig quer zur Tradition stehen die rhythmischen Verhältnisse, die sich kaum sachgerecht darstellen lassen, weil sowohl durch die oben gewählte taktierende als auch durch ausschließlich silbenzählende Darstellung die rhythmisch vorliegenden Sachverhalte kaum adäquat wiederzugeben sind: der Ton liegt wirklich zwischen Taktbewußtsein und Silbenzählung; am auffälligsten Z. 29: die Formel °1 stellt eine Silbe dar, also einsilbigen Anreim in Hebung! So ist nicht verwunderlich, daß nur noch ein einziges Mal auf den Ton zurückgegriffen wurde. Erstaunlich dabei ist, daß Sachs die Gestalt bei der Wiederaufnahme so deutlich verändert hat. Er hat die Anreime der ersten beiden und der letzten Stollenzeilen (A, I, B, C) getilgt. Die dadurch verwaiste letzte Zeile greift auf den Stollenschluß zurück und geht dadurch bereits einen Schritt hin zu einem »normalen« Schema. Getilgt wird die erste Silbe des Abgesangs, so daß dieser ungewöhnlich ausgeformte männliche Schlagreim nur noch an vier Stellen stehenbleibt. Mehrfachen einsilbigen Reim unmittelbar nacheinander gibt es nun an keiner Stelle des Reimschemas mehr – wie zuvor am Stollenende. Getilgt sind auch die ungewöhnlichen weiblichen Schlagreime. Sachs

fügt unter Verlängerung um eine Silbe Z. 6a und b zusammen (2 °1'
wird 3') und versieht auch den folgenden Schlagreim mit Auftakt. Ein
völlig »normaler« Ton wird aber auch dadurch nicht daraus – es
bleibt ein Tonexperiment. Sicher ist auch hier, daß die angesprochenen Änderungen keinesfalls durch Mißverständnisse entstanden
sein können. Denn Sachs selbst hat ja in *q* das Nunnenbeck-Lied
formgerecht aufgezeichnet und durch den Zusatz *41 R*[eime] und
durch das Setzen von Reimvirgeln auch belegt, daß er die Reime alle
erkannt hat. So ist sicher, daß er bei der Adaptation des Schemas
bewußt vereinfachend eingegriffen hat.

Nunnenbeck, Zeherweise
Form bei Nunnenbeck

3'	3'	3'	3'	3'	3'		3	3'	3'	2	2	2	2	2	2	3	3
a	b	a	b	b	A.c		f	g	h_{15}	i	i	i	i	i_{20}	i	i	f
d	e	d	e_{10}	e	A.c												

3'	3'	3'
g	h_{25}	c

Form im Jüngeren Meistergesang

3'	3'	3'	3'	3'	3'		3	3'	3'	2	2	3	3	3'	3'	3'
a	b	a	b	b_5	c		f	g	h_{15}	i	i	i	f	g_{25}	h	c
d	e	d	e_{10}	e	c											

Noch klarer als beim Langen Ton wird bei der Zeherweise ([1]Nun/34)
alles beseitigt, was vom Tonschema her die inhaltliche Freiheit der
Lieder einschränken könnte. Der Anreim im Aufgesang fällt Sachs'
Kritik ebenso zum Opfer wie die Reimtirade im Abgesang, so daß
eine »gereinigte« Fassung zurückbleibt, der die Besonderheiten des
typisch »Nunnenbeckischen« völlig abgehen. Wieder hat bereits das
erste Lied nach der Reformation ([2]S/767) die neue Form.

Singer, Freier Ton

	2	2	1_2	3'		4	4	3	4	4	1__2	2	2
b.a	a	b.a	b	c		k.f$_9$	f	g.g	A.h	A.h	b.h	i.e	i_{15}	k
e.d$_5$	d	e.d	e	c									

Jüngere Form

2	2	1_2	3'		4	4	3	4	4	1_2	3'
a	a	a	b	c		e	e_{10}	f.f	g	g	g b	c_{15}
d$_5$	d	d	b	c								

Es gibt nur ein älteres Lied im Freien Ton, vielleicht von Singer selbst
([1]Sing/1/1), in *q* von Sachs aufgeschrieben. Da er alle Reime durch
Virgeln bezeichnete, kann man ausschließen, daß die Variante, mit

der er 1548 den Ton wieder aufnahm (^{2}S/2853), lediglich aus Versehen zahlreiche Anreime wegließ. Denn darin besteht der Hauptunterschied zwischen älterem und jüngerem Reimschema, von genau 13 Anreimen (die doppelten Anreime Z. 3/7/14 einzeln gezählt) blieben ein einsilbiger und zwei zweisilbige übrig. Im Zusammenhang damit mußte das Reimschema im Aufgesang etwas umgestellt werden. Auch für die vorletzte Zeile ging der korrespondierende Anreim i verloren. Bei der Zusammenfügung dieser mit der letzten Zeile wurde dann gleich noch eine Silbe eingespart, dadurch war ein Rückgriff auf die Stollenschlußreime c möglich, denn auch der Abgesangschluß war ohne Rückgriff auf einen Anreim partnerlos. Schließlich entstand so eine Rundkanzone, die auch musikalisch verwirklicht ist (Mel.x, Nr. 159).

Zusammenfassung

Es gibt im 13. Jahrhundert mehrmals Autorvarianten, die deutlich belegt sind und bei denen kein Zweifel an der Autoreinheit notwendig ist. Deutlich sind etwa die Strophen mit Zusatzreimen in Bruder Wernhers Ton I in J ausdrücklich einer Melodie zugeordnet; gleich gelagert ist der Fall bei Rumelant, Ton VI. Die Strophen in Ton IV Friedrichs von Sonnenburg sind zum Teil auch aus anderen Gründen verdächtig, soweit sie das Reimschema variieren; das sollte zu einer Überprüfung aller einschlägigen Strophen führen. Bei Damens Ton III ist von der Variation nur der Reim des Strophenschlusses betroffen. Gerade die zahlreichen Variationen verbieten in diesem Fall die Annahme mehrerer Autoren, sie zeigen vielmehr Experimentierwillen. Durch die Zusammenordnung in A sind die fünf Strophen Ulrichs von Singenberg, Ton XXXII, fast ebenso klar einem Ton zugeordnet wie die oben genannten Fälle, auch hier geht es um Zäsurreime. Anders als in diesen Tönen ist bei Rumelant, Ton VI, und Frauenlob, Grüner Ton (es geht hier nur um die Strophen in J mit Reim an der vorletzten Hebung, vgl. S. 107f), vermutlich ein zweiter Autor im Spiel, dessen Variation der ursprüngliche Autor dann – so Frauenlob – sekundär aufnimmt. Vor diesem Hintergrund scheint es mir nicht ausgeschlossen, daß auch Frauenlob im Goldenen Ton und im Neuen Ton verschiedene Binnenreime fakultativ gesetzt hat, daß er die spätere Variationsbreite in deren Reimschemata also selbst vorbereitet hat. Der kleinste gemeinsame Nenner ist nicht die einzige Lösung angesichts der unterschiedlich ausgebauten und im Einzelfall einander widersprechenden Reimschemata. Einen Hintergrund, der auf die älteren Töne nicht extrapolierbar ist, hat Beheims

Umarbeitung der Langen Weise. Er paßt ihn unterschiedlichem Publikumsverständnis an.[46]

Weit einschneidender sind die Varianten in den Tönen von Sachs. Nicht Publikumswechsel, sondern Zeitenwende dokumentieren sie. Die nachträgliche Vereinfachung der selbsterfundenen Reimschemata dient den Inhalten der Reformation, deren klare Darstellung offenbar Präferenz vor kunstvoller Form verdient.

Mit der gleichen Selbstverständlichkeit wie die eigenen Töne »reformiert« Sachs auch die Töne seiner Nürnberger Vorgänger. Während aber bei seinen eigenen Tönen die Tendenz eindeutig auf Vereinfachung zielt, ist bei den Änderungen der Töne von Folz und Nachtigall wohl die Abrundung einer als unvollkommen empfundenen Form angestrebt. Bei Singer und den vier veränderten Nunnenbeck-Tönen steht die Vereinfachung komplizierter Schemata wieder eher im Vordergrund. Was Sachs die inhaltliche Kompetenz zu solch rückwirkender Schulmeisterei verleiht, kann wohl nur sein reformatorisches Selbstbewußtsein sein. Offenbar trennt er zwischen geistlicher und künstlerischer Kompetenz nicht.[47] So wagt er ohne weiteres, nicht nur seinen Lehrer, sondern auch andere, die er selbst zu den Zwölf alten Meistern der Nürnberger Singschule zählte, zu verbessern.[48] Die Vereinfachungstendenzen, die Sachs dabei anwendet, liegen jedoch keinesfalls einfach im Zeittrend. Vielmehr zeigen sich schon im 15. Jahrhundert zwei divergierende Linien beim Komponieren von Tönen, die sich im 16. Jahrhundert fortsetzen. Einerseits finden sich durchaus Töne, die im Sinn der oben besprochenen Tendenzen klar gegliederte, einfach gereimte Schemata aufweisen und die in der Erfindung des Typs »Spruchweise« (vgl. S. 245f) ihren Gipfel finden. Andererseits zeigen viele Töne einen Hang zur Aufnahme von kunstvollen Reimformen, zu Reimreichtum und zu Reim über weite Entfernungen (vgl. zu einigen dieser Erscheinungen Kapitel IV,1). Beide Tendenzen stehen bis zum Ende des 16.

---

[46] Nicht für eine Autorvariante, sondern für fremde Normalisierungsversuche an einem Text in ungewöhnlicher Strophenform halte ich die Umarbeitungen an der Tagweise von Lesch. Weil nur der stets gleiche Text variiert wird, geht es auch nicht um eine Schemaentwicklung. Die Varianten sind daher auch im 4. Abschnitt nicht besprochen. Vgl. dazu Petzsch <XVI>.

[47] Man vergleiche zur Verknüpfung von theologischer und kunstideologischer Argumentation die Argumente Folz' im Tönestreit; Schanze <I>, Bd. 1, S. 336f. Zum reformatorisch-künstlerischen Selbstverständnis von Hans Sachs vgl. Rettelbach <I>.

[48] Singer gehört nicht zu ihnen. Nach Sachs stammt er aus Eger, hat aber vielleicht anderswo gelebt, denn es heißt stets *von*, niemals *zue* oder *in Eger*. In Nürnberg ist er nicht nachgewiesen.

Jahrhunderts nebeneinander, um dann zunehmend von konstruktivistischen Formen eines neuen Typs abgelöst zu werden, auf die das Gegensatzpaar »einfach – kunstvoll« nur noch bedingt anwendbar ist (vgl. Kapitel VI,6). So ist der Entschluß zur Änderung der vorgefundenen Reimschemata nicht einfach Anwendung einer Tendenz auf bereits Vorhandenes, sondern ein einmaliger Entschluß, dessen Zusammenhang mit der Reformation ausreichend deutlich dadurch dokumentiert wird, daß (außer beim Goldenen Ton von Sachs, wo der Einschnitt etwas später liegt) jeweils das erste Lied nach der Reformation die dargestellte Änderung aufweist. Solche Eingriffe hat Sachs bei Meistern des 13. und 14. Jahrhunderts nicht gewagt, obwohl sie doch auch »unter dem Papsttum« dichteten. Als Begründer des Meistergesangs genossen sie offenbar eigene, kritikenthobene Autorität.

4. Gestaltwandel älterer Töne im Gebrauch

Ältere Töne sind auch dann oft im Gebrauch einem Gestaltwandel unterworfen, wenn sie nicht falsch verstanden wurden oder bereits vom Autor her in mehreren Versionen vorlagen. Ob Autorvarianten Auslöser späterer Vielfalt waren, wird jedoch im Einzelfall zu diskutieren sein. Die Kräfte, die beim Tonschemawandel am Werk sind, waren schon in vielen Untersuchungen zur Sangspruchdichtung Gegenstand des Interesses; eine systematische Erfassung verspricht jedoch weiterreichende Ergebnisse.

Walther von der Vogelweide, Feiner Ton (»Ottenton«)
Echte Strophen

4	4	5'		3'	4	5'		3'	4	5'
a	a	b		d	e	f		d_{10}	e	f
c	c_5	b								

Form im Jüngeren Meistergesang

4	4	5'		4'	4	5'		4'	4	5'
a	a	b		d	e	f		d_{10}	e	f
c	c_5	b								

Der einzige Unterschied zwischen beiden Schemata liegt in der ersten und vierten Abgesangszeile, die sich strukturell entsprechen (Repetitionskanzone). Von der Überlieferung der echten Strophen in *A*, *B* und *C* klafft eine Überlieferungslücke in der Tonverwendung bis

1547 (²S/2408). Die verhältnismäßig späte Adaption spricht dafür, daß der Ton zu Sachs' ursprünglichem Repertoire nicht gehört hat. Der von ihm und anderen gern verwendete Ton gibt durch sein Verwendungsprofil jedoch keine weiteren Hinweise auf seine Herkunft.

Walther von der Vogelweide, Langer Ton und Kreuzton

Ein Bezug dieser erst aus dem Jüngeren Meistergesang bekannten Töne zu echten Tönen Walthers, der gelegentlich hergestellt worden ist, ist auszuschließen, daher entfallen Veränderungen.[49]

Walther von der Vogelweide, Goldene Weise

Der Ton ist in *k* mit einer kleinen Variante im Abgesang überliefert, die insofern wichtig ist, als die eine Fassung erlaubt, eine Melodie mit 3. Stollen zu unterlegen.[50]

Walther von der Vogelweide, Hofweise (Wendelweise; »Wiener Hofton«)

4	4	5'		4'	4'	4	5'	4'	4'	4	5'	4
a	a	b		d	d	e	$(f)_{10}$	g	g	e	(f)	e_{15}
c	c_5	b										

Der »Wiener Hofton« heißt in der Überlieferung der Meistersinger *Hoffwyse oder wendelwys* (*k*, 734ʳ), ist jedoch nur mit zwei Dreierbaren in *k* (¹WaltV/8/500 und 501, 500 auch in *u*) vertreten, allerdings sind im Cpg 350 bereits mehrere Strophen überliefert. Während im mit *D* bezeichneten ersten Teil der Handschrift die Strophen 8/7b-12b solchen aus *C* parallel gehen, stellen die in *H* überlieferten Strophen 8/16-20 eine Spruchreihe zum Thema *gehovet – verhovet – ungehovet* dar. Die abschließende Autorsignatur *ich Walther* ist fiktiv. Die Metrik unterscheidet die fünf Strophen in *H* durch Auslassen des f-Reims von der Normalform des Tons in charakteristischer Weise. Da ja nur durch wenige Seiten getrennt der echte Walther-Text in unverfälschter Form steht, kann man wohl die gegenläufigen Informationen des Textes nicht als Versehen deuten, jedenfalls wenn man das Verhältnis

---

[49] Zur Unechtheit Brunner <II>, S. 197 mit Anm. 59 und Brunner/Müller/Spechtler, S. 67*-69*.

[50] Vgl. im einzelnen dazu Brunner/Müller/Spechtler, S. 65*-67*; dort auch zu fehlgeschlagenen Versuchen, die Melodie echten Texten zu unterlegen. Da der Ton auch den Namen und den Tonautor wechselt, Interpretation unten, S. 192f.

von *D* und *H* so sieht, »daß *H* von den Besitzern von *D*, vielleicht sogar mit Blick auf die ältere Sammlung, angelegt worden ist«.[51] Die Strophen in *H* spielen denn auch mit dem Begriff *hof* so, als sei der Tonname schon geläufig, zumindest aber setzen sie Kenntnis von 8/12 (Lachmann 24,33) voraus, wo der personifizierte Wiener Hof »Walther« anspricht.

Wolfram von Eschenbach, Goldener Ton

Beim Goldenen Ton Wolframs, der die Strophenform des Sang-spruchdichters Gast aus *C* fortsetzt (vgl. Schema und Interpretation im größeren Zusammenhang S. 203ff), wurden die Zäsuren aller Langzeilen gereimt, ferner wurde eine fünfhebige Zeile gelängt und ebenfalls geteilt, um sie den übrigen anzupassen, so daß der Ton zu einer reinen Langzeilenform eingeebnet wurde.

Stolle, Alment

Form 1

7	7	4	5'		4	5'	4	7'	7	4_5
a	a	b	c		e	f_{10}	e	f	g	x g
d_5	d	b	c							

Form 2

4	3	4	3	4	5'		4	5'	4	7'	4	3	4	5
a	b	a	b	c_5	d		g	h	g_{15}	h	i	k	i	k_{20}
e	f	e	f_{10}	c	d									

Form 3

4	3	4	3	4	5'		4	5'	4	5'	4	3	4	5
a	b	a	b	c_5	d		g	h	g_{15}	h	i	k	i	k_{20}
e	f	e	f_{10}	c	d									

Die Studie von Kornrumpf/Wachinger nennt die zahlreichen Tonver-wender des 13. Jahrhunderts. Dies sind nach Maßgabe der Tradition außer Stolle selbst Bligger von Steinach, Boppe, der Hardegger, Marner, der Tugendhafte Schreiber und der von Wengen, wobei sich die Textcorpora zum Teil überschneiden, auch ein lateinischer Autor in *s* kommt hinzu (1HenrM/1/1). Bis auf die Strophe Bliggers gebrau-chen alle die unmodifizierte Form 1. Nur die unter Bligger überlie-ferte Einzelstrophe setzt – ohne erkennbare Textverderbnis – in der 2. Stollenzeile 6 Hebungen.[52] Alle in *C* und *J* überlieferten Strophen

---

51 Wachinger in VL², Bd. 3, Sp. 598.
52 Gleichwohl sollte man nicht davon ausgehen, daß diese Variante gewollt ist, allenfalls könnte man erwägen, daß in Z. 2 und 6 Sechsheber gemeint sind, so

stimmen darin überein, daß nur am Strophenende eine regelmäßig zäsurierte Langzeile auftaucht, alleine in *J* gibt es einige Strophen, die alle Langzeilen des Aufgesangs zäsuriert lesen lassen – z.B. ¹Stol/8. Ausgerechnet diese Strophe erscheint auch in *n*, wo sich auch eine Strophe mit offensichtlichem Zäsurreim der beiden letzten Verse findet (¹Stol/39).

Nach *J* ist die Alment besonders reich in *k* vertreten, wo neben wenigen alten Strophen viele einheitlich konzipierte Bare rein weltlicher Prägung stehen. Die Form der Strophen unterscheidet sich durch die konsequente Einführung der Zäsur (außer bei ¹Stol/501) in den Langzeilen. Inkonsequent und ganz offensichtlich nur in jüngeren Baren werden einzelne Zäsuren auch gereimt. Nur die Zäsuren des Aufgesangs reimen in ¹Stol/503 und 520a, die von Z. 13/14 in 507-Str.3 (eine Zudichtung zu zwei alten Strophen). In 502 mag der Zäsurreim die beiden ersten Strophen als Ergänzung von den folgenden drei scheiden, die aber nur unwesentlich älter sein können. Eine originelle Sonderform verwirklichen 514a (Kiepe, S. 320f), wo statt des Reims b im 1. Stollen eine Waise, im 2. Kornreim steht. Form 2 verwirklichen dagegen 514b in *w*, die Bare 520b, 526 und 527 in *h*, sowie der Lieddruck 522b. In *k* kommt die konsequent ausgebaute Form nur ausnahmsweise vor: in 502-Str.1 und 2. Die vielen zerstreuten einzelnen Zäsurreime, oft auch Reimwörter, die offensichtlich verschoben sind, erwecken den Eindruck, in *k* habe achtlose Redaktion oder gar Absicht Lieder mit bestimmten Zäsurreimen oder der Form 2 in die ältere zurückverwandelt. Dieser Befund gilt nicht für die Sonderform von 514 und bleibt insgesamt schwebend, weil er nicht konsequent zu spüren ist. Anpassung von alten Strophen an Form 2 ist in keiner Handschrift belegt. Z. 16 der Fassung 2 ist niemals in der Zäsur gereimt, diese ist aber ebenfalls ausgeprägt. Die Kürzung in Angleichung an Z. 14 ist für die Nürnberger Spätform ab *q* reserviert. Ihr scheint jedoch auch die Vorlage von 520a in *k* angehört zu haben; trotz einiger mechanisch gesetzter Füllwörter erreichen die Zeilen die vorgeschriebene Länge nicht; die Parallelüberlieferung in *h* betrifft dies jedoch nicht – sie hat bei deutlichen Textschwankungen die Normalform. In *q* hat nur der Bar 529 die Form 3, 530 bringt bei gekürzter Z. 16 Zäsurreim nur am

---

die älteren Ausgaben von MF. In der jüngsten (XVIII, III) sind die Stollen ungleich gelassen (markiert mit *). Eine Besonderheit fällt auch bei den Strophen unter Marners Namen auf. In ¹Marn/12/2 und 3 scheint in der Zäsur der Schlußzeile Reim b noch einmal aufgenommen. In 3 wäre dies aber ein identischer Reim (*dîn: sîn: dîn*), der nicht als Reim gilt (vgl. dazu unter Frauenlob, Goldener, Langer und Neuer Ton), so mag das auch in 2 Zufall sein.

Abgesangsende. Der Unterschied ist Sachs nicht entgangen: er kommentiert ihn, indem er die letztgenannte Form als *alment des a*[lten] *stollen*, die Form 3 als *alment ... des jüngen stollen* kennzeichnet. Daraus wird wahrscheinlich, daß Sachs die reimärmeren Fassungen als die in der Regel älteren zu erkennen in der Lage war.

Junger Stolle (Junger Spervogel), Ton I

Unter dem Namen Junger Spervogel bringt *A* vier Strophen in einer einheitlichen Form (Schema und Verhältnis zum Ton des Älteren Spervogel s. S. 149); dieselben und eine andere stehen in *C* unter Spervogel, eine findet sich unter anderem Namen in *C* und *B*, weitere Strophen kennt der Cpg 349. *k* nennt den Jungen Stolle als Tonautor, wobei die Strophen fast alle eine in älteren Handschriften unbekannte Variante bieten: Z. 9 ist nur vierhebig. Neben der Melodiestrophe betrifft dies die beiden folgenden Bare [1]SpervA/501 und 502, so daß allein die in 500-Str. 2 und 3 mitgeschleppten alten Strophen in der Normalform stehen. Besonders auffällig ist die Variante bei Str. 1 von 500, denn auch hier könnte es sich um eine ältere Einzelstrophe handeln. Vielleicht war gerade sie das Muster für die anschließenden nachgedichteten Bare des 15. Jahrhunderts, und es ist nicht unwahrscheinlich, daß die Verkürzung in dieser Strophe tatsächlich auf einen Defekt zurückgeht.[53] Der Ton hat in der kürzeren Variante durch Abschrift aus *k* auch Eingang in den Jüngeren Meistergesang gefunden.[54]

---

[53] Mertens/Wachinger in VL², Bd. 4, Sp. 913-915, halten diese Strophe dagegen für eine Nachdichtung des 15. Jahrhunderts zum Zweck der Barauffüllung in einer schon vorgegebenen jüngeren Form. Brunner <II>, S. 291, nennt den Sachverhalt, ohne weitergehende Vermutungen anzustellen.

[54] Brunner <II>, S. 90.

Reinmar von Zweter, Frau-Ehren-Ton
Echte Strophen

4	7	3'_5		5'	5'	4'	4	4	2_3'
a	a	x b		d	d	e	f_{10}	f	x e
c	c_5	x b							

Form in älteren Meisterliederhandschriften

4	3'	4	3'	5		5'	5'	5'	4	4	5'
a	x	a	b	c_5		e	e	f	g	g_{15}	f
d	x	d	b	c_{10}							

Form in jüngeren Meisterliederhandschriften

4	3'	4	3'	5_5		5'	5'	5'	4	4	5'
a	b	a	c	d		f	f	g	h	h_{15}	g
e	b	e	c	d_{10}							

Reinmar hat seinen Hauptton für mindestens 234 Strophen benutzt.[55]
Dabei hat er nach Roethes Feststellung an mehreren Stellen zäsurierte
Langzeilen gebraucht, deren Zäsuren aber häufig sehr frei behandelt.
(Eine solche Aussage ist überhaupt nur auf der Basis eines so riesigen
Strophencorpus zu treffen.) Fest allerdings ist bei Reinmar die Zäsur
in der letzten Zeile, wo mit Regelmäßigkeit 2x 3'e zu lesen ist. Sie
verschwindet indes bei der weiteren Benutzung des Tons. Während
Bare in *C*, *H* und in älterer Streuüberlieferung, die Roethe für unecht
hält, diese Zäsur noch beachten, fehlt sie in fast allen Baren der
Meistersingerhandschriften. Die Zäsuren im Aufgesang sind da variabler. Wo der Auftakt zur zweiten Halbzeile von 3 und 6 fehlt, kann
auch leicht der Sinneinschnitt »verrutschen«. Roethe unterscheidet
penibel zwischen mehreren Versionen dieser Abweichung,[56] stellt
aber fest, daß einzelne Verse ihren Sinneinschnitt an noch anderer
Stelle finden. Was soll dann die strenge Scheidung? Sie besagt im
Grunde nur noch, daß die nicht normgerechten Zeilen im Verlauf
ihrer acht Hebungen dennoch irgendwo einen Sinneinschnitt zeigen
(und der kann sehr klein sein). Gegen eine zu starre Theorie der
Zäsurverschiebung sprechen nicht nur Roethes eigene Beobachtungen an Strophen, in denen keine seiner vorgeschlagenen Zäsuren
paßt[57], sondern vor allem Strophen, wo solche irregulären Zäsuren
im 1. und 2. Stollen an verschiedener Stelle stehen. Einschnitte auf
der Syntaxebene, die nicht regelmäßig an gleicher Stelle vorkommen,
sind ja wohl als rhythmische, nicht als metrisch relevante Erscheinungen zu werten. Vor allem der Gedanke an musikalische Auffüh-

---

[55] Mindestzahl der echten Strophen nach Brunner in VL², Bd. 7.
[56] Roethe, S. 370f.
[57] Roethe, S. 371.

rungspraxis läßt die metrische Würdigung einer unfesten Zäsur höchst bedenklich erscheinen. Als Beispiel [1]ReiZw/1/7, V. 3 und 6 (Zäsur einmal nach der 3., einmal nach der 4. Hebung):

> *Got aller hoehe ein dach   Gott aller tiefe ein endelôser grunt!*
> *durch die dîn eineborner sun   wart an dem vrône criuze wunt!*

Bedenkt man nun, daß sich z.B. bei einer ganzen Folge von Sprüchen, die in D (und der Edition) aufeinander folgen, solche Unregelmäßigkeiten häufen (7-9), Regelmäßigkeit mit Mühe hergestellt ist (5, 10) oder wo auch anders interpretiert werden kann (6), nämlich so, daß an dieser Stelle ein nicht zäsurierter Achtheber zu lesen ist, wird man vielleicht eine andere Beurteilung erwägen müssen. Statt mit Roethe Reinmar als »gleichgiltig gegen die äussere Form«[58] zu schelten, ist es nämlich vielleicht möglich, die Autorvarianten dazu zu benutzen, zeitliche oder inhaltliche Schichtungen im Frau-Ehren-Ton zu verfolgen. Zunächst gälte es aber, überhaupt alle Strophen noch einmal auf das wirkliche Vorhandensein der Zäsur zu befragen. Dabei wird man wohl in mehr als einem Drittel aller Strophen eine deutlich in beiden Stollen ausgeprägte Zäsur finden – in diese Richtung geht ja auch die Entwicklung des Tons –, doch es werden sicher auch mehr eindeutig anders gelagerte Fälle übrigbleiben, als daß man von Nachlässigkeit reden kann.

Die Zäsur von Z. 2/5 ist in den echten Strophen Reinmars noch seltener. »Während aber im 3. und 6. Verse klingende Caesur nach der dritten Senkung mit folgendem Auftakt etwa 270 mal vorkam, ist dieser kräftigste Einschnitt im 2. und 5. Verse so selten, dass man versucht sein könnte, ihn ganz zu leugnen.«[59] Eindeutigen Senkungsprall konstatiert Roethe in weniger als 50 Fällen, diese allerdings sind unstrittig. Die Tradition hat auch diese Zäsur verfestigt. Alle Meistersingerhandschriften haben sie durchgeführt. In wenigen Strophen der Reinmar-Sammlungen von C und D und über weite Strecken verteilt reimen auch die Zäsuren der Zeilen 3 und 6. Roethe[60] sieht sie als zusätzlichen Schmuck und nimmt wohl völlig berechtigt keinen Anstoß: kein weiterer Grund spricht für Unechtheit. In k ist diese reimvermehrte Fassung bereits verbindlich. Ebenfalls durchgeführt ist eine Verlängerung der 3. Abgesangszeile. Sie wird dadurch der letzten gleichlang, die den gleichen Reim trägt. Gleiche Melodieabschnitte – häufig ein Grund solcher Angleichungen – haben sie allerdings in keiner der bekannten Fassungen; jedoch findet

---

[58] Roethe, S. 371.
[59] Roethe, S. 372.
[60] Roethe, S. 373.

sich in der Spätfassung von Mel.*l*, 27ʳ, und Mel.*x*, 37ʳ, dieselbe Distinktion wie in der ersten Abgesangszeile.[61] Im Jüngeren Meistergesang sind dann auch die noch verbliebenen Waisen in den Stollen gereimt. Bereits *q* bringt Bare des jungen Hans Sachs in dieser Form (²S/41-44), andere enthält die Handschrift nicht. In der Spätzeit gehört nun der Ton nicht mehr Reinmar *von zwetel* wie noch in *k*, sondern dem Ehrenboten. Dies ist, wie schon Roethe hervorgehoben hat,[62] eine reine Namensverwechslung, nicht etwa Beweis für das Wissen um eine alte Verbindung Reinmar – Ehrenbote. Auch eine Verbindung Frauenlobs mit dem Ton ist belegt und ebenso zu erklären. Ihm galt nämlich ursprünglich die Zuschreibung in *q*, die erst später korrigiert wurde. Die gleiche – nicht korrigierte – Zuschreibung bei Valentin Voigt (²Voi/149) beweist, daß das mehr als eine Verschreibung war.

Marner, Goldener Ton

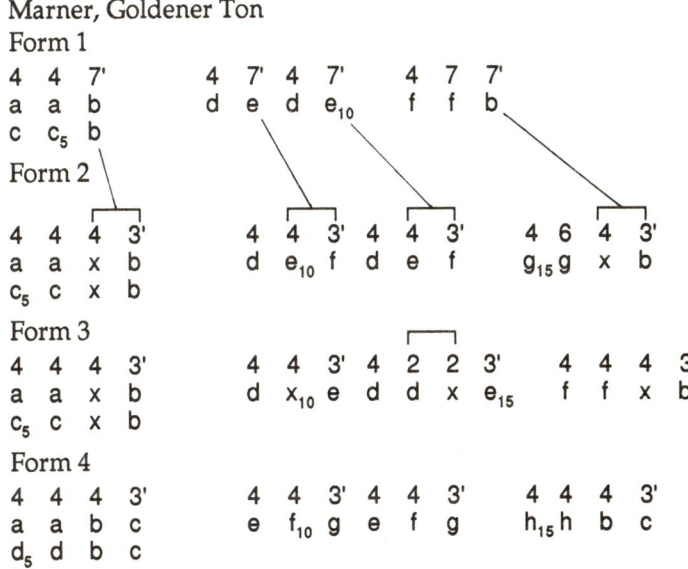

Obwohl gar nicht so viele ältere Strophen in Marners Goldenem Ton abgefaßt sind, ist das wahre Bild noch variantenreicher als die oben dargestellte Zusammenfassung zu vier Schemata. Die zahlreichen Langzeilen des Tons sind verschiedenartig abgeändert, zäsuriert und bereimt worden.

---

[61] Melodiestrukturen bei Brunner <II>, S. 288. Abdrucke der Melodien bei Schumann, Notenteil, S. 18.

[62] Roethe, S. 158f.

Die vier echten Strophen in C kennen keine feste Zäsur in den Langzeilen. Deren Wiedergabe in k jedoch ([1]Marn/1/500a) ist bereits charakteristisch verändert. Bis auf ganz wenige Stellen sind Einschnitte nach der vierten Hebung erzielt, sieht man von Z. 12 ab, die sich anders entwickelt: sie wird auf sechs Hebungen gekürzt – das ist der erste Schritt in Richtung 3. Stollen. In allen anderen Spätüberlieferungen nämlich ist dieser durch eine noch weitergehende Kürzung dieser Zeile auf vier Hebungen bereits vollzogen. Die Melodie in k ist über einer echten Strophe notiert und unterlegt der sechshebigen Zeile bereits die gleiche Melodiedistinktion wie Z. 2, so gut es geht. Die musikalische Herstellung des 3. Stollens ist hier bereits vollzogen. Die konsequente Entwicklung erweckt den Eindruck, als sei diese Struktur schon von Anfang an angelegt. Außerhalb der echten Strophen gilt grundsätzlich die Zäsurierung der Langzeilen. Sie verbindet alle jüngeren Bare. Alle aber reimen unterschiedliche Zeilen, und dies bringt die Differenzierungen. Genau Form 2 vertritt 505, ein in k und einem Druck tradiertes 7strophiges Erzähllied 'Das Urteil des Herzogs von Burgund'. Dagegen reimen zahlreiche Liedfassungen alle Zäsuren, so 501 (k), 506 (q), 508 (p), 509a und 510a (in einer verschollenen Sterzinger Handschrift), sowie die Drucke 503b.c, 509b und 510b-e, die alle Nürnberger Provenienz sind. Daneben steht ein zweiter, völlig anderer Entwicklungstyp. Er gibt dem Ton durch asymmetrische Aufteilung des ursprünglich repetierten Stegs ein differenzierteres Gepräge. Der Grundtyp ist die dargestellte Form 3 des Tons. Z. 10 ist hier noch weiter unterteilt: aus 7' der Ausgangsform wird 2d 2x 3'f. Diese Form hat das Lied 503a aus h. Das 19strophige Erzähllied über 'Albertus Magnus und die Königin von Frankreich' wird allerdings in der Druckfassung (503b, s.o.) in anderer Gestalt überliefert. Lied 504 aus h und ein Lied in der Handschrift Wien Cod. 2981 (507) reimen zusätzlich die Zäsur der letzten Zeile mit (3. Stollen also: 4f 4f 4f 3'b). Noch weiter ausgebaut ist dieses Experiment in 503: die letzte Langzeile ist noch weiter zerlegt (3. Stollen: 4 4 2 2 3') und in den ersten beiden Stollen sind die Zäsuren ebenfalls mitgereimt. Dieses Lied steht in d; die älteste Überlieferung unechten Gutes ist also zugleich die mit dem differenziertesten Reimschema! Das Alter der Entstehung hat mit dem Ausbau der Reime nur untergeordnet zu tun. Gibt es keine temporale Schichtung, so doch eine deutliche topographische Zuordnung. Alle Fassungen mit asymmetrischem Steg gehören nach Augsburg oder Schwaben, die Fassungen mit ausgebautem Reimschema der Form 4 kommen bis auf einen Bar in k aus Nürnberg. So läßt sich abschließend auch noch klären, daß bei dem in h überlieferten Lied 505a in Str. 2 und 6 entgegen der Normalform

Zäsurreime des asymmetrischen Typs eingeführt wurden. Der Schreiber hat offenbar das Lied Augsburger Konventionen anpassen wollen. – Der Jüngere Meistergesang benutzt überall die Nürnberger Form 4.

Marner, Kurzer Ton / Hofton

Form 1

3'	°4	°6	°7		7	4'	°4	°6	4'	4	6	7
a	b	c	d		e	f_{10}	e	g	f	g	h_{15}	h
a_5	b	c	d									

Form 2

3'	4	6	7		7	4'	4	6	4'	4	6	7
a	b	c	d		e	f_{10}	e	g	f	g	h_{15}	h
a_5	b	c	d									

Form 3

3'	4	6	7		7	3'	4	6	3'	4	6	7
a	b	c	d		e	f_{10}	e	g	f	g	h_{15}	h
a_5	b	c	d									

Form 4

3'	4	6	4	3		4	4	3'	4	6		3'	4	6	4	3
a	b	c	d	e_5		x	f	g	f	h_{15}		g	h	i	d	i_{20}
a	b	c	d	e_{10}												

In der ältesten benannten Überlieferung in *b* ist der Name Kurzer Ton belegt, außerdem in *x*, in der Corpusüberschrift zu *k*, 494^r, wo *Jn marner kurzen oder hofedone* steht, die anderen Quellen mit Namensangabe einschließlich der jüngeren sprechen vom Hofton.

Da er weder kurz ist (allerdings deutlich kürzer als der Lange) noch auf lange Zeilen verzichtet, kommt es in der Rezeption zu mehrfacher Variantenbildung. Geregelte Auftaktlosigkeit und feste Zäsuren gelten schon in *n* (^{1}Marn/6/101a, 'Sibyllenweissagung', 5 Str.). Die vielstrophigen Fassungen (12-19 Strophen) der Meisterliederhandschriften haben Zeilenteilung und Auftakt durchgeführt. In der älteren Überlieferung gibt es außerdem noch ein lateinisches Lied, das metrisch dem »Original« entspricht, im Reimschema des Abgesangs jedoch sind gewisse Änderungen vorgenommen (^{1}Marn/6/102). Die Form des Tons ist in seiner meistersingerischen Überarbeitung von seiner besonderen metrisch-musikalischen Struktur beeinflußt. Die älteste erhaltene Notation im Clm 5539, 151^v,[63] hat folgende Melodiestruktur:

$$\alpha \ \beta \ \gamma \ \delta \ \| \ \delta \ \varepsilon \ \beta \ \gamma \ \varepsilon \ \beta \ \gamma \ \delta$$

---

[63] Vgl. Kornrumpf <II>, dort auch Melodieabdruck.

Im Abgesang überlagern sich also zwei Strukturen: eine, die die Drei-zeilenfolge ε β γ wiederholt, und eine, die den Stollen in seinen letz-ten drei Distinktionen wieder aufnimmt: eine Rundkanzone auf dem Weg zur Kanzone mit 3. Stollen.[64] Die Entwicklung des Tons in seiner metrischen Struktur ist von dem Paradigmenwechsel beeinflußt. Z. 13 wird dreihebig und ermöglicht dadurch den 3. Stollen, wie er melodisch in der Spätüberlieferung von Mel.*i*, 257ʳ, belegt ist.[65] Da die melodische Gleichheit von Z. 10 und 13 bis in die Spätzeit jedoch ebenfalls gewahrt bleibt, wird auch diese Zeile konsequenterweise gekürzt. In *k*, das in seiner Melodie den 3. Stollen noch nicht durchgeführt hat, stehen viele Strophen mit gekürzten Zeilen, auch Älteres ist so umgearbeitet. Daneben kommen vereinzelt Mischformen vor, in denen nur eine der beiden Zeilen gekürzt ist; eine solche ist z.B. die Melodiestrophe ([1]Marn/6/500a-Str. 1). Die Langzeilen 4, 8, 9 und 16 besitzen bei den echten Strophen in *C* nur ausnahmsweise Sinneinschnitte nach der vierten Hebung. Dies ändert sich in der Tradition zwar, doch gibt es auch in *k* noch Lieder, die ohne Zäsur auskommen, z.B. 6/501. Gereimt werden die Zäsuren im älteren Meistergesang bis auf eine Ausnahme nicht: die Überliefe-rung e des Liedes 506 in *q*.

Marner, Langer Ton
Form 1

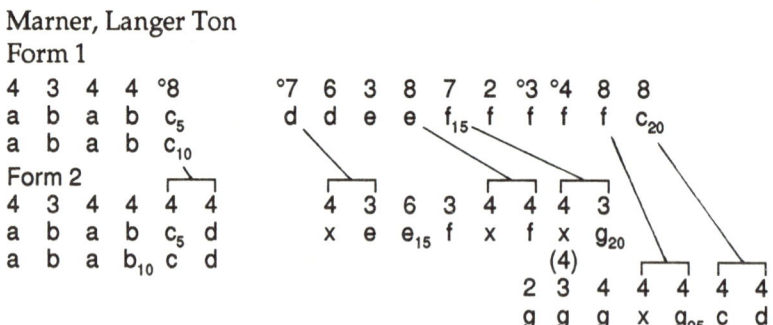

Einer der beliebtesten Töne des 15. Jahrhunderts ist Marners Langer Ton. Die Meistersinger verehrten seinen Ton quasi kultisch: er gehörte zu den Vier gekrönten Tönen (vgl. Kapitel VI,2), und er wurde mehrfach für die *Parat* genannten Kombinationen mehrerer Bare verwendet ([1]Marn/7/565; [1]Nun/6-8; [2]S/46). Sachs dichtet sein erstes Meisterlied in diesem Ton ([2]S/25). Im RSM hat er die höchste

---

[64] Pickerodt-Uthleb subsumiert Kanzonen dieser Ausprägung in *J* bereits unter »Da-Capo-Form«, ihr Terminus für Kanzonen mit 3. Stollen. Hier werden sie als »Kanzonen mit verkürztem 3. Stollen« gefaßt.

[65] Melodiestruktur von *k* und Mel.*i* bei Brunner <II>, S. 284.

Zahl an Liedern der Spätüberlieferung – nämlich 76. Der Ton ist aber auch schon in *C* in einem anderen Corpus – im Oeuvre Boppes – bezeugt. Dort unterscheidet er sich in zwei Einzelheiten: der Stollenschluß ist um eine Hebung kürzer als bei der oben notierten Form 1, Z. 18 fehlt ganz. Da es sich um eine Einzelstrophe handelt, könnte die Veränderung mit der Überlieferungslage zusammenhängen. Eine solche Interpretation wurde auch versucht, weil im Boppe-Corpus in *C* mehrere andere – unveränderte – Töne fremder Meister überliefert sind. Diese darf man aber wohl nicht über einen Kamm scheren – finden sich darunter doch abgespaltene Stücke aus anderen Corpora,[66] Polemik im Ton des Gegners,[67] Texte in besonderen Tönen[68] und solche, deren Zugehörigkeit zu Boppe noch nicht ausreichend untersucht ist.[69] Eine Notwendigkeit, die drittletzte Zeile als ausgefallen zu betrachten, besteht vom Inhalt her nicht, und so ergibt sich eher eine Strophe, die durch kleine Veränderungen den Ausgangston bewußt variiert.[70] Auf andere Weise variiert wird in ¹Marn/7/100a und 101a, zwei Baren aus *H*, die durch Marienthematik und Strophenanapher auch sonst sehr nahe zusammengehören und durch diese Textzusammenhänge auch mit dem 'Ave Maria' in Konrads Morgenweise (¹KonrW/6/100) zusammenrücken. Hier sind die Zäsuren der Stollenschlußzeilen 5 und 10 gereimt, ferner alle sieben- und achthebigen Zeilen des Abgesangs deutlich zäsuriert, was bei Strophen aus *C* nur unregelmäßig zu finden ist. Die Auftaktregelung bleibt noch erhalten.

---

[66] Boppe, Ton VI = Frauenlob, Grüner Ton. Drei der fünf Strophen sind teils in *C* selbst (¹Frau/4/16), teils in *J* (4/2 und 5) im Frauenlob-Corpus zu finden. In die GA sind alle fünf aufgenommen.

[67] Boppe, Ton III = Meißner, Ton I. Gegen den Meißner, zusammen mit der angegriffenen Strophe.

[68] Boppe, Ton IV = Stolle, Alment; Boppe, Ton V = Klingsor, Schwarzer Ton (ein Ton des 'Wartburgkrieges'), der in alter Überlieferung nur an dieser Stelle außerhalb seines Zusammenhangs vorkommt. Inhalt ist eine Minneliedparodie.

[69] Boppe, Ton VII = Gast, Ton. Zu Boppes Ton VIII vgl. S. 153f.

[70] Anders Kornrumpf/Wachinger, S. 396: »Die Schlußzeilen der Stollen sind wohl entgegen von der Hagen und Strauch nicht auftaktige Siebenheber; sie lassen sich zwanglos als Achtheber ohne Auftakt auffassen, wie es Marners Ton entspräche:...« Außerdem nehmen Kornrumpf/Wachinger an, im Reimwort *trôn*..., von Strauch, S. 16, berechtigt in *môn* geändert, habe sich das Reimwort der ausgefallenen Zeile erhalten. Absolut zwingend ist diese Idee indes nicht, weil vom Inhalt her nicht gefordert; es kann sich ebensogut um eine einfache Verschreibung handeln. Der Lösungsvorschlag von Kornrumpf/Wachinger soll nicht ausdrücklich bestritten werden, nur scheint es wichtig, die andere Möglichkeit wegen ihrer grundsätzlichen Bedeutung offenzuhalten.

Die Meistersinger führen dann, wie üblich, den Auftakt generell ein (auch bei Parallelüberlieferungen zu den oben angesprochenen Liedern), die Zäsuren sind in *k* nicht immer verbindlich. Sie gelten dagegen in den Liedern, welche die letzten Stollenzeile und die letzte Zeile in der Zäsur reimen. Sie haben im Abgesang stets alle Langzeilen geteilt, während auffälligerweise Strophen gänzlich fehlen, die die verbliebenen Waisen bereimen. So schwankt der Gebrauch der Meisterliederhandschriften zwischen Strophen der Formen 1 mit Auftakt und 2, und alle Handschriften, wofern sie überhaupt mehr als zwei Bare dieses Tons tradieren, kennen beide Strophenformen nebeneinander. Ausgenommen davon ist allein *q*. Hier erscheinen Bare der Form 2, daneben aber solche mit einer weiteren kleinen Variante: bei gleichem Reimschema ist Z. 22 eine Hebung länger als üblich. Damit wird sie zwar mit der folgenden gleichreimigen gleichlang, aber das ist keine befriedigende Erklärung, da bei diesem fünffachen Reim ja dennoch andere Reimlängen stehenbleiben. Jedenfalls rezipiert so der junge Hans Sachs den Ton, und nach ihm verwendet ihn der gesamte Jüngere Meistergesang in dieser Form.

Heinrich von Ofterdingen, Fürstenton

		(4)						(4)	Jüngere Form		
4	7	5	3		7	7	4	7	5	2	2	5
a	b	a	b		e	f_{10}	e	f	g	h	g_{15}	h
c_5	d	c	d								

Wenn Heinrich von Ofterdingen der Dichter des 'Fürstenlobs' aus dem 'Wartburgkrieg' ist, so besteht die Zuschreibung des Tons an ihn in *k* zu Recht. In jedem Fall entspricht sie der Aussage der Kopfstrophe des 'Fürstenlobs'. Der Ton wird gleichwohl auch Wolfram von Eschenbach, einem anderen 'Wartburgkrieg'-Teilnehmer, in *w* (¹Wartb/1/508-510)[71] und Frauenlob unter dem Namen Kaufton[72] in *d* (¹Wartb/1/503b) beigelegt. Im Jüngeren Meistergesang läuft der Ton dann unter dem Namen des Ehrenboten. Die jungen Melodieüberlieferungen haben zwar zum Teil eine andere Struktur als *J* und *k*, weisen aber doch noch viele Ähnlichkeiten[73] auf, der Name Fürstenton bindet die Formen von Älterem und Jüngerem Meistergesang zusammen. Die metrischen Veränderungen sind gering. Die im

---

[71] Das sind die einzigen Bare im Älteren Meistergesang, die nicht im thematischen Zusammenhang des 'Wartburgkrieges' stehen.

[72] *k* bringt die Doppelbezeichnung *in dem gekauften oder in dem fursten ton.* Im Register, Bl.13ᵛ, heißt er *Im kauften ton oder heupton.*

[73] Brunner ‹II›, S. 238f.

Schema gekennzeichneten Zeilen sind gekürzt, um sie den melodisch schon in *J* entsprechenden anderen Vierhebern anzupassen.[74] Verwunderlicher als diese minimale Änderung ist die unveränderte Beibehaltung der Siebenheber, da Langzeilen doch in der Regel geteilt werden. Die nachgedichteten Bare in *k* zäsurieren die Langzeilen auch fast regelmäßig. Die Sonderentwicklung belegt, daß die Zeilenteilung keine absolute Gültigkeit hat. Puschmans Ausführungen zur Zeilenlänge erklären einen Zustand, geben kein Gesetz der Rezeption an (vgl. Kapitel VI,3). Der Fürstenton gehört offenbar nicht zum allgemein verbreiteten Repertoire des Meistergesangs. Sachs gebraucht ihn erstmals am 29. August 1545 (^{2}S/1789 und 1790). Nach ihm dichten nur Puschman, Hager und Watt je einen Bar. Für die Quelle von Form und Zuschreibung haben wir keinen Anhaltspunkt. Die Sonderbedingungen der Rezeption mögen für die Aufrechterhaltung der Langzeilen verantwortlich sein.

Konrad von Würzburg, Aspiston

Form 1

°4	3'	4'	°3	°4	°4		3'°1'	°3		°4	3'	4'	°3	°4	°4
a	b	b	c	c_5	d		e	e	f	f_{15}	g	g	f	f	f_{20}
a	b	b	c_{10}	c	d										

Form 2

4	3'	3'	3	4	4		3'°1'	3		4	3'	3'	3	4	4
a	b	b	c	c_5	d		e	e	f	f_{15}	g	g	f	f	f_{20}
a	b	b	c_{10}	c	d										

Der Aspiston zeichnet sich durch eine große Zahl von auftaktlosen Versen, vor allem aber durch den weiblichen Schlagreim im Steg aus.[75] Trotz dieser Besonderheiten wurde er gerne verwendet. Der Auftakt wird hierbei regelmäßig eingeführt. In *k*, wo alle sechs echten Strophen in den Baren ^{1}KonrW/5/503a und 504a mitüberliefert werden, haben sie, wie die umgebenden Strophen, Auftakt. Einzig in diesem Punkt unterscheidet sich die Form von *k* von der Fassung der echten Sprüche in *C*. Andere Handschriften greifen etwas stärker ein. Das zweite Schema zeigt, daß in den Stollen die 3. Zeile um eine Hebung gekürzt ist. Dadurch wird sie mit der reimgleichen 2. gleichlang. Diese Beobachtung wäre allerdings nur dann wirklich aussagekräftig, wenn auch eine melodische Übereinstimmung der

---

[74] Brunner <II>, S. 222 und 258f. In *C* gibt es drei Strophen mit der abweichenden Reimstellung g h h g im Abgesang. Wachinger <II>, S. 36, der auf die Besonderheit aufmerksam macht, gibt auch eine mögliche Erklärung.

[75] Vgl. auch S. 229 und Rettelbach <IV>.

Zeilen zu beobachten wäre. Das ist jedoch in den überlieferten Fassungen in *k* und Mel.*l*, 23ʳ, nicht der Fall.[76] Die abweichende Zeilenlänge gilt in allen Handschriften außer *C* und *k*. Nicht nur in der Handschrift *w*, die jünger ist als *k*, erscheinen Strophen, die in *k* überliefert sind, in der veränderten Gestalt (¹KonrW/5/507b), sondern auch in *b*, die rund vierzig Jahre älter ist (5/500c). Die Quelle von *k* scheint diesen wie andere Konrad-Töne besonders konservativ behandelt zu haben. Weitere Strophen stehen in *b*, *m*, *y*, München Cgm 1020 und *q*. Ein neuralgischer Punkt des Reimschemas ist verständlicherweise der Schlagreim. Hier kommt es zu Abweichungen verschiedener Art. So ist in *b* der Schlagreim nicht in allen Fällen erkannt worden, es kommt gelegentlich zu Verschiebungen der Reimworte, die ihn unkenntlich machen. Die tradierten Bare freilich besaßen ihn aber in jedem Fall, die gemeinte Form ist leicht zu rekonstruieren (5/500c und 508). In *m* (5/509a) ist der Schlagreim männlich. Auch das ist aber redaktionelle Überarbeitung, denn die jüngere Überlieferung des gleichen Lieds in *y* ist in der Normalform gehalten, und deutliche Bearbeitungsspuren zeigt nicht sie, sondern die ältere: in Str. 3 kommt der Schlagreim eine Hebung zu früh. Nach weiblichem Schlagreim bleibt gelegentlich auch im Jüngeren Meistergesang die Folgezeile ohne Auftakt (vgl. S. 229 und 323-325), nicht allerdings in der späten Verwendung des Aspistons. Auftaktlos bleibt aber wenigstens der zweisilbige Schlagreimeinschub selbst. So gilt für den Jüngeren Meistergesang einheitlich das zweite Schema.

Konrad von Würzburg, Hofton
Form 1

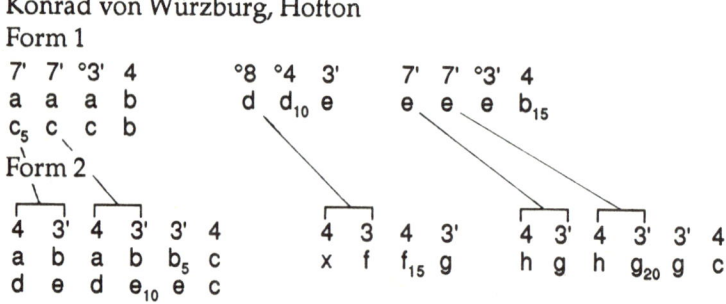

Der von Konrad selbst am häufigsten gebrauchte Ton wurde schon früh in zahlreichen Überlieferungsträgern aufgenommen – seine Rezeption zeigt außergewöhnliche Zusammenhänge auf.

---

[76] Vgl. Melodie S. 150. Melodiestrukturen von *k* und Mel.*l* bei Brunner <II>, S. 282f.

Den Anfang machen zwei Strophen im Hofton, die dem obskuren Alten Meißner zugeschrieben werden, an dessen Existenz man wohl zu Recht zweifelt.[77] Dennoch hält niemand die in C unter seinem Namen überlieferten Strophen für Texte Konrads. Denn wer immer sie verfaßt haben mag, er hat in den Langzeilen des Aufgesangs die Zäsuren gereimt und so die Strophenform erkennbar abgewandelt, was für Konrad selbst niemals belegt ist. Der zweite bekannte Benutzer war Eberhard von Sax, ein Geistlicher um 1300.[78] Leider ist von ihm nur das Fragment eines Stollens überliefert. Zwei Strophen finden sich in n vom Ende des 14. Jahrhunderts. Ihr Dichter hat die Strophenform mit Equivoca-Reimen ausgestattet.

Durchgehend mit Auftakt versehen, sonst aber in genau der Form, die Konrad verwendet, erscheint der Hofton dann in den Meistersingerhandschriften. Unter den zwölf Dreier- und Fünferbaren in k sind fünf, die echte Konrad-Strophen zu Baren ergänzen. Mit Bartsch[79] nehme ich an, daß darunter ursprünglich ebenfalls auftaktlose Strophen zu finden sind, sie müssen wohl über die Mitte des 14. Jahrhunderts zurückreichen. Außer dem generellen Auftakt unterscheidet sich keine der Strophen in k vom Schema Konrads. Soweit Bare von k in anderen Meistersingerhandschriften parallel überliefert sind, tritt dort zusätzlich meistens eine weitere kleine Veränderung ein: Konrad leitet den Abgesang mit einer achthebigen Langzeile ein – sie wird nun auf 7 Hebungen verkürzt; diese Kürzung kann durchaus auch echte Strophen betreffen.

Noch zwei Lieder im Hofton sind zu erwähnen, beide zu Beginn des 15. Jahrhunderts überliefert, beide in Handschriften, die nicht in den Umkreis des Meistergesangs gehören. Das eine ist eine lateinische Armutsklage in s ([1]KonrW/7/100). Sie reimt alle Langzeilenzäsuren. Das andere ist ein Lied in der niederrheinischen geistlichen Handschrift Straßburg UB 1995, die unter anderem mehrere Lieder in Meistertönen enthält. Dieses Gebetslied ([1]KonrW/7/502c) reimt zwei der sieben möglichen Zäsuren. Für uns interessant ist, daß k eine dieser Strophen mit einer echten Konrad-Strophe zusammenstellt, sowie mit einer weiteren, sonst nicht belegten Strophe. In k fehlt der Strophe aus Straßburg 1995 der Zäsurreim, die Überlieferungschronologie und die Überlieferungsverhältnisse legen nahe, daß der Zäsurreim wieder getilgt ist. Im späten Meistergesang – und dies gilt schon für ein Lied in q – sind alle Langzeilen geteilt und bis auf eine auch an den Zäsuren gereimt. Aus dieser einen, der ursprünglich

---

[77] Vgl. Objartel in VL², Bd. 1, Sp. 269-270.

[78] Vgl. G. Hahn in VL², Bd. 2, Sp. 286f.

[79] Bartsch <II>, S. 165.

achthebigen Zeile zu Beginn des Abgesangs, wird eine vierhebige Waise plus eine dreihebige Zeile, die vorhin erwähnte Tendenz zur Kürzung um eine Hebung hat sich also durchgesetzt.

Die Tonbenutzung unterscheidet sich also von der, die wir als »typisch meistersingerisch« zu sehen gewohnt sind, in diesem Fall dadurch, daß gerade der frühe Gebrauch sich deutlich von Konrad abhebt, während besonders *k* bemüht ist, ihn möglichst authentisch weiterzudichten, wie sich das auch in der Einbindung der echten Strophen in die Bare von *k* zeigt.

Konrad von Würzburg, Morgenweise
Form 1

$°5'$	$°3'$	$°3$	$°3'$	$3'$	$5'$		8	$°5'$	$°3'$	$°3$	$°3'$	$°3'$	$°5'$
a	a	b	c	c_5	d		g	h	h_{15}	g	i	i	d
e	e	b	f_{10}	f	d								

Form 2

$°5'$	$°3'$	$°3$	$°3'$	$3'$	$5'$		6	$°5'$	$°3'$	$°3$	$°3'$	$°3'$	$°5'$
a	a	x	b	b_5	c		f	g	g_{15}	f	h	h	c
d	d	x	e_{10}	e	c								

Form 3

$5'$	$3'$	3	$3'$	$3'$	$5'$		7	$5'$	$3'$	3	$3'$	$3'$	$5'$
a	a	b	c	c_5	d		g	h	h_{15}	g	i	i	d
e	e	b	f_{10}	f	d								

Form 4

$5'$	$3'$	3	$3'$	$3'$	2	$3'$		7	$5'$	$3'$	3	$3'$	$3'$	2	$3'$
a	a	b	c	c_5	d	e	h_{15}	i	i	h	k	k_{20}	x	e
f	f	b_{10}	g	g	d	e								

Die sieben echten Strophen dieses Tons leitet Konrad mit einem Natureingang ein, der übrigens mit dem »Morgen« im Namen nichts zu tun hat. Sie sind sämtlich in *C* überliefert, einige Parallelen dazu in *k*. Die erste produktive Verwertung des Tons überliefert *H* mit einem 40strophigen Mariengruß (Strophenanapher: *Ave Maria*; [1]KonrW/6/100), der Konrad in den Mund gelegt ist. Trotz dieser Fiktion unterscheidet sich der Ton durch Variation deutlich vom Schema der in *C* überlieferten Lieder. Es fehlt nämlich Reim b, und der Beginn des Abgesangs ist um zwei Hebungen gekürzt. So gibt das Lied durch Signatur und Strophenform widersprüchliche Informationen. In *k* erscheinen diese Strophen wie alle anderen Bare in Form 3, d.h. durchgehend mit Auftakt versehen und mit 7hebigem Steg. Die Reimverteilung entspricht den echten Strophen. Man hat sie wieder in vermeintlich echten Konrad zurückverwandelt. Bezeichnend ist, daß gerade der 1. Str. dort der Reim noch fehlt. Der Defekt wurde zu spät bemerkt und dann erst ab Str. 2 ausgeglichen.[80] *k* überliefert daneben noch drei Bare (100c-e) mit verschiedenen Strophengruppen aus dem 'Ave Maria', auch sie sind genau so redaktionell überarbeitet; in 100c-Str. 3 ist ein Sechsheber stehengeblieben. Noch jüngere Lieder sind noch weiter verändert: sie teilen die letzte Stollenzeile nach der 2. Hebung, ohne sie zu bereimen.[81] Ein Bar mit dieser Struktur findet sich bereits in *q* ([1]KonrW/6/523), dem folgt der Jüngere Meistergesang. Nur in einigen Fällen wird der siebenhebige Steg geteilt. Sachs' eigene Bare sind hier uneinheitlich.

Boppe, Hofton/ Langer Ton
Form 1

```
6  6  5'     4  5' 4  5' 4  5' 4  5' 7'  4  2  7'
a  a  b      d  e  d  e₁₀ f  g  f  g  h₁₅ i  i  h
c  c₅ b
```

Form 2

```
6  6  5'     4  5' 4  5' 4  5' 4  5' 4  3' 4  2  4  3'
a  a  b      d  e  d  e₁₀ f  g  f  g  x₁₅ h  i  i  x  h₂₀
c  c₅ b
```

Boppe kennt in seinen Strophen keine regelmäßige Zäsur in Z. 19 und 22. Vor allem Z. 22 eignet sich nach *J* auch melodisch nicht zur Teilung.[82] Bereits die frühestbezeugten unechten Strophen (neun Str. in *H*, [1]Bop/1/100) sind konsequent mit Zäsur ausgestattet. Das gilt nicht für alle Strophen der Meistersingerhandschriften. Bereimt wurden die Zäsuren grundsätzlich nicht – bzw. durch Bereimen geht die Form in Römers Gesangweise über (s. S. 164). Allerdings gibt es eine Strophe, die die letzte Zeile durch Binnenreim zerlegt (1Bop/1/521-Str. 3).[83] Der Ton existiert auch nach der Reformation in der Form 1 weiter.

---

[80] Dieser redaktionelle Eingriff kann selbstverständlich auch auf die Quellen von *k* zurückgehen und wird das wohl auch. Die traditionelle Einstellung, die sich auch beim Aspis- und beim Hofton fand, ist für die Konrad-Rezeption typisch, nicht für die Behandlung anderer Tonautoren in *k*.

[81] Fünfheber werden, wenn, dann fast immer nach der 2. Hebung geteilt.

[82] Eine Analyse der Melodie bei Brunner <II>, S. 242-245.

[83] Brunner <II>, S. 218 Anm. 102.

Frauenlob, Ankelweise
Form 1

4	6	5'		4	4	4	5'
a	a	b		d	d	d	b_{10}
c	c_5	b					

Form 2

4	6	5'		4		4	6	5'
a	a	b		d		d	d	b_{10}
c	c_5	b						

Der Ton ist vorreformatorisch in *k* und *d* überliefert. Die ältere Überlieferung in *d* (¹Frau/11/4) weist die zweite Form mit durchgeführtem 3. Stollen auf. Das entspricht dem Melodieverlauf in *k*, der trotz der metrischen Variante den Stollen im Abgesang melodisch nahezu exakt repetiert. Parallelen in anderen Tönen, wo die Chronologie der Varianten geklärt ist, sprechen für die Form von *k* als der ursprünglichen Fassung. Durch die von Brunner beschriebene Teilabschrift von *k* fand der Ton über Augsburg den Weg nach Nürnberg, wo er unverändert für einige Lieder verwendet wurde.[84]

Frauenlob, Flugton

3'	4	2	5	2		3'	3'	3'	3'	2	5	2
a	b	b	b	c_5		e	e	e	e	f_{15}	x	f
a	d	d	d	c_{10}								

Variante in *F* und unter Marners Namen

3'	4	2	4	2		3'	3'	3'	3'	2	4_3
a	b	b	b	c_5		e	e	e	e	f_{15}	x f
a	d	d	d	c_{10}							

J überliefert 12 Strophen des Flugtons in der Normalform. Dagegen weichen der in *F* (¹Frau/3/100a) und die in *d* als Marner geführten Bare (¹Marn/8/1 und 2) leicht ab. Z. 4 wird in der Länge an 2 angeglichen, die Zäsur am Ende des Abgesangs wird verschoben.[85] Beides sind Vereinfachungen, machen jedoch auf metrischer Ebene die Korrespondenz von Stollen- und Abgesangsschluß zunichte. *d* stellt den Ton unter Marners Namen, hat die Tonautoren aber wohl nur verwechselt. Die Handschrift ist in der Zuschreibung auch sonst unzuverlässig. Eine weitere Fremdbenutzung des Tons ist nicht belegt, *F* vereinigt in ihrem einzigen Dreierbar (¹Frau/3/100), dem wir die Kenntnis des Namens Flugton verdanken, drei echte Strophen.

---

[84] Brunner <II>, S. 112-114.
[85] Kornrumpf <IV>, S. 35. Thomas, S. 93.

Frauenlob, Gekrönter Ton

Form 1

2_1	2	3	4	3	4	4	2		4	4	1'°1	2	4	2
a a	b	b.c	c	c_5	d	d	e		k	k	l l	m_{20}	k	m
f f	g	g.h	h	h	i	i_{15}	e							

Form 2

2	2	2	4	4	3	4	4	2		4	4	1__3	4	2
a	a	b	b.c	c_5	c	d	d	e		k	k_{20}	l l.m	k	m
f_{10}	f	g	g.h	h	h_{15}	i	i	e						

Form 3

2	2	3	3	4	3	4	4	2		4	4	2	2	4	2
a	a	b	b.c	c_5	c	d	d	e		k	k_{20}	l	l.m	k	m
f_{10}	f	g	g.h	h	h_{15}	i	i	e							

Der Gekrönte Ton ist besonders reich an Schlagreimen und übergehenden Reimen, und in diesem Bereich liegen zum Teil seine Varianten. Z. 2 ist nur in Form 1 Schlagreim. Ein ähnlicher Unterschied liegt im Abgesang vor. Form 3 (die des Jüngeren Meistergesangs) teilt die Hebungen zwischen Z. 21 und 22 anders auf als die älteren und beseitigt so den zweisilbigen Anreim der Form 2. Form 1 hat an dieser Stelle die Bindung eines weiblichen Reims auf Pausenreim,[86] der wir nur noch einmal, beim Neuen Ton, begegnen werden; dort reimt der Pausenreim jedoch über größeren Abstand, nicht wie hier als Schlagreim. Die übrigen Varianten betreffen die Länge von Z. 3 und 4. Es gibt sechs vorreformatorische Meisterlieder im Gekrönten Ton. Aber die Varianten sind nicht text-, sondern streng handschriftgebunden. Form 1 vertreten *d* und *h*, Form 2 *k*, *u*, *w* und Heidelberg Cpg 693; Form 3 mit einem Abgesang wie Form 2 steht in *q*. ¹Frau/17/1 ist daher in Form 1 und 3, 17/2 und 3 sind in Form 1 und 2 überliefert. Gerade der Vergleich der Fassungen gleicher Bare kann in diesem Fall die älteste Form des Tons rekonstruieren helfen. Im Abgesang nämlich lassen sich die Varianten von *k* und *q* als nur schlecht maskierte Beseitigungen des Ärgernisses von Reim l verstehen. In vielen Strophen zeigt sich noch ganz unverändert die dreisilbige Form von

---

[86] Daß die dreisilbige Einheit metrisch als 1' und nicht etwa als °2 (zweihebig ohne Auftakt) interpretiert werden muß, kann man nur am Text nachvollziehen, wo die Reimwörter teils mit dem Metrum, teils dagegen laufen. Im metrischen Zusammenhang ist die Erscheinung aber nur wie angegeben interpretierbar. Hier die entsprechenden Stellen in ¹Frau/17/5a (Handschrift *d*): *götlich ard/ zárd/ hoch jn dem word; gformlerd garl klár/ jm wórd ein ding; vngespald/ gwáld/ sin vernunft ie; subdéil fron/ schón/ auch ánne wanck; des púsch arck/ sárck/ got vnd sein ratt* und ¹Frau/17/4b (Handschrift *h*): *das ích seyl fréyl on súnden wol; vnd auch feinl wéinl ein édel tranck; vnd auch dreyl fréyl [vnd] ain édel schrein.*

Z. 21. Reminiszensen dieser Art finden sich auch an anderen veränderten Stellen des Tonschemas: offenbar gehörten alle sechs vorreformatorischen Texte ursprünglich der diffizilen Form 1 an.

Frauenlob, Goldener Ton

3'	3'	1_2'	3'	3		3'	3'	3'	3'	3'	3'	3'	3	3'	3
A.a	A.b	A c	A.d	B.e$_5$		k.c	g	a	i	f$_{15}$	h	b	e	d	k$_{20}$

3'	3'	3'	3'	3
B.f	C.g	C.h	i	k$_{10}$

Das Schema dieses Tons zeichnet sich durch eine sehr einfache Zeilenstruktur und durch ein enorm kompliziertes Endreim- und Anreimschema aus. In den Zeilen sind jeweils weibliche Dreiheber gereiht, die am Stollenende durch männlichen Dreiheber abgeschlossen werden. Da beide Stollenschlüsse verschiedene Reime tragen, muß es gegen Abgesangsschluß ebenfalls zweimal männliche Zeilen geben. Die Differenzierung zwischen den Stollen ist nur auf die Reimordnung gegründet. Die metrisch zwischen 1. und 2. Stollen differenzierende Darstellung besagt nur, daß in Z. 3 der Anreim auf die erste Hebung fällt, in der entsprechenden Z. 8 des 2. Stollens dagegen wie in allen anderen Fällen auf den Auftakt. Die Endreime bauen sich den ganzen Aufgesang über auf, d.h. kein Reim kehrt im Verlauf der beiden Stollen wieder. Im Abgesang dann werden sie in einer überlegt regellosen Folge aufgenommen. »Normal« ist nur die Korrespondenz des letzten Abgesangsreims zum letzten Reim des 2. Stollens. Dieses Endreimschema ist bis dahin ohne Vorbild. Noch komplizierter ist das System der Anreime. Das oben notierte Schema läßt alle Zeilen des 1. Stollens anreimen, erst viermal mit dem gleichen Reim, dann mit einem neuen Reim auf den 2. Stollen übergreifend, wo auch die beiden nächsten Zeilen mit Anreim versehen sind. Asymmetrie herrscht also ganz deutlich im Anreimgefüge, verstärkt noch durch den Befund, daß in Z. 3 die zweite Silbe, sonst die erste reimt. Im Abgesang gibt es nach diesem Schema nur den Anreim der ersten Silbe auf den Schluß des 2. Stollens (k) und den Strophenschluß. Dieses Schema entspricht nicht dem Handschriftbefund, sondern ist von Thomas[87] für die echten Strophen rekonstruiert. Die realen Fassungen weisen alle mehr Reime auf als das Schema bei Thomas (*). Ich teile die häufigsten Fassungen, die wirklich vorkommen, im Vergleich zur Rekonstruktion mit:

---

[87] Thomas, S. 56.

```
(*) A  A   A   A   C   C   D   D   -   -   k   -   -   -   -   -   -   -   -   -
(1) A  A B.A   A   C   C   D   D   E   F   k   -   F   E   -   -   B   -   G   G
(2) A  A B.A   A   C   C   D   D   E   F   k   -   F   -   -   -   B   E   G   G
(3) A  A B.A   A   C   C   D   D   E   F   k   -   F   -   -   -   E   B   G   G
    1  2   3   4   5   6   7   8   9  10  11  12  13  14  15  16  17  18  19  20
```

Reim G steht fast immer. Reim B – der doppelte Anreim in Z. 3 bewirkt – ist ebenfalls so gut wie immer da, kann aber im Abgesang an zwei verschiedenen Stellen stehen. Reim F umgekehrt hat einen festen Platz, aber er ist nicht immer vorhanden. Reim E schließlich fehlt am häufigsten, hat die variabelste Stellung, kann aber auch vorhanden sein, wenn F fehlt. Dies alles sind generalisierende Aussagen – in einzelnen Strophen nämlich fehlt fast jeder Reim einmal. Doch da dürften wohl meist Fehler vorliegen, auch wenn man nicht in jedem Fall sofort eine Besserung vorschlagen kann. Zeilenanfänge werden grundsätzlich sehr stark von Artikeln, Kopulae, Partikeln, Pronomina usw. dominiert. Es kommt unvermeidlich in allen Meistertönen zu Zufallsreimen und Homonymie an dieser Stelle. Die Durchsicht des Goldenen Tons in k und q zeigt ganz eindeutig, daß Zufallsreime nicht immer, aber sehr konsequent gemieden werden, daß Homonyme hingegen offenbar nicht als Reim aufgefaßt werden sollen. Dem Hörer/Leser wird allerdings zugemutet, daß er selbst aus einer solchen Folge die rechten Reimstellen heraussucht – er muß also das Schema vorher kennen oder über mehrere Strophen hin verfolgen, um es zu abstrahieren.

Die Varianten sind nicht streng handschriftengebunden:

- k kennt vor allem Version (1), in mehreren Baren jedoch konsequent ohne Reim E ([1]Frau/9/500-504, 525, 528 [offenbar auch ohne Reim B]) oder F (508.509.512), nur einmal Form (3) (521).
- q vertritt in seinen vier Baren die Varianten (2) und (3). In drei Fällen handelt es sich um die gleichen Bare wie in k – hier in anderer Fassung.
- x mit nur einem Bar (9/528) vertritt eine besonders reimarme Fassung: in Str. 1 Form (2) ohne Reim E und F; in 2 scheint F dazusein, doch fehlen außer E auch B und G, Str. 3 ist fragmentarisch.
- Breslau Akc 1955/193 bietet die älteste, freilich als unecht verworfene, Überlieferung des Goldenen Tons überhaupt. 9/1-3 läßt sich nur mit einer Strophe heranziehen, da 1 und 3 fragmentiert sind; die komplette Str. 2 vertritt die Form (3) mit den Reimen E und F, aber ohne B und G.

– F schließlich enthält einzig die echten Strophen der GA. Von 11 Strophen sind die erste und die letzte Fragment und nicht vollständig einzuordnen. Die anderen gehören zur Form (3): in Str. 2 und 5 fehlt Reim F, in Str. 4 Reim B und in Str. 6 E und F. In Str. 1 läßt sich Reim G nachweisen, in 11 A, C, D und F.[88]

Das von Thomas erstellte Schema orientiert sich also weder an einer besonders häufig oder besonders früh belegten Form – noch nicht einmal am kleinsten gemeinsamen Bestand –, weil er viele der alt überlieferten Reimwörter als Interpolationen angesehen hat. Die Konjekturen der GA ergeben nun aber keineswegs ein geschlossenes Bild der Anreimverhältnisse von Thomas, wie auch die beigegebene Tabelle[89] beweist. Freilich scheint diese die Intention von F und wohl auch des Strophenform-Erfinders nicht richtig zu spiegeln: »Die Beurteilung des einzelnen Falles ist schwierig, da die Grenze zwischen zufällig entstandenem Gleichklang und beabsichtigter Herstellung eines Reimes nicht sicher zu ziehen ist.« Wäre die Aussage in dieser Form richtig, so hätte Frauenlob wohl zweifellos als Dichter versagt. Aber die Beurteilung – scheint mir – wird sogleich sehr viel einfacher, wenn man die schon oben aufgestellte Regel, daß identischer Reim nicht als Reim gilt, durch eine zweite ergänzt, daß Reime, die sich in einem Homonym überschneiden, nicht gleichgesetzt werden sollen.[90] Das läßt sich an einigen Beobachtungen an den echten Strophen recht schön exemplifizieren:

1. In keinem der viermal wiederholten Reimwörter des Reims A tritt je identischer Reim auf.

---

[88] Völlig ausklammern kann man die lateinische Strophe, die Heinrich von Mügeln in seiner 'Ungarnchronik' im Goldenen Ton gedichtet hat. Der Text verzichtet auf jeglichen Anreim und weicht in Zeilenlänge und Zeilenzahl deutlich ab. Daß mit *aurea nota mensurata frawenlob rethoris* überhaupt dieser Goldene Ton gemeint ist, geht aus den überwiegend 7silbigen Zeilen und der richtigen Stollenlänge hervor. Entweder hat Mügeln das Schema aus einer schlechten Strophe übernommen und falsch interpretiert, oder er wollte – was sich einer Überprüfung entzieht – ausschließlich die Melodie kontrafizieren. ¹HeiMü/410; Text: Domanovszky, S. 258. Eine weitere lateinische Strophe von Estas (¹ZYEstas/5) in der Handschrift Augsburg UB II. 1. 2° 10 war mir nicht zugänglich, ich kann sie daher nicht einordnen.

[89] GA, Bd. 2, S. 986.

[90] Gelegentlich kann man diese Regel an aufeinander folgenden Verspaaren der Reimpaardichtung bestätigen, sofern überhaupt Rücksicht auf Reimnormen genommen wird; im Endreimgefüge von lyrischen Texten gilt sie ebenfalls, doch ist sie nur selten, offenbar als Notlösung zu belegen. Daß die geschilderten Schwierigkeiten in der Reimwortfindung und -vermeidung im Anreim ihr größere Bedeutung verleihen, liegt auf der Hand.

2. In XII,9 reimt als F *des*: *wes*, als G *ez*: *des*; *des* ist in beiden Reimen vertreten, die Reime sind daher ungleich. Das V. 15 einleitende *des* »gilt« daher ebenfalls nicht. Ebenso ist es in XII,1, wo die Reimwörter zu B und F jeweils *in*: *din* sind, dasselbe in XII,5: Reim B *ein*: *rein*, Reim G (ohne Berücksichtigung der Konjektur) *ein*: *dein*.

3. Auch sonst treten Gleichklänge bei einleitenden Einsilbern nur als Homonyme auf, auch in den Zeilen, die niemals gereimt werden, so z.B. *daz* (XII,9, V. 16) = A (*Daz*: *maz*: *laz*: *waz*) oder *ir*: *ir* als Beginn der nie gereimten Verse 14/15 in XII,5. Nur scheinbar bildet XII,6 eine Ausnahme. Hier reimen 11/15: *Man*: *an*; doch ist *an* auch der Endreim von k, auf den *Man* regulär reimt, das zweite *an* »gilt nicht«.

Die Tabelle der Gleichklänge in der GA führt in den aufgeführten Str. 1-7 und 9 in 28 Fällen über Thomas' Schema hinausgehende Anreime auf. Von diesen sind jedoch sieben schemaüblich. Elf Fälle sind durch den oben gemachten Lektüre-Vorschlag erledigt (davon fünf Fälle außerdem mit Zusatzreimen). Sechs Fälle sind überhaupt erst durch Herausgeber-Konjekturen entstanden – entsprechen also zumindest nicht dem Konzept des Redaktors von F. Vier Fälle bleiben übrig: in XII,3 der Reim von *und* (V. 14) auf *Grunt*: *bunt*: *munt*: *funt* (Reim A); vor *und* steht eine Crux, der Vers ist stark gestört; in XII,4 reimt auf *die*: *swie* (Reim D) auch Reim E mit: *ie(slichez)*: *nie*. Dieser Fall ist so wenig zu leugnen wie der in XII,7, wo *din* (V. 3) mit dem An- und Endreim k zusammenkommt: *în*: *hin*: *bin*. Schließlich geht in der gleichen Strophe V. 16 *du* mit Reim F *pfu*: *nu*. Trotz dieser Ausnahmen scheint das Prinzip erkennbar. Der allergrößte Teil von Gleichklang-Ärgernissen wird so beseitigt. Der Tendenz nach gelten die aufgestellten Regeln auch für k und ganz streng in q.

Ein anderes ist es freilich, diesen Befund zu werten. Von heutigem Reimklangempfinden aus wäre allenfalls das Nichtregistrieren unmittelbar aufeinander folgender Homonyme verständlich, und diese Beobachtung verrät wenigstens im Ansatz, wie es zu einer solchen Regulierung kommen konnte. Vertraut macht uns diese Beobachtung auch mit den realen Schwierigkeiten für den Benutzer einer Strophenform, bei der in 16 von 20 Versen alle ersten Silben reimen können. Die Tabelle und die Konjekturen zeigen außerdem, wie problematisch alle Konjekturversuche in diesem Strophenschema sind. Schließlich gilt es nochmals hervorzuheben, daß Thomas' Idealschema auf keinen Fall zu erreichen ist: »Die Überlieferung ist so wenig eindeutig, daß eine Entscheidung über das ursprüngliche

Reimschema nicht möglich ist.«[91] Man kann an diese Feststellung die Frage schließen, ob die überlieferten Strophen in F und Breslau Akc 1955/193 jemals alle dieselbe Form hatten. Wenn die Strophen von XII,1-3 sich von den übrigen durch eine abweichende Stellung des Anreims E auszeichnen, so kann dies schon immer gewesen sein, um die inhaltliche Verbindung der Strophen formal zu dokumentieren. Das sagt übrigens keineswegs etwas über Verfasserzuweisungen aus. Selbst beim Endreim gibt es in der Sangspruchdichtung gelegentlich Autorvarianten, bei einem vorbildlosen Anreimexperiment wie dem Goldenen Ton ist das noch leichter denkbar. Beobachtungen am Neuen Ton sprechen im übrigen ebenfalls für solche Tendenzen (vgl. S. 112-120). Mit allen Reimen in allen Strophen sollte man keinesfalls rechnen, sonst wären auf dem Weg von *F nach F[92] nicht so viele sinnentstellende Reime interpoliert worden. Ganz und gar wird man für den ältesten Bestand − wenn man denn will − am ehesten auf Reim B verzichten können.

Die weitere Entwicklung des Reimschemas ist schon behandelt; es bleibt noch nachzutragen, daß der Jüngere Meistergesang einheitlich Form (3) verwendet. Schon q (von Hans Sachs geschrieben) vertritt diese Variante, Hans Sachs ist der früheste Benutzer im Jüngeren Meistergesang (1515, [2]S/30). Von ihm ging die weitere Verwendung des Tons offenbar aus, aber außer ihm haben nur Puschman ([2]Pus/16), Spreng ([2]Spr/142) und Watt ([2]Wat/51, 233 und 625) sich noch an diese schwierige Form gewagt.

Es gibt über das komplizierte Tonschema des Goldenen Tons eine Reimanweisung, die bereits mehrfach Gegenstand wissenschaftlicher Bemühungen geworden ist. Die beiden Fassungen dieses Bars stehen in k ([1]Frau/9/520a) und q (520b). Der mehrfach edierte, übersetzte und kommentierte Text[93] ist vor allem dadurch interessant, daß er in seinen beiden Fassungen die unterschiedlichen Versionen (1) und (2) vertritt. Natürlich müssen sich die Reimanweisungen dementsprechend unterscheiden. Das tun sie auch im ganzen; doch gibt die Fassung von k an einer Stelle die für seine Tonform falsche Anweisung, man möge Reim E von Z. 9 auf 17 binden. Ganz offenbar ist dies ein Relikt aus einer Vorstufe, in der sich die Anweisung auf ein

---

[91] GA, Bd. 2, S. 986.

[92] Zu *F, der Vorstufe von F vgl. Wachinger <VII>, S. 200, u. Kornrumpf <IV>, S. 33.

[93] Bartsch <II>, S. 297-300 (Edition); Kraus <II>, S. 277-303 (Edition und Kommentar); E. und H. Kiepe, S. 306-309 (Edition unter Berücksichtigung beider Fassungen und Übersetzung); B. Taylor <III> (ausführliche Kommentierung der Übersetzungen).

Lied des Typs (2) bezog. Dies bestärkt den Verdacht, daß Version (1) des Goldenen Tons eine einmalige Sondertradition spiegelt: eine Quelle von *k* hat Strophen des Goldenen Tons ursprünglich anderer Versionen umgearbeitet.[94]

Frauenlob, Grüner Ton

3'	4	3'	4	4	5$^{(')}$		3'	4	3'	3'	4	4	5'
a	b	x	b	c$_5$	d		f	x	f$_{15}$	g	h	h	g
a	e	x	e$_{10}$	c	d								

Variante des Abgesangs

							3'	4	3'	3'	4	4	2_1_2'
							f	h	f$_{15}$	g	h	h	i i g

Die Varianten, die für den Grünen Ton angegeben sind, stehen auf sehr verschiedenen Ebenen. Die »Normalform« der echten Strophen ist die erste ohne den in Klammern angegebenen weiblichen Ausgang am Stollenende – die Stollen schlossen also männlich. Zweifellos unter dem Einfluß der Rundkanzonenmelodie hat sich diese Veränderung gegen *J* und *C* schon in *W* vollzogen; sie begegnet durchgehend in *H*, *n*, *F*[95] und den Meistersingerhandschriften – auch bei echten Strophen. Diese Minimalvariante ist also sowohl erklärbar als auch in ihrer Verbreitung eindeutig.

Ganz anders die beiden Varianten, die sowohl für sich als auch gemeinsam auftreten. Die eine betrifft die ursprüngliche Waise Z. 14, die mit 17 und 18 reimt, die andere die Binnenreimung der letzten Zeile mittels eines männlichen Schlagreims. Die beiden Varianten gehören offenbar eng zusammen, denn in der GA haben vier Strophen beide Innovationen gleichzeitig (VII,2. 41G. 42G. *43 = ¹Frau/4/12-15), eine hat nur den Binnenreim Z. 19 (VII,1 = ¹Frau/4/11) und zwei reimen laut GA die Z. 14 (VII,11 und 29 = ¹Frau/4/6 und 109-Str. 3) mit. Diese letzten Fälle liegen freilich besonders. Bei beiden ist das Reimwort von Z. 14 identisch mit dem von 19. Wendet man die Spielregeln für den Reim so an wie bei den Reimen des Goldenen Tons, so sind es für den Dichter offenbar keine

---

94 Dieser Grund für die abweichende Zeilenangabe wurde bislang nicht bemerkt. Ansonsten löst die Übersetzung der Kiepes alle ungelösten Probleme, die bei Kraus <II> offenbleiben mußten. Ihre Lesung *sanges kron* zu Beginn von Str. 2 (mit *q*) statt *sanges kram* (wie *k*) ist allerdings verzichtbar, *sanges kram* spielt offenbar auf ¹Frau/2/23 (GA V,12) an. Auch sonst ist die Fassung von *k* – trotz der formalen Umarbeitung – von weit weniger Innovationen betroffen als die von *q*. Die bei B.Taylor <III> aufgestellte Hypothese über den Sinn dieses Liedes ist durch die oben dargestellte Bedeutung des rührenden Reimes hinfällig.

95 Thomas, S. 44, 93, 200.

Reime. Die Variante Z. 14 = h tritt also nur in der Kombination mit der Binnenreimung in Z. 19 auf. Nun ist noch zu bedenken, daß die in der GA weit auseinanderstehenden Strophen VII,1, 2 und 41-43 in J zusammen am Ende des Toncorpus stehen. Bei VII,1 und 2 handelt es sich um zwei geistliche Strophen, bei 41 und 42 um Dichterpolemik, bei 43 um ein Angebot zum gegenseitigen Kennenlernen. Der Überlieferungsbefund und die Form binden die fünf Strophen eng aneinander, doch ist die Deutung schwierig und auch bereits sehr widersprüchlich ausgefallen. Außer Zweifel steht, daß es sich nicht um nachträglich interpolierte Reime handeln kann. Thomas,[96] der sich auch auf Bartsch[97] berufen kann, hält den Reim V. 14 auf 17.18 in VII,2 für Zufall, er sei ebenso wie der Binnenreim in V. 20 der Str. 1 und 2 (den er offenbar für beabsichtigt hält) von einem Nachahmer auf die Str. 41-43 angewandt worden. Die GA stellt die Strophen (aus systematischen Gründen) völlig auseinander und verbindet die geistlichen mit einer weiteren Strophe (VII,3) ohne Reimvariante, die m.E. besser in ihrer ursprünglichen Umgebung, z.B. nach VII,4, untergebracht wäre.[98] Die Str. VII,41 und 42 sind als Gegenstrophen (mit Fragezeichen) ausgewiesen, 43 ist als zweifelhaft eingestuft. Wachinger[99] sieht darin »drei wohl an Frauenlob gerichtete Strophen, die offenbar wohl Reaktionen auf Frauenlobische Gedichte, vielleicht direkt auf die beiden vorausgehenden Strophen sind und von kritischer Aggressivität bis zum Freundschaftsangebot reichen.« Wegen der Anrede *kind* setzt er die Strophe in Frauenlobs früheste Zeit. Vom formalen Aspekt her gilt es festzuhalten:

1. Die Str. VII,1 und VII,2 differieren im Reimbestand, obwohl sie offenbar von einem Autor stammen.
2. Wenn Strophen aus diesem Komplex von Frauenlob stammen, so handelt es sich neben den Anreimen des Goldenen und den Inreimen des Neuen Tons, die unter besonderen Vorzeichen stehen, um die einzigen Autorvarianten Frauenlobs.
3. Der männliche Schlagreim in V. 19 ist in der Sangspruchdichtung bis dahin eine Ausnahmeerscheinung.

---

[96] Thomas, S. 18.
[97] Bartsch, S. 96.
[98] 1 und 2 sind nach Bertau <I>, S. 91, die ältesten Strophen in diesem Ton. Auch er beläßt VII,3 bei 4-6 und datiert sie in die Periode des »Problematisierenden Stils« (2. Periode).
[99] Wachinger <VII>, S. 195. Vgl. auch Bertau <I>, S. 97f. und Wachinger <II>, S. 275-279.

Um einen »Zufallsreim«, wie Thomas meint, kann es sich nicht handeln – der Dichter wußte, was er tat. Er nahm nämlich in VII,2 die Reimwörter *brot*: *tot* von VII,1 wieder auf. Als er sie aus stilistischen oder inhaltlichen Gründen in der Anordnung verschob und durch *rot* ergänzte, hat er das Reimschema bewußt variiert. Von dieser Form ist der Autor von VII,41-43 ausgegangen. Bertaus und Wachingers frühe Ansetzung des ganzen Strophenkomplexes widerspricht der Nähe dieses Formspiels zu sonst spät angesetzten und in den datierbaren Strophen des Goldenen und Neuen Tons tatsächlich späten Strophenformen. Man wird die Adresse von VII,42 an einen Dreizehnjährigen sicher nicht wörtlich nehmen müssen (die Überlieferung ¹Frau/4/14b in *k* »bessert« zu 'dreißig'), aber mit großer Wahrscheinlichkeit ist sie doch relativ richtig: d.h. in dieser Strophe kritisiert ein älterer Dichter einen jüngeren.[100] Während man die Unechtheit der kritischen Strophen ins Auge gefaßt hat, hat bisher noch niemand erwogen, die Strophen VII,1 und 2 einem Schüler, genauer einem künftigen potentiellen Frauenlob-Schüler, zuzuweisen, der Experimente seines Vorbilds auf den Grünen Ton rückübertragen hat. Frauenlob hätte ihn darauf zunächst harsch kritisiert und dabei gezeigt, daß er die Strophenumformung verstanden hatte, um ihn dann zum Gespräch einzuladen. Sehr deutlich für eine solche Lösung spricht die Variante: nicht in ihrer formalen Tendenz, sondern durch ihre Existenz überhaupt. Gibt es doch – wie gesagt – keine Autorvarianten bei Frauenlob-Tönen, abgesehen von den bereits erwähnten bei Kurzreimen. Beobachtungen an anderen Tönen zeigen darüber hinaus, daß kleine, doch deutliche Varianten offenbar Zeichensetzungen von selbstbewußten, vormeistersingerischen Fremdbenutzern eines Tones sein können. Zwanglos fügt sich in eine solche Interpretation der inhaltliche Befund: der Frauenlob-Nachahmer kannte den Marienleich und scheint Frauenlobs frühen Stil gekonnt kopiert zu haben; dazu paßt auch die Überlieferungslage: am Corpusende in *J* stehen häufig späte oder zweifelhafte Strophen.[101] Keinesfalls wird man solche formalen Aspekte künftig unterschätzen dürfen, gleich zu welchem Ergebnis man gelangt.

Fünf Strophen im Grünen Ton (¹Frau/4/2.5.16-18 = VII,4.15.7.34 und 6) erscheinen im Boppe-Corpus von *C*. Die Überlieferung ist offensichtlich so unzuverlässig, daß auch für die Strophen, für die

---

[100] Wachinger <II>, S. 279.
[101] Mit diesem Argument erklärt Bartsch, S. 96, die Strophen für unecht.

Frauenlobs Autorschaft strittig ist, eine Zuweisung an Boppe nicht ernsthaft erwogen wurde.

Unberührt von der Problematik der älteren Überlieferung ist die jüngere trotz starker Rezeption des Tons einheitlich und hat nur durch Durchführung des weiblichen Stollenschlusses das »Original« Frauenlobs verändert.

Frauenlob, Langer Ton
Ältere Form

6 2 3' °3' $4\_°3'$ $4\_3'$ 4 4 2 2 4 4 $4\_3'$
a a b b x b_5 x c   f f f_{15} f f f x c
d d e e_{10} x e x c

Jüngere Form

6 2 3' 3' 4 3' 4 3'   4 4 2 2 4 4 4 3'
a a b b c_5 b d e   h h h h_{20} h h d e
f f_{10} g g c g d_{15} e

Auffällig an diesem variabel gestalteten Ton ist, daß der Abgesang kürzer ist als ein Stollen. Jener zeichnet sich durch den fünfmal wiederholten Reim f aus. Zur Wiederholung des Reimworts *baz* innerhalb dieser Tirade in ¹Frau/2/14 (V,119G) merkt die GA an: »Handelt es sich um eine Strophe Frl.s [Frauenlobs], so müßte man ändern, da er identische Reime nicht verwendet.«[102], und dies stimmt auch über mehrere Zeilen hinweg, d.h. die Tirade f verwendet nur in wenigen Ausnahmefällen dasselbe Reimwort. Neben der angesprochenen Strophe mit der Reimfolge *baz: haz: laz: maz: baz: daz* und 2/57 (117G) mit *lat: hat: stat: wat: hat: nat* sind das 2/31 (111) mit *mulier: ger: wer: sper: her: wer*, wo die GA für die zwei *wer* unterschiedliche Bedeutung postuliert, und 2/55 (115) mit *noch: bloch: doch: noch: joch: koch*. Bei der letztgenannten Strophe handelt es sich um Frauenlobs 'Selbstrühmung', bei 119G und 117G um zwei der drei Antwortstrophen auf die 'Selbstrühmung'. Welche Bedeutung bei Frauenlob der genauen Beachtung der Reimqualität zukommt, läßt sich an Goldenem und Neuen Ton ermessen. Ich gehe davon aus, daß 'Selbstrühmung' und Gegenstrophen nicht von Frauenlob verfaßt sind.[103]

---

[102] GA, Bd. 2, S. 841.

[103] Ich habe darüber an anderer Stelle ausführlich gehandelt (Rettelbach <V>). Für den Stellenwert der rührenden Reime möchte ich hier nur auf die bisher einzige umfassende Studie über den rührenden Reim in der Lyrik von W. Grimm verweisen. Daneben sind die Arbeiten von von Kraus <I>, Tschirch, S. 364-373, und Petzsch <XIX> zu beachten. Aus allen geht übereinstimmend hervor: es handelt sich bei der Vermeidung des identischen Reims zweifellos um ein grundlegendes Gesetz der Reimbindung.

Eine Auffälligkeit des Langen Tons ist, daß er als einziger Frauenlob-Ton geregelt auftaktlose Verse besitzt, wie oben angegeben. Diese
Version vertritt *J* konsequent, wenngleich einige Irritationen zu beobachten sind, in *C* gibt es ebenfalls einige abweichende Stellen; durchgehend auftaktig sind nur V,47 (¹Frau/2/64), eine nicht in Zweifel
gezogene Strophe, und 116G (¹Frau/2/56), die durch Beischrift
Regenbogen zugewiesen ist (eine der Antworten auf die 'Selbstrühmung'). Die Strophen von *F* dagegen und die aller Meistersingerhandschriften führen den Auftakt konsequent durch. Die GA weist
noch auf eine Besonderheit einzelner Langzeilen in *J* hin, die Zäsur
nach der Senkungssilbe des vierten Taktes setzen. In (unechten)
Strophen von *k* kommen ganz vereinzelt auch völlig unzäsurierte
Zeilen vor. Die vorherrschende Tendenz geht jedoch in gegenläufige
Richtung – zur Betonung der Zäsuren durch Bereimung. Die
vorkommenden Typen sind dabei im zweiten Schema nur
summarisch angedeutet. Folgende Varianten gibt es wirklich:

- Nur in die Zäsuren von Z. 5 und 11 wird ein Reim eingefügt, die
  Zäsuren von Z. 6, 12 und 19 bleiben ohne Reim: ¹Frau/2/500-
  Str. 1 (*k, u*, jeweils Melodiestr.);
- nur die Zäsuren von Z. 6 und 12 reimen zusätzlich aufeinander:
  ¹Frau/2/75-79c-Str. 1, 2/518-Str. 1 und 2, 542-Str. 1 und 3, 545,
  571;
- nur die Zäsuren von Z. 6, 12 und 19 reimen zusätzlich, d.h. Reim
  d wie im zweiten Schema angegeben, findet sich in 2/520, 567,
  569, 570 und ¹Gerns/1.[104]

Die Meistersingerhandschriften sind hier durchaus inkonsequent,
selbst Bare sind – wie man sieht – oft gemischt. Lediglich *q* ist
einheitlich: drei anonyme Bare haben die zuletzt besprochene Form,
die zwei vorreformatorischen Lieder von Sachs, die in dieser
Handschrift stehen, dagegen als erste überhaupt das voll ausgebaute
Reimschema mit Reim aller Zäsuren. Die Form, die Hans Sachs
benutzte, wurde dann kanonisch für den Jüngeren Meistergesang.

Noch einige wenige Sonderformen sind zu erwähnen, die vereinzelt auftreten: In V,103 reimt scheinbar die Zäsur von 19 mit den
vorhergehenden Zeilen (Reim f). Das Reimwort *genant* ist jedoch identisch mit dem von Z. 13, es handelt sich also gar nicht um einen Reim.
Ganz offenbar führen früh schon bewußt zusätzlich schmückende
Reime weg vom Tonautor, wie in der Str. ¹Frau/2/73 aus *H*. Hier
sind in Z. 12 und 19 Binnenreime eingeführt worden (allgemeines

---

[104] Hans Gernspeck. Einer der seltenen Fälle, in denen *k* einen Bar einem vom Tonautor verschiedenen Autor zuweist.

Schema dieser Zeilen: 2a 2a 3'b). Auch in 2/545 finden sich solche Binnenreime in Str. 2 und 3 an unterschiedlichen Stellen, während die erste das Reimschema durch Zäsuren abwandelt. Der Bar sieht einheitlich konzipiert aus, aber möglicherweise ist die Str. 1 tatsächlich eine Zudichtung, die folgenden können 'Die Sünden des Mönchs' (durch Str. 1 St. Urban) auch in sich verständlich als Klage des Mönchs dargestellt haben.

Frauenlob, Leidton

```
2   2   3'  4   1_2   3'        5'  3   5'  3   1_3  1_2  3
a   b   c   d   d e₅  f         h   i   h₁₅ i   i k  k e  f
a   b   c   g₁₀ g e   f                         └─┬─┘
                                                  4
                                                  k
```

Die wenigen Bare des Leidtons haben bis auf eine Ausnahme (¹Frau/21/5) die oben angegebene Form. Ausgerechnet von dieser einzigen Ausnahme in q (dort auch zwei »normale« Bare, die anderen drei in k, einer davon in u) ging Sachs aus, als er die Strophenform ins 16. Jahrhundert transportierte. Seine Vermittlung in den Jüngeren Meistergesang ist aufgrund der Überlieferungsverhältnisse eindeutig: er verwendete den Ton schon bald (1528; ²S/236), andere annähernd alte Belege gibt es nicht; Augsburg fehlt ganz.

Frauenlob, Neuer Ton
Form 1

```
4'   5'  4   3'  5'          4   4   4   4   4   4   5
g.a  a   b   a   c₅          f.e f.e e   e   e   e₁₅ f   g
d    d   b   d   c₁₀
```

Form 2

```
3_1' 5'  4   3'  3_2'        4   4   4   4   4   4 4_1
g.ha a   b   a   h c₅        f.e f.e e   e   e   e₁₅ f h g
4    5'  4   3'  1'°4'
d    d   b   d   f c₁₀
```

Form 3

```
4'   5'  4   3'  5'          4   4   4   4   4   4_1' 5
g.a  a   b   a   c₅          f.e f.e e   e   e   e₁₅ f  x   g
d    d   b   d   c₁₀
```

Form 4

```
4'   5'  4   3'  5'          4   4   4   4   4   4   2   3
g.a  a   b   a   c₅          f.e f.e e   e   e   e₁₅ f   f   g
d    d   b   d   c₁₀
```

Frauenlobs Neuer Ton ist erstmals in *F* belegt. Thomas gilt der Ton als echt, die in der GA angemerkten Zweifel Brunners[105] beziehen sich ausschließlich auf die Melodie. Die raffinierten Reimspiele, die den Namen des Tons verständlich machen, setzen einen ähnlich arbeitenden Dichter voraus, wie es der Erfinder des Goldenen Tones ist: schwer erkennbare und unstete Reime kennzeichnen nämlich auch diesen Ton. Wie die Schemata zeigen, ist er von einem System von An- und Endreimen durchzogen, wie es das vorher nur in der Minnelyrik gab. Die erste Silbe von Z. 1 (Pausenreim) reimt auf den Endreim der letzten Zeile, die vorletzte findet ihren Endreim in den Pausen von 11 und 12. So weit stimmen die Versionen des Tonschemas zusammen, bis auf zwei Strophen, von denen noch die Rede sein wird. Die Formen 1 und 2 unterscheiden sich durch zwei zusätzliche Reime. Der eine (h) verbindet die erste und die fünfte mit der letzten Zeile des Tons, er sitzt in Z. 1 und 17 jeweils auf der vorletzten Hebung der Zeile, in Z. 5 auf der dritten. Dieser merkwürdige und in dieser Form einmalige Reim (auch die Unterteilung nach der 3. Hebung eines Fünfhebers ist unüblich) wird ergänzt durch einen zweiten Zusatzreim, der Seltenheitswert hat: der An- und Endreim f nämlich steht erstmals nicht erst in Z. 11, sondern bereits in 10, und zwar in Senkungssilbe![106] Diese Version des Tons tritt bereits in *F* auf, wo sich nur einzelne Strophen nicht fügen. Da Strophen mit Darstellung aller Reime noch nicht veröffentlicht sind, gebe ich ein Beispiel wieder, das übrigens zu Recht keinen Eingang in die GA gefunden hat:[107]

> *Ich   lob ein reines weyp   so schone*
> *fur all die welt in diesem newen done.*
> *ir tugent swebet also hoh*
> *in werdes lobes krone.*
> 5 *sie heÿsset leyt vertreÿb   fur sende sweren,*
>
> *Sie ist der zucht ein flüssig prunne,*
> *sie glenstet wunnegleich der selden sunne,*
> *sie swanzet wol in eren do*
> *der clarheit wol ein wunne,*
> 10 *seint das wir   neygen müssen vnd sie eren.*
>
> *Ir   jugen<t> plüt mit seligkeit.*
> *mir   hat fraw er von ir gesagt,*

---

[105] Thomas, S. 104. GA, Bd. 2, S. 972. Brunner <II>, S. 289.

[106] Derselbe Effekt bei Gottfried von Neifen; KLD 15, X, XV und XLV. Ob es weitere Stellen im Minnesang gibt, habe ich nicht geprüft.

[107] 1Frau/8/102-Str. 1 (*F*, 7ᵛ-8ʳ). Zu diesem Bar Thomas, S. 116.

das sie so lust perende clayt
mit voller tugent an sich sneyt,
15 die sie in g[l]anczer schawe trayt.
sie glenzet sam ein engel zwir,
so schone wart doch nie kein leip vmb sich.

Einen Überblick über die in F vorkommenden Reime gibt die folgende Tabelle.[108]

RSM	MoW	GA	Ettm.	Z. 1 Reim:h	5 h	17 h	10 f
¹Frau/8/100-1	12		361	–	–	–	–
2	13		362	x	–	x	–
3	14		363	–	–	–	–
4	15		364	x	x	–	x
5	16		365	x	x	verschoben	verschoben
6	17		366	x	x	x	x
7	18		367	x	x	doppelt	x
101-1	19		368	x	x	x	x
2	20		369	a b w e i c h e n d			x
3	21	1	370	a b w e i c h e n d			x
4	22	2	371	f r a g m e n t i e r t			x
102-1-3	23-25		353-355	x	x	x	x
103-1	26		348	x	x	x	x
2	27		349	x	x	x	x
3	28		372	x	x	x	–
4	29		356	x	x	x	verschoben
5	30		357	x	x	x	–
6	31		358	x	verschoben	x	–
7	32		359	x	x	x	x
8	33		360	x	x	x	x
9	34		350	x	verschoben	x	x
10	35		351	x	x	x	x
11	36		352	x	x	x	– o. verschoben
104-1	37	11	373	x	x	x	x
2	38	12	374	x	x	x	x
3	39	13	375	x	x	x	identisch
4	40	3	376	x	x	x	x
5	41	4	377	x	x	x	x
105-1	42	5	378	x	x	x	identisch
2	43	6	379	x	x	x	x
3	44	7	380	x	x	x	x
4	45	8	381	x	x	x	verschoben
5	46	9	382	x	x	x	identisch
6	47	10	383	x	verschoben	x	–
7	48	14	384	x	x	x	verschoben
8	49	15	385	x	x	x	x

---

[108]Die Sigle MoW steht für die Numerierung in dem Handschriftenabdruck von Morgenstern-Werner.

Es bleiben ohne den Reim h in F fünf Strophen; eine ist nicht komplett und daher nicht sicher entscheidbar.[109] Mehrfach fehlt Reim f in Z. 10 in dem Bar 103. Möglicherweise ist der Reim jedoch ursprünglich vorhanden gewesen und nur verlorengegangen, denn an einer Stelle ist das Reimwort offensichtlich nur verschoben. Allerdings sind in den gleichen Strophen die Reimwörter von f an anderen Stellen nur als junge oberdeutsche Erfindungen zu verstehen (es reimen alter auf jungen Diphthong und a auf o). Diese Reimschichten bedürften dringend der Klärung, und dabei sollte man auch die Strophen dazwischen, insbesondere 2, 7, 8 und 10, bei denen die Reime möglicherweise alt und vollständig sind, noch einmal überprüfen.

Kornrumpf hat in den »Stollenspitzen« der Str. XI,1.2 den Namen »*Er – ich*«, den Adressaten Erich VI. von Dänemark entdeckt.[110] Daraus wird noch deutlicher, was schon zuvor meist vermutet wurde, daß nämlich die beiden Strophen zusammengehören. Auch in der Überlieferung stehen sie in einem Bar zusammen als Str. 3 und 4 von 100. Auffällig sind die Abweichungen gerade in diesen beiden Strophen. In XI,1 reimt der Anreim f nicht auf Z. 16 (in der Tabelle nicht dargestellt). Die Umstellung von Ettmüller und der GA von *in Tenemarken bin ich ie* zu *ie ich bin*, um auf *mîn* und *sîn* zu reimen, macht die Sache kaum besser, weil nach Thomas dieser Reim nicht belegt ist.[111] Er hat daraus geschlossen, es sei Reim f vielleicht überhaupt nicht im ursprünglichen Schema gewesen und mal gut, mal schlechter interpoliert. In der Tat gibt es auch mit diesem Reim Probleme, z.B. in XI,2, wo entgegen der GA (*Nein*) sicher in V. 11 *Vein* zu lesen ist und *sein: vein: schein: rein* reimt.[112] Denkbar ist eine abwei-

---

[109] Die dargestellte Reimstruktur wurde entdeckt, als das Manuskript zu RSM, Bd. 3, beinahe abgeschlossen war. Die Angaben dort sind daher ungenau und im Sinne dieser Tabelle zu berichtigen. Der Schreiber von F selbst scheint die zusätzlichen Reime f und h nicht erkannt zu haben, durch Punkt nämlich wird nur in einer einzigen Strophe (103a-9) einmal ein verborgener Reim angezeigt. F ist mit Reimpunkten allerdings grundsätzlich mehr als sparsam, außerdem inkonsequent und oft fehlerhaft. Die Reime sind fast überall da, gelegentlich jedoch fehlen sie, oder sie sind von ihrer Stelle gerückt.

[110] Angabe bei Wachinger <VII>, S. 204 Anm. 20. In *erenrich* ist der Name zusätzlich etymologisiert. Vgl. auch Stackmann <III>, S. 328 Anm. 1.

[111] Thomas, S. 105 mit Anm. 198. Allerdings gibt es gelegentlich andere Reime von f auf *ie*.

[112] Einschließlich des in der Ausgabe nicht hervorgehobenen verborgenen Reimes *sein*. Die GA hält sowohl die Lesung *nein* als auch *vein* für denkbar; nach Autopsie und Vergleich mit anderen Majuskeln N und V scheint mir das nicht möglich. *Vein* liest auch Morgenstern-Werner. *Nein* gibt im übrigen kaum mühsam einen Sinn, wie in der GA zur Stelle vermerkt, und würde sich m.E. daher auch nicht zur Konjektur eignen.

chende Lösung für dieses Reimproblem, die erlaubt, die Reime für ursprünglich zu halten; zugleich stellt sie eine Reimverbindung zur zugehörigen Str. XI,1 her: *sîn*: *vîn*: *schîn*: *mîn* (konjiziert aus *rein*, das das *reine* der Folgezeile antizipiert haben könnte; *rubin* wäre bei diesem Lösungsvorschlag als Genitivattribut zu *schin* zu fassen). An der letzten Stelle könnte allerdings auch ein anderes Wort gestanden haben (s.u.).[113] In XI,1 wird Reim f – wie gesagt – durch Textumstellung komplettiert. Läßt man die Lösung der Handschrift gelten, besteht auch eine Reimbeziehung, nämlich von V. 1 zu V. 16: *lie*: *ie*, also h – f, während zwei sonst übliche Reime ausfallen. Diese Lösung des Problems zu akzeptieren, wirkt – für sich alleine betrachtet – vielleicht abenteuerlich. Doch die Strophe steht vielleicht nicht gänzlich allein. Einerseits könnte die Folgestrophe dieselbe Reimbindung gehabt haben, was sich wegen des fehlenden 1. Stollens abermals nicht nachprüfen läßt. Dann wäre sogar das überlieferte *rein* denkbar, als Reim auf ein passendes Wort an der parallelen Stelle, aber auch *ie* käme als Reimwort in Frage. Andererseits weist auf diese Möglichkeit die folgende Beobachtung: In Handschrift *F* geht Str. 101-2 voraus, ein Lob des anbrechenden Frühlings. Sie hat in V. 16 dasselbe Reimwort (*ye*). Freilich paßt die Reimbindung in der vorliegenden Form nicht zur Folgestrophe. Die beiden verborgenen Reime f und h sind vollständig vorhanden, allerdings mit der Besonderheit, daß sie gleichen Ausgang besitzen. Die Scheidung der Reime geschieht in der überlieferten Form dadurch, daß drei Reimwortpaare identisch sind; die Reimwörter der Handschrift lauten *ie*: *die*: *nye* und *die*: *hie*: *nie*: *ye*. Sollte in einer nicht überarbeiteten Fassung der Strophe eine der Folgestrophe gleiche Reimbeziehung vorhanden gewesen sein, lägen an dieser Stelle nun die identischen Reimwörter *ie*: *ye*. Man müßte also auch da noch das erste Reimwort durch *nie* austauschen, was indes möglich ist. Aber könnte denn die Strophe, die bereits Ettmüller abgetrennt hatte, überhaupt mit dem folgenden in Verbindung stehen? Gegen die Echtheit spricht wohl nur das Thema, jedenfalls macht Thomas keinerlei sprachliche Einwendungen. Über den Inhalt äußert er sich nur im Konjunktiv: als »Mailied« könne es nicht echt sein, als »didaktischer Spruch ... fiele ... die Breite des Bildes« auf.[114] Es könnte aber durchaus so sein, daß die Strophe zum folgenden Fürstenlob gehört. Ihre inhaltliche Anbindung ist nämlich m.E. gut

---

[113] Ein zweiter solcher Reim kommt übrigens in 8/103a-Str. 3 vor, wo *streyt*: *weyt*: *leit* als h reimen. Wie oben zeigt sich auch hier, daß *F* ganz offensichtlich in Einzelheiten eine oberdeutsche Bearbeitung erfahren hat. Kornrumpf <IV>, S. 33-44.

[114] Thomas, S. 121.

denkbar, sie wäre sogar von höchster Originalität, wenn auch nicht gänzlich ohne Vorbild. Die Pointe liegt jeweils in V. 4 von Ettmüller 369 und GA XI,1. Wie sich im *meyen* mit *speher plut* der *anger* färbt, will das Ich *violvar volzieren ein lob*. Blumen – *redeblumen* wäre demnach das Verbindungsglied. Natureingang als pointierte Einleitung einer Spruchstrophenkette – dort freilich mit negativ kontrastivem Umschlag des Inhalts – ist bei Konrad von Würzburg unstrittig belegt (vgl. S. 228f). Frauenlobs Konrad-Rezeption an dieser Stelle beschränkt sich also nicht nur auf die Technik des Blümens,[115] sondern übernimmt auch die Idee des Natureingangs, ist jedoch auch in dessen Einbindung völlig selbständig. Ein dreistrophiger Lobbar mit selbständigem, gegen alle anderen (später entstandenen?) leicht variiertem Reimschema scheint mir durchaus denkbar. Beweisen läßt sich freilich von der formalen Ebene her dieser Zusammenhang nicht. Dafür sind zu viele ungeklärte Fragen offengeblieben, die auch mit der verstümmelten Überlieferung von Str. 2 zusammenhängen.

Von den 15 Strophen der GA sind nur 1 und 2 ohne verborgene Reime; doch fällt auf, daß in fünf der verbleibenden die GA beim Binnenreim von Z. 17 konjiziert oder gar Cruces setzt. Schon Thomas hatte festgestellt, daß »fast durchgängig Entstellungen am Ende von V. 16 und in V. 17 vorliegen«.[116] Man wird also erwägen müssen, daß zumindest ein Teil der Reime nachträglich hergestellt ist. Bestärkt wird man in dieser Ansicht durch den Befund, daß auch jüngere Bare nicht immer den Reim aufweisen, z.B. die in *d* stehenden Bare 8/511, 513 und 514a (in der Überlieferung 514c in *q* hergestellt) oder 510 in *k*, wo auf diesen Umstand in der Überschrift ausdrücklich aufmerksam gemacht wird: *Ein anders ym newen geticht on verborgen*. In 501 werden in Überlieferung a und b sogar zwei Varianten des gleichen Lieds mit (a) und ohne (b) Reim h mitgeteilt. Eine Mischform bringt in der Überlieferung dieses Liedes *u* (501c). Wenn denn Nonnen des Klosters Wonnental[117] diese aus den beiden Fassungen kompiliert haben, so haben sie erstaunlich viel von Meistergesang verstanden. Der handschriftenübergreifende Befund scheint mir sicherzustellen, daß das Nebeneinander der Formen alt ist, ja wohl in jene ältesten Frauenlob-Schülersammlungen zurückreicht, die wir nicht besitzen.

Was ist die Konsequenz dieser Feststellungen? Kaum halten läßt sich unter diesen Umständen Thomas' Vermutung, Reim f sei möglicherweise grundsätzlich interpoliert. Warum hält sich andererseits so

---

[115] Die besprochenen Strophen sind bezogen auf die 'Goldene Schmiede' bei Nyholm, S. 122. Zustimmend aufgenommen bei Stackmann <III>, S. 328.

[116] Thomas, S. 105.

[117] Vgl. Steer in VL², Bd. 2, Sp. 198f.

hartnäckig – zum Teil quer durch die Handschriften – die Doppel
heit der Strophen mit und ohne Zusatzreime? Am ehesten deckt wohl
die Erklärung einer Uneinheitlichkeit von Anfang an diese (Un-)Ge-
reimtheiten. Für die Lobstrophen scheint mir die Ausnahmeform so
gut wie bewiesen. Autorvarianten sind in der Sangspruchdichtung
gelegentlich belegt, und hier handelt es sich ja um einen besonderen
Fall: um An- und Inreime. Zusätzliche Binnenreime usw. sind als
stilistisches Mittel aus der gesamten Lyrik bekannt. Hier sind diese
»Freistil«-Reime um einen Grad fester, sie stehen immer wieder an
bestimmten Plätzen – die Tradition hat sie vielleicht noch fester
gemacht – und scheinen neben dem florierenden Schmuck auch die
Aufgabe gehabt zu haben, bestimmte Strophengruppen zusammen-
zubinden. XI,3 und 4 sind durch den Reim h verbunden:[118] *mut : gut :*
frut – mut : tut : lut; ihre inhaltliche Zusammengehörigkeit stellt die GA
fest.[119] Der zweimalige Reim *wil : spil : vil* bindet XI,9 mit 15
(¹Frau/8/105a-Str. 5 und 8). Auch diese Beziehung ist inhaltlich
sinnvoll; die besondere Feinheit der Reimverbindung liegt darin, daß
die Reime im letzten und ersten Vers der Strophen stehen und so
unmittelbar hörbar aufeinander folgen. In *F* gehören die beiden
letztgenannten Strophen zum gleichen Bar, sind jedoch durch zwei
dazwischenstehende Strophen getrennt. Die Verbindung muß also in
der Zeit vor **F* gestiftet worden sein. Dieselbe formale Textbindung
gilt für gleiche Reime von g. Hier nämlich wird sogar das letzte Wort
auf das erste der Folgestrophe gereimt. Dieser Reim verbindet
XI,7.8.14: *ich : strich – ich : erlich – ich : werlich* und XI,9.10: *ein : unrein*
– ein : erschein (in *F* stehen 7-10, 14 und 15 in einem Bar;
¹Frau/8/105a-Str. 3-8). Hat man diese beiden Reime als Verbindungs-
träger akzeptiert, wird man wohl auch die verborgenen Reime f als
solche anerkennen. Am deutlichsten scheint das zwischen 4 und 5
ausgeprägt, wo *vil : wil* als Reimwörter identisch sind.[120] Es sei dahingestellt, ob all diese Reime ursprünglich sind, denn sie greifen wohl
gelegentlich über den Bestand der für echt erklärten Strophen hinaus,
auch treten ja mehrmals identische Reime von Z. 10 zu den übrigen f-
Reimen auf.

Frei verfügbare und funktional eingesetzte An- und Binnenreime
bringt also der Neue Ton neu in die Sangspruchdichtung ein. Die

---

[118] Bei solchen strophenübergreifenden Reimen spielt das Aufnehmen identischer
Reimwörter eine wesentliche Rolle. Hier hat der Sachverhalt jedoch einen
grundsätzlich anderen Stellenwert als innerhalb der Strophe.

[119] GA, Bd. 2, S. 976.

[120] Konjiziert man in XI,5, V. 10 *wil* zu *hil*, so wäre die Reimwortbeziehung noch
erweitert und der identische Reim *wil* V. 10/16 getilgt.

nen. Freilich nur zum Teil: denn der Neue Ton hat in den Meistersingerhandschriften Varianten dazugewonnen, die sich aus der Metrik
von F noch nicht ablesen lassen. Dies sind die Formen 3 und 4 des
Tons. In Form 3 ist zwischen die vorletzte (16) und letzte Zeile (17)
ein reimloses Glied 1' eingeschoben oder – genauer gesagt – Z. 16 ist
fünfhebig (5'x), hat den Reim jedoch bereits nach der vierten Hebung.
Das läßt sich so ausdrücken, weil die Versgrenze nach der Waise
deutlich markiert ist, während der Reim oft im Wortinneren steht, so
wie das sonst nur bei Pausenreimen oder ähnlich kurzen Versen
erlaubt ist. Brunner hat diese Auffälligkeit mit Recht auf die Melodiestruktur zurückgeführt.[121] In k, wo der Melodie eine Strophe dieser
Gestalt unterlegt ist, entspricht Z. 16 (4) melodisch Z. 2 (5'), Z. 17 (5)
Z. 5 (5'). Dieser Struktur wurde das Metrum von Z. 16 und 17 partiell
angepaßt (umgekehrt gibt es in metrischer Entsprechung zu Z. 17
vereinzelt Stollenschlüsse, die männlich enden!). Da die männliche
Reimbindung auf die Pausenreime f festlag, kam man auf die vorliegende Lösung. Sie setzt Z. 16 metrisch in engste Korrespondenz zu 1
und 17 mit dem Reim h, hat also durchaus schöpferisch-systemati-
schen Sinn. Die andere Variante (Form 4) – beide treten in k und u
nebeneinander auf, während d und q nur Form 4 bieten – beläßt
Z. 16/17 in der »Original«-Länge, teilt aber Z. 17 durch einen zusätzlichen Reim f. Diese Form ist auch die des Jüngeren Meistergesangs.
Daher läßt sich auch für diese die musikalische Struktur angeben,
und Brunner hat gezeigt, daß hier die Melodiezeile von Z. 2 in Z. 16
wiederholt wird und in die letzte hinüberragt, eben bis zur zweiten
Hebung, zum Reim f. So dürfte diese durch Reim ausgebaute Zäsur
in der Tat die ursprüngliche melodische Gliederung verraten. Den
Baren von F ist nicht nur ein Reim, sondern selbst eine Zäsur an
dieser Stelle fremd. Das gilt auch für die beiden Meistersingerhandschriften m und p, die hier mit F gehen. Sie verbieten jede zeitliche
und räumliche Schichtung der Reimschemavarianten, denn p stammt
aus Augsburg, Anfang 16. Jahrhundert, m aus Nürnberg um 1425.[122]
Letztere ist die älteste erhaltene Überlieferung des Neuen Tons überhaupt! Die Fassungen des dort überlieferten Dreierbars in k und q
haben die Form 4 eingeführt. Die Reime h und der zusätzliche Reim f
sind quer durch alle jüngeren Handschriften und Bare meistens vorhanden (die Form 2 ist also mit 3 oder 4 jeweils kombiniert, dies ist
im Reimschema nicht eigens dargestellt), aber nicht immer. Konsequent fehlt sie etwa in den Baren 8/501a (k; aber mit Reim h in 501b

---

[121] Brunner <II>, S. 263.
[122] Zur Datierung zuletzt Schanze in VL², Bd. 6, Sp. 345f.

quent fehlt sie etwa in den Baren 8/501a (*k*; aber mit Reim h in 501b der gleichen Handschrift), 510 (*k*), 511 (*d*), 513 (*d*) und 514 (*d, w*). Sachs, der in *q* nur Strophen der Form 4 mit Reim h notiert und den Reim auch regelmäßig markiert (nicht alle Schreiber scheinen ihn erkannt zu haben), dichtet ab 1539 (^{2}S/891) im Neuen Ton Texte ohne Reim h und macht diese Fassung für den Späten Meistergesang verbindlich.

Frauenlob, Spiegelweise

4	4	5'		4	3'		4	4	5'
a	a	b		x	d		e	e	d
c	c$_5$	b		(d	e		d	d$_{10}$	e)

Im älteren Bereich stehen Formen mit und ohne Reim in Z. 7 nebeneinander. Daß die reimlose Form die ursprüngliche ist, geht aus der Geschichte des Tons hervor: es handelt sich um Konrads von Würzburg Ton 18 (vgl. S. 163). Dieser hat zu Beginn des Abgesangs eine siebenhebige, nicht zäsurierte Zeile. Die Formen gehen durcheinander, vor allem in *k*; *q* allerdings hat in beiden Baren (^{1}Frau/26/2 und 11) die reimlose Form. Sachs verwendet sie so in seinen Liedern. Er rettet in diesem Fall die altertümlichere Form in den Jüngeren Meistergesang.

Frauenlob, Tannton
Normalform

4	4	5'		4	3'	4	3'		4	4	5'
a	a	b		d	e	d	e$_{10}$		f	f	e
c	c$_5$	b									

Variante

4	4	2	3'		4	3'	4	3'		4	4	5'
a	a	b	c		f$_{10}$	g	f	g		h	h$_{15}$	g
d$_5$	d	b	c									

Es gibt in diesem Ton drei ältere Bare, von denen einer – und zwar der Überlieferung nach der älteste: ^{1}Frau/29/2 – in der mitgeteilten Variante gedichtet ist. Der 3. Stollenvers ist nach der 2. Hebung geteilt. In der Handschrift (München Clm 4350) steht keine Überschrift, so daß es einer Entscheidung aufgrund von Ähnlichkeiten zu diesem und Unterscheidungsmerkmalen zu anderen Tönen bedurfte, um ihn als Variante des Tanntons anzusehen, denn ohne Tonangabe ist die Zuordnung zur gleichen Melodie nicht gesichert. Er hätte auch unter den Derivationen erscheinen können. Seinen Namen bezog der Ton wohl aus Str. 4 des in *k* stehenden Bars 29/1 (*Ich quam für einen finstern dann)*. Schanze vermutet wohl zu Recht, es handle sich hierbei um eine ältere Einzelstrophe, deren der Bar noch mehrere enthalte.[123] In den Jüngeren Meistergesang ist der Tannton durch die Abschrift von *k* gelangt, er blieb dabei völlig unverändert.

Frauenlob, Vergessener Ton
Form 1

5'	5'	4	3'		4	4	3'	6	6	4	3'
a	a	x	b		e	e_{10}	f	g	g	d	f_{15}
c_5	c	d	b								

Form 2

5'	5'	4	3'		4	4	3'	6	6	4	3'
a	a	b	c		e	e_{10}	f	g	g	b	f_{15}
d_5	d	b	c								

Im gesamten älteren Bereich wird Form 1 mit dem leicht asymmetrischen Aufgesang verwendet. Erst in *q* erscheint Form 2, die Symmetrie durch den zusätzlichen Reim herstellt (¹Baumh/1 und ¹Frau/7/520b). Vom zweiten Lied dort gibt es auch eine Fassung in Normalform in *k* (520a). Die »bereinigte« Fassung gilt dann im ganzen Jüngeren Meistergesang.

Außerhalb taucht sie jedoch schon vorher auf: die Lieder Oswalds von Wolkenstein Klein Nr. 9 und 10 sind in genau dieser Nebenform abgefaßt.[124] Kontinuität der Variante braucht man nicht annehmen, da die Vereinfachung naheliegt.

Frauenlob, Würgendrüssel
Form 1

3'	3'	6	5'	4_3		4_3		4_4		4_3		4_3		4_3
a	a	b	a	x c_5		x	e	x	e	x	e	x	f	x f_{15}
d	d	b	d	x c_{10}										

Form 2

3'	3'	5	5'	4	3		4	3	4	3	4	3	4	3	4	3
a	a	b	a	c_5	d		f	g	f_{15}	g	x	g	h	i_{20}	h	i
e	e	b	e_{10}	c	d											

Die Ausgangsform besteht im Abgesang nur aus Langzeilen. Die einzige Abwechslung ist die voll statt stumpf (im Sinne Heuslers) kadenzierende zweite Langzeile (12). Während die Einebnung dieses Unterschieds erst in *q* und dem Jüngeren Meistergesang greifbar

---

[123]Schanze <I>, Bd. 2, S. 303 Anm. 11.
[124]Wachinger in Rezension zu Timm, S. 127.

wird, ebenso wie die Verkürzung der jeweils dritten Stollenzeilen, wird das Reimschema schon früh ausgebaut, allerdings nur in seltenen Fällen wie im zweiten Schema, das auch in diesem Punkt seit *q* gilt. Der Würgendrüssel muß in der ältesten Form völlig ohne diese zusätzlichen Reime gewesen sein; was in *F* vorliegt, ist eine redaktionelle Bearbeitung. *F* versieht alle Bare mit dem Reim h, reimt also 19/21. Zusätzlich wird häufig 13/15 gereimt: in den Baren [1]Frau/6/103 (außer der 1. von 7 Strophen) und 104 (5 Strophen), in 103-Str. 1 allerdings stattdessen 15/17. In keinem Lied also reimen alle Waisen des Abgesangs. Warum aber ist der Reim 19/21 nicht als echt erwogen worden? Der Reim steht zwar in *F* regelmäßig, fehlt aber in allen Parallelüberlieferungen zu echten Strophen. Von 22 Strophen der GA sind das elf (sie sind in *F* und *k* überliefert) bzw. neun, da zwei verstümmelte Strophen keine Entscheidungen zulassen. Die übrigen Strophen setzen mehrfach der Interpretation härtesten Widerstand entgegen, die Überarbeitung wird greifbar, auch wenn sie nicht wegkonjiziert werden kann. Die Hauptzeugen für die genannte Ursprünglichkeit sind jedoch Breslau Akc 1955/193 (7 Str.) und *W* (3 Str.), die grundsätzlich nur die nicht ausgebaute Form des Reimschemas kennen.

Dennoch sind die Zusatzreime nicht auf *F* beschränkt. Besonders interessant liegt der Fall in *k*. Einerseits liefert diese Handschrift Parallelüberlieferungen zu *F*, wo die dort gesetzten Zusatzreime fehlen ([1]Frau/6/104c und 502a, Str. 2); ergänzt werden sie durch ebensolche Strophen, die nicht in *F* stehen (6/500 und 501a, Str. 3). Die anderen drei Bare haben ebenfalls teilweise ein ausgebautes Reimschema. 501 reimt V. 13/17 und 19/21, 502a-Str. 1 nur V. 13/17. Schließlich reimen in 504 auch die Zäsuren der Stollen mit, dort also V. 5/11, 13/15 und 19/21. Allein 17 bleibt Waise. Die Handschriften neben *k* haben meist nur einen Bar. Dabei vertreten *b* (505) und *w* (104d) die Form ohne Zäsurreime, *x* (507) reimt 13/15 und 19/21; *d* (506a), *h* (506b) und *q* (508-510) vertreten das jüngere Tonschema mit bereits umformierten Zeilenlängen. Nachzutragen ist noch ein weiterer Bar aus *F* (105). Er steht in anderer Überlieferungsumgebung als die oben aufgeführten Bare (s.u.).

Um die schwer zu übersehende Lage deutlicher zu machen, schließe ich eine tabellarische Übersicht an, die alle Reimbesonderheiten erfaßt.

	Z.5/11	13	15	17	19/21	Überlie-
Reim in Schema 2	c	f	f	f	i	ferung
[1]Frau/6/1-6	–	–	–	–	–	Akc. 1955/193
100	–	–	–	–	x	*F*
101-Str.1-3	–	–	–	–	x	*F*
102-Str.1.3	–	–	–	–	x	*F*
102-Str.2	–	–	x	x	x	*F*
103-Str.1	–	–	–	–	x	*F*
103-Str.2-8	–	x	x	–	x	*F*
104-Str.1-5	–	x	x	–	x	*F/w*
105-Str.1-4	x	x	x	x	x	*F*
500-Str.1-3	–	–	–	–	–	*k*
501-Str.1.2	–	–	–	–	x	*k*
501-Str.3	–	x	–	x	–	*k*
502-Str.1	–	x	–	x	–	*k*
502-Str.2.3	–	–	–	–	–	*k*
503-Str.1-3	–	–	–	–	–	*k*
504-Str.1-5	x	x	x	–	x	*k*
505-Str.1-3	x	x	x	–	x	*b*
506-Str.1-5	x	x	x	x	x	*d/h*
507-Str.1-9	–	x	x	–	x	*x*
508-Str.1-3	x	x	x	x	x	*q*
509-Str.1-3	x	x	x	x	x	*q*
510-Str.1-3	x	x	x	x	x	*q*

Die Tabelle vermittelt: die schwankende Variantenbildung, die auch innerhalb der Handschriften *F* und *k* auftritt und die Selbständigkeit der einzelnen Varianten der Mitreimung von f, von denen nur die von 102-Str. 2 singulär auftritt und mithin vielleicht auf einen Defekt zurückgeht. Die Varianten (das kann man der Tabelle nicht genau entnehmen) sind nur bedingt zeitlich geschichtet. Die Varianten von *F* kamen sicherlich auch schon der Vorstufe zu, d.h. sie wurden möglicherweise schon bald nach Frauenlobs Tod entsprechend redigiert. Die beiden Hauptformen von *F* stehen dort nacheinander und repräsentieren wahrscheinlich zwei Überlieferungsstränge. Diese zeigen sich auch in den Unterschieden bei der Barbildung – 103 und 104 sind zum Teil gegen die Inhalte zusammengeordnet. Im krassen Gegensatz zu alten überarbeiteten Strophen stehen junge, die auf einen Teil der Zäsurreime verzichtet. Eine Besonderheit bildet 105: der Bar, außerhalb des geschlossenen Frauenlob-Corpus, in Nachbarschaft zu Regenbogen überliefert, reimt alle Zäsuren. Die vier geistlichen, ein geschlossenes Ganzes bildenden Strophen sind nicht überarbeitet, sondern offenbar so gedichtet worden, wie sie sind, und setzen sich durch die Form deutlich von Frauenlob ab.[125] Ähnlich

---

[125] Auch nach Thomas, S. 108, und Kornrumpf <IV>, S. 34 Anm. 23, sind die Strophen jünger als der sonstige Bestand des Würgendrüssel-Corpus.

konzipiert ist Nr. 504 in *k*, das ja auch fast alle Zäsuren reimt. Schließ-
lich hat diese alles reimende Form sich durchgesetzt. Die jüngsten
Bare sind dann auch metrisch »eingeebnet«, d.h. die einzige 8hebige
Langzeile ist in 4+3 – wie alle anderen – verwandelt.

Frauenlob, Zarter Ton
(6)

4	2	5	4	6	2	3		$5'$	$5'$	$3'$	4	2	2	3
a	a	a	b	b_5	a	c		f_{15}	f	f	g	g	g_{20}	c
d	d	d_{10}	e	e	d	c								

Der Zarte Ton gehört zu dem seltenen Typ von Strophenformen, bei
denen ein Stollen und der Abgesang nahezu gleichlang sind. Es läßt
sich dabei aber nicht ohne weiteres sagen, welcher Teil länger ist.
Denn je nach Interpretation der weiblichen Reime des Abgesangs ist
das Verhältnis 26 zu 24 oder 26 zu 27 Hebungen, zählt man –
alternierend – Silben, liegt es bei 52 zu 51. Die Variante, die in
diesem Ton auftritt, ist ziemlich untergeordnet. Die dritte Stollenzeile
wird im Lauf der Tradition gelängt. Interessant wird die Variante
durch die Verteilung. Breslau Akc 1955/193, Marburg SA 147 Hr.1.2,
H, J, n, k, u, b führen die als echt geltende Form; *F, y, m, w* und *h*
repräsentieren die Variante. Das »Original« beherrscht zwar alle
älteren Überlieferungen, bleibt jedoch auch später in den westlichen
Handschriften *k, u* und *b*, während die Nürnberger, bairischen und
schwäbischen Handschriften die Variante zeigen. In *F* gehört die
Änderung wohl zu einer sehr späten Stufe, wahrscheinlich der letzten
Nürnberger Überarbeitung, jedenfalls läßt sie sich meist leicht
beseitigen.[126] Vielleicht setzen die Fassungen eine Melodie voraus, in
der Z. 3 gleich 5 ist, wie sie in den jüngeren Meistersingerhandschriften Mel.*v*, 123[v], Mel.*p*, 121[r], Mel.*i*, 232[r], und Mel.*x*, 58[r], aber auch
schon in *k* aussieht, das die Struktur noch nicht metrisch
verwirklicht.[127] Doch besonders zwingend ist eine solche Vermutung
nicht, sind doch ohnehin alle Zeilen dieses Tons »aus einer einzigen
'Grundzeile' herausgesponnen«.[128]

---

[126] Thomas, S. 93.

[127] Brunner <II>, S. 250 mit Anm. 135.

[128] Brunner <II>, S. 249.

Regenbogen, Briefweise
Form 1

```
6   6   6   4_3'        5'      6   6   6   4_3'
a   a   a   x   b       d       e₁₀ e   e   x   d
c₅  c   c   x   b
```

Form 2

```
6   6   6   4   3'      5'      6   6   6   4   3'
a   a   a   b   c₅      e       f   f   f   b₁₅ e
d   d   d   b   c₁₀
```

In der Regel wird im Älteren Meistergesang Form 1 gebraucht, die schon in C und einem Fragment des Grimm-Nachlasses mit 11 echten Strophen belegt ist ([1]Regb/1/1-11). Gereimt werden jedoch die Zäsuren in den maximal 75 Strophen der 'Veronika'-Legende im Briefton (1/535, 17 Überlieferungen, davon 4 Drucke). Wie der Dichter der 'Veronika' verfahren auch die zwei Lieder in q (564, 568) und dann der Jüngere Meistergesang. Alle anderen alten Bare bleiben bei der ungereimten Form.

Regenbogen, Goldener Ton

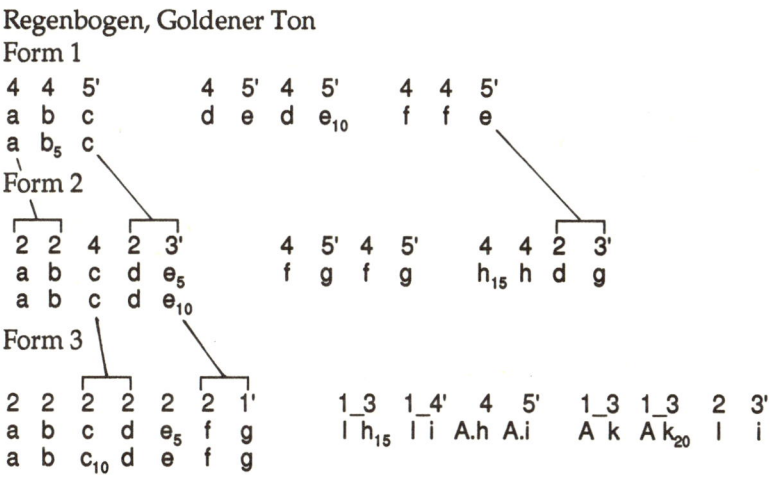

Form 1

```
4   4   5'          4   5'  4   5'          4   4   5'
a   b   c           d   e   d   e₁₀         f   f   e
a   b₅  c
```

Form 2

```
2   2   4   2   3'          4   5'  4   5'      4   4   2   3'
a   b   c   d   e₅          f   g   f   g       h₁₅ h   d   g
a   b   c   d   e₁₀
```

Form 3

```
2   2   2   2   2   2   1'      1_3   1_4'  4   5'      1_3   1_3   2   3'
a   b   c   d   e₅  f   g       l h₁₅ l i   A.h A.i     A k   A k₂₀ l   i
a   b   c₁₀ d   e   f   g
```

Die älteste belegte Form ist die mit dem extrem ausgebauten Reimschema (Form 3), sie steht in d ([1]Regb/7/9). Mit seinen zahlreichen Kurzzeilen sowie den vielen ein- und zweisilbigen Anreimen ist der Ton ein äußerst kompliziertes Gebilde, dessen im Grunde einfache Struktur sich nur durch Kenntnis der Grund- und der Zwischenform aufklärt. Bei der Grundform nämlich handelt es sich um eine Kanzone mit repetiertem Steg und 3. Stollen, so jedenfalls nach den metrischen Möglichkeiten und nach der Realisation in den jungen Meistersingerhandschriften Mel.q, 165^r, und Mel.x, Nr. 49. Dagegen

bieten *k*, Nr. 62, und Mel.*v*, 96^r, eine etwas anders gestaltete Rundkanzone. Metrisch sprengt die Zwischenform 2 – nur einmal in *q*
belegt ([1]Regb/7/14) – die Symmetrie zwischen den Aufgesangs- und
dem Schlußstollen, indem sie im Aufgesang auch die erste Stollenzeile teilt. Die voll ausgebaute Form führt diese Differenzierung noch
weiter, darüber hinaus jedoch beseitigt sie auch die Symmetrie des
Stegs, indem sie Anreime an verschiedenen Stellen einfügt – im
ersten Teil bei der zweiten Silbe, in der Wiederholung bei der ersten.
Die Ausbauten an diesem Ton sind untypisch und gehen viel weiter
als in anderen Fällen. Auszuschließen ist eine umgekehrte Entwicklung, in der bewußt oder aus Mißverständnissen der Ton aus der
reimreichsten Form zurückentwickelt wurde, obwohl sich eine solche
Interpretation auf das Zeugnis des Überlieferungsalters stützen
könnte. Der unikale Beleg ließe sich aber wohl nur so deuten, wenn
wenigstens einige der anderen – vor allem der in *k* überlieferten –
Bare Spuren einer Umstellung aufwiesen; das ist aber nicht der Fall,
nirgends zeigen sich Reste getilgter Reime. Für die außergewöhnliche
Entwicklung kann ich nur einen möglichen Grund beibringen. Der
Name 'Goldener Ton' wird Assoziationen zu Frauenlobs Goldenem
Ton hergestellt und das Bemühen ausgelöst haben, den Ton von der
Faktur her diesem anzunähern, ihn vielleicht sogar zu überbieten. Die
Besonderheit dieser Ton-»Geschichte« wird unterstrichen durch die
Rezeption im Jüngeren Meistergesang. Dort wird die einfache Form
verwendet, *q* liefert nicht – wie sonst so oft – das Modell für die
Tonrezeption.

Regenbogen, Grauer Ton

2	2	3$^{(i)}$	4	3$^{(i)}$	4	5		4	3	4	3	4	5
a	b	c	d	e$_5$	a	f		x$_{15}$	h	x	i	h	i$_{20}$
g	b	c$_{10}$	d	e	g	f							

Der Graue ist ein formal sehr interessanter Ton. Stollen und Abgesang nämlich sind in der Großstruktur gleich gebaut und lassen sich
auf die metrische Ausgangsform 7 7 4 5 reduzieren. Durch die unterschiedliche Reimsetzung werden Stollen und Abgesang jedoch deutlich differenziert. Die Varianten gehen in verschiedene Richtungen.
Einmal gibt es gelegentlich Strophen, die es mit den Zäsuren im
Abgesang nicht so genau nehmen, andere Varianten gehen aber
weiter: die wichtigste davon ist eine, die Z. 3/10 und 5/12 im Aufgesang weiblich macht. Sie geht quer durch Handschriften und Bare, ist
jedoch deutlich in der Minderheit. Die überlieferungsmäßig ältesten
Bare in *m* und *b*, unter denen sich wohl auch älteste Strophen der

Entstehung nach befinden, gehören zu Form 1. Eine seltene Variante stellt *q* dar, wo Z. 17/18 zu einer insgesamt fünfhebigen Zeile zusammengezogen wurde (2/66, die anderen Lieder sind normal). Die Zeilen mit dem Reim i werden dadurch gleichlang. Noch deutlicher als bei der Nebenform mit weiblichen Reimen wird hier die eingangs dargestellte Struktureinheit von Stollen und Abgesang gestört. Einen Abgesang mit dem abgewandelten Reimschema x h x h i i meint offenbar der Frauenpreis in 'Liebhard Eghenvelders Liederhandschrift' Wien s.n. 3344 ([1]Regb/2/55).[129] Die ursprüngliche Form hat der Jüngere Meistergesang bewahrt.

Regenbogen, Leidton[130]

4	3'	4	3'	4	4	4	3'		4	2	2	4	4	3'
a	b	a	b	c_5	c	d	e		i	i	i	i	x_{20}	e
f	g_{10}	f	g	h	h	d_{15}	e						(d)	

Die Mehrzahl der Lieder in *k* haben am Abgesangsende eine Langzeile ohne Zäsurreim. Sie zu bereimen, liegt nahe, ist doch der Abgesang eine variierte und um eine Zeile erweiterte Wiederholung der Zeilen 5-8 eines Stollens.[131] Die Korrespondenz wird durch diese Möglichkeit verstärkt in den Liedern [1]Regb/8/1 (in 1a, der Fassung von *k*, ist der Reim nicht in allen Strophen vorhanden), 4 (in *k*) und 6 (in *q*). Von 8/3 bietet *k* zwei Versionen, eine ohne Zäsurreime (Überlieferung a) und eine mit den Reimen (Überlieferung b). Von fünf tradierten Liedern des Älteren Meistergesangs sind also zwei ohne den Zusatzreim, zwei in doppelter Version und eines nur mit Reim d im Abgesang überliefert. Die letztgenannte Form benutzt auch der Jüngere Meistergesang.

Regenbogen, Überlanger Ton

Die Veränderungen sind bereits im I. Kapitel besprochen.

---

[129] Aus der (unvollständig) beigegebenen Melodie geht hervor, daß der Graue Ton unmittelbar gemeint ist und daß man nicht von einer Derivation wie bei Oswald von Wolkenstein (vgl. S. 176f) ausgehen muß. Vgl. Lomnitzer <II>, S. 205.

[130] *k*: *Layt don oder bluwend wyß.* Bartsch <II>, S. 178, liest fälschlich »Blauer Ton«.

[131] Dies gilt nur bedingt musikalisch, da dem Rundkanzonenschluß Stollendistinktionen in anderer Anordnung und variiert vorhergehen.

Reinmar von Brennenberg, Hofton
Form 1

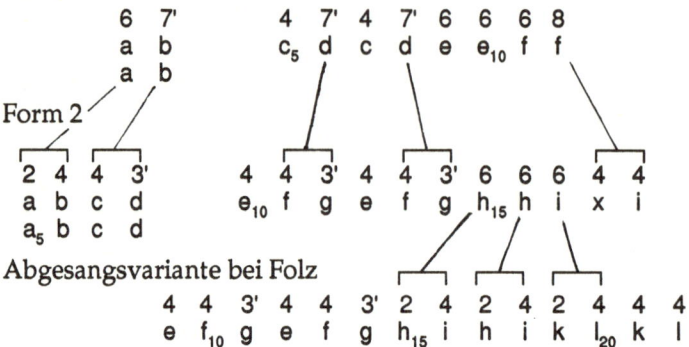

Abgesangsvariante bei Folz

Brennenbergs Ton vertritt ein seltenes Tonmodell, denn der Steg ist nicht nur von seiner Länge her, sondern wie Mertens zeigen konnte, vor allem durch die musikalische Faktur als zweites Stollenpaar aufzufassen.[132]

Die ältere und die jüngere Form unterscheiden sich durch drei Zusatzreime: in Z. 1/3, in Z. 2/4 und in Z. 6/8. Keiner von ihnen geht auf die Überlieferung in C oder auf eine der anderen alten Überlieferungen bis Mitte des 15. Jahrhunderts zurück.[133]

Die Form mit gänzlich ausgebautem Reimschema dürfte ihren ältesten Beleg im jüngeren Brembergerlied haben, das in Drucken nach 1510 belegt ist ([1]ReiBr/529b-d), handschriftlich erst in Dresden M 8 (529a) vom Jahr 1590. Der Schreiber Jörg Bauttenbacher gibt aber an – und an seiner Angabe zu zweifeln, liegt kein Grund vor –, er habe das Lied aus einer auf 1474 datierten Handschrift abgeschrieben. Diese Handschrift ist nicht erhalten. Das Lied und neben ihm ein zweites ([1]ReiBr/528), das in unmittelbarer Nachbarschaft überliefert und ausdrücklich ebenfalls aus derselben Handschrift entnommen ist, muß also vor 1474 entstanden sein, damit auch die jüngere Form des Reimschemas, das so sonst nur im Jüngeren Meistergesang bezeugt ist. Folz, der den Ton ebenfalls benutzt, verwendet ein noch weiter ausgebautes Reimschema und baut dabei wohl auf die Kennt-

---

[132]»Reinmars von Brennenberg Lied IV vertritt demgegenüber den Typ einer echten Doppelstollenkanzone α β ://: γ β' :/ δ ε ζ η: die Melodieführung des Abgesangs (Melodiegipfel, fallende Linie), legt diese Deutung nahe.« Mertens <I>, S. 350f. Zustimmend Brunner <III>, S. 34.

[133]In diesem Fall ist die Strophenform auch beim Gebrauch in C durch andere nicht verändert worden: [1]Schulm/2/1 (Schulmeister von Esslingen) und [1]Weng/2/1 und 2 (von Wengen).

nis von 528 auf.[134] Nachfolger hat sein Experiment allerdings nicht gefunden. Varianten sind auch in den älteren Meistersingerhandschriften zahlreich belegt. Und zwar gibt es sowohl die Zäsurreime von Z. 2/4 als auch die von 6/8 für sich allein, außerdem auch beide gemeinsam, niemals aber steht die Teilung der ersten Zeilen für sich oder kombiniert mit nur einer der beiden anderen Neuerungen. Noch eine weitere Beobachtung ist mitzuteilen: die Varianten sind in *k*, das zahlreiche Lieder enthält, nicht gleichmäßig verteilt. Lieder verschiedener Formen folgen offenbar wahllos aufeinander – mehrfach betrifft die Besonderheit nur einzelne Strophen ([1]ReiBr/504-Str. 4, 509-Str. 2 und 3, 511-Str. 1 und 3). Derselbe Befund gilt auch für das aus ganz anderen Traditionen herausgewachsene 'Königsteiner Liederbuch' (Berlin Mgq 719). Auch hier kennen mehrere Einzelstrophen verschiedene Variationen (518, 519a, 521a, 522a), obwohl nur wenige Überschneidungen im Textbestand zu *k* vorhanden sind. Gemeinsam haben alle diese Lieder jedoch, daß sie eher zur Gattung des Minne- oder Gesellschaftsliedes als zu der des Sangspruchs gehören.[135] Dasselbe gilt für das konsequent mit Zäsurreimen versehene Lied 520 aus dem 'Königsteiner Liederbuch', nicht aber für die Lieder 501, 509 und 514 aus *k*, die Meisterlieder sind. Auffällig ist, daß die Weiterentwicklung des Tons in Richtung Liebeslied einerseits und Meistergesang andererseits formal nicht geschieden ist. Ferner scheint die Teilung der ersten Stollenzeile wohl eine zusätzliche Erfindung für das jüngere Brembergerlied zu sein. Von hier übernahm den Ton Hans Sachs zunächst für seine frühen Buhllieder [2]S/1 und 2 und später auch für Meisterlieder (ab [2]S/1776 von 1545). Sonst gibt es nur noch zwei Lieder von nachreformatorischen Meistersingern ([2]HaG/156/1 und [2]Hars/1), weil der Ton im Druck verbreitet und daher zum Singen auf der Singschule nicht zugelassen war.[136]

---

[134] [1]Folz/85; Mayer, Nr. 97, vgl. dort S. 404.

[135] Die Doppelgesichtigkeit des Brennbergertons von Anfang an betont Sappler, S. 227: »Reinmar von Brennenberg unterscheidet sich von andern Minnesängern dadurch, daß er in seinem großen Ton "Minnelieder" dichtete, die jeweils nur aus einer Strophe bestehen, daß seine Minnelyrik also in Spruchform auftritt; auch der Ton ist der eines Spruches: lang, deutlich gegliedert, mit einer größeren Zahl von Langzeilen.« Mit anderer Gewichtung Schanze (in VL², Bd. 7, Sp. 1193): »Einziges Thema der Strophen des Spruchtons ist, abweichend von den Traditionen des Genres, die Minne aus der Sicht eines betroffenen Ich.« – Die von Strophe zu Strophe wechselnden Varianten geben in Kombination mit anderen Kriterien Hinweise auf einzelne ältere Strophen. Vgl. Sappler, S. 226f.

[136] Brunner <II>, S. 144 Anm. 264.

Tannhäuser, Hofton
Echte Strophen

4_3'	4_3'		4_3'	4_3'	4_3'	4_3'	4_3'	4_3'
x a	x b		x c_5	x c	x d	x d	x e	x e_{10}
x a	x b							

Form des Jüngeren Meistergesangs

4 3'	4 3'		4 3'	4 3'	4 3'	5'	4 3'	4 3'
x a	x b		c d_{10}	c d	x e	e_{15}	x f	x f
x_5 a	x b							

Die Strophen ¹Tanh/1/2 und 4 (von fünf Strophen, die C in diesem Ton kennt) haben in einer Nürnberger Lokaltradition überlebt (Nürnberg wird in Str. 2 positiv erwähnt) und sind um fünf Strophen vermehrt worden. So steht das Lied in *q* (¹Tanh/1/500). Mit dem Text hat sich die Form verändert – dabei dürfte die Verkürzung von Z. 8 zu 15 aus einer generalisierten Textverderbnis herausgewachsen sein, während die Bereimung der beiden ersten Langzeilenzäsuren des Abgesangs wohl durch bewußte Texteingriffe entstanden ist. Die jüngere Form des Tons ist dadurch abwechslungsreicher als die ältere, die das Tonschema aus absolut gleichgebauten Langzeilen aufgebaut hat.[137]

Die Melodieüberlieferung gibt zu der Vermutung Anlaß, der Ton könne seine endgültige Gestalt vielleicht so erst durch Sachs gewonnen haben. Z. 13-15 (der jüngeren Form) nämlich wiederholen mit α β γ die Stollenmelodie unvollständig. Dabei sind in Mel.*v*, 138ʳ, und Mel.*q*, 216ᵛ, die Melodieverläufe angepaßt, während Mel.*x*, 41ᵛ, und Mel.*z*, 3ᵛ, fälschlich γ nahezu unverändert wiederholen und damit Unterlegung von acht Silben fordern. Das könnte durchaus Reflex einer allzu flüchtig angepaßten Melodievorlage sein, die hier eine komplette Stollenrepetition (α β γ δ) notierte.[138] Gerade diese Eigenart spricht für Authentizität der Melodie: die vollständige Wiederholung der Stollenmelodie im Inneren des Abgesangs (Kanzone mit 3. Stollen und Coda) dürfte altertümlich sein, im 16./17. Jahrhundert ist sie völlig ungebräuchlich, während sie im 13. nach Ausweis von *J* gelegentlich vorkommt (vgl. S. 236f).[139]

---

[137] Die Veränderung kehrt im Effekt die Verhältnisse bei Wolframs (Gasts) Goldenem Ton um – dort ist der einzige Fünfheber des Schemas zugunsten einer weiteren aufgelösten Langzeile aufgegeben.

[138] Brunner <II>, S. 293 Anm. b zum Tonschema, vermutet einen bloßen Irrtum bei der Notation, erwägt jedoch nicht, daß die abweichende Notation zum älteren Schema gehören könnte.

[139] Die Feststellung von Schumann, S. 223, über die Verwandtschaft von Tannhäuser-Lied und Hofton ist irreführend: »Das Lied ist eine Reihung von Vierzeilern und stellt eine Verfünffachung der Strophe der Tannhäuser-Ballade dar«, nimmt

Ungelehrter, Schwarzer Ton

Form 1

4	3'	4	3'	7		4	4	4	4	4	3'	4	3'	7
x	a	x	a	b_5		d	e	d	e	x_{15}	f	x	f	b
x	c	x	c	b_{10}										

Form 2

4	3'	4	3'	4	3		4	4	4	4	4	3'	4	3'	4	3
a	b	a	b	x_5	c		f	g	f_{15}	g	h	i	h	i_{20}	x	c
d	e	d	e_{10}	x	c											

Form 3

4	3'	4	3'	4	3		4	4	4	4	4	3'	4	3'	4	3
a	b	a	b	c_5	d		g	h	g_{15}	h	i	k	i	k_{20}	c	d
e	f	e	f_{10}	c	d											

Die Form 1 mit dem wenig ausgebauten Reimschema kommt ausschließlich den drei Strophen [1]Ungl/1/2 zu. Ausgerechnet diese möchte *k* offenbar dem Ungelehrten selbst zuschreiben, denn so verstehe ich die Überschrift *diß ist der vngelerte*, die sich kaum auf den Ton beziehen kann, denn *Jn dem vngelerte* stand schon über dem ersten Bar der Gruppe, das mit der Melodiestrophe eingeleitet wird. Klar ist, daß der darin überlieferte Dreierbar nicht auf den Lehrer Wizlaws, den Ungelehrten, der Ende des 13. Jahrhunderts lebte, zurückgehen kann. Doch darf man den Befund auch nicht einfach übergehen, sondern muß zumindest die Möglichkeit einräumen, daß sich hinter dieser Angabe eine Aussage über die älteste Form des Tons verbirgt. Cramer hat bei seiner Wiedergabe der anonym überlieferten Lieder in diesem Ton diesen Bar weggelassen mit der Begründung, er sei »in einem anderen Ton«[140] verfaßt. Eine solche Begründung scheint mir im Widerspruch zum Befund zu stehen. Form 2 unterscheidet sich nur durch die zusätzlich eingeführten Reime in den Langzeilen. In dieser Form dichtet auch Heinrich von Mügeln in seiner 'Ungarnchronik', wo der Ton *nota curie* (Hofton) heißt.[141] Wie »normal« so eine Entwicklung ist, zeigt Form 3, in der zusätzlich die Anverse der Stollenschlußzeilen mitgereimt werden. Diese Form gebrauchen *p* ([1]Ungl/1/10) und *q* (1/9), sowie der gesamte Jüngere Meistergesang. Die reimarme Form 1 des Tons darf also als echt gelten, auch wenn wir keinen echten Text im Ton besitzen.[142]

---

aber in Anm. 1 dieser Aussage für die Melodie zurück: »Musikalisch ist zu keiner Volksliedfassung Ähnlichkeit vorhanden.« Die metrische Struktur gerade aber stammt sicher aus dem 13. Jahrhundert. Es könnte allenfalls umgekehrt die metrische Form der Tannhäuserballade aus dem Hofton abgeleitet sein.

[140] Cramer <I>, Bd. 4, S. 421.
[141] Domanovszky, S. 264.
[142] Zu verwandten Tönen vgl. S. 204f.

Heinrich von Mügeln, Grüner Ton

$$°3 \quad 2'°1' \quad °3 \quad °5' \qquad 3' \quad 5' \quad 3' \quad 5' \quad 3' \quad 3' \quad 3' \quad 3' \quad 4 \quad 5'$$

$$a \quad b\, b \quad a \quad c \qquad f \quad g_{10} \quad f \quad g \quad h \quad i \quad h_{15} \quad i \quad x \quad c$$

$$d_5 \quad e\, e \quad d \quad c \qquad\qquad\qquad\qquad\qquad\qquad (K)$$

Mügelns andere Töne wurden unverändert überliefert. Allein der Grüne Ton bekommt in der vorletzten Zeile statt der Waise einen Kornreim. Zwar hat Sachs im ersten Lied, das er dichtete, noch die »echte« Form verwendet (^{2}S/457), dann aber – ganz offenbar in Anlehnung an Mügelns Kurzen Ton – das Korn eingeführt. Alle späteren Meistersinger folgen ihm darin. Eine einmalige ältere Variante übrigens findet sich auch noch in *b* (^{1}HeiMü/541). Dieses Lied – eines der vier älteren Bare, die nicht vom Tonautor stammen – kürzt die ersten beiden Zeilen der Stollen um je eine Hebung, der Beginn lautet also: 2a 1'b °1'b.

k versucht bei diesem Ton auffälligerweise nicht, den Auftakt durchzusetzen, sondern notiert alle Strophen in der »Original«-Form, auch solche, die nicht als echt gelten. Dagegen haben *h* (^{1}HeiMü/329-333j) und *w* (^{1}HeiMü/320-322c) den Auftakt ganz systematisch und recht mechanisch ergänzt; nicht beim weiblichen Schlagreim selbst, wohl aber bei dessen Folgezeile. Dasselbe tun auch alle Tonverwender des Jüngeren Meistergesangs, ausgenommen Puschman, der hier seine Theorie des Schlagreims praktisch anwendet (vgl. S. 323).

Mönch von Salzburg, Taghorn

Das nichtstollige Taghorn (^{1}Mönch/8/1) ist von einem Unbekannten geistlich kontrafiziert worden (8/2 in *q*), wobei kleine Schwankungen bei Reim und Metrum auftraten.

Peter von Arberg, Große Tagweise

Das Lied (^{1}PeterA/1) ist außer in *k* in weiteren 18 nichtmeisterlichen Handschriften überliefert,[143] die neben Textvarianten, Zusatzrepetitionen und unterschiedlichem Strophenbestand zum Teil auch systematisch in der Metrik abweichen. Im Prinzip geht es aber immer um denselben Text, also nicht um Variationen in fortwirkendem Gebrauch (vgl. auch S. 184f).

---

[143]Synoptischer Abdruck bei Steer <I>.

Lesch, Feuerweise

		(3')						(3')		
4	4	2'	3'	3		4	3		4	4	2'	3'	3
a	a	b	b	c$_5$		x	f		g	g	h$_{15}$	h	f
d	d	e	e	c$_{10}$									

Der Ton hat vorreformatorisch in der Regel die angegebene Form, in w (^{1}Lesch/5/7a, 8 und 9) heißt er auch Mühlweise. Die Melodiestrophe in k (5/5) weicht auffällig ab: hier ist einem korrekt gebauten Aufgesang ein völlig abweichender Abgesang angefügt. Das Schema sieht so aus:

5'	5'	3'	2	4	3
f	f	f	g	x	g

Der Text zeigt keine Anzeichen von Verstümmelung oder von Mißverständnissen. Auf keinen Fall hat ihn der Redaktor oder Schreiber der Handschrift zurechtgebogen. Im Gegenteil: beim Eintragen der 2. Strophe hat er den Fehler erst bemerkt und nach dem Aufgesang sein Unternehmen abgebrochen, so daß der Rest des Liedes fehlt. Wegen dieser Unstimmigkeit paßte auch die Melodie nicht mehr zum vorgeschriebenen Text. Die Stollenmelodie ist eingetragen, die restlichen Notensysteme blieben leer. Die Interpretation des ungewöhnlichen Befunds ist nicht ganz leicht. Die totale Identität des Aufgesangs – der vom Typ her originell ist und keine direkten Verwandten kennt – spricht gegen die sekundäre Einbeziehung eines eigenständigen Tons ins Corpus der Feuerweise. Weiter führt da wohl die Beobachtung, daß die metrische Gliederung am Ende des Abgesangs in der Variante nicht gänzlich von der Normalform abweicht. Sie scheint mir zwar zu weit entfernt, um an die redaktionelle Bearbeitung eines echten Lesch-Textes zu glauben, aber ganz zufällig ist sie wohl nicht. Möglich scheint, daß ein Dichter Leschs Ton gebrauchen wollte, aber ein schlechtes Muster vor sich hatte, das ihn zu der oben angeführten Mißinterpretation und abweichenden Benutzung anregte. Diese These erklärt drei Befunde:

- daß der Redaktor von k den Text überhaupt unter Leschs Feuerweise eingeordnet vorfand;
- daß der Ton nur im Abgesang abweicht, denn in den Stollen ist durch die Doppelung die gemeinte Form viel leichter erschließbar;
- daß trotz der abweichenden Form der Text nicht verstümmelt, sondern stimmig scheint.

Möglicherweise hat auf die Textform aber noch ein anderes Tonmuster eingewirkt (vgl. S. 258). Übrigens verrät die Überlieferung eine Einzelheit zur Entstehung von *k*. Der Redaktor hat Melodiestrophe und Melodie nicht aus der gleichen Quelle geschöpft; auch in anderen Fällen liegt das nahe.[144]

Im Jüngeren Meistergesang hat die Feuerweise eine etwas veränderte Gestalt. Die dritten Stollenzeilen, also 3, 8 und 15, werden den Folgezeilen, die gleichen Reim tragen, längengleich. Zwischen älterer und jüngerer Benutzung klafft eine merkwürdig große Lücke. Sachs rezipierte den Ton erst im März 1550 (^{2}S/3256). Außer von ihm, der ihn nun gerne benutzt, wird er nur ausnahmsweise verwendet. Möglicherweise lernte Sachs den Ton aus der gleichen Quelle kennen, aus der er auch den Langen Ton des Kanzlers und die Tagweise Regenbogens übernommen hatte, denn deren erste Verwendung fällt ins gleiche Jahr.

Liebe von Giengen, Rad-/Jahrweise
Form 1

4	3'	3'	3	4	3		4	3'		4	3'	3'	3	4	3
a	b	b	c	d_5	e		g	h		g_{15}	h	h	i	i	e_{20}
a	f	f	c_{10}	d	e										

Form 2

4	3'	3'	3	4	3		4	3'		4	3'	3'	3	4	3
a	b	b	c	d_5	c		f	g		f_{15}	g	g	h	x	h_{20}
a	e	e	c_{10}	d	c										

Die beiden angegebenen Varianten des Tons gehen im Älteren Meistergesang ebenso durcheinander wie die Tonbezeichnungen. Tonbezeichnungen und Varianten weisen auch keinerlei Zusammenhang auf. Jahrweise heißt der Ton bei den Liedern ^{1}Liebe/1/1, 2a, 3 und 5, Radweise hingegen bei 2b, 6, 7a-c und den vier Drucken von 8; 4 nennt keinen Tonnamen. Die Varianten sind so verteilt: Form 2 erfüllen 2, 3, 4, 6 und 8, Form 1 weisen auf 1, 5 und 7. Die konkurrierenden Tonnamen lassen sich beide aus dem Fragment 1/5 herleiten: es geht darin um eine Allegorie des Jahres als Rad. Das würde voraussetzen, daß dieser erst spät in *t* als Fragment überlieferte Text zur ältesten Textschicht des Tons und damit dem Lieben selbst gehört. Dieser hat wahrscheinlich auch das Beichtlied 1/1 gedichtet,

---

[144]Eine systematische Beobachtung solcher Auffälligkeiten könnte vielleicht die Frage klären helfen, für welche Teile von *k* zusammenhängende Vorlagen nachzuweisen sind und wo »gestückelt« wurde. Zu diesem Problemfeld zuletzt Schanze <I>, Bd. 1, S. 35-59, und die Rezension von Röll.

das in *b* steht (geschrieben um 1430), wie man aufgrund des Alters der Überlieferung annehmen möchte. Die Texte gehören beide zur 1. Form des Tons, die von ihrer Faktur her die gewöhnlichere ist. Sie sollte trotz ihrer selteneren Bezeugung die ursprüngliche sein.[145] Freilich läßt sich auch eine Autorvariante nicht ausschließen, da über das Alter der sehr schlecht überlieferten Lieder 1/3 und 4 kaum Aussagen möglich sind. Eine Schulkunst (1/7) ist wohl höchstens kurz vor 1500 gedichtet, benutzt aber ebenfalls Form 1. Die in *q* und in der Handschrift Berlin Mgq 410 (7c) überlieferte Fassung ist in *p* (7b) etwas auf die geläufigere Form hin umgestaltet: im Abgesang sieht der Schluß wie in Form 2 aus. Der Jüngere Meistergesang, dem der Ton durch Sachs, den Schreiber von *q*, vermittelt wurde, verwendet wie die von ihm abgeschriebene Schulkunst ebenfalls Form 1 und den Namen Radweise.[146]

Meienschein, Langer Ton

$$4 \; 5' \; 4 \; 5' \; 2 \; 2 \; 2 \; 2 \; 4 \; 3' \qquad 2 \; 2 \; 3' \; 2 \; 2 \; 3' \; 4 \; 3'$$
$$a \; b \; a \; b \; c_5 \; c \; d \; d \; e \; f_{10} \qquad l \; l \; m \; n \; n_{25} \, m \; o \; p$$
$$g \; h \; g \; h \; i_{15} \; i \; k \; k \; e \; f_{20}$$

$$4 \; 2 \; 2 \; 2 \; 2 \; 2 \; 4 \; 3'$$
$$q \; q_{30} q \; r \; r \; r \; o_{35} \, p$$

Diese ausladende Großstrophenform wird von Nunnenbeck ([1]Nun/16 = Klesatschke Nr. 4 und [1]Nun/17 = Klesatschke Nr. 21) und dann ausgiebig vom Jüngeren Meistergesang gebraucht. Außer 17 haben alle die oben angegebene Form. Hier aber ist anfangs der Stollen ein zusätzlicher Reim eingeführt, die fünfhebigen Zeilen sind unterteilt, so daß der Stollenbeginn nun so aussieht: 4a 2b 3'c 4a 2b 3'c. Dieser Ausbau des Reimschemas sollte ganz offenbar zusätzlicher Schmuck bei einem besonders feierlichen Lied sein — es handelt sich um ein Weihnachtslied.

Beheim, Hofton

$$3 \; 3' \; 3' \; 3 \qquad 3 \; 3 \; 3 \; 3' \; 3' \; 3$$
$$Y(g)a \; a \; b \qquad d.d \; e_{10} \; e \; f \; f \; Y(g)$$
$$b_5 \, c \; c \; d$$

Beheims Hofton reiht Paarreime zu einer strophischen Form. Aber von anderen »Spruchtönen« wie seiner episch gebrauchten Angstweise, Folz' Abenteuerweise, Sachs' Spruch- und Rosenton (vgl.

---

[145] Eine zusätzliche Begründung für diese Vermutung S. 160.
[146] Vgl. Rettelbach in VL², Bd. 5, Sp. 781-783.

S. 244-247) unterscheidet er sich beträchtlich: Beheim verwendet hier auch männliche Dreiheber, also relativ kurze Zeilen. Die Abfolge der Reimpaare ist gegenüber dem Normaltyp um eine Zeile versetzt. So kommt es zu Reimbindungen über die Strophenteilgrenzen hinweg, die auch durch den Pausenreim zu Beginn des Abgesangs noch vermehrt werden. Diesen Zug hat Beheim übrigens von Frauenlobs Goldenem Ton gelernt. Über Gewohntes geht er allerdings in der Anfangs- und Schlußzeile des Hoftons hinaus: diese nämlich verbinden die Strophen untereinander, indem jeweils die letzte Zeile der einen auf die erste der nächsten Strophe reimt (im Schema Y); erste und letzte Zeile eines Liedes bleiben reimlos. Die Meistersinger haben Beheims Ton übernommen und im letztgenannten Zug vereinfacht: sie lassen erste und letzte Zeile jeder Strophe jeweils aufeinander reimen. Der Ton ist aber überhaupt nicht sonderlich weit verbreitet (fünf Lieder) und scheint von Augsburg (zwei undatierte Lieder von Spreng) erst durch Puschmans Vermittlung (²Spr/88 in Mel.*p*, 224ᵛ) nach Nürnberg gekommen zu sein.

Zusammenfassung

Der unmittelbare Vergleich von älteren Sangspruchtönen in der in Ausgaben vertretenen Ursprungsgestalt mit ihren Spätversionen, wie sie im 16. bis 18. Jahrhundert von Meistersingern benutzt wurden, legt in großem Umfang Änderungstendenzen bloß, die im Prinzip bereits gut beschrieben sind.[147] Es handelt sich insbesondere 1. um Ausgleichs- und Angleichungstendenzen, die der strukturellen Vereinfachung der Meistergesangsmelodien parallel gehen und ihr dienen, 2. um die Einführung zusätzlicher Reime und um die Teilung von Langzeilen. Vor allem bei einigen Tönen von Meistern des 13. bis Mitte des 14. Jahrhunderts, die sehr häufig gebraucht wurden, ist diese Änderungstendenz sehr deutlich abzulesen. Ich fasse die wichtigsten dieser Töne mit ihren »Normal«-Veränderungen hier noch einmal zusammen.

In die nachstehende Liste sind nur Töne aufgenommen, die auch noch im 16. Jahrhundert variiert gebraucht wurden, bei denen also die Varianten zum Standard wurden; ausgelassen sind die reimreichen und außer im Anreim- und Inreimbestand unverändert überlieferten Töne Frauenlobs: der Neue und der

---

[147] Brunner <II>. Vgl. Register, S. 352, unter »Töne: Typische Veränderungen alter Töne im Meistergesang.«

Goldene. Innerhalb der Liste gibt es noch einige Grenz- und Sonderfälle: Regenbogens Überlanger und Frauenlobs Überzarter Ton haben einen so hohen Grad von Kompliziertheit, daß sie ganz ohne Änderung den Zeitablauf wohl kaum überstehen konnten. Beim unechten Leidton Regenbogens ist die kleine Reimschemavariante möglicherweise schon von Anfang an angelegt und damit als zeitlich geschichtete Variante zu streichen. Beim Ton des Jungen Stolle und bei Leschs Feuerweise geht es möglicherweise um durch schriftliche Rezeption bedingte Änderungen. Beim Vergessenen Ton Frauenlobs, beim Grünen Ton Mügelns und beim Hofton Beheims handelt es sich nur um jeweils eine einzelne Umstellung des Reimschemas.

Walther, Feiner Ton	– Zeilenlängung
Wolfram, Goldener Ton	– Zeilenteilung und Bereimung; Zeilenlängung (»Einebnung« der Zeilenlängen)
Stolle, Alment	– Zeilenteilung und Bereimung; Zeilenkürzung (gleichreimige Zeilen werden gleich lang)
Junger Stolle, Ton	– Verlust einer Halbzeile
Reinmar von Zweter, Frau-Ehren-Ton	– Zäsuren bereimt; Zeilenlängung (gleichreimige Zeilen werden gleich lang)
Marner, Goldener Ton	– Zeilenteilung und Bereimung; Zeilenkürzung, um 3. Stollen herzustellen (Angleichung an melodische Bauform)
Marner, Hofton	– Auftakt; Zeilenteilung, teilweise Bereimung; Zeilenlängung (gleichreimige Zeilen werden z.T. gleich lang); Zeilenkürzung, um 3. Stollen herzustellen (Angleichung an melodische Bauform)
Marner, Langer Ton	– Auftakt; Zeilenteilung und teilweise Bereimung; Längung
Heinrich von Ofterdingen, Fürstenton	– Zeilenkürzung, um Metrum an Melodie anzugleichen
Konrad von Würzburg, Aspiston	– Auftakt; metrische Einebnungen (gleichreimige Zeilen werden z.T. gleichlang)
Konrad von Würzburg, Hofton	– Auftakt; Zeilenteilung und Bereimung; Zeilenkürzung (»Einebnung«)

Konrad von Würzburg, Morgenweise – Auftakt; Zeilenkürzung einer Langzeile (»Einebnung«); Teilung eines Fünfhebers

Boppe, Hofton	– Langzeilenteilung
Frauenlob, Gekrönter Ton	– Variation der Anreim- und Schlagreimsetzung
Frauenlob, Grüner Ton	– Weiblicher Stollenschluß
Frauenlob, Langer Ton	– Auftakt; Zäsuren bereimt
Frauenlob, Leidton	– Vernachlässigung eines Schlagreims
Frauenlob, Überzarter Ton	– Mehrere metrische Änderungen
Frauenlob, Vergessener Ton	– Parallelismus der Stollen durch Mitreimen einer Waise hergestellt
Frauenlob, Würgendrüssel	– Zäsuren bereimt; an zwei Stellen Zeilenkürzungen (»Einebnung« der Zeilenlängen)
Frauenlob, Zarter Ton	– Längung, um Metrum an Melodie anzugleichen
Regenbogen, Briefweise	– Zäsuren bereimt
Regenbogen, Grauer Ton	– Zwei Kadenzen weiblich
Regenbogen, Leidton	– Bereimung einer Zäsur
Regenbogen, Überlanger Ton	– Zahlreiche metrische Varianten
Reinmar von Brennenberg, Hofton	– Zeilenteilung (bis hin zu Kurzzeilen) und teilweise Bereimung
Tannhäuser, Hofton	– Bereimung einzelner Zäsuren; Kürzung einer Langzeile
Ungelehrter, Schwarzer Ton	– Zäsuren bereimt
Heinrich von Mügeln, Grüner Ton	– Auftakt; aus Waise wird Korn (Bereimung unter besonderen Erwartungen an den Autor)
Lesch, Feuerweise	– Längung, damit gleicher Reim gleich lang wird
Beheim, Hofton	– Anpassung eines strophenübergreifenden Reims.

Überblickt man die nach Ausmusterung der Sonderfälle übrigbleibenden Töne, die in der Tabelle aufgeführt sind, so bleiben nur noch Töne aus dem 13. und beginnenden 14. Jahrhundert übrig, die meist bereits früh von anderen Autoren verwendet worden sind. Ich unterstelle dabei, daß es sich beim Schwarzen Ton des Ungelehrten um einen echten Ton handelt, in dem nur keine echten Strophen überliefert sind, ebenso gehe ich von der Echtheit des Grauen Tons von Regenbogen aus. Der Goldene Ton Wolframs ist natürlich nur echt als Ton von Gast. In all diesen Tönen ist überwiegend ein gleichartiger Katalog von Veränderungen wirksam, die freilich alle nur tendenziell, nicht »gesetzlich« wirken. Selbst die Teilung der Langzeilen ist in zwei Fällen nicht durchgeführt (Konrad von Würzburg, Morgenweise und Heinrich von Ofterdingen, Fürstenton). Was klar in der Richtung aussieht, betrachtet man nur Anfangs- und Endprodukt, entpuppt sich als höchst komplizierter und in verschiedene Richtungen verlaufender Prozeß, beachtet man auch die Zwischenstadien, wie die Einzelinterpretationen gezeigt haben. Einige Aspekte dieses Prozesses können isoliert und übergreifend interpretiert werden.

Einer davon ist die Rolle des Hans Sachs bei der Vermittlung. In mehreren Fällen war festzustellen, daß bestimmte Varianten, die so verbindlich für den gesamten Jüngeren Meistergesang sind, erstmals in q manifest werden. So ist es z.B. beim Langen Ton Frauenlobs: hier sind es nicht einmal alle Bare in q, sondern überhaupt nur die von Sachs selbst gedichteten, die die Endform aufweisen. Im Fall des Langen Tons, der ja als einer der vier gekrönten Töne besonderes Ansehen genoß, kommt es sogar zu Kontroversen unter den nachreformatorischen Meistersingern: Lorenz Wessel erklärt in seiner 'Steyrer Tabulatur' sowohl die Formen mit Reim c wie die, die an dieser Stelle eine Waise haben, für gerechtfertigt.[148] Für letztere finde ich allerdings im gesamten jüngeren Teil des RSM kein Beispiel mehr. Ebenfalls zuerst in q sind die jüngsten Formen von Konrads Hofton und Morgenweise belegt.[149] Bei Marners Kurzem Ton ist nur in q die Einfügung von Reimen bereits vorreformatorisch belegt. So wie Sachs bei seinen unmittelbaren Vorgängern im Nürnberger Meistergesang ungeniert an den Reimschemata herumgebastelt hat, könnte er auch die Rezensionen der Töne hergestellt haben, die in den Jüngeren Meistergesang übernommen wurden. Freilich – ein Unterschied besteht. Die Veränderung der jüngeren Töne vollzog sich auf dem Weg von q zum Jüngeren Meistergesang, sie ging zumindest zeitlich Sachs' reformatorischen Wende parallel. Hier hätte er bereits beim Abfassen von q entsprechend eingegriffen. Im Fall von Marners Kurzem Ton ist noch ein Gegenargument greifbar. Das Lied ¹Marn/506 ist neben q auch noch in Berlin Mgq 410 überliefert. Diese Abschrift

---

[148] *Etliche wollen, des Frauenlobs Langer Thon habe auch zwo Weyssen, nemlich der fünffte reimen in idem stoln.* Weil darüber keine Eingkeit zu erzielen sei, solle man beide Arten erlauben. Streinz, S. 88.

[149] Bei dieser gibt es außer Sachs-Belegen nur noch ein Lied von Hans Winter im Jüngeren Meistergesang. Die Melodie zu diesem Ton war im Jüngeren Meistergesang offenbar zeitenweise nicht mehr bekannt. Sie wurde aus k neu entlehnt. Brunner <II>, S. 120.

Valentin Wildenauers aus dem Jahr 1544 ist – wie benachbarte Liedabschriften mit Parallelüberlieferung – nicht von *q*, sondern von einem eigenständigen Überlieferungszweig abhängig. Auch diese Fassung benutzt aber dieselbe Tonform wie *q*. Normalerweise haben wir eine solche Vergleichsmöglichkeit nicht, denn *q* ist die einzige Nürnberger Meisterliederhandschrift vom Anfang des 16. Jahrhunderts (die von Folz für seine Lieder verwendeten älteren Töne sind in dieser Hinsicht unergiebig). Daß die ca. 90 Jahre ältere Nürnberger Handschrift *m* einen anderen Stand bietet, ist nicht verwunderlich. Sachs wird in *q* wohl im wesentlichen den Nürnberger Standard vom Beginn des 16. Jahrhunderts repräsentieren und ihn bei vielen einzelnen Baren auch selbst hergestellt haben.

Gar nicht zu überschätzen ist seine Rolle als Vermittler der älteren Töne, die sich nicht allein auf Nürnberg beschränkt. Nicht nur Puschman hat bei Sachs gelernt, sondern vor ihm schon Valentin Voigt. Denn er hat frühzeitig die Töne von Sachs selbst gekannt und benutzt. Sein Tönerepertoire bei den älteren Nürnberger Meistern und bei den Alten Meistern ähnelt dem des frühen Hans Sachs so sehr, daß er es bei ihm erworben haben muß.

Unabhängige Traditionen hat es mit Sicherheit in Augsburg gegeben: Clemens Jäger gebraucht 1532 den Aspiston 13 Jahre vor Sachs (²Jäger/1; ²S/1648), den Goldenen Ton Regenbogens immerhin noch vier Jahre vor ihm (²Jäger/4; ²S/718). Doch ist der Augsburger Meistergesang in den ersten 30 Jahren nach der Reformation leider sehr schlecht belegt. So kann man die wirkliche Eigenständigkeit der Augsburger schlecht abschätzen und auch nur bei relativ wenigen Tönen vermuten, daß sie den Weg von Augsburg nach Nürnberg gefunden hätten. Das gilt für Beheims Hofton fast sicher, denkbar ist es aber auch bei Boppes Kreuzton und Frauenlobs Tagweise, während man beim Verkehrten Ton Beheims und bei der Kurzen Tagweise Nachtigalls[150] nicht mehr als eine vage Vermutung aufstellen kann. Mag sein, daß der Austausch weit lebendiger war und zu belegen wäre, hätten wir mehr Augsburger Frühzeugnisse.

Sachs' Mittlerschaft ist nur das jüngste Glied in der Kette der Weitergabe von Tonveränderungen. Ähnlich viele Innovationen werden in den frühesten »Meister«-Handschriften greifbar, die Töne der Sangspruchdichter fortdichten. Hierher gehören etwa *H*, *n* oder *F, d.h. jene frühe Vorstufe von *F*, der man schon eine große Zahl der

---

[150] Dieser müßte dann den Weg Nürnberg – Augsburg einmal hin und zurück gegangen sein. Die Nürnberger Töne sind – soweit man das feststellen kann – in Augsburg zum großen Teil bekannt.

Innovationen zusprechen muß, die in *F* greifbar werden.[151] Am frühesten und aussagekräftigsten sind die Belege in *H*. Von den 33 Strophenverbänden der Handschrift (von Einzelstrophen bis zu 40 Strophen Umfang) sind die überwiegende Zahl unverändert und gelten als echt. Im »Ur«-Schema etwa stehen die neun Einzelstrophen im Frau-Ehren-Ton Reinmars von Zweter, von denen Roethe einige unter »zweifelhaft« eingereiht hat, elf Strophen im Langen Ton Frauenlobs, die der GA als echt gelten, auch drei Strophen Friedrichs von Sonnenburg (¹FriSo/1/11c, 14c, 15c) und ein Dreierbar in Regenbogens Briefweise. In der Form, wie Reinmar von Brennenberg den Ton erfunden hat, steht auch das Lob alter Meister, das die Handschrift einleitet (¹ReiBr/13), sowie ein neunstrophiger Mariengruß mit Strophenanapher *Ave Maria* in Boppes Hofton. Vom gleichen Typ vielstrophiger geistlicher Dichtung enthält *H* nun noch drei Texte, ebenfalls mit Strophenanapher geschmückt (¹KonrW/6/100a [»*Ave maria*«]; ¹Marn/7/100a [strophenweise wechselnd »*Ave*«-»*Eva*«]; ¹Marn/7/101a [»*da minne menshin muôt besaz*«]). Sie verwenden bewußt abgewandelte Schemata, indem sie Reime systematisch beiseitelassen bzw. hinzufügen (vgl. die Interpretationen zu Konrads Morgenweise und Marners Langem Ton S. 92-94 und 98f). Dabei verwendet der Konrad-Nachdichter im Gegensatz zu seiner Tondifferenzierung den fiktiven Autornamen »Konrad«, ¹Marn/7/101 gibt sich als Marner aus. Autorfiktion verbindet diese Lieder mit den weltlichen Strophen in Walthers Hofton, die in unmittelbarer Nähe stehen und die ebenfalls ein verändertes Reimschema voraussetzen (¹WaltV/7/16-20, s. S. 83f); wie beim Pseudo-Konradschen *Ave Maria* ist ein Reim konsequent weggelassen. »Die Vermutung, daß manche dieser Lieder auf ein und denselben Autor oder auf einen geschlossenen Dichterkreis zurückgehen, liegt nahe«.[152] Wie Wachinger ausführt, scheint *H* hier eine für seine Abfassung zeittypische Erscheinung in besonderer Fülle und – soweit Autorfiktion vorliegt – auch in besonderer Ausprägung zu erschließen. Verstreut unter vielem anderen finden sich vielstrophige geistliche Bare mit Strophenanapher oder anderen verbindenden Elementen immer wieder in den typischen Meistersingerhandschriften. Sie können öfter einmal

---

[151] Kornrumpf <IV>, passim. Auf eine genaue Interpretation von *F* verzichte ich. Es handelt sich um eine einseitige (wenn auch nicht ausschließliche) Frauenlob-Rezeption, die unter den verschiedensten Gesichtspunkten von Hacker und Thomas untersucht worden ist (kürzlich durch Kornrumpf <IV> auf neusten Stand gebracht). Für eine neue Interpretation wäre eine exakte Untersuchung der dialektalen Reimschichtung (z.B. im Neuen Ton) notwendig.

[152] Wachinger in VL², Bd. 3, Sp. 604.

höheres Alter beanspruchen und sind den entsprechenden Baren in *H* an die Seite zu stellen. Für unseren Zusammenhang ist vor allem wichtig, daß den Texten in *H* häufig formale Varianten eignen; und zwar sowohl solche, die im späteren Meistergesang nicht selten wieder begegnen wie der Ausbau des Reimschemas, als auch andere, die später gemieden werden wie das Einsparen einzelner Reime. Drei Einzelstrophen, die ebenfalls auffällige Reimschemata aufweisen, wurden noch nicht erwähnt. Zwischen anderen metrisch unveränderten, indes dennoch nicht von Frauenlob stammenden Strophen steht eine mit Binnenreimen geschmückte (¹Frau/2/73). Ebenso stehen im Corpus Friedrichs von Sonnenburg zwei abweichende Strophen des Tons IV, von ihnen ist eine mit zusätzlichen Zäsurreimen ausgestattet. Sie findet sich allerdings so auch in *J*, es handelt sich also um keine Eigenheit von *H* (¹FriSo/1/39). Die andere, nur in *H* belegt, setzt die Reime des Abgesangs gleich (¹FriSo/1/50). Ich lasse sie aus der Argumentation, da die Möglichlichkeit echter Autorvarianten besteht.

H dokumentiert in der Tat den Weg von den älteren, Autoren repräsentierenden Handschriften zum fortdichtenden Meistergesang. Die Tendenz zur Tonveränderung ist in dieser Handschrift erstaunlich früh belegt. Die Tonveränderungen selbst sind jedoch keineswegs nur diejenigen, die man als typisch für die Entwicklung des Meistergesangs ansehen kann. Variantenvielfalt beim gleichen Ton ist der Handschrift offenbar kein Ärgernis, die Varianten werden weder unterdrückt noch auf andere Strophen erweitert. Was *H* so deutlich wie keine andere Quelle zeigt, ist jedoch eine Erscheinung, die nicht nur handschriftenspezifisch ist. Kleine oder größere Varianten kommen in der ganzen älteren Tonrezeption vor, wo Fremdbenutzung des Tons wahrscheinlich ist, auch schon in *C*. Solche Fälle sind besprochen unter Frauenlob, Langer Ton; Konrad, Hofton und Morgenweise; Marner, Langer Ton; Regenbogen, Briefweise; Stolle, Alment; Walther, Hofton. Ganz offensichtlich sind hier vom Tonbenutzer Signale gesetzt, die dem Rezipienten bedeuten, daß ein anderer als der Tonautor am Werk ist. Spielerischen Reiz gewinnt dies vor allem in Fällen, wo der Verfasser zugleich dieses Signal setzt und die ausdrückliche Autorfiktion dagegenstellt. Leider ist der Sachverhalt aber nicht so, daß man grundsätzlich von einer variierten Benutzung bei Autorwechsel ausgehen kann (und umgekehrt), auch wenn man in Rechnung stellt, daß vielleicht auch in frühen Handschriften schon einiges wieder zurückgebogen ist, was in Wirklichkeit in einer Sonderform gedichtet wurde. Denn gerne würde man hier auch einen neuen Lösungsversuch für das *doenediep*-Problem ansetzen; doch die Konturen bleiben zu undeutlich.

Die Meisterliederhandschriften setzen die frühen Varianten fort. Viele Varianten, die ähnliche Voraussetzungen haben mögen, kommen dazu. Auch später ist es möglich, Lieder mit zusätzlichen Reimen zu schmücken, ohne (in jedem Fall) von dem Bewußtsein auszugehen, hier handle es sich um die einzig authentische Form. Besonders deutliche Beispiele dafür sind die Zusatzreime im Goldenen Ton Regenbogens (in *d*) oder die Varianten in Marners Goldenem Ton. Daß bis um 1500 die selbständige Ausschmückung von Tönen mit zusätzlichen Reimen nicht gänzlich oder nicht überall unschicklich ist, beweist noch Nunnenbeck, der den Langen Ton Meienscheins in zwei konkurrierenden Varianten gebraucht.

Eindrucksvoll belegt die Variantenvielfalt auch gerade *k*. Diese Handschrift läßt teils verschiedene Formen durchaus nebeneinander bestehen. Wo sich in Teilbereichen Vereinheitlichungstendenzen greifen lassen, scheinen diese daher eher Tendenzen der Vorlage zu spiegeln. Gelegentlich machen »Regiebemerkungen« aber durchaus deutlich, daß dem Redaktor die unterschiedlichen Varianten nicht verborgen geblieben sind. Im Neuen Ton Frauenlobs z.B. gibt es, beachtet man die Kombination der Variante 2 mit den Varianten 3 und 4 (vgl. S. 112-120), insgesamt vier Varianten; einmal wird ein Bar ohne den verborgenen Reim h ausdrücklich mit der Bemerkung angekündigt: *Ein anders ym nuwen geticht onverborgen.*[153] An anderer Stelle stellt er im Rahmen des gleichen Tons fest: *Ander fünff ym nuwen ton alten meß beßerer wan die fordergen fünff*[154], verzichtet jedoch trotz dieser Erkenntnis an der kritisierten Stelle auf Korrektureingriffe. Dagegen hat man ganz offensichtlich versucht, den Goldenen Ton des gleichen Autors auf eine bestimmte Form hinzubiegen, die zwar nicht alle Bare in *k* erfaßt, aber nur dort vorkommt. Besonders deutlich wird dieses Umschreiben in der Reimanweisung zum Goldenen Ton, wo eine übersehene Einzelheit der Anweisung verrät, daß sie für ein etwas anderes Reimschema konzipiert war (vgl. S. 107 mit Anm. 94). Es ist aufgrund des Verhaltens gegenüber dem Neuen Ton mit Sicherheit anzunehmen, daß nicht der Redaktor von *k* selbst die Reimanpassung vorgenommen hat, sondern daß er einen entsprechend bearbeiteten Block bereits vorfand und übernahm. Offenheit gegenüber konkurrierenden Traditionssträngen zeigt auch, daß er im Fall des Kanzlers zwei Melodien zuließ.

---

[153] *k*, 184ʳ.
[154] *k*, 183ʳ.

Andere Meistersingerhandschriften zeigen trotz geringeren Materials eine vergleichbare Offenheit. Bestimmte Varianten treten jedoch nur in bestimmten Handschriften auf und weisen auf lokale Traditionen.

Dazu kommen jedoch weitere Tendenzen, die eher generalisieren. Man sieht bestimmte Formen als verbindlich an, und so können Varianten, die ursprünglich nur zu einzelnen nachgedichteten Baren gehörten, auf echte Strophen zurückwirken. Andere, vor allem rein metrische Änderungen, sind überhaupt nicht aus solchen Varianten hervorgewachsen. Sie sind Folgen des Umsingens von Texten und Melodien und laufen in irgendeiner Hinsicht stets auf Vereinfachung hinaus.[155] Aus diesem Grund ergreifen solche Veränderungen auch schon bestehende, selbst echte Texte. Hier ist auch die Einführung des Auftakts einzurechnen, obwohl – jedenfalls bei geregelter Auftaktlosigkeit – die Tonverhältnisse so klar zu sehen sind wie bei jeder anderen metrischen Größe. Dabei muß sich die Tatsache ausgewirkt haben, daß nur eine geringe Zahl von Tönen eben überhaupt Auftaktlosigkeit kannte. Nicht in allen Bereichen spätmittelalterlicher Lyrik nämlich setzt sich Auftakt so uneingeschränkt durch. Die Neidhart-Handschrift *c* und die Neidhart-Fuchs-Drucke vermitteln die älteren Neidharte ohne solche Auftaktbereinigungen und fügen junge, auf gleiche Art gedichtete, hinzu. *c* ist in der Meistersinger-»Hauptstadt« Nürnberg geschrieben und wahrscheinlich den Meistersingern bekannt gewesen.[156] So wie andere Unterschiede der tradierten Lieder Singer und Handschriftenschreiber und -redaktoren zur Einebnung aufforderten, so mußten sie sich stets wieder auch mit jenen metrischen und Reimvarianten auseinandersetzen, die durch schöpferische Tonrezeption immer neu entstanden. So gaben auch diese Varianten häufig Anlaß zu Einebnung in die ältere oder jüngere Richtung, vielfach blieben sie aber auch nebeneinander stehen. Auch solche Tendenzen wurden häufig bei den Einzelinterpretationen angesprochen. Beim Goldenen Ton Marners, dessen spontaner Variantenreichtum besonders durch kreative Neuerungen belebt ist, scheint man diesen regional differenziert in den Griff bekommen zu können. Beim Hofton Konrads von Würzburg paßt *k* gegen die geläufige Tendenz Strophen mit ausgebautem Reimschema an die konservative Prägung der Rezeption speziell dieses Tons in der Handschrift *k* an. In *q* zeigt sich allenthalben die ordnende und reimliebende Hand des Hans Sachs bzw. der durch sie wirkenden Nürnberger

---

[155] Ein erstes, wenn auch – wie ich denke – problematisches Beispiel, sieht Lomnitzer <I>, S. 337-339, im Ton des Hennebergers in *J*.
[156] Brunner <IX>, S. 241.

Tradition. Betrachtet man die Tradition der älteren Töne im Jüngeren Meistergesang, so bleiben letztlich die zu Beginn dieser Zusammenfassung beschriebenen typischen Züge übrig, auf welchen verschlungenen Pfaden auch immer sie dorthin gelangt sein mögen. Der Weg, der zur Endform führt, wird aber weder konsequent noch in jedem Fall beschritten: er hat alles andere als »naturgesetzliche« Geltung.

Änderungen des Reimschemas und vereinfachende Änderungen der metrischen Struktur konnten vermutlich zu allen Zeiten eintreten und zurückgenommen werden. Sie stützen daher ohne weitere Indizien auch keine Chronologie.

III. Kapitel
Tonderivationen und Tonfamilien

Unter den Derivationen findet man einerseits Tönegruppen, die genetisch zusammengehören. Im rezeptiven oder produktiven Gebrauch erfolgte eine Aufspaltung in unterschiedene Töne. Andererseits sind darin auch Töne erfaßt, deren selbständige Genese außer Frage steht, die aber in ihrer Struktur so nah verwandt sind, daß die eine Strophenform nicht ohne Kenntnis der anderen entstanden sein kann. Die Übergänge zwischen beiden Arten der Tonderivation sind jedoch fließend, und vor allem ergibt sich eine ausgeprägte Grauzone bei den Tönen, die selten oder singulär erscheinen, ferner beim Fehlen von Melodien und Tonnamen: dann fehlen die Hilfsmittel, die uns Auskunft über die Intention des innovativen Benutzers geben. Tonnamen fehlen in der älteren Zeit in der Regel, Melodien sind außer in J nur in wenigen älteren Streuüberlieferungen belegt. Die klaren Fälle stehen für die Grauzone als Modelle und werden uns zu vorsichtigerer Beurteilung anregen, wo bisher allzu leicht oder wenigstens zu undifferenziert der Begriff der Tonidentität strapaziert worden ist. Dabei soll terminologische Differenzierung und Klarheit keineswegs Selbstzweck sein, sondern helfen, ein Raster zu schaffen, das erlaubt, schärfer zu sehen und den vielfältigen Tonbeziehungen historisch möglichst gerecht zu werden. Im Einzelfall werde ich dies versuchen; dort wo die Zusammenhänge bei rein formaler Betrachtung vielleicht nicht abschließend zu klären sind, können wenigstens die in Frage kommenden Möglichkeiten genau angegeben werden.

Was man zunächst möglicherweise für das entscheidende Kriterium einer Systematik halten möchte: den jeweiligen Ausgangspunkt des Tonverwenders, das ist allenfalls eines der denkbaren Teilergebnisse, und es kann nur ein Teilziel sein, weil die chronologisch, sozial und möglicherweise regional gestreute Motivation erst recht als Einteilungsschema nicht taugt. Am Beispiel erläutert: Der Benutzer eines gängigen Tonschemas im 13. Jahrhundert glaubt sich vielleicht ausreichend vom Tonerfinder abgesetzt zu haben, wenn er einzelne

Reime einfügt oder wegläßt. Ein Meistersinger des 17. Jahrhunderts glaubt sich bei Gebrauch eines mehrmals veränderten und dann nochmals entstellten Tons, der irgendwann einem Sangspruchdichter zugeschrieben worden ist, im Nachvollzug des Originals.

Darum ist Abgrenzung zwischen Tonvariante und Tonderivation im historischen Erscheinungsbild also durchaus unscharf. Methodisch ist die Scheidung aber hinreichend klar. Derivation ist dann anzusetzen, wenn Strophenschema und Tonname abweichen, doch das Strophenschema so nah verwandt ist, daß der gefundene Ausgangston im ganzen Vorbild und eindeutig einziges Vorbild ist. Ein weiteres wesentliches Kriterium ist die Unterscheidung der Töne in einheitlichem Rezeptionszusammenhang.[1] Die Melodieverwendung, soweit sich darüber überhaupt Aussagen machen lassen, fällt in den Bereich des Problemfelds.[2]

Auch Tonfamilien spiegeln nichts anderes als verschieden ausgestaltete polygenetische Derivationen. Sie sind in Schnittpunkten besonders gern gebrauchter Bauformen, Einzelelemente und Tonteile angesiedelt und werden daher vor allem auch methodisch zum Sonderfall, weil die Abhängigkeiten besonders schwer zu entschlüsseln sind.

Das Kapitel ist in zeitlicher Schichtung angelegt. Schon der erste Unterpunkt wird deutlich machen, daß in die Masse der disparaten Fälle so doch auch eine gewisse inhaltliche Ordnung kommt. Diese wird verstärkt, indem junge Reflexe auf einen älteren Ton von zeitgenössischen jeweils getrennt werden. Nicht immer ist die Einordnung in einen bestimmten Abschnitt absolut sicher. Dies geht aus der Einzeldiskussion jeweils hervor, wird aber nicht ausdrücklich im Hinblick auf die Inserierung problematisiert.

---

1 Vgl. auch Definition und Beispiele in Kapitel I,4.
2 In den folgenden Einzeluntersuchungen sind alle Fälle zu diskutieren, die in das Problemfeld gehören. Nicht immer lassen sich abschließende Ergebnisse erzielen, so daß in einzelnen Fällen nicht mit Sicherheit von einer Derivation gesprochen werden kann, in einigen anderen die Diskussion ausdrücklich verneinend endet.

1. Tongleichungen im Zeitraum vor Abschluß der großen Sammelhandschriften des 13. und 14. Jahrhunderts

Wie schon Brunner[3] und dann Kornrumpf/Wachinger[4] gezeigt haben, gibt es im 13. Jahrhundert in mehreren Fällen Tonschemagleichungen zwischen verschiedenen Dichtern, die nicht durch Zufall erklärt werden können. Die Beurteilung der Erscheinung ist höchst unterschiedlich, je nach dem Kontext, in dem sie steht. Die Liste bei Kornrumpf/Wachinger kann nur um die am Schluß genannte Beziehung bereichert werden, wird aber hier wegen der Bedeutung in Kurzform unter Verwendung der in dieser Arbeit gebrauchten Tonnamen wiederholt.[5]

> Stolle, Alment – Bligger von Steinach, Ton – Boppe, Ton IV – Hardegger, Ton I –
> Marner, Ton XII – Tugendhafter Schreiber, Ton XII – von Wengen, Ton I
> Rumelant, Ton I, im Corpus Walthers von der Vogelweide
> Frauenlob, Grüner Ton – Boppe, Ton VI
> Friedrich von Sonnenburg, Ton IV, im Corpus Konrads von Würzburg
> Walther von der Vogelweide, Hofweise – Schulmeister von Esslingen, Ton II
> Walther von der Vogelweide, Gespaltene Weise – Schulmeister von Esslingen,
> Ton IV – Ulrich von Singenberg, Ton XX
> Bruder Wernher, Ton IX – Wernher von Teufen, Ton V
> Reinmar von Zweter, Frau-Ehren-Ton – Alter Meißner, Ton I
> Klingsor, Schwarzer Ton – Boppe, Ton V
> Hardegger, Ton III – Von Wengen, Ton III
> Reinmar von Brennenberg, Ton IV – Schulmeister von Esslingen, Ton III - Von
> Wengen, Ton II
> Kelin, Ton III – Marner, Ton XIII
> Marner, Langer Ton – Schulmeister von Esslingen, Ton V
> Gast, Ton – Boppe, Ton VII
> Meißner, Ton I – Boppe, Ton III
> Rumelant von Schwaben, Ton – Albrecht von Haigerloch, Ton
> Süßkind von Trimberg, Ton VI – *Wernher von Hohenberg, Ton I*
> Konrad von Würzburg, Hofton – Alter Meißner, Ton II – *Eberhard von Sax, Ton*
> Hermann Damen, Ton II – Reinmar der Fiedler, Ton II

---

[3] Brunner <II>, Tabelle S. 176-185.
[4] Kornrumpf/Wachinger, S. 362-364.
[5] Nach Kornrumpf/Wachinger, S. 362-364; dort genaue Angaben zu den einzelnen betroffenen Tönen. Liedtöne sind, wo es Übergänge von Spruch zu Lied gibt, aufgenommen und durch Schrägdruck gekennzeichnet. – Bei der zusätzlich aufgenommenen Gleichung handelt es sich um keinen von ihnen übersehenen Fall, sondern um eine Beziehung C – J, während es Kornrumpf/Wachinger ausschließlich um Beziehungen innerhalb von C geht. Mehr als die aufgeführten Fälle gibt es in der älteren Sangspruchdichtung, so weit ich sehe, nicht.

Die bei Kornrumpf/Wachinger aufgelisteten Fälle sind nicht einheitlich zu beurteilen. Sie umfassen z.B. Parodie oder Polemik im Ton eines anderen und sind dann nicht anders zu bewerten als dieselbe Erscheinung, wenn sie innerhalb eines Corpus zu finden und entweder gar nicht oder durch Beischrift entsprechend gekennzeichnet ist.[6] In solchen Fällen besteht keinerlei Zweifel an der Funktion der Tonübernahme, und auch die mit der Strophenform übernommene Melodie kann wohl nicht strittig sein. Sonderbedingungen gelten indes erst recht, wo man Strophen im Ton eines anderen dem angegebenen Autor überhaupt abspricht und dem Tonerfinder zuschlägt. Dies ist bei der ersten abgesetzten Gruppe von drei Tönen der Fall. Was darüber hinaus übrigbleibt, zweifellos die Mehrzahl der Fälle, bleibt unentschieden hinsichtlich der Melodieverwendung, und zwar unabhängig von der Tatsache, ob das Tonschema exakt kopiert oder leicht variiert ist. Denn *J* bringt keine Entscheidungshilfen hierfür und *C*, wo sich zumindest jeweils einer der beteiligten Töne findet, kennt in der Regel keine Tonnamen und gibt keine Melodien bei, so daß diese Fälle in unserem Beurteilungsrahmen unentscheidbar bleiben. Was darüber zu sagen ist, ist im 'Alment'-Aufsatz von Kornrumpf/Wachinger zusammengestellt. Die Alment Stolles ist, wie man sieht, der weitaus am häufigsten betroffene Ton.

2. Derivationen im Zeitraum vor Abschluß der großen Sammelhandschriften des 13. und 14. Jahrhunderts

Spervogel, Ton

6	6	4	4	4_3'		4_3'
a	a	b	b	x	c_5	x c

Junger Spervogel, Ton I

4	3	3		4	4	4_3'		4_3'
a	b	c		d	d	x	e	x e_{10}
a	b_5	c						

Der ältere Spervogel-Ton ist nicht stollig, wurde »durch Erweiterung der zwei einleitenden Sechsheber zu zwei dreizeiligen Stollen (4a 3b 3c) den Stilgesetzen des 13. Jh.s gemäß zur Kanzone verän-

---

6   Z.B. in *C*, im Corpus von Frauenlobs Langem Ton, mehrfach *regenbogen* (¹Frau/2/55-60).

dert.«[7] Der Rest blieb – nunmehr als Abgesang – exakt erhalten. Die Verbindung, auf die schon Scherer aufmerksam gemacht hat,[8] geht aber über das Tonschema hinaus. In der Melodiefassung von *k*, Runge Nr. 104, erkennt man noch deutlich die eindrucksvolle absteigende »jonische« Melodielinie von *J*, 29[r].

Damen, Hermann, Ton II / Reinmar der Fiedler, Ton II

```
°4'  °4        4  4'  4
a    b         c₅ x   c
a    b
```

Regenbogen, Kurzer Ton (Grundweise)

```
4'  4         4  4'  4
a   b         c₅ a   c
a   b
```

Neben einigen anonymen Tönen sind dies die drei kürzesten Spruchtöne überhaupt, wobei der Regenbogen zugeschriebene durch echte Strophen nicht belegt ist, sondern erst durch das Zeugnis Heinrichs von Mügeln.[9] Melodisch belegt sind Damens Ton in *J*, 117[v], und der Regenbogens in *k*, Runge Nr. 61; die beiden Weisen haben offenbar nichts miteinander zu tun. Die zwei anderen Töne stimmen bis in die Auftaktregelung überein. Wohl gibt es in *C* häufig Töne dieses Typs im Minnesang. Da aber in der Sangspruchdichtung so kurze Töne sonst fehlen, kann die Übereinstimmung nicht zufällig sein. Nach der geläufigen Chronologie sollte Reinmar der Fiedler der erste Benutzer der Strophenform sein. Die Gleichung bestätigt sich darüber hinaus jedoch auch durch Inhalte. Die beiden Spruchstrophen ¹Damen/1/6 und ¹ReiFi/2/1 sind durch Thema und Strophenanapher aufeinander bezogen.[10] Die fehlende Melodieüberlieferung

---

7 Wachinger in VL², Bd. 4, Sp. 910.

8 Scherer, S. 18. Er behandelt auch die Übereinstimmungen zwischen anderen Spruchtönen des Jungen Spervogel. Nah verwandte Töne eines Tonerfinders werden im folgenden in der Regel nicht verglichen. Solche »Selbstderivationen« spielen aber bei vielen Tonautoren eine wesentliche Rolle; in ganz großem Umfang z.B. bei Bruder Wernher und beim Meißner, aber auch bei Walther von der Vogelweide, Litschauer, Süßkind von Trimberg, Zilies von Sayn u.a. Auf einige Beispiele, die sich beliebig vermehren lassen, werden wir noch zu sprechen kommen.

9 In seiner 'Ungarnchronik' stehen 3 Str. *in nota mensurata Regunspogin rethoris que Paratwyse dicitur* (¹HeiMü/410). Domanovszky, S. 259. In *k* heißt er Grundweise, in *h, p, q* und im Jüngeren Meistergesang Kurzer Ton.

10 Die Initien beginnen mit *manich* bzw. *maneger*, beide Strophen thematisieren den geizigen Reichen. Daß formalen Gleichungen oder Ähnlichkeiten wie hier und

zum Ton Reinmars des Fiedlers macht es unmöglich zu entscheiden, ob eine einfache Tonübernahme vorliegt.

Regenbogen wird seinen Kurzen Ton nicht ohne Kenntnis dieses Reimschemas erfunden haben. Die ursprüngliche inhaltliche Prägung kennen wir nicht mehr.

Rudinger, Ton

7	7		7	7	7
a	b	c_5	c	c	
a	b				

Robin, Ton

3'	3	3'	3		3'	3	3'	3	3'	3
a	b	a	c		e	f_{10}	e	f	e	f
d_5	b	d	c							

Kelin, Ton I

4	3'	4	3		4	3'	4	3'	4	3'
a	b	a	c		e	f_{10}	e	f	e	f
d_5	b	d	c							

Das »Festtagsslied«[11] [1]Rud/1-3 mit seinen nicht streng zäsurierten Langzeilen ist in seinem liedhaften Charakter auf eine wenig ausgeprägte Strophenstruktur angelegt. Die Melodie ist in J, 28[v], in die leeren Notensysteme nicht eingetragen. Engste Verbindung mit diesem Ton zeigt die Strophenform des unmittelbar voranstehenden Robin.[12] Hier treten die Langzeilen als zäsurgereimte Nibelungenzeilen auf, die ein mit Rudingers Ton identisches Endreimgefüge zeigen. Die Melodie in J, 28[rv], ist eine Kanzone mit 3. Stollen.[13] Die Anordnung in J ist wohl kein Zufall, doch wird der Redaktor nicht mehr als diese formale Verbindung im Auge gehabt haben. Inhaltliche Beziehungen entfallen. Kelins Ton unterscheidet sich durch abweichende Kadenz in der Zäsur und teilweise am Ende, weist jedoch ein Reimgefüge exakt wie Robin auf, die Melodie kennt ebenfalls einen 3. Stollen.[14] Auch hier gibt es jedoch weder zum einen noch zum anderen Ton inhaltliche Verbindungen.

Nachbarschaft und formale Nähe wecken Erinnerung an die auffällige Überschrift *Rubin von* bzw. *vnd Rüdegêr* in C. Doch läßt der

---

in einigen folgenden Beispielen thematische entsprechen, ist bislang nicht bemerkt worden.

[11] »... bezieht sich wohl auf Mariae Verkündigung ...«. Wachinger in VL², Bd. 8, Sp. 297.

[12] Bei Touber <I> nicht erwähnt.

[13] Melodiestruktur bei Pickerodt-Uthleb, S. 437.

[14] Melodiestruktur bei Pickerodt-Uthleb, S. 428.

Überlieferungsbefund keine abschließende Stellungnahme zum Verhältnis der Namen und Personen zu.[15]

Kelin, Ton II

5'	6'	4_3		4_3'		5'	6' 4_3'
a	a	x	b	x	d	e	e x d_{10}
c	c_5	x	b				

Frauenlob, Vergessener Ton

5'	5'	4	3'		4	4	3'		6	6	4	3'
a	a	x	b		e	e_{10}	f		g	g	d	f_{15}
c_5	c	d	b									

Die Ähnlichkeit dieser beiden Töne ist deutlich erkennbar. Kelins Ton II ist im metrischen Bau etwas variabler durch den Reim 5' auf 6' in den drei Stollen, während der Vergessene Ton eine seltene Stollendifferenzierung im Reim bietet. Außerdem umgeht der Frauenlob-Ton den 3. Stollen in der Metrik knapp. Schließlich sind die Stegpartien durch eine zusätzliche Zeile so deutlich geschieden, daß es sich nicht um eine aus einer Variante herausgewachsene Derivation handeln kann. Die Melodie zum Vergessenen Ton, erst spät in *k*, Runge Nr. 31, überliefert, zeigt sich als Kanzone mit anfangsdifferenziertem 3. Stollen,[16] die Melodie zu Kelin II in *J* wiederholt den 3. Stollen beinahe wörtlich. Die Ähnlichkeit beschränkt sich allerdings auf die Struktur, die Melodieverläufe haben nichts miteinander zu tun. Eine Zufallsgleichung beim Tonschema kann man ausschließen, weil ähnliche Stollen sonst nicht vorkommen. So bleibt die Frage nach Richtung und eventuellen Konsequenzen des Zusammenhangs. Nach gewohnten Vorstellungen über die Chronologie[17] müßte Kelin der Gebende sein. Dazu würde Inhaltliches passen: Ton II Kelins beschäftigt sich mit Gernden-Thematik, die Frauenlob eher fernliegt. Gerade im Vergessenen Ton jedoch finden sich Strophen, die sich mit dem Verhältnis von *wirt* und *gast* beschäftigen ([1]Frau/7/100-Str. 2 und 3; GA X,8 und 9). In beiden Tönen wird ferner die Rolle des Sängers thematisiert ([1]Kel/2/2 und [1]Frau/7/102-Str. 4 und 5). Die Zusammenhänge scheinen evident und zwingen in Kombination mit

---

[15] Wachinger in VL², Bd. 8, Sp. 297f, handelt den Autor aus *J* unter 'Rubin und Rüdeger' ab. Er weist auf die Tonähnlichkeit hin, gibt aber ebenfalls keine abschließende Stellungnahme. Die hier gewählten Namensformen entsprechen dem RSM. Zu einer möglichen Übereinstimmung mit dem Rubin aus *C* vgl. Kornrumpf in VL², Bd. 8, Sp. 293-296.

[16] Übersicht über die Melodiestruktur bei Brunner <II>, S. 279. Die Spätfassungen in Mel.*i*/Mel.*x* wiederholen den 3. Stollen wörtlich.

[17] Zur Datierung vgl. zuletzt Lomnitzer in VL², Bd. 4, Sp. 1105.

dem ungewöhnlichen formalen Befund – nie sonst gebraucht Frauenlob Tonschemata, die an bereits vorhandene anklingen, und nie sonst gebraucht er solche, die an die Form mit 3. Stollen auch nur erinnern lassen – dazu, hier eine bisher nicht erkannte Beziehung zwischen diesen beiden Sangspruchdichtern zu konstatieren. Kelin hat wohl deutlich vor Frauenlob gedichtet, sie könnten sich aber durchaus noch begegnet sein.[18]

Litschauer, Ton I

5'	4	4	5'		5'	4	4	4	7'
a	b	b	c		e	f_{10}	f	f	e
a_5	d	d	c						

Litschauer, Ton II

1_5	4	3	4		8	6	4	3	4
g a	b	b	c		e	e_{10}	f	f	g
a_5	d	d	c						

Boppe, Ton VIII

4	3	2	3		3	4'	4'	3	2
a	b	b	c		c	e_{10}	e	f	f
a_5	d	d	c						

Die auffällige Reimstellung a b b c der Stollen kommt im ganzen untersuchten Material nur viermal vor. Außer den dargestellten Tönen eignet sie nur noch dem Ton Schonsbekels. Die beiden Töne Litschauers sind seine einzigen, der besondere Reim kann gewissermaßen als sein »Markenzeichen« gelten. Sie kommen dadurch noch enger zusammen, daß auch die Reimzahl des Abgesangs übereinstimmt.[19] Im Abgesang bietet Ton I im Reimschema wenig Originelles, während Ton II den fünften Reim auf den Anreim binden läßt. Wie eine andere Lösung des gleichen Problems wirkt Boppe, Ton VIII: hier wird auf den Stollenschluß zurückgegriffen, um die erste Abgesangszeile zu reimen. Litschauers Ton II ist in *J* auf uns gekommen, sein Ton I in *C*. Dort geht unmittelbar das Boppe-Corpus voraus, dessen Abschluß Ton VIII mit einer Einzelstrophe bildet. Dies ist sicher kein Zufall; doch bieten sich zwei Erklärungen an. Entweder der Litschauer und Boppe stehen in einer engeren, bisher unbekannten Beziehung, oder es liegt ein Überlieferungsfehler vor.

Das Boppe-Corpus enthält neben dem Langen Ton und Ton VIII ausschließlich Töne, die auch anderswo vorkommen, die Strophen im

---

[18] Einen Hinweis auf eine Beziehung gibt auch die Einreihung von Kelin-Strophen unter Frauenlobs Namen (als Hundweise) in *k*.

[19] Kornrumpf in VL[2], Bd. 5, Sp. 851f.

Grünen Ton spricht man sogar dem Tonerfinder Frauenlob zu. So mag man denn vielleicht erwägen, ob nicht die Endstellung im Boppe-Oeuvre eine Fehldeutung der Vorlage oder eine defekte Vorlage voraussetzt. Wenn Boppe und der Litschauer auch dort schon nacheinander standen und der Beginn des letzteren Corpus wegen eines mechanischen Defekts nicht mehr gekennzeichnet war, erklärt das auch, warum nur eine Strophe dieses Tons auf uns gekommen ist. Mit hoher Wahrscheinlichkeit gehört Boppes Ton VIII dem Litschauer.

Fegfeuer, Ton I

4	8	7'		9'	7'	8	7
a	a	b		d	d	e	e_{10}
c	c_5	b					

Höllefeuer, Ton

4	8	7'		9'	9'	8	9
a	a	b		d	d	e	e_{10}
c	c_5	b					

Die beiden Töne der namensverwandten Dichter weichen nur geringfügig voneinander ab: es sind lediglich die Längen der zweiten und vierten Abgesangszeile unterschiedlich. Brunner,[20] der erstmals auf die Beinahegleichung aufmerksam gemacht hat, enthält sich einer Bewertung und vor allem eines Vorschlages zur relativen Chronologie, die wohl auch kaum zu leisten ist. Sie braucht hier auch nicht versuchsweise gelöst zu werden, weil die grundsätzliche Bedeutung unabhängig davon zutage tritt. Diese liegt in der Tatsache, daß für beide Töne unterschiedliche Melodien – wenn auch in verschiedenen Handschriften[21] – vorliegen, obwohl das Tonschema beinahe »wörtlich« von einem der beiden übernommen ist. Daneben macht dieser durch eine genügend große Zahl von Strophen abgesicherte Fall klar, daß unter Umständen im 13. Jahrhundert auch eine geringe metrische Variation bei Tonübernahme bewußt eingesetzt wird und nicht notwendig auf Fehler der Handschrift zurückgeht. Ebenso wichtig ist,

---

[20] Brunner in MGG, Bd. 16, Sp. 709f. Vgl. Lomnitzer in VL², Bd. 4, Sp. 108f. Zu Fegfeuer Gerdes in VL², Bd. 2, Sp. 714f.

[21] Zu Höllefeuer in J, 30ʳᵛ (R. Taylor <II>, Bd. 1, S. 28f) und zu Fegfeuer in Basel N I 3/145, 3ᵛ-4ʳ (R. Taylor <II>, Bd. 1, S. 14f). Fegfeuers Melodie fehlt in J wegen einer mechanischen Lücke. Strophen im Ton I sind jedoch vorhanden. Selbst wenn J diese Strophen nicht Fegfeuer zuweisen wollte – der Dichtername fehlt in diesem Fall wegen des Defekts –, so doch keinesfalls Höllefeuer, der an anderer Stelle steht.

daß die Übernahme des Tonschemas offensichtlich nicht zwingend
eine Übernahme der Melodie bedingt.

Rumelant, Ton V

4	6	5'		4	5'	4	5'		4	6	5'
a	a	b		d	e	d	e_{10}		f	f	e
c	c_5	b									

Sigeher, Ton III

4	6	5'		6	3'	6	3'		6	6	5'
a	a	b		d	e	d	e_{10}		f	f	e
c	c_5	b									

Die Reimschemata der beiden Töne sind völlig identisch. Die Stollen
sind metrisch strukturgleich, der Steg ist gleich in der Gesamtlänge,
allerdings sitzen die Reime an verschiedenen Stellen der 9'-Einheiten
(4+5' bzw. 6+3'). Der Ton Sigehers verfügt über keinen metrischen 3.
Stollen, sondern variiert die Stollenstruktur. Da Sigehers Ton in C,
Rumelants Ton in C und J bezeugt ist, kennen wir nur für letzteren
eine Melodie (J, 55^r). Sie vermeidet den 3. Stollen ebenfalls durch
Variation der Stollenmelodie. Die Melodie enttäuscht auch die
Erwartung, es handle sich um einen repetierten Steg: nur die Zeilen
9/10 bringen neues Melodiematerial, 7/8 greift nochmals auf die
Stollenmelodie zurück.[22] Beide Töne stimmen damit jedenfalls auch
in der Vermeidung eines 3. Stollens überein, bei Tönen des 13. Jahrhunderts begegnet dies häufig, allerdings nicht bei ihrem unmittelbaren Vorbild, dem Schwarzen Ton des 'Wartburgkrieges' (Schema
S. 159), dessen Stollenstruktur sie exakt kopieren, ohne daß sich
weitere Bezugspunkte ergäben. Den 3. Stollen meiden auch keineswegs alle anderen Töne Rumelants. Sigeher und Rumelant dichten
etwa gleichzeitig – 2. Hälfte 13. Jahrhundert –, in C stehen die
Corpora nahe beieinander, getrennt nur durch Meister Alexander,
doch sonst fehlen offenbar engere Beziehungen.

Frauenlob, Langer Ton
(Schema S. 110)

Junger Meißner, Ton I

6	2	3'	3'	4_3'	4_3'		4	4	2	2	4	4_3'
a	a	b	b	x b_5	x c		f	f	f_{15}	f	f	x c
d	d	e	e_{10}	x e	x c							

---

[22] Vgl. Pickerodt-Uthleb, S. 455.

Der Ton des Jungen Meißners unterscheidet sich dadurch von dem Frauenlobs, daß er eine vierhebige Zeile im Abgesang weniger hat. Die sonstige vollkommene Übereinstimmung erstreckt sich auch auf die Melodie,[23] aus der hervorgeht, daß es Z. 17 des Frauenlob-Tons ist, die fehlt. In Frage steht zunächst einmal die Entlehnungsrichtung, über die sich entgegen Objartel[24] auch Brunner nicht explizit äußert.[25] Einer selbstverständlichen Autorschaft Frauenlobs steht vor allem die frühe Bezeugung des Meißner-Tons in *B* entgegen. Inhaltliche Kriterien zur Datierung seines Tons fehlen. Frauenlobs Langer Ton, zwar erst in *C* bezeugt, ist doch durch GA V,81 ([1]Frau/2/109a-Str. 7), einer Totenklage auf König Rudolf (gestorben 1291) und Heinrich IV. von Breslau (gestorben 1290), für 1291 gesichert. Beizupflichten ist zunächst einmal Peperkorn: »Einiges spricht jedoch für Frauenlob als den ursprünglichen Tonerfinder: Der in der Verteilung von Kurz- und Langzeilen sowie in der Reimhäufung des Abgesangs recht anspruchsvolle Ton paßt gut in das reichhaltige Repertoire dieses Dichters ...«[26] Dem kann man Argumente hinzufügen: Frauenlob ist als Tonerfinder insgesamt produktiv und äußerst kreativ. Obgleich auch noch spät benutzt, dürfte der Lange Ton schon früh Frauenlobs Hauptton gewesen sein und dann nach dem wenigen, was wir wissen, doch wohl vor dem Oeuvre des Jungen Meißners existiert haben. Besonders wichtig aber erscheint mir: im Langen Ton ist die überwiegende Zahl der Fürstenpreisstrophen Frauenlobs verfaßt. Für solche Texte wurden gelegentlich Töne extra erfunden. Dagegen wäre es auffällig, sollte der formal höchst kreative Frauenlob solche Lobstrophen im nur oberflächlich maskierten Ton eines anderen abgefaßt haben. Es ist bezeichnend, daß die einzige Preisstrophe des Jungen Meißners (Peperkorn II, 1; [1]JungMei/2/1)[27] im nur ihm gehörigen Ton II abgefaßt ist.

Einen nur leicht veränderten Ton von einem Dichterkollegen zu übernehmen, scheint nicht ehrenrührig gewesen zu sein. Den vorliegenden Fall scheidet vom Gros der Fälle, daß der Weiterverwender nicht anonym bleibt und den Ton offenbar zu seinem eigenen

---

[23] Brunner <II>, S. 262 u. 278. Kornrumpf/Wachinger halten für unwahrscheinlich, »daß die spätüberlieferten sehr ähnlichen Melodien ursprünglich etwas stärker differierten« (S. 388).

[24] VL², Bd. 4, Sp. 910.

[25] Er scheint sie jedoch ähnlich wie Kornrumpf/Wachinger als selbstverständlich vorauszusetzen.

[26] Peperkorn, S. 9. Weniger überzeugend ist das Argument, eine Verkürzung des Abgesangs sei als »Vereinfachung« zu werten.

[27] Vgl. dazu Peperkorn, S. 145f.

Hauptton gemacht hat. Diese Besonderheit hat bewirkt, daß es noch spät zum Nebeneinander der Töne in *k* kommt, und dies trotz der Ähnlichkeit der Melodien.

Regenbogen, Langer Ton

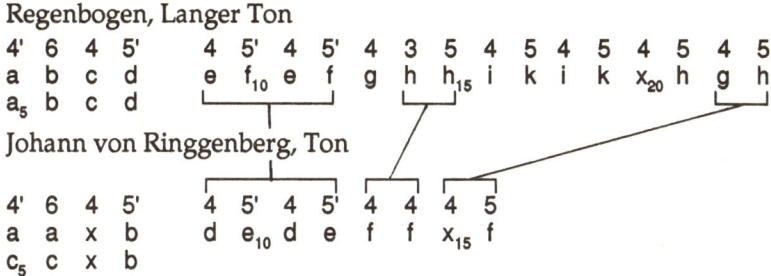

Die metrische Konstellation des Aufgesangs kennen ausschließlich diese beiden Töne. Solche Teilübereinstimmungen behandle ich im folgenden Kapitel, doch hier geht die Ähnlichkeit weiter. Der Abgesang ist offensichtlich eine vereinfachte Variante des Regenbogen-Tonschemas: aus ihm ist das Zeilenquartett zu Beginn des Abgesangs übernommen; auch die beiden Schlußzeilen entsprechen dem Schluß bei Regenbogen. Ohne zu wissen, ob die Melodie mitübernommen ist, scheint es sinnlos, die beiden vorhergehenden Zeilen exakt zuzuordnen, doch ist jedenfalls auch der Paarreim durch die Zeilen 14/15 abgesichert.

Der Dichter ist wahrscheinlich identisch »mit dem zwischen 1291 und 1350 urkundlich gut bezeugten Freiherrn Johannes I. von Ringgenberg« »im Berner Oberland«, dessen Sprüche Grubmüller[28] so charakterisiert: »J. beherrscht die literarischen Konventionen und setzt die traditionellen Stilmittel und Aussageformen mit sicherer Genauigkeit ein, ohne freilich eigenes Profil gewinnen zu können.« Diese Aussage trifft auch genau die formale Ebene der Sprüche; vielleicht wird man bei Dichtern wie Johann sagen müssen, »ohne eigenes Profil gewinnen zu wollen«.

Die Datierung Johanns paßt zur Schaffenszeit Regenbogens und läßt die Übernahme des Langen Tons gut möglich erscheinen. Wir haben zwar in dessen Ton keine einzige echte Strophe, doch gibt es ausreichend indirekte Beweise für die Authentizität (vgl. V. Kapitel), die durch diese Konstellation zusätzlich gestützt werden.

---

[28] In VL², Bd. 4, Sp. 722.

3. Derivationen 13. Jahrhundert/ Jüngere Zeit

Gottfried von Neifen, KLD 15,XX/ Mönch von Salzburg, Hofton

2'	3	3'	3	3'	3'	3		2'	3		2'	3	3'	3	3'	3'	3
a	b	a	b	a	a	c		d	e		d	e	d	e	d	d	e
a	b	a	b	a	a	c											

Das geistliche Lied G 20 ([1]Mönch/2/1) des Mönchs von Salzburg ist eine Kontrafaktur zu Gottfried von Neifen XX.[29] Die Form ist auf das Genaueste nachgeahmt. Die Eingangszeile von Stollen und Steg, die hier im Sinn der Tradition als zweihebig notiert ist, ist bei Neifen wie beim Mönch als auftaktloser Dreiheber mit einleitender beschwerter Hebung zu lesen. Eine solche Kontrafizierung führt normalerweise nicht in den hier beschriebenen Vorgang der Tonübernahme hinein; doch geht der Mönch selbst schon diesen Weg mit G 38 ([1]Mönch/2/2), einem zweiten geistlichen Lied, das aber keine Textbezüge mehr herstellt. Auch der Hebungsprall am Strophenbeginn ist – bedingt durch die Wortwahl – nicht mehr so ausgeprägt zu spüren wie beim ersten Lied. Wachinger[30] geht davon aus, daß er die Melodie mit übernommen hat. Das ist wahrscheinlich, weil es dem normalen Vorgang des Kontrafizierens adäquat ist, und wir hätten damit nicht eigentlich eine Derivation, sondern eine Tonbenutzung mit Umbenennung zu konstatieren. Nicht gänzlich auszuschließen ist jedoch auch die Möglichkeit, daß der Mönch von Salzburg sich verhielt wie Oswald von Wolkenstein in vergleichbaren Fällen und neu komponierte. Der Ton gelangt über die passive Rezeption in *k* nicht hinaus. Zwar wird die Melodie sogar als Entlehnung aus *k* in Nürnberg abgeschrieben, auch dort entsteht aber kein neuer Text.[31]

Reinmar von Zweter, Frau-Ehren-Ton/ Klingsor, Nachtweise

Die Nachtweise hat exakt die metrische Form des Frau-Ehren-Tons in seiner jüngsten Gestalt (vgl. Schema S. 87). Der älteste Text stammt vom 3. November 1576 ([2]Hozm/15), der Ton wurde nur selten verwendet (sieben Belege verschiedener Autoren). Die Melodie ist nicht vom Frau-Ehren-Ton abhängig. Offenbar handelt es sich hier um eine Neukomposition, deren Zweck es war, das spärliche Toncorpus unter Klingsors Namen zu vermehren.[32]

---

[29] Kornrumpf in Rezension zu Röll <II>, S. 17.

[30] Wachinger <VIII>, S. 127 Anm. 11.

[31] Brunner <II>, S. 116.

[32] Zu Unterschiebungen vgl. man die Ausführungen zu den einzelnen Autoren im V. Kapitel.

Klingsor, Schwarzer Ton/ Widemann, Verschwiegener Ton

```
4   6   5'        4_3'    4   6   5'
a   a   b        x d     e   e   d₁₀
c   c₅  b
```

Frauenlob, Ankelweise   (6)

```
4   6   5'        4       4   4   5'
a   a   b         d       d   d   e₁₀
c   c₅  b
```

Klingsor ist eine Dichterfiktion des 'Wartburgkrieges'. Sein Name wird als Autorname des von ihm gebrauchten Tons verstanden; der Ton erhält einen Namen, der Klingsors Nigromantie zugeordnet ist. Das 'Ur-Rätselspiel' ist auf vor 1239 anzusetzen.[33] Es verwundert nicht, daß sein Ton, durch so viele Strophen eingeübt, wirkmächtig blieb. Die Stollenstruktur vor allem ist später mehrmals gebraucht worden (vgl. S. 250). Frauenlobs Ankelweise kommt dem Muster deswegen besonders nahe, weil dieser Ton den 3. Stollen beinahe – in einer Variante sogar gänzlich – durchführt.[34] Nur durch den kürzeren Steg und dessen andere Reimanbindung unterscheidet er sich deutlich. Albrecht Widemanns Verschwiegener Ton aus dem 17. Jahrhundert dagegen entspricht dem Schema exakt. Er hat es kopiert und lediglich – so müssen wir annehmen – mit einer neuen Melodie versehen. Bei seinen Zeitgenossen hat er damit offenbar wenig Anklang gefunden, denn außer ihm selbst (²WideA/15) hat nur Ambrosius Metzger (²Met/732) ein einziges Lied diesem Ton zugewiesen.

---

[33] Wachinger <II>, S. 87.

[34] Der Schwarze Ton selbst ist – soweit ich sehe – der älteste Ton, bei dem sich der voll durchgeführte 3. Stollen metrisch und musikalisch nachweisen läßt. Ein »ungewöhnlich frühes Beispiel für den dritten Stollen« nach brieflicher Mitteilung Brunners in Wachinger <II>, S. 87 Anm. 64.

Konrad von Würzburg, Aspiston

4	3'	4'	3	4	4		3'°1' °3		4	3'	4'	3	4	4
a	b	b	c	c_5	d		e e f		f_{15}	g	g	f	f	f_{20}
a	b	b	c_{10}	c	d									

Liebe von Giengen, Rad-/Jahrweise

Form 1

4	3'	3'	3	4	3		4	3'		4	3'	3'	3	4	3_{20}
a	b	b	c	d_5	e		g	h		g_{15}	h	h	i	i	e
a	f	f	c_{10}	d	e										

Form 2

4	3'	3'	3	4	3		4	3'		4	3'	3'	3	4	3_{20}
a	b	b	c	d_5	c		f	g		f_{15}	g	g	h	x	h
a	e	e	c_{10}	d	c										

Frauenlob, Jahrweise

4	3'	3'	3	4	3		5'	5'	3'	3	4	3
a	b	b	c	d_5	c		g	g	g_{15}	h	d	h
a	e	e	f_{10}	d	f							

Liebe von Giengen hat, ganz offensichtlich ausgehend vom Aspiston, einen neuen Ton »gebastelt«, der als Jahr- oder Radweise in die Meistersingertradition eingegangen ist. Liebe hat für seinen Ton den Schlagreim ausgelassen, den nun vereinsamten Reim auf eine andere Zeile gereimt und die vier- oder fünfmal auftretenden Reimklänge auf Zweierpaare oder dreifachen Reim reduziert. Auch die Melodien sind ganz nah verwandt. Wohl ist in k (Nr. 70 und 117) die eine dorisch, die andere jonisch notiert, doch besteht eine ausgeprägte Affinität in den Melodieverläufen. Man sieht auch ganz deutlich: der Aspiston ist der Ausgangspunkt für Form 1 der Jahrweise, die damit – wie schon früher vermutet (S. 134f) – sich als die ursprüngliche erweist. Von der variierten Form dagegen leitet sich die bei Puschman (^{2}Pus/59 von 1583) und von einigen Augsburgern[35] benutzte Jahrweise Frauenlobs her. Die Änderung besteht darin, daß die beiden Langzeilenpaare zu Beginn des Abgesangs – Steg und erste Zeile des 3. Stollens – ihren Zäsurreim verlieren und metrisch gekürzt werden. Vorausgegangen ist dem offensichtlich eine musikalische Umstrukturierung der Spätformen der Radweise gegenüber k: während in k der 3. Stollen vollständig repetiert wird, ziehen die Nürnberger Spätfassungen eine Stegrepetition 4 3': ‖ und Teilreprise des Stollen vor (die vier letzten Zeilen).

---

[35] Die Texte sind allesamt nicht oder spät datiert. Im 17. Jahrhundert dann auch vereinzelt Gebrauch durch Nürnberger Meistersinger.

Bei den Melodien belege ich jeden Ton mit seinen wichtigsten Modellen. Der Aspiston ist erstmals in *k*, Runge Nr. 70, belegt. den Jüngeren Meistergesang vertritt die Fassung Mel.*l*, 359^r, die für Mel.*x*, Nr. 112, mit stehen kann. Liebe von Giengen, Jahr-/Radweise ist durch *k*, Runge Nr. 117, einerseits und Mel.*n*, 540^r, andererseits vertreten. Die Aufzeichnungen von Mel.*l*, 40^r, und Mel.*x*, Nr. 140, unterscheiden sich nur unauffällig. Frauenlobs Jahrweise schließlich ist nach Mel.*i*, 238^r, aufgezeichnet. Sie steht auch für Mel.*o*, 138^r, und Mel.*x*, Nr. 62. Die laut Münzer, S. 14 u. 18, abweichenden Fassungen zu den beiden Jahrweisen in Mel.*p* sind verloren.

162

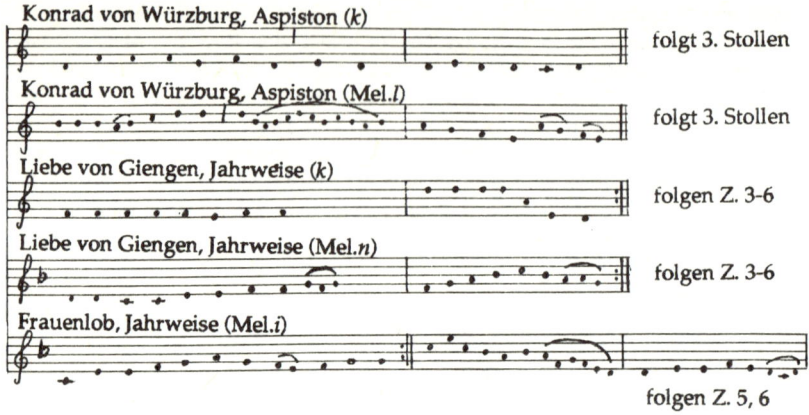

Konrad von Würzburg, Aspiston (*k*)   folgt 3. Stollen

Konrad von Würzburg, Aspiston (Mel.*l*)   folgt 3. Stollen

Liebe von Giengen, Jahrweise (*k*)   folgen Z. 3-6

Liebe von Giengen, Jahrweise (Mel.*n*)   folgen Z. 3-6

Frauenlob, Jahrweise (Mel.*i*)   folgen Z. 5, 6

Brunner hat die starke Diskrepanz von alter und junger Aspis-Melodie konstatiert und weist auf die geringen Übereinstimmungen in Z. 2/8/16 und 4/10/18 hin, »vage Ähnlichkeit« sieht er in 3/9/17.[36] Für meine Fragestellung ist jedoch auch der Zusammenhang der anderen Melodien wichtig. Die Frauenlob unterschobene Jahrweise ist ganz deutlich als Ableitung vom Ton Liebes zu erkennen, wobei sie am deutlichsten mit der Nürnberger Fassung übereinstimmt, jedoch auch gut erkennbar mit der von *k*. Das hängt damit zusammen, daß auch die beiden Fassungen der Jahrweise des Lieben trotz gewisser Differenzen weitgehend übereinstimmen. Auffällig ist, daß aber auch der Aspiston der *k*-Fassung und und die beiden Nürnberger Jahrweise-Melodien deutliche Übereinstimmungen zeigen, stärkere noch als die zwischen den beiden *k*-Melodien. Am meisten verwundert, daß es auch Beziehungen zwischen dem Nürnberger Aspiston und den Fassungen der Jahrweise gibt. Dies ist in Z. 2 besonders ausgeprägt. Will man nicht an bloße Kontaminationen glauben, stützt der Befund den melodischen Zusammenhang aller drei Töne. Daß auf die Kolmarer Aspis-Melodie der Ton Liebes zurückgewirkt hat, ist mir nach Lage des Befundes aber wahrscheinlich. Es ist die beste Erklärung für die davon stark differierende Melodienotierung Watts (Mel.*l*). Die freilich muß in jedem Fall fehlerhaft sein. Sie fordert nämlich insgesamt sechsmal den Tritonussprung f-h vom Sänger. Mindestens er sollte durch b entschärft sein; doch weiß Watt – wie man oben sieht – sonst das b vorzuzeichnen. Mehr Sinn bekommt die Bedeutung der Quart jedoch in einer Melodie des E- oder G-Modus. Bei der ersten Entscheidung werden – nicht nur in Z. 1 – Beziehungen zu 'Aus

---

[36] Brunner <II>, S. 273f.

tiefer Not' unüberhörbar. Aus der Textkonstellation geht hervor, daß
phrygisch auch gemeint ist.[37]

Konrad von Würzburg, Ton 18/ Frauenlob, Spiegelweise/ Sighart, Sanfter Ton

Bei der Zuteilung der Spiegelweise an Frauenlob handelt es sich um
eine bloße Umbenennung (Schema S. 120). Der Zusammenhang mit
Konrad von Würzburg, Ton 18, ist durch den Namen abgesichert: *Ein
löwe einen spiegel kos* beginnt nämlich KonrW/1/4. So gut wie nichts
wissen wir vom Sanften Ton, der uns nur aus *q* bekannt ist. Sicherlich
nicht alt ist der dort vorliegende Text ([1]Sigh/2/1). Sighart ist ein fast
unbekannter Tonautor, dem etwas zu unterschieben, kein Grund
vorlag. So bleibt die Möglichkeit offen, daß er Konrads Ton benutzt
hat.

Meißner, Ton XVII

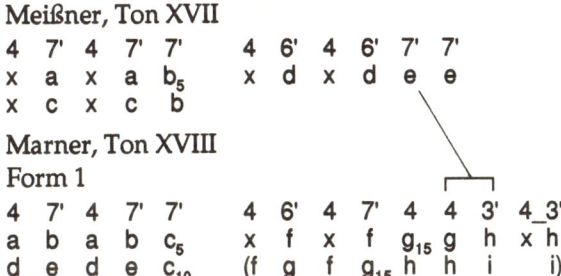

Der Meißner – der hier angesprochene Meißner – ist ausschließlich
in *J* mit einem umfangreichen Oeuvre belegt, zu dem auch 20 eigene
Töne gehören. Bisher gab es außerhalb der Handschrift keine Rezeptionsspuren. Ton XVII – einer der drei strophenreichsten Töne –
erscheint abgewandelt mit drei lateinischen Strophen, von Estas
([1]ZYEstas/1 und 2) und Mersburch ([1]ZYMersb/9), die in der Cantio-
neshandschrift Augsburg UB II 1 2⁰ 10 stehen, allerdings jeweils
eindeutig als Ton Marners gekennzeichnet. An bekannte Marner-
Töne knüpfen sie nicht an, allerdings scheinen sie zum Tonbestand
zu passen. Die Verwandtschaft zu Meißners Ton XVII allerdings ist
so eindeutig, daß daran nicht gezweifelt werden kann, obwohl Unterschiede zu konstatieren sind. Der Ton des Meißners ist auffällig vor
allem durch seine Reimarmut. Denn faßt man die Waisenzeilen als

---

[37] Den Anklang von Z. 1 an 'Aus tiefer Not' nennt Schumann, S. 231. Sie macht
außerdem darauf aufmerksam, daß der unterlegte Text von Wolf Herold
([2]Herol/21) genau jenen Psalm 130 des melodisch anklingenden Liedes
versifiziert.

Zäsuren in »Überlangzeilen« auf, dann bewegen sich die Zeilenlängen zwischen sieben und elf Hebungen. Hier Reime einzufügen, wie es in den Stollen geschieht, ist in diesem Fall nicht mehr als eine Angleichung an die Konvention. Die Str. ¹ZYEstas/2 weitet dieses Verfahren auf den Abgesang aus und ¹ZYEstas/1 hat über das angegebene Schema hinaus auch noch die Zäsuren der Langzeilen des 1. Stollens gereimt. Zu Ende des Abgesangs wird die Diskrepanz größer: die Zeilen des Abgesangsendes sind nicht nur unterteilt, es ist auch ein Vierheber dazugekommen. Wie dieser Unterschied zu interpretieren ist, könnte sich vielleicht aus den Vorlagen der Dichter erklären lassen, wenn wir sie besäßen. Als Gegenargument gegen die Verwandtschaft scheinen sie mir jedoch nicht auszureichen, da die Zusammenhänge in einem wenig besetzten Feld sonst völlig einsichtig sind.

Der Marner ist mehrfach mit lateinischen Strophen im Werk der Cantionesdichter vertreten, während der Meißner außer hier keinerlei Benutzungsspuren über *J* hinaus hinterlassen hat. Deshalb ist die Fehllesung Marner statt Meißner leicht denkbar. Sie ist vermutlich erst auf der jüngsten Stufe der Überlieferung unterlaufen. Die Handschrift Augsburg UB II 1 2⁰ 10, 232ʳ notiert nämlich in der Einleitung ihres Liedfaszikels: *Hic notantur dictamina a diuersis magistris in diuersas melodias magistrorum vulgariter dictantium mensurata scilicet Vrouwenlob Regenbog Marner Popp Roumzlant Meychsner Premwerger*, löst jedoch die Ankündigung einzig bezüglich des Meißners nicht ein.

Boppe, Hofton/ Heinrich von Mügeln, Langer Ton

```
6  6  5'      4  5' 4  5' 4  5' 4  5'      4    3' 4  2  4  3'
a  a  b       d  e  d  e₁₀ f  g  f  g      x₁₅  h  i  i  x  h₂₀
c  c₅ b
```

Römer, Gesangweise

```
6  6  5'      4  5' 4  5' 4  5' 4  5'      4    3' 4  2  4  3'
a  a  b       d  e  d  e₁₀ f  g  f  g      h₁₅  i  h  h  h  i₂₀
c  c₅ b
```

Die Töne von Boppe und Mügeln sind im metrischen Schema völlig gleich, Römers Gesangweise unterscheidet sich allein im Ausbau des Reimschemas am Strophenende. Die dort mitgereimten Langzeilenzäsuren sind auch in den meisten Strophen von Boppe/Mügeln und der Folgetradition ausgebildet, nur nicht gereimt. Trotz der starken Affinität sind die drei Töne – in der Regel ist es auch ihr Textbestand[38] – streng geschieden. *k* kennt Boppes und Mügelns Töne

---

[38] Ausnahmen verzeichnet Roethe, S. 162f. und S. 243 Anm. 301.

nebeneinander, *u* auch Römers Gesangweise. Der nachreformatorische Meistergesang erhält die Dreiheit prinzipiell aufrecht, wenn
auch im Gebrauch Boppes zugunsten Müglings Ton fast völlig zu-
rücktritt.[39] Entscheidende Unterschiede könnten hier ausschließlich
in der Melodie bestehen. Das ist aber nur zum Teil der Fall. Die Paral-
lelnotation der beiden Töne durch Schumann[40] zeigt klar den über-
aus engen Zusammenhang der Stollenmelodien, und zwar noch weit
deutlicher als die Melodieüberlieferungen selbst, weil sie alle Melodien in den f-Modus setzt. Im Abgesang differieren die Melodien der
beiden Töne stärker, zugleich nimmt die Variationsbreite der einzelnen Fassungen zu. Es kommt aber immer wieder zu deutlichen
Konkordanzen, z.B. in Distinktion 9/11 in allen Fassungen von Mügling mit der Fassung *k* von Boppe und gegen Schluß, wo es zu einer
höchst auffälligen Erscheinung kommt: Mel.*p* und Mel.*n* zeigen im
Verlauf der beiden letzten Distinktionen ihrer Fassung des Mügeln-
Tones teilweise notengetreue Übereinstimmung mit der Fassung *J*
des Boppe-Tons. Sie steigen dabei von der Unterquart noch einmal
eine Oktav hinauf zum Rezitationston und fallen dann zur Finalis ab.
k, das ja beide Melodien (hintereinander) überliefert, hat dagegen am
Ende zwei in sich und von dem genannten Modell unterschiedliche
Melodievarianten. Schumann scheint die Zusammengehörigkeit der
beiden Melodien stillschweigend vorauszusetzen, äußert sich aber
nicht sehr deutlich.[41] Die Fassungen von *k* (Boppe) und *k* (Mügeln),
von *k* (Boppe) und *J* (Boppe), von Mel.*n* (Mügeln), Mel.*p* (Mügeln)
und *J* (Boppe) gehören besonders eng zusammen. Die Aufzeichnung
in Wien 2856[42] (Mügeln) ist etwa gleich alt wie *k*. Sie vermittelt – unbeschadet einiger individueller Eigenheiten – zwischen *k* (Mügeln)
und Mel.*n*/Mel.*p* (Mügeln), könnte also möglicherweise dem
gemeinsamen Ausgangspunkt von *k* und den Nürnberger Fassungen
nahestehen. Am Schluß geht die Melodie im Prinzip mit Mel.*n*/Mel.*p*
gegen *k*, wenn sie die Konkordanz zu *J* auch nicht so deutlich zeigt
wie jene. Sehr stark umgeformt ist Mel.*q*/Mel.*x* (Boppe).[43] Sieht man
von der Transposition der Melodien ab, die Mügeln zugeordnet sind,
und die ihre eigene Wirkung gehabt haben mag – teilweise Verschiebung des Rezitationstons –, so bleibt mit großer Sicherheit eine

---

[39] Brunner <II>, S. 118.
[40] Schumann, Notenteil, S. 1.
[41] Schumann spricht von einem »Kontrafakt« (S. 238), ein Ausdruck, der wenig
    über die Art der von ihr gesehenen Zusammenhänge aussagt.
[42] Die 'Mondsee-Wiener Liederhandschrift' (Wien ÖNB Cod. 2856), bei Schumann
    Sigle v.
[43] Brunner <II>, S. 245 und Schumann, S. 238.

Ableitung der Melodien aus gemeinsamer Wurzel. Eine nachträgliche Kontamination ist dagegen nach dem Überlieferungsbefund unwahrscheinlich, insbesondere wegen der übereinstimmenden Züge der spätesten Fassungen von Mügeln mit der Melodie von Boppe in *J*.

Auszugehen ist von zwei wahrscheinlich über längere Zeit getrennten Traditionen, deren eine sich von Boppe unmittelbar herleitet, deren andere den Weg über Heinrich von Mügeln nimmt. Dieser hat das Tonschema verwendet. In der Handschrift Heinrich von Mügeln *g* steht er mit Tonautor- und Tonname, in der 'Ungarnchronik' zweimal: einmal wird Boppe, einmal er selbst als Tonerfinder angegeben. Als *nota mensurata auctoris* wird der Ton beim ersten Auftreten bezeichnet, er steht dort zwischen anderen eigenen Tönen, deren später geläufige Namen an der Stelle ebenfalls nicht genannt werden. *nota curie mensurata Fortis Popponis* heißt das Tonschema beim zweiten Auftreten zwischen anderen fremden Tönen. Von den beiden möglichen Folgerungen, nämlich daß beim ersten Auftreten durch die Formulierungen zuvor eine Fehlangabe induziert wurde und der anderen, daß die Doppelung des Auftretens und die jeweilige Anordnung für ein bewußtes Nebeneinander sprechen, ist die zweite entschieden vorzuziehen.

So gilt es, den melodischen Befund mit diesem in Einklang zu bringen. Heinrich von Mügeln hat zwar ganz offensichtlich den Ton Boppes umkomponiert, aber diese Neukomposition war ihrem Vorbild in einem Maße verpflichtet, daß die neue Melodie den Grad anderer Umformungen, für die eine neue Tonautorschaft nicht beansprucht wurde und die wir als Produkte bloßen Umsingens zu sehen gewohnt sind, nicht erreichte. Sein Versuch schaltet durch das Nebeneinander gleichzeitig jeden Verdacht aus, er habe sich den Ton eines Älteren durch oberflächliche Maskierung aneignen wollen. Vielmehr ist hier eine bewußte Dokumentation zweier mittlerweile geläufiger Arten der Rezeption vollzogen. Heinrich von Mügeln ist weder das Weiterdichten in fremden Tönen anrüchig, noch hat er Bedenken, einen fremden Ton durch verhältnismäßig sparsame Mittel für sich selbst umzuformen und zu adaptieren. Fast wie ein Musterbuch verschiedener rhetorischer Formen wirkt der kunstvolle Bau des 'Chronicon Rhythmicum' ohnehin über weite Strecken.[44]

Mügeln steht bereits in einer längeren Tradition der metrisch unveränderten Weiterverwendung von Boppes Langem Ton. Schon in *D* findet sich ein Komplex von neun Strophen ([1]Bop/1/100), und der Dichter Mersburch hat den Ton auch schon lateinisch verwendet

---

[44] Zusammenfassend Stackmann in VL², Bd. 3, Sp. 818f.

(¹ZYMersb/7). Erstaunlich ist, daß die Traditionsstränge, als sie wieder zusammenfinden, sich nicht mehr vermischen. Wahrscheinlich hängt das mit den lange getrennten Überlieferungswegen zusammen. Vor *k* treten die beiden Töne in keiner Handschrift gemeinsam auf, dann aber öfter: in *h, w, q* und *p* und natürlich im Jüngeren Meistergesang. Hier werden sie allerdings wohl nach wie vor als Konkurrenten empfunden: man wird wohl die Ähnlichkeit der Melodien registriert haben. Besonders auffällig ist die Entwicklung des »Hortes in den vier gekrönten Tönen«. Die Töne wechseln von Strophe zu Strophe: Boppe, Hofton – Frauenlob, Langer Ton – Marner, Langer Ton – Regenbogen, Langer Ton.[45] In dieser Zusammensetzung gibt es nur einen einzigen »Gekrönten Hort« in *q*. In den nachreformatorischen »Gekrönten Horten« wird Boppe von Mügling abgelöst. Auch sonst ist Boppes Langer Ton (so heißt der Hofton in der Spätüberlieferung regelmäßig) schwach belegt. Es gibt zehn Lieder von Hans Sachs, ferner zwei Lieder von Benedict von Watt und eines von Holzbock.

Die Gesangweise Römers von Zwickau unterscheidet sich von den vorgenannten Tönen metrisch nur minimal: sie reimt die Zäsuren des Abgesangs. Wir haben genügend Töne gesehen, bei denen eine so minimale Variante überhaupt nicht ins Gewicht fällt. Bei diesem Ton ist es anders. Er taucht unter der Bezeichnung *Remers sangwis von zwetel* erstmals in *u* auf, übrigens als einziger Ton und unterlegt mit dem einzigen Text, der in dieser Handschrift gegenüber *k* neu ist. *Remer von zwetel* ist in *u* auch der *fraw ern* Ton zugeordnet, der in *k* *Reymar von Zwetel* gehört, die Gesangweise wird also uneingeschränkt Reinmar von Zweter zugeordnet. Wahrscheinlich kann man nicht davon ausgehen, daß die Gesangweise die beiden besprochenen Töne vertreten soll, die in der Tat fehlen.[46] In der etwas jüngeren Handschrift *w* bleibt die *sanck weis* ohne Autorzuweisung (¹Römer/1/2) und steht in Opposition zu beiden anderen Tönen. In *t* dagegen

---

[45] Genaueres zur Form des »Gekrönten Hortes« s. S. 313-315.

[46] Weder die Auswahlprinzipien noch überhaupt das Verhältnis von *k* zu *u* können als ausreichend geklärt gelten. Die verdienstvolle Untersuchung von Freistadt <I> berücksichtigt vorwiegend die Melodien; die Ergebnisse scheinen aber zu sehr auf den vermuteten Befund einer Abschrift, teilweise aus *k*, teilweise aus gemeinsamen Vorlagen, hin interpretiert. Steer in VL², Bd. 4, Sp. 199 führt diesen Ansatz fort. »Das Verhältnis läßt sich jedoch genauer fixieren: Nur für das Frauenlob-Corpus (Teil III) war t [k] (Lage 7-16) die unmittelbare Vorlage, nicht jedoch für I und II.« Diese Auffassung ist keine genauere Fixierung der Aussage von Freistadt, sondern widerspricht ihr teilweise. Sie ist nicht begründet, aber offenbar einseitig am Befund der inhaltlichen Auswahl orientiert. Brunner <II> (z.B. S. 70) läßt die Entscheidung offen, während Schanze, der *k* deutlich früher als *u* datieren kann, völlige Abschrift voraussetzt.

kommt nur *Romers gsang wyß* vor ([1]Bop/1/533d), hier sind Strophen in Boppes Hofton um Zusatzreime vermehrt. Dieses Lied steht dann auch neben mehreren anderen in *q*, die alle drei Töne kennt. Im Jüngeren Meistergesang ist der Ton äußerst beliebt. Die Melodie zu diesem Ton in *u*, Runge Nr. 123, Mel.*l*, 16^r, Mel.*n*, 130^r, Mel.*x*, 25^r und 36^r, Mel.*v*, 103^r (Mel.*p* nicht erhalten), unterscheidet sich von allen Varianten der beiden anderen Töne völlig. So sicher das metrische Schema von ihnen übernommen ist, so sicher ist die Melodie eine Neukomposition. Der Text in *u* ist eine Glossierung der Antiphon 'Salve Regina'. Runge[47] hat in diesem Zusammenhang auf die musikalische Verwandtschaft zur Antiphon hingewiesen – die Komposition wäre dann in unmittelbare Beziehung zum unterlegten Text zu setzen. Leider führt der Hinweis jedoch in die Irre.

Kanzler, Goldener Ton

3'	4	3'	4	3		4	3'	4	3'		3'	4	3'	4	3
a	b	a	c	d$_5$		f	g	f	g		h$_{15}$	i	h	i	i
a	b	a	c	d$_{10}$											

Ehrenbote, Schallweise/ Frauenlob, Kupferton

3'	4	3'	4	3		2	2	3'	2	2	3'		4	3	4	3
a	b	a	c	d$_5$		f	f	g	h$_{15}$	h	g		i	k	i$_{20}$	k
e	b	e	c	d$_{10}$												

Ehrenbote, Spiegelton

5'	4	3'	4	3'		4	4	3'		5'	4	3'	4	3'
a	x	a	x	b$_5$		d	d	e		f	x$_{15}$	f	x	c
c	x	c	x	b$_{10}$										

Ziegelton (Anonym)

3'	4	3'	4	3'		4		3'	4	3'	4	3'
a	b	a	c	d$_5$		f		g	f	g	x$_{15}$	g
e	b	e	c	d$_{10}$								

Der Ton des Ehrenboten erscheint als *schallwyse oder langer don* in *k*, als sein Kupferton in *y* und in der ursprünglichen Zuschreibung von *q*, wo nachträglich von Hans Sachs selbst in Frauenlob gebessert ist. Unter dessen Namen erscheint der Kupferton in *w*, in *d* und im Jüngeren Meistergesang, während in *h* und *p* der Tonautor nicht genannt wird. Ältere Strophen fehlen.[48]

Bei Kanzlers Ton liegen die Verhältnisse unkompliziert. Der echte Ton ist seit *C* belegt und unverändert bis in den späten Meistergesang weitergegeben worden. Allerdings tritt hier der einmalige Fall auf,

---

[47] Runge, S. 184 Anm.
[48] Wachinger in VL^2, Bd. 2, Sp. 388.

daß eine Handschrift zu einem Textcorpus zwei Melodien zur
Auswahl stellt (*k*, Runge Nr. 76 und 77). Brunner neigt aufgrund von
Ähnlichkeiten der Spätüberlieferung zu beiden Melodien von *k* der
Auffassung zu, es könnte »Ausgangspunkt sämtlicher Fassungen
eine einzige Melodie« gewesen sein, obwohl er konstatiert: »Im
Melodieverlauf bestehen zwischen beiden Fassungen [von *k*] allenfalls in den beiden ersten Stollenzeilen ... vage Beziehungen.«[49] Der
Befund könnte freilich auch andere Schlußfolgerungen zulassen
(zumal die Beziehungen der Spätfassungen zur ersten Melodie von *k*
wirklich wenig ausgeprägt sind), wie sie uns durch die zwei Töne
von Zilies von Sayn in *J*, 20ᵛ und 21ʳ, nahegelegt werden. Strophen
nahezu gleicher metrischer Form und mit nur sehr kleinen Unterschieden im Reimschema werden dort verschiedenen Melodien
unterlegt,[50] allerdings mit genauer Zuordnung der Strophen zu den
Melodien, während *k* zumindest eine teilweise Austauschbarkeit fordert (vgl. Zitat S. 45). Ob die Bemerkung genau so, wie sie ausgedrückt ist, der Tradition folgt, läßt sich nicht nachprüfen, doch
scheint eine gewisse Ehrfurcht der Überlieferungslage gegenüber hier
durchaus am Platze. Man sollte zumindest die Möglichkeit nicht
außer acht lassen, die Duplizität der Melodien in *k* könne auch
anderes spiegeln als Momente des Um- oder Zersingens einer Melodie (vgl. auch S. 70).
Die Erklärung der Handschrift zur doppelten Melodienotierung
hat Bartsch falsch verstanden und auf den Kupferton bezogen,
dadurch jedoch auf die Ähnlichkeit der beiden Tonschemata aufmerksam gemacht.[51] Die beiden Töne sind auch in *h* schon verwechselt; ¹Ehrb/2/16 ist fälschlich *Jn dem guldin kantzler don* überschrieben.
Das Stollenschema ist in der Tat identisch. Doch der Abgesang unterscheidet sich im Steg durch zwei zusätzliche Reime, der Stollen wird
beim Kupferton nicht wiederholt, sondern es fehlt eine Zeile und das
Reimschema ist entsprechend angepaßt. Die *k*-Fassung der Melodie
hat diesen Schluß als Wiederholung eines zweizeiligen Melodieabschnitts ausgebildet, so daß insgesamt eine Form A A B B C C entsteht. Dagegen hat die Spätform (Mel.*x*, Nr. 59) einen 3. Stollen durch
Verschränkung von Steg und Stollen erzielt: Z. 13/16 (mit dem Reim
g) wiederholen die Distinktion α der ersten Zeile, 16 schließt also die
Stegrepetition ab und eröffnet gleichzeitig den 3. Stollen.[52] Nur diese

49 Brunner <II>, S. 273.
50 Vgl. Pickerodt-Uthleb, S. 431f.
51 Bartsch <II>, S. 167.
52 Vgl. dazu im einzelnen die Übersicht über sämtliche Melodiestrukturen bei
   Brunner <II>, S. 282.

strukturelle, keine tonale Verwandtschaft besteht zwischen den Melodien. Das Verhältnis zwischen den beiden Tönen ist daher wohl – wie in anderen Fällen – als das von Vorbild und freier Nachahmung zu beschreiben.

Der Spiegelton, dem auch in der hier angegebenen meistersingerischen Spätgestalt die Waisen erhalten blieben, bildet seine Stollen aus einer langen und zwei zäsurierten Langzeilen, die als 3. Stollen wiederkehren. Was ihn deutlich unterscheidet, ist einerseits die Reimstruktur – die stollenbindenden Zäsurreime sind gewissermaßen ausgespart – und die abweichende Länge der ersten Stollenzeile, andererseits der Steg, der um eine Zeile kürzer ist als beim Kanzler. Roethe hat aufgrund gewisser Ähnlichkeiten des Spiegeltons mit Tönen Reinmars von Zweter und wegen anderer Bindeglieder die Namen beider zu einer Dichterpersönlichkeit zusammengezogen. Wachinger, dessen Argumentation einleuchtet, stuft den Ehrenboten als Reinmar-Nachfolger ein, »wenn auch umgekehrt die Verschiedenheit beider Dichter ebenfalls nicht bewiesen werden kann«.[53] Es sieht aber so aus, als stünden erst recht Kanzler und Ehrenbote in einem verwandten Traditionszusammenhang, denn der Stollentyp, den beide vertreten, ist selten (einen Verwandten werde ich jedoch gleich noch vorstellen). Wachinger[54] stellt fest, daß der Kupferton offenbar keine älteren Strophen enthält. Tonname und Tonzuschreibung sind, wie vorhin festgestellt, uneinheitlich; es liegt daher nahe, an eine jüngere Schöpfung zu denken, deren Tonautor vergessen oder verschwiegen wurde; die Zuschreibung an den Ehrenboten erscheint dennoch aufgrund gewisser Strukturähnlichkeiten zum Spiegelton dabei sinnvoller als die an Frauenlob. Setzt man den Spiegelton als Ton eines von Reinmar von Zweter unabhängigen Ehrenboten an, so wird man sogar dessen Abhängigkeit in der Strophenform neu überdenken müssen, die so unmittelbar, wie Roethe sich das vorstellte, nicht besteht. Für die Inhalte hat bereits Wachinger die Distanz betont. Ob sich in ihnen weitere Beziehungen zum Kanzler ergeben, müßte überprüft werden.

In m findet sich ein dreistrophiger Bar, der in dem zigel don (also ohne Angabe eines Tonautors) überschrieben ist (¹Ziegl/1). In der Form zeigt sich starke Verwandtschaft zu Kanzlers Goldenem Ton. Da der Ton nur an dieser Stelle belegt ist, ist keine Melodie bekannt. Der auch am Schluß wiederkehrende Stollen unterscheidet sich von dem des Kanzlers allein dadurch, daß auch der Stollenschluß weib-

---

[53] Wachinger in VL², Bd. 2, Sp. 389.
[54] In VL², Bd. 2, Sp. 388.

lich endet, was im 3. Stollen die Möglichkeit eröffnet, den Reim g (er entspräche dem Reim h in Kanzlers Goldenem Ton) dreimal zu wiederholen. Deutlich anders ist der Steg, der nur aus einer einzigen Zeile besteht; dadurch kann der Abgesang auch als eine Abfolge von drei Langzeilen verstanden werden, von denen zwei in der Zäsur gereimt sind. Die Form dieses späten Texts kann am ehesten als weitere Derivation von Kanzlers Goldenem Ton verstanden werden.

Rumelant von Schwaben, Ton – Form 2

4	4	5'		4	4	3'	4	3'	5'	5'
a	b	c		d	d	e	d_{10}	e	f	f
a	b_5	c

Ton zu ^{1}RumSw/500 in m

4	4	5'		4	3'	4	4	3'	5'	5'
a	b	c		d	e	d	d_{10}	e	f	f
a	b_5	c

In m findet sich »der namenlose Ton eines Bars« »wohl noch aus dem 14. Jahrhundert«, der mit Rumelants Ton »nahezu identisch« ist.[55] Die beobachtete Schemaähnlichkeit ist so groß, daß die unmittelbare Ableitung von Rumelants Ton außer Zweifel steht, doch scheint es nicht möglich, den Ton nach den bisher verwendeten Kriterien als bloße Variante zu fassen.[56] Denn das Reimschema ist gegenüber dem Ausgangston nicht ausgebaut, sondern zu Beginn des Abgesangs wurden die den Zeilen 8 und 9 umgestellt. Dies kann sowohl eine bewußte Derivation sein als auch ein Fehler bei der Adaptation des Schemas. Eine Tonangabe gibt die Handschrift nicht; wir wissen nichts darüber, ob die Melodie mit der in J beigefügten zu tun hatte.

Frauenlob, Goldener Ton

3'	3'	1_2'	3'	3		3'	3'	3'	3'	3'	3'	3'	3	3'	3
A.a	A.b	A c	A.d	B.e$_5$		k.c	g	a	i	f$_{15}$	h	b	e	d	k$_{20}$
3'	3'	3'	3'	3
B.f	C.g	C.h	i	k$_{10}$

Marner, Geblümter Ton

3'	3	3'	3	2	3		3'	3	3'	3		3'	3	3'	3	2	3
e.a	b	A.c	d	e	e$_5$		l.a	b	A.c	d		f$_{15}$	g	h	i	l	l
k.f	g	h	i	k	k$_{10}$

---

55 Kornrumpf/Wachinger, S. 397 Anm. 134. Edition: Bartsch <II>, Nr. 197.
56 Die angegebene Form des Tons ist die auf S. 70 ausgewiesene Autorvariante Rumelants.

»... es handelt sich um eine Imitation von Frauenlobs Goldenem Ton, die ihrem Vorbild sehr nahe steht ...«.[57] Sie steht ihm so nahe, daß sie hier unter den Derivationen zu behandeln ist. Denn im Geblümten Ton werden nicht allein die Anreime nach Frauenlob-Manier gesetzt, auch die Stollen werden durch unterschiedliche Anreime differenziert; nur in diesen beiden Tönen kommt es vor, daß die überwiegende Zahl der Endreime – bei Frauenlob alle – erst im Abgesang aufgelöst werden, und schließlich hat der Geblümte Ton sogar die metrische Struktur mit der beinahe ausschließlichen Setzung von Dreihebern übernommen. Im ganzen ist er jedoch etwas einfacher angelegt, und durch einen zumindest metrisch verwirklichten 3. Stollen unterscheidet er sich ebenfalls vom Goldenen Ton. Der Geblümte Ton kommt lediglich mit einem fünfstrophigen Bar in *d* vor; am ehesten wird er unmittelbar zu diesem Text erfunden worden sein ([1]Marn/9/1). Die Melodie ist nicht bekannt.

Der Name ist ein Indiz für die Zugehörigkeit der reimreichen und kompliziert reimenden Strophenformen zum Umkreis des geblümten Stils.

Frauenlob, Grüner Ton

3'	4	3'	4	4	5		3'	4	3'	3'	4	4	5'
a	b	x	b	c_5	d		f	x	f_{15}	g	h	h	g
a	e	x	e_{10}	c	d								

Wolfram, Kreuzton

3'	4	3'	4	4	3		4	3'	4	3'	4	4	3
a	b	a	c	c_5	d		g	h	g_{15}	h	i	i	d
e	b	e	f_{10}	f	d								

Der Kreuzton ist erst nachreformatorisch belegt, erstmals 1538 bei Hans Sachs ([2]S/813). Dem echten Grünen Ton ist er vor allem in den Stollen ähnlich. Der Wechsel von weiblichen und männlichen Reimen im Vierheberbereich ist in der Sangspruchdichtung weit verbreitet. Bei diesen Stollen jedoch sind einige weitere Bedingungen in ganz ähnlicher Weise erfüllt. Die Zeilenzahl ist gleich, die Reihen beginnen beide mit weiblichem Reim, an gleicher Stelle wechselt das Reimgeschlecht nicht mehr. Unterschiedlich ist das Reimschema, es ist zwar ähnlich konstruiert, aber keinesfalls genetisch abzuleiten. Etwas größer sind die metrischen Differenzen im Abgesang, da der Kreuzton nach einzeiligem Steg einen 3. Stollen – musikalisch ist er nur verkürzt verwirklicht – bringt.[58] Die Reimschemata allerdings sind

---

57 Brunner <II>, S. 153 Anm. 297.
58 Vgl. z.B. Mel.*p* nach Münzer, Nr. 50.

sogar ähnlicher als in den Stollen. Ganz sicher ist der Kreuzton keine genetisch zu erklärende, also unmittelbar durch Veränderung entstandene Derivation des Grünen Tons, aber dieser stand als alleiniges Muster – es gibt sonst keinen annähernd verwandten Ton – bei der Kreation des Strophenschemas im Hintergrund.

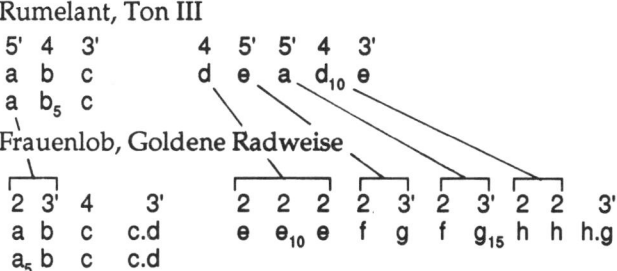

Rumelant, Ton III

5' 4 3'   4 5' 5' 4 3'
a b c   d e a d₁₀ e
a b₅ c

Frauenlob, Goldene Radweise

2 3' 4 3'   2 2 2 2 3' 2 3' 2 2 3'
a b c c.d   e e₁₀ e f g f g₁₅ h h h.g
a₅ b c c.d

Rumelants Ton ist ausschließlich in *J* bezeugt; die Goldene Radweise kennen nur die vorreformatorischen Handschriften *d* und *q* und der Jüngere Meistergesang. Die Reimschemata der beiden Töne würde man auf Anhieb nicht zusammenbringen, doch läßt sich die Radweise beinahe lückenlos aus Zeilenteilung von Rumelants Ton III erklären. Völlig geht das in den Stollen auf. Im Abgesang ist im Steg eine zweisilbige Einheit überzählig. Außerdem ist das Reimgefüge verändert. Der auffällige Reimrückgriff auf den Beginn wird durch einen gewohnten Reim ersetzt (g statt a), der Bezug der d-Reime vom Steg zum 3. Stollen wird durch Reim der nebeneinanderliegenden Kleineinheiten ersetzt. Bei diesem Befund scheidet wohl die Interpretation als Weiterleben der älteren in der jüngeren Strophenform aus. Die Genese kann weder durch einheitliche Melodie noch durch »umgebaute« alte Strophen usw. belegt werden. Ebenso ausgeschlossen ist indes zufällige Gleichheit. Der Stollentyp 5'a 4b 3'c bzw. 2 3' 4 3' ist sonst im Material nicht belegt,[59] die Tatsache eines 3. Stollens kommt hinzu, ferner große Ähnlichkeiten im Aufbau des Stegs. So ist wohl auszugehen von der bewußten Neuschöpfung eines Tons, der auf einem klar erkennbaren Vorbild basiert, durch Reimausbau. Im Verfahren gibt es Parallelen zum Ausbau beim Goldenen Ton Regenbogens (vgl. S. 125f). Aber während dort der Tonname eine einheitliche Melodie fordert, sind hier nicht nur unterschiedliche Tonautoren angegeben, die beiden überlieferten Melodien konkordieren auch tatsächlich nicht.

---

59 Ähnlich sind Wizlaws Ton VI: 5a 4a 3'b und Rumelants Geschwinder Ton: 5'a 4b 3c.

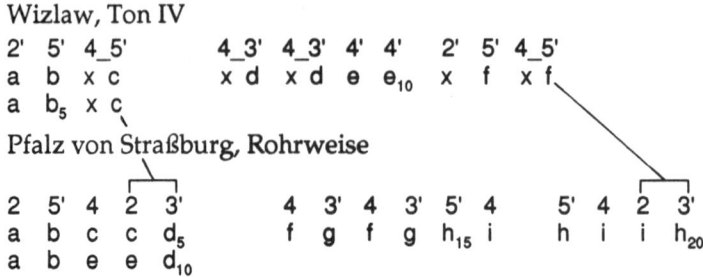

Wizlaw, Ton IV

Pfalz von Straßburg, Rohrweise

Der Vnghelarte/ hat ghemachet eyne senende wise, singt Wizlaw in seinem Ton IV, und verspricht, ihm nachzueifern ([1]Wizl/4/1). Auch er selbst findet im Pfalz von Straßburg einen Nachahmer, dessen Strophenform Wizlaws Ton leicht variierend ausbeutet. Im 1. und 2. Stollen ist die zäsurierte Langzeile am Schluß binnengereimt. Um einen Reimpartner für die Zäsur nach der 4. Hebung zu gewinnen, ist der abschließende Fünfheber an der üblichen Stelle geteilt. Der anfangsverkürzte 3. Stollen, dem bei Pfalz der beginnende Zweiheber fehlt bzw. der durch Z. 16 vertreten ist, ist ebenso behandelt. Metrisch gleich gebaut ist der erste Teil des Stegs, der abermals bei Pfalz ein stärker ausgebautes Reimschema hat. Dann aber kommt es zur einzigen ernsthaften Differenz der Bauglieder. Wizlaw bringt noch ein Zeilenpaar vor dem 3. Stollen, während Pfalz schon den – nicht komplett wiederholten – 3. Stollen vorbereitet mit Zeilen, die in ihrer Länge ungefähr gleich sind. Dies entspricht in etwa auch der melodischen Gliederung dieser Zeilen (Mel.*v*, 104[r]). Der Stollentyp hat sonst keine näheren Verwandten, der Steg ist formal sehr ähnlich. Es gibt keinen Zweifel, daß Pfalz das Tonschema genau dieser Strophe zum Ausgangspunkt seiner Neuschöpfung machte. Übernommen hat er aber ausschließlich das Schema. Die im Jüngeren Meistergesang überlieferten Melodiefassungen lassen keine Abhängigkeit erkennen.[60] Von Wizlaw ist allein die Melodiestrophe in *J*, 75[v] ([1]Wizl/4/1), notiert, danach ist Platz für zwei weitere Strophen freigelassen. Mögliche Textkonkordanzen ließen sich daher gar nicht bestimmen; besonders wahrscheinlich sind sie nicht. Erwägen muß man noch, ob Wizlaws Ton überhaupt selbständig war, oder eher eine Kontrafaktur des verlorenen Vorbildes des Ungelehrten. Dann könnte die Rohrweise unmittelbar von dessen Ton abgeleitet sein und ihm näher stehen als Wizlaw. Für die grundsätzliche Beurteilung der Rohrweise als Derivation ist diese Möglichkeit aber ohne Einfluß.

---

[60] Vorher sind zweimal Texte unter leeren Notensystemen überliefert ([1]Pfalz/1 und 2).

Regenbogen, Langer Ton (Aufgesang)[61]

```
4'  6  4  5'
a   b  c  d
a   b  c  d
```

Zorn, Zugweise (Aufgesang)

```
    4'  6  4  5'
A.a  b  c  d
A.a  b  c  d
```

Regenbogens Langer Ton ist ohne jede Veränderung durch den Meistergesang gegangen. Daneben tritt Zorns Zugweise mit einer minimalen Reimschemavariante (Anreim am Beginn der Stollen) und einer selbständigen Melodie: eine Derivation mit Methode offenbar. Sie macht es nämlich möglich, mit Hilfe von minimalen Texteingriffen Lieder im Ton eines alten Meisters oder in einem eigenen – bezogen auf den Tonerfinder – zu singen.[62] Allerdings gibt es nur zwei entsprechende Beispiele, eines aus dem Älteren, eines aus dem Jüngeren Meistergesang: In *r* steht die Umarbeitung des Bars [1]Regb/4/569 aus *k* und *t*. Er ist Regenbogen zugeordnet, weist jedoch eindeutig die Form mit Anreim auf.[63] Daniel Holzmann hat eine Schulkunst des Hans Sachs ([2]S/36) plagiiert ([2]Hozm/98), indem er durch Einfügen von Anreimen Regenbogens in Zorns Ton verwandelte.

Regenbogen, Briefweise

```
6  6  6  4_3'      5'     6   6  6  4_3'
a  a  a  x  b      d      e₁₀ e  e  x  d
c₅ c  c  x  b
```

Schonsbekel, Ton

```
6  6  6  5'      2  3'  2  3'      6   6  6   5'
a  b  b  c       e  f₁₀ e  f       g   g  g₁₅ c
a₅ d  d  c
```

Oswald von Wolkenstein, Klein Nr. 8.18

```
6  6  6  5'      2  2   2  6  6  5'
a  a  a  b       d  d₁₀ e  e  e  b
c₅ c  c  b
```

---

61 Vollständiges Schema S. 157.

62 Vgl. Rettelbach <II>. Auf die Schemaähnlichkeit weisen erstmals hin Kornrumpf/Wachinger, S. 388.

63 *r* ist mittelbairisch und etwa 1535 geschrieben. Sie enthält nur Bare in Regenbogens Langem Ton (Schanze in VL², Bd. 5, Sp. 354f). Unter welchen Umständen und wo die betroffenen Strophen umgearbeitet wurden, ist nicht zu klären.

Vom Reimschema her und vom zugehörigen Kadenzaufbau ähnelt die Briefweise dem Typus der Blauen Töne (vgl. S. 203ff). Um so näher rücken die oben dargestellten Tonschemata zusammen. Oswald spart den Steg aus, und, um überhaupt eine Differenzierung des Abgesangs gegenüber einem Stollen zu erreichen, teilt er Z. 1 des 3. Stollens durch Binnenreim. Die Stollenenden unterscheiden sich von den vorhergehenden Zeilen durch Verkürzung statt Verlängerung. Wie bei anderen Tonübernahmen verwendet Oswald eine eigenständige Melodie.[64]

Noch selbständiger zeigt sich Schonsbekels Ton.[65] Das Muster ist zwar zu erkennen, jedoch werden hier vier Elemente geändert: 1. Die Aufgesangsstollen reimen nach dem seltenen Muster a b b c (vgl. S. 153); 2. die Stollenenddifferenzierung geschieht auf die gleiche Weise wie bei Oswald; 3. die Stegzeile ist geteilt und 4. zum repetierten Steg verdoppelt. Verhalten sich die Beziehungen wie angegeben, dann ist die Ähnlichkeit zwischen Schonsbekel und Oswald sekundär und nur insofern nicht zufällig, als beide gleiches gängiges Material beim Tonumbau verwenden. Eine Beziehung Schonsbekel – Oswald ist schwer vorstellbar; alle sonst von Oswald ausgebeuteten Sangspruchdichter haben eine gewisse Prominenz. Denkbar wäre allenfalls, daß eine Variante der Briefweise umlief, die bereits die Stollenenden verkürzt hatte, und von der beide Nachfolger ausgingen.

Regenbogen, Grauer Ton

2	2	3'	4	3'	4	5		4	3	4	3	4	5
a	b	c	d	e_5	a	f		x_{15}	h	x	i	h	i_{20}
g	b	c_{10}	d	e	g	f							

Variante Oswalds von Wolkenstein – Ton von Klein Nr. 1-4

2	5'	4	3'	4	5		4	3	4	3	4	5
a	b	c	b	c_5	d		g	h	g_{15}	h	i	i
a	e	f	e_{10}	f	d							

Variante Oswalds von Wolkenstein – Ton von Klein Nr. 11.12

2	5'	4	3'	4	5		4	3	4	3	4	5
a	b	c	d	e_5	f		g	h	g_{15}	h	i	i
a	b	c	d_{10}	e	f							

---

[64] Brunner <VII>, S. 404, hat bereits auf die formale und inhaltliche Affinität von *Es fügt sich, do ich was von zehen jaren alt* (Klein 18) zur Sangspruchdichtung hingewiesen ("mit seiner ausladenden Strophenform, seiner Siebenstrophigkeit und der Autorsignatur am Schluß").

[65] Zu Schonsbekel Rettelbach in VL², Bd. 8 (im Druck).

Oswald von Wolkenstein geht bei seiner Rezeption des Grauen Tons von der Nebenform mit weiblichen Versen aus.[66] Seine Änderungen gehen jedoch weiter und über das übliche Maß durchaus hinaus. Er nimmt Reime weg, schichtet andere um und fügt – am ehesten traditionell – weitere hinzu. Wie bei anderen Tonübernahmen für einstimmige Lieder hat Oswald die Melodie nicht übernommen, sondern für beide Formen jeweils eine eigene komponiert.

Im einzelnen: Oswald geht von der Nebenform mit weiblichen Reimen aus. Er faßt die Zeilen 2/3 und 9/10 im Aufgesang zu jeweils einer zusammen, d.h. er läßt den Reim b der Ausgangsform aus. Er ordnet das Reimschema um, und zwar so, daß die weiten Distanzen der Reimkorrespondenz des Ausgangsschemas weitgehend beseitigt werden oder zwar erhalten bleiben, dabei jedoch in der Struktur vereinfacht werden. Bei den Liedern Klein Nr. 1-7 wird im Stollen einfacher Kreuzreim eingesetzt, die von Stollen zu Stollen greifenden Reime bleiben nur an den exponierten Stellen der Anfangs- und Schlußzeile stehen. Klein Nr. 11 und 12 dagegen führen den fortschreitenden Reim (vgl. S. 7) konsequent durch den ganzen Stollen weiter.

Die beiden Vereinfachungsversuche erinnern etwas an das publikumsbezogene Vereinfachungsprogramm, dem Beheim seine Lange Weise unterzogen hat (vgl. S. 71f). Auch dem Abgesang gibt Oswald eine einfachere, zugleich aber reimreichere Gestalt. Auf die vorgefundenen Reime nimmt er dabei überhaupt keine Rücksicht. Auch das rückt Oswalds Spiele mit dem Grauen Ton in die Gegend der Derivationen.

Regenbogen, Goldener Ton

4	4	5'		4	5'	4	5'		4	4	5'
a	b	c		d	e	d	e_{10}		f	f	e
a	b_5	c									

Frauenlob, Tannton

4	4	5'		4	3'	4	3'		4	4	5'
a	b	c		d	e	d	e_{10}		f	f	e
a	b_5	c									

Vorab zur Einordnung der Töne an dieser Stelle: Regenbogens Goldener Ton zählt gemeinhin nicht zu den Tönen, deren Echtheit für erwiesen gilt. Aber die Autorschaft ist einerseits nicht zwingend auszuschließen, und es gibt andererseits Anhaltspunkte dafür, daß er viel-

---

[66] Vgl. S. 126f. Die Beziehung der Tonschemata wurde entdeckt von Röll <I>, S. 234.

leicht auf andere Weise ins 13. Jahrhundert gehört (vgl. S. 250). Aufgrund der Beobachtungen zum möglichen Alter des Tanntons
(S. 120f) ist auch die umgekehrte Abhängigkeit nicht gänzlich auszuschließen. So ist die Einordnung hier eine Verlegenheitslösung. Die
beiden Töne stehen sich so nahe, daß sie gelegentlich schon verwechselt worden sind.[67] Nur die 2. und 4. Stegzeile ist im Tannton kürzer.
Der Tonerfinder mag den Goldenen Ton gekannt haben, doch besagt
die Gleichung trotz der auffälligen Nähe nicht sehr viel: es sind für
beide Töne bei Stollen und Steg gängige – gewissermaßen vorgefer-
tigte – Bauteile zu einer absolut konventionellen Strophenform (Kanzone mit repetiertem Steg und 3. Stollen; A A B B A) zusammengefügt.

Zwinger, Roter Ton (Brauner Ton)/ Wernher von Hohenberg, Ton III

5' 5' 5'   4 5' 4 5' 3' 3 2 3' 4
a a b   d e d e_{10} f g g f g_{15}
c c_5 b

Regenbogen, Brauner Ton

5' 5' 5'   4 5' 4 5' 3' 3_1 3' 4
a a b   d e d e_{10} f gg f g
c c_5 b

Tonnamen und -schemata zeigen die beiden Töne in engem Zusammenhang. Dabei ist Zwingers Ton in zahlreichen vorreformatorischen
Handschriften belegt, Regenbogens Brauner Ton dagegen erst in *q*
mit einem anonymen Lied. Dort tritt er übrigens sogleich in Opposition zum anderen Ton auf. Sachs, der Schreiber von *q*, verwendet sie
nebeneinander. Auch die Melodien sind deutlich unterschieden.
Allerdings handelt es sich bei Regenbogens Ton um eine sehr »primi-
tive« Melodie mit ermüdenden Repetitionen, die, unterstellt man
zusätzlich Moduswechsel (bei mündlicher Rezeption) oder Schlüssel-
fehler (bei Aufzeichnung) sowie Zeilentausch, beinahe aus jeder
anderen Melodie gleichen Umfangs hergeleitet werden könnte. Das
Tonschema unterscheidet sich nur in der drittletzten Zeile um eine
Hebung.
  Ton III Wernhers von Hohenberg – ein Minnelied –, besitzt die
Form von Zwingers Rotem Ton. Über Graf Wernher von Hohenberg
wissen wir außerordentlich gut Bescheid.[68] Hier interessiert insbesondere das Todesdatum, der 21. März 1320. Aus der Tatsache, daß
Wernher auch weitere Töne mit anderen gemeinsam hat, kann man

---

67 HMS, Bd. 3, S. 350f, und Bd. 4, S. 638f. Vgl. Brunner <II>, S. 175 Anm. 6.
68 Vgl. SMS, S. CLXIII-LXXIII.

schließen, daß er der Nehmende ist.[69] Dies paßt auch gut zum Bild des adeligen Dilettanten, der seine Töne von Berufssängern übernimmt. Zwinger müßte dann älter sein als Wernher von Hohenberg. Das widerspricht der gängigen Vorstellung von Zwinger als einem Dichter des späten 14. Jahrhunderts.[70] Dieser müßte stattdessen spätestens Zeitgenosse von Frauenlob und Regenbogen gewesen sein. Klar ist, daß damit der Hort in *k*, der ausdrücklich für ihn bezeugt ist (*In des Zwingers roten don sin hort*; [1]Zwing/3/1a), wegen der eindeutigen Barbildung nicht von ihm stammen kann. Andere Strophen, etwa [1]Zwing/3/10-Str.1, mögen das notwendige Alter durchaus haben. Wie man ohnehin angenommen hätte, scheint der Braune Ton Regenbogens nachträglich aus Zwingers Ton erzeugt, indem man den Abgesang durch die Umwandlung des Zweihebers in männlichen Schlagreim und das Ganze durch eine neue Melodie von Zwinger ablöste.

Unwahrscheinlich ist, daß Regenbogens Ton alt ist und sowohl von Wernher von Hohenberg als auch von Zwinger gebraucht wurde. Denn nicht nur alle echten Strophen müßten verloren sein – das ist bei Regenbogen vorstellbar –, sondern es gibt auch nur ein einziges Lied des Älteren Meistergesangs. Die besonderen Überlieferungsverhältnisse dieses Bars in *q* sprechen noch deutlicher dagegen. Sachs hatte ursprünglich nur den Tonnamen ohne Autor angegeben, diesen indes nach Ausweis der veränderten Schrift wesentlich später nachgetragen. Einmal ist auch der *prawnn don des zwinger* in *w* bezeugt ([1]Zwing/3/3b). So kommen wahrscheinlich Nebenname und Nebenform ursprünglich Zwinger zu. Die Regenbogen-Zuschreibung und die spannungslose Melodie werden relativ jung sein. Das erste nachreformatorische Lied in diesem Ton dichtete Sachs am 4. November 1545 ([2]S/1883).

Wernher von Hohenberg, Ton IV/ Mönch von Salzburg, Kurzer Ton

3'	4	3'	3		4	3	4	3'	3'	3
a	b	a	c		e	f_{10}	e	g	g	f
d_5	b	d	c							

Der Mönch gebraucht für ein Glossenlied über das Ave Maria ([1]Mönch/4/1; G 12) einen Ton, den wir auch von Wernher von

---

[69] Über den Gesamtkomplex der Hohenberg-Töne ist seit langem eine Arbeit von Kornrumpf angekündigt; die Schlußfolgerung ziehe ich aus verschiedenen Andeutungen in anderen Veröffentlichungen von Kornrumpf.

[70] So zuletzt Gregor Ackermann (Chronologisches Register der Autoren, S. 621) in Cramer <I>, Bd. 3.

Hohenberg kennen (SMS XXVI,4). Es spricht vieles dafür, daß beide
Texte auf einen dritten – verlorenen – Text in gleicher Strophenform
reagieren, da einerseits anzunehmen ist, daß Hohenberg grundsätzlich nur fremde Töne verwendet und daß er andererseits keine so
nachhaltige Wirkung gehabt hat, daß eine Fremdbenutzung wahrscheinlich wird.

Neidhart, Haupt XLVI, 20

5'	5'	5'	5'		2	2	6	6
a	b	a	b		c_5	c	c	A

Neidhart, Ton/Stolle, Blutton

5	5'		5'	2	2	3'	5'
a	b		c_5	d	d	c	b(K)
a	b						

Nur in einem einzigen Lied von 1555 (^{2}Wagn/2) ist Neidharts
namenloser Ton bezeugt, über den Verfasser ist sonst nichts bekannt.
Wesentlich häufiger begegnet man dem Blutton Stolles. Der unterscheidet sich nur durch den Reim der letzten Zeile, bei Neidhart ein
Korn, im anderen Ton ein Rückgriff auf den letzten Stollenreim. Die
hohe Übereinstimmung ist sicheres Indiz einer direkten Abhängigkeit; die Form mit dem Korn am Ende ist die ursprünglichere, weil
kompliziertere. Eine Melodie ist nur zum Blutton belegt. In diesem
Fall bestehen aber keine Bedenken, diese auch dem Ton unter Neidharts Namen zuzuerkennen. Auch dieser dürfte im Meistergesang –
wenngleich Wagner den Namen nicht kennt – nämlich Blutton
geheißen haben. Der Name – von *bluot* (Blüte) abgeleitet – verrät die
Herkunft aus der Neidhart-»Ecke«.[71] Es ist auch nicht verwunderlich,
daß man den Ton lieber Stolle zuschrieb. Denn Neidhart war den
Meistern bekannt, sogar bei ihnen verehrt, aber eben in voller Kenntnis seiner eigenständigen Tradition. Im Meistergesang hatte er an sich
nichts verloren. So wurde denn nur der Tonautor gewechselt und das
Reimschema geringfügig normalisiert.[72] Nicht so selbstverständlich
ist die Gleichsetzung des Neidhart-Tons mit dem alten, in C bezeug-

---

[71] Ausführlicher hierzu und zum Gesamtkomplex Rettelbach <III>.

[72] Wahrscheinlich ist ein zweites Lied Wagners (^{2}Wagn/4), das die Tonbezeichnung Stolles Blutton führt, ursprünglich ebenfalls im Neidhart-Ton abgefaßt
und vom Schreiber Watt in jene andere Form überführt worden, die ihm allein
geläufig war. Solche Korrekturen sind im Jüngeren Meistergesang etwas Selbst-
verständliches und werden gerade auch von Watt häufig ausgeführt. Nicht selten schmückt er sie mit dem Hinweis *corrigirts Benedict von Watt*, vgl. Merzbacher, S. 152-160.

ten Neidhart. Sie ist aber dann wahrscheinlich, wenn man annimmt, der Ton sei durch schriftliche Rezeption in den Meistergesang eingeschleust worden. Dies könnte nämlich ausgelöst haben, daß die ersten beiden Zeilen für einen Stollen gehalten wurden, dem der zweite fehlt, und so die Verdoppelung der Fünfheber bewirkt haben. Die stärkste Stütze dieser Interpretation findet sich im abschließenden Kornreim. Der nämlich scheint eine Refrainzeile des Neidhart-Tons zu spiegeln.[73]

Peter von Sachs, Barantton

$$2\overset{\circ}{.}1' \quad 2\overset{\circ}{.}1\overset{\circ}{.}1\overset{\circ}{.}1' \quad {}^{\circ}3 \quad 2 \quad 5'$$
$$a \ a \quad b \ b \ c \ c \quad d \ d.d \ e_5$$
$$f \ f \quad g \ g \ h \ h \quad i \ i.i \ e_{10}$$

$$2 \quad 2 \quad 2 \quad 2 \quad 3' \quad 2\overset{\circ}{.}1' \quad 2\overset{\circ}{.}1\overset{\circ}{.}1\overset{\circ}{.}1' \quad {}^{\circ}3 \quad 2 \quad 5'$$
$$k \quad k \quad k \quad k \quad l_{15} \quad m \ m \quad n \ n \ o \ o \quad p \ p.p \ l_{20}$$

Abgesang bei Jeronimus Rieger

$$2 \quad 2 \quad 2 \quad 2 \quad 3'\overset{\circ}{.}1'\overset{\circ}{.}1'\overset{\circ}{.}1' \quad 3 \quad 2 \quad 5'$$
$$k \quad k \quad k \quad k \quad l \ l \ m \ m_{15} \quad n \ n.n \ e$$

Oswald von Wolkenstein, Klein Nr. 42

$$2\overset{\circ}{.}1' \quad 2\overset{\circ}{.}1\overset{\circ}{.}1\overset{\circ}{.}1\overset{\circ}{.}1\overset{\circ}{.}1' \quad {}^{\circ}2 \quad 2 \quad {}^{\circ}2\overset{\circ}{.}1\overset{\circ}{.}1' \quad {}^{\circ}3' \qquad {}^{\circ}2 \ {}^{\circ}2 \ {}^{\circ}2 \ {}^{\circ}2 \ 3'$$
$$a \ a \quad b \ b \ c \ c \ d \ d \quad e \ e.e \quad f \ f \ f_5 \quad g \qquad o \ o \ o_{15} \ o \ p$$
$$h \ h \quad i \ i \ k \ k \ l \ l \quad m \ m.m_{10} \quad n \ n \ n' \quad g$$

$$ {}^{\circ}2' \ {}^{\circ}2' \ {}^{\circ}2' \ {}^{\circ}2' \ 3' \qquad {}^{\circ}2 \ {}^{\circ}2 \ {}^{\circ}2 \ {}^{\circ}2 \ 3' \qquad {}^{\circ}2' \ {}^{\circ}2' \ {}^{\circ}2' \ {}^{\circ}2' \ 3'$$
$$q \ q \ q_{20} \ q \ p \qquad r \ r \ r_{25} \ r \ s \qquad t \ t \ t_{30} \ t \ s$$

Der Ton ist älter als Peters von Sachs Marienlied, das in *k* und *u* steht. Die Tonbezeichnung des Meistergesangs ist insofern nicht korrekt. Wie die Geschichte des Tons beweist,[74] ist hier ein Liebeslied mit Wintereingang in den Meistergesang geraten.[75] Dies hängt an der Einbeziehung des Mönchs von Salzburg in das Kontrafakturspiel der Tonverwender. Der Mönch steht zwar selbst auch im Grund außer-

---

73 Eine Darstellung des Umbaus, der auch die Melodie einbezieht, bei Rettelbach <III>.

74 Auf Röll <II> aufbauend, jedoch mit Richtigstellung der historischen Abfolge und unter Einbeziehung des ersten marianischen Bezugstextes nun eine Zusammenfassung durch Kornrumpf in VL², Bd. 7, Sp. 452-454. Vgl. auch die Rezensionen von Kornrumpf und Rettelbach zu Röll <II>.

75 Kornrumpf in VL², Bd. 7, Sp. 453, spricht von später »Gottfried-von-Neifen-Nachfolge«. Das läßt sich insoweit präzisieren, als bei Neifen Winterthematik niemals mit reimreicher Form verbunden wird. Dies ist Ulrich von Winterstetten und Konrad von Würzburg vorbehalten. Im Umkreis des letzteren – nicht bei ihm selbst – könnte man das Lied am ehesten ansiedeln.

halb des Meistergesanges, wird jedoch vor allem durch *k,* doch auch durch davon unabhängige Tonverwendung mehr und mehr einbezogen. Die Differenzen zwischen den einzelnen Fassungen sind bei Röll minutiös festgehalten, sie betreffen vor allem teilweise Uminterpretation der Zeilenstruktur, die Auftaktregelung und das Reimgeschlecht am Stollenende; im ganzen deckt jedoch das oben dargestellte Tonschema die Verwendung aller. Dies gilt auch für die auf *k* zurückgehende Spätrezeption durch Watt (²Wat/882) und Hans Winter (²WiH/70),[76] nicht ganz jedoch für die Fassung von ¹Mönch/10/1b, der Aufzeichnung des lateinischen Marienpreises in *q* (die Stollenschlußzeilen sind jeweils unterteilt in 2 3', die Zäsuren reimen alle miteinander). Stärker variiert ist der Ton bei Jeronimus Rieger, der den 3. Stollen nur verkürzt wiedergibt.[77]

Noch tiefgreifender und vermutlich im Gegensatz zu Rieger bewußt umgeformt wurde der Ton lange vorher schon durch Oswald von Wolkenstein. Die Kanzone mit 3. Stollen – »Oswald mochte diese Formen nicht«[78] – goß er in eine Repetitionskanzone um, indem er den Steg der Vorlage zunächst noch einmal metrisch variiert wiederholte und dann durch Verdoppelung des Ganzen den ihm gemäßen »quadratischen Bauplan« der Strophe erreichte. Außerdem sind die Zeilen noch weiter durch Reime unterteilt. Von der Melodie bleibt kaum etwas, sie ist »gegenüber der Vorlage im Grundsätzlichen verändert«.[79]

Anonym Leipzig Rep. II 70ᵃ (*n*), Ton I

4	4	4	4	3'		4	4	3'		4	4	4	3'
a	a	b	b	c₅		f	f	g		h	h	i₁₅ i	g
d	d	e	e	c₁₀									

Lesch, Goldenes Schloß

4	4	4	4	3		4	4	3	4	4	3		4	4	4	4	3
a	a	b	b	c₅		f	f	g	h	h₁₅	g		i	i	k	k₂₀	k
d	d	e	e	c₁₀													

Die beiden Töne unterscheiden sich durch die Stegrepetition beim Goldenen Schloß. Durch die Einfügung des zweiten Stegglieds mußte die letzte Abgesangszeile nicht notwendig auf das Ende des Stegs reimen. Da der Stollenschluß beim Goldenen Schloß männlich statt weiblich endet, war das Aufeinanderreimen der drei letzten Zeilen

---

[76] Vgl. Brunner <II>, S. 122f.
[77] Analyse bei Röll <II>, S. 109f.
[78] Röll <II>, S. 98.
[79] Röll <II>, S. 97.

möglich. Offenbar hat Lesch mit seiner auffälligen Strophenform an
eine anonyme Einzelstrophe in *n* angeknüpft. Daran möchte man
zunächst Zweifel anmelden, denn wie sollte eine so singuläre Strophe
oder auch andere verschollene Strophen derselben Form den Weg
aus Mittel- oder Niederdeutschland nach Bayern gefunden haben?
Und es gibt ja die bereits genannten Unterschiede. Das verwendete
Material sieht gängig aus, aber geläufig ist nur ein Stollen 4 4 4 3',
nicht sein fünfzeiliger Verwandter. Weiteren Aufschluß gibt in diesem Fall ein Textvergleich, und der, scheint es, fällt im Sinn der Verwandtschaft aus: die Texte haben nämlich offensichtlich inhaltliche
Beziehung. Der anonyme Text steht im Gefolge des gerne in der Lyrik
ausgefochtenen Gegensatzes der verschiedenen weiblichen Ge-
schlechtsbezeichnungen. Hier geht es um *meit* und *frouwe*, wobei letzterer der Vorzug gegeben wird. Die harmlose Strophe ruft geradezu
nach einer Erwiderung unter mariologischen Vorzeichen. Lesch gibt
sie, ohne auf die Strophe unmittelbar einzugehen. Gegenwärtig ist
die alte Strophe jedoch, und es kommt zur Evokation der *maget* und
der *fraue* in den ersten Zeilen von Str. 1 und 2 von ¹Lesch/3/1. Kein
Problem gibt es auch mit den abweichenden Kadenzen. Offenbar hat
Lesch alle entsprechenden Stellen synkopiert oder apokopiert aufgefaßt oder – sogar noch wahrscheinlicher – vor sich gehabt. Das ist in
allen Fällen möglich. Inhalt und Form weisen so nicht nur auf eine
Abhängigkeit der Strophenform, sondern auf ein Kontrafakturver-
hältnis. Daher muß man damit rechnen, daß auch die Melodie schon
der alten Strophe zugehört und nicht von Lesch komponiert ist.[80]

---

[80] Die einzige bekannte Melodieüberlieferung in Straßburg StB G 374 war freilich
ohnehin fragmentarisch und fiel dem Brand von 1870 zum Opfer, ohne veröffentlicht zu sein.

4. Derivationen im 14. Jahrhundert

Peter von Arberg, Große Tagweise – Form 1

```
2   2   4   5'      4    6    2   3'     4   6    2     3'      3'   3
a   a   a   b       d    d₁₀  d   e      f   f    f₁₅   e       g    h
c₅  c   c   b
                                                        3'   3    3'   3'   3
                                                        g    h₂₀  i    i    h
```

Oswald von Wolkenstein, Ton von Klein Nr. 16.17 (=Variante 1)

```
2   2   4   1_1  3'     4   6   2   3'     4    6    2   3'     3'   3
a   a   a   bb   c₅     f   f   f   g      f₁₅  f    f   g      h    i₂₀
d   d   d   ee   c₁₀
                                                   3'   3   3'   3'   3
                                                   h    i   k    k    i₂₅
```

Oswald von Wolkenstein, Ton von Klein Nr. 28-32.117 (=Variante 2)

```
4   4   2   3'      4    6    2   3'     4   6    2     3'
a   a   a   b       d    d₁₀  d   e      d   d    d₁₅   e
c₅  c   c   b
```

Walther von der Vogelweide, Erster Philippston

```
6   6   5'      4   6   5'     4   6    5'
a   a   b       d   d   e      f₁₀ f    e
c   c₅  b
```

Die Beziehung von Peter von Arberg und Oswalds Tönen, die sich auch auf Textanklänge, aber nicht auf die Melodie erstreckt, ist durch Röll[81] aufgedeckt worden. Variante 1 baut den Ton durch einen zusätzlichen Schlagreim aus und entspricht damit dem Gewohnten bei Tonübernahme.[82] Variante 2 teilte die Stollen anders auf. Diesmal faßte Oswald die ersten beiden Reime zusammen und teilte stattdessen die letzte Stollenzeile, wodurch der Parallelismus zum Abgesang weit deutlicher wird. Bei Peter von Arberg ist der Aufbau des Tons deutlich fünfteilig: A A B B C. Teil B ist so umfangreich und selbständig ausgeprägt, daß man kaum mehr von einem Steg sprechen möchte, so daß das Schema Stollen – Stollen – Abgesang nur rein formal erfüllt ist[83] und der Ton deshalb in den Meistergesang

---

81 Röll <I>. Dort eine Erörterung der melodischen Verhältnisse sowie der Datierung der Lieder.

82 Nur wegen der sicher ungleichen Melodien ist daher der Fall unter den Derivationen abgehandelt.

83 Hierin gleicht der Ton einigen Tönen des Mönchs, was in der Tat auf eigene Formtradition weist. Rölls Argument (Röll <I>, S. 220), die Form beweise ihre Besonderheit auch in der Tatsache, daß Teil C abfallen könne, scheint dagegen nicht stichhaltig, weil es allein die Einstellung des sekundären Verwenders

aufgenommen werden konnte. In Variante 2 nun läßt Oswald den völlig neu strukturierten Schlußteil weg und erhält so die Form A A B B. Diese seltene Bauform vertreten gehäuft allein die Spruchtöne Walthers. Der Erste Philippston ist aber noch weit näher als allein durch die Bauform mit Oswalds Variante 2 verwandt. Der Abgesang unterscheidet sich nämlich nur durch die Aufteilung des Fünfhebers. In den Stollen stehen außerdem anstelle der Sechsheber Vierheber. Die Ähnlichkeiten sind so ausgeprägt, ohne daß das Ganze im Rahmen einer dicht belegten Tonfamilie stattfände, daß man an Zufall nicht recht glauben kann. Ausgeschlossen ist die scheinbar einfachste Möglichkeit, daß die eine Liedgruppe Oswalds von Peter von Arberg, die andere von Walther abhänge, denn dazu sind die Töne Oswalds untereinander viel zu ähnlich. Dann kann man eigentlich nur annehmen, daß der Schöpfer des Peter von Arberg-Tons den Walther-Ton gekannt und durch eine lange *repetitio* ergänzt habe.[84] Oswald kann, muß aber nicht zwingend den Ton Walthers gekannt haben. Jedenfalls wird er durch Abfall des Schlußteils, noch mehr jedoch durch die Umgestaltung der Stollen dem Walther-Ton deutlich ähnlicher; so könnte man sogar auf die Idee kommen, nur Oswald habe Walthers Ton gekannt und einen Ton, bei dem das möglich war, nachträglich »waltherisiert«. Da mir nirgends Übereinstimmungen zu alten Strophen aufgefallen sind, bleibt dies vage.[85] So soll ausdrücklich auch die Möglichkeit der Zufallsgleichung offen bleiben oder die Möglichkeit eines ganz anders gearteten Zusammenhangs.

(Pseudo-)Gottfried von Neifen, KLD 15, [XXXI]/ Zwinger, Goldener Ton/ Kettner, 'Prophetentanz'

4	4	5'		5'		4	4	5'
a	a	b		d		e	e	d$_{10}$
c	c$_5$	b						
						2	2	
		Neifen		e		e		

---

spiegelt. Beim Hofton Reimars von Brennenberg geschieht gelegentlich dasselbe, ohne daß man an der Kanzonenstruktur dieses Tons zweifelt.

[84] Der Autorname Peter von Arberg steht hier der Einfachheit halber immer für die Autorperson, die diesen Ton geschaffen hat; vgl. dazu zuletzt Mertens in VL², Bd. 7, Sp. 426-429. Gegen Mertens' Skepsis spricht freilich die ausgeprägte Ähnlichkeit des Tonendes zum Abgesang der Tagweise II.

[85] Eine ähnliche offene Verwandtschaft zwischen Walthers 'Elegie' und der Strophenform zu Oswald von Wolkenstein, Klein 22-25, stellt Kornrumpf <V>, S. 149-151, fest. Sie weist in diesem Zusammenhang ebenfalls auf die Große Tagweise hin, erwähnt die Affinität speziell zum Hofton aber nicht.

Zunächst die Gleichung mit Neifen: hier könnte Zufall walten. Das dargestellte Tonschema liegt im Zentrum einer Formtradition des Minnesangs, die Toubers Repertorium in zahlreichen Varianten nicht nur bei Neifen spiegelt.[86] An irgendeinen solchen Ton muß Kettner freilich gedacht haben, als er seinen 'Prophetentanz' konzipierte; womit noch nichts über die Priorität in bezug auf den Goldenen Ton gesagt ist. Denn Kettner könnte auch ohne Kenntnis des Goldenen Tons komponiert haben, obwohl er schon da war. Er könnte ihn auch gekannt und das Tanzschema in ihm erkannt haben. Beide Namen kommen nur im Älteren Meistergesang vor, bei Kettner gebunden an ein neunstrophiges Lied, den *'tanz der vird und zweinzig altheren'* (¹Ketn/2/1), während im Zwinger-Ton drei Bare in verschiedenen Handschriften zu finden sind (¹Zwing/1/1-3). An der Echtheit des signierten Kettner-Textes gibt es keine Zweifel, während die Zwinger-Bare 1 und 3 einen durchaus jungen Eindruck machen. ¹Zwing/1/2 (Cramer <I>, Bd. 4, S. 391f) ist ganz offensichtlich aus mehreren Stücken zusammengesetzt. Str. 1, ein Gruß der *edeln meister*, mit Bitte an Maria und Trinität um Hilfe beim Dichten, kann natürlich jedes Meisterlied einleiten. Str. 2 beschäftigt sich mit Gottes Ursprung und Aufenthalt vor der Schöpfung, Str. 3 mit dem Unterschied von Menschheit und Gottheit, man mag sie als Fortsetzung des Vorangegangenen sehen. Zur 4. Strophe aber wechselt das Thema abrupt. Nun ist von Johannes' Vision der 24 Ältesten vor Gottes Thron die Rede (Apokalypse 4), außerdem sieht Johannes drei verschiedenfarbig gekleidete Engel. Str. 5 deutet die 4. Vermutlich ist Str. 4 eine alte Einzelstrophe, ergänzt durch die Deutung in Str. 5, und dann an einen Dreierbar angehängt bzw. durch weitere Strophen erweitert. Die Einzelstrophe ist dann mit Sicherheit älter als Kettners Reihen. Kettner hat also offenbar Zwingers (?) Einzelstrophe thematisch und formal (Minnesangtradition) als Anregung für den *wunnecleichen tanz* übernommen. Andere von Merzbacher und Schanze[87] aufgezeigte Querverbindungen sind deshalb nicht hinfällig, sondern passen mit dem Befund gut zusammen. 'Prophetentanz' ist ohnehin Titel, nicht eigentlich Tonbezeichnung.[88] Der inhaltliche Zusammenhang zwischen Goldenem Ton und Prophetentanz verbietet, Zufall

---

[86] Eng verwandt ist auch Neidharts Schwarzer Dorn (c 1). Obwohl den auch Heinrich von Mügeln (¹HeiMü/410) rezipiert, gibt es keinen ausreichenden Grund, etwa die Formtradition dort herzuleiten, da nähere Verwandte vorhanden sind.

[87] Merzbacher in VL², Bd. 4, Sp. 1140f. Schanze <I>, Bd. 1, S. 287f.

[88] Der Fall, daß *m*, wo der 'Prophetentanz' überliefert ist, Überschriften, nicht Töne angibt, ist mehrfach belegt. Beispiele oben, S. 14, und bei Schanze <I>, Bd. 1, S. 91f mit Anm. 12 und 13.

für möglich zu halten. Kettner hat also mit Sicherheit an die Strophenform eines Älteren angeknüpft. Offen bleibt einmal mehr die Frage der Melodien. Sie ist bei einem Dichter wie Kettner, von dem wir nicht wissen, ob er in fremden Tönen gedichtet hat, auch nicht durch Analogieschlüsse zu beantworten.

5. Derivationen 14. Jahrhundert/ Jüngere Zeit

Jöriger, Ton

4	4	3		4	3		4	4	3
a	a	b		d	e		d	d_{10}	e
c	c_5	b							

Kanzler, Kurzer Ton

4	4	3		3'	3		3'	3'	3
a	a	b		d	e		d	d_{10}	e
c	c_5	b							

Nur die Kadenz eines Reims unterscheidet Jörigers und Kanzlers Töne. Dieses »nur« bedeutete bei einem kurzen Allerweltston allerdings sehr viel für die Interpretation, gäbe es nicht ein Lied in Jörigers Ton, das – Füllungsfreiheit beanspruchend – auf genau die Form des Kurzen Tons hinausläuft (¹Jörig/3; Cramer, S. 107-109). Im RSM sind aufgrund dieses Befundes noch weitere Texte dem Ton zugeordnet, die anonym überliefert, auch im Aufgesang weibliche Dreiheber notieren. Im Gegensatz zum Kurzen Ton kommt der Jöriger-Ton in eigentlichen Meistersingerhandschriften niemals vor.

Kanzlers Kurzen Ton hatte Krieger[89] vom Lied KLD 28,V abgeleitet, dessen Tonschema freilich nicht genau gleich ist, sondern wohl nur zum selben Formtyp gehört. Da von den älteren Handschriften nur *q* einen Bar – nämlich eine Schulkunst (¹Kanzl/8/1) – tradiert, ist hohes Alter des Tons nicht sehr wahrscheinlich.

Frauenlob/Regenbogen/*kingly*, Süßer Ton

Dasselbe Tonschema, das in *k* Frauenlob zugewiesen wird, läuft im Jüngeren Meistergesang unter Regenbogens Namen, in *d* wird es *kingly* zugeteilt, was entweder auf eine Verwechslung mit Kanzlers Süßem Ton zurückgeht oder Künglein von Straßburg meinen

---

[89] Krieger, S. 33.

könnte.[90] Die erhaltenen Melodien zu Frauenlob und Regenbogen machen deutlich, daß hier ein Ton nur einem andern Autor zugewiesen wurde, denn sie stimmen trotz erheblicher Varianten im Verlauf überein.[91] Dennoch kommt es im Jüngeren Meistergesang zu einem Nebeneinander der Süßen Töne, da Frauenlobs Süßer Ton in leicht veränderter Gestalt erneut aus *k* übernommen wurde (vgl. S. 56). Dieses Nebeneinander im geschlossenen Überlieferungskontext des Jüngeren Meistergesangs verleihen der ursprünglich nur als Umbenennung zu verstehenden Doppelung den Charakter der Derivation. Gestalt und Name weisen – der Ton gehört weder Frauenlob noch Regenbogen – in Richtung Minnesang.[92]

Anker, Ton

5'	3'	5		3'	1'	°2		5'	3'	5
a	a	b		d	d	e		f_{10}	f	e
c	c_5	b								

Frauenlob, Grundweise

5'	3'	5		2	2	2		5'	3'	5
a	a	b		d	d	e		f_{10}	f	e
c	c_5	b								

Daß diese beiden Töne aufs engste konkordieren, ist auf den ersten Blick klar; auch die Forschung hat das nicht übersehen.[93] Die Unterschiede liegen allein im Namen, in einer kleinen metrischen Abweichung des Stegs und in Melodienuancen. Die Grundweise hat im Steg drei viersilbige Reime, etwas komplizierter ist die Weise Ankers, die einen dreisilbigen Schlagreim einbaut. Die beiden Melodien gleichen sich in *k*, 194ʳ (Frauenlob) und 779ʳ (Anker), fast Note für Note, nur in Runges Abdruck (Nr. 38 und 114) sind sie durch eine fehlerhafte Konjektur etwas stärker differenziert. Die Überlieferungslage sieht so aus: *k* kennt beide Töne nebeneinander, die Grundweise steht auch in *h*, *p* und *q*, ferner singen in ihr die jüngeren Meistersinger; *meister anckers tone* steht in *k*; doch finden sich Strophen, die hier tradiert sind, noch einmal im Komplex von Regenbogens Grundweise, mit der der Ton aber nicht verwandt ist (¹Ank/4b). Teilweise gleiche Strophen wie in *k* sind in *m* mit *Steinhem* (¹Steinh/1a) überschrieben. Kiepe-Willms möchte in Steinhem den Autor, in Anker möglicher-

---

90 Vgl. Kornrumpf in VL², Bd. 4, Sp. 990f, und Brunner in Bd. 5, Sp. 436.
91 *k*, Runge Nr. 36; Mel.*x*, Nr. 48; Mel.*p* nicht erhalten.
92 *Hiure wol besungen// in süezer wîse wirt der walt* singt der Kanzler in einer sehr ähnlichen Strophenform. KLD 28,XV,1,5f.
93 Zuerst Schumann, S. 220. Vgl. Rettelbach in VL², Bd. 8 (im Druck).

weise den Tonerfinder sehen,[94] wie Schumann faßt sie den Ton als Variante (Schumann sagt »Kontrafaktur«) von Frauenlobs Grundweise auf. Einige Beobachtungen legen eine andere Möglichkeit nahe. Die Identität der beiden Melodien – man setzte sie denn als sekundär an – verbietet die Annahme einer bewußten Neugestaltung eines bereits bekannten Tonschemas. Stattdessen liegt nahe, daß ein Ton eines wenig bekannten Autors – Anker oder Steinhem – wie häufig einem bekannten – Frauenlob – unterschoben wurde. Die kleine Variante im Steg erklärt sich aus nachlässiger oder eher noch bewußter Vereinfachung des vorgegebenen Schemas bei der Tonverwendung. Die Einordnung von Strophen der komplizierten Form unter die Grundweise Regenbogens erklärt sich am zwanglosesten, wenn man annimmt, daß die von k an dieser Stelle verwendete Vorlage diesen Ton »Grundweise« überschrieben hatte, der Ton also auch in der Form mit Schlagreim gelegentlich so genannt wurde.

Die bei weitem häufigste Art der Benennung von Sangspruchtönen ergibt sich aus der Gepflogenheit, auffällige Begriffe aus einer besonders wichtigen, meist der Kopfstrophe, zur Namengebung heranzuziehen. In der Kopfstrophe von m und k (hier zugleich Melodiestrophe; [1]Ank/1) taucht überraschenderweise jedoch nicht nur *grunt*, sondern auch *ancker* auf! Zunächst: *grunt* spricht in der Tat dafür, daß auch Pseudo-Frauenlobs Grundweise dem Namen nach auf diese Strophe zurückgeht. Der *ancker*-Fund zeigt, daß der Tonautorname in k als mißverstandener Tonname einer Vorlage zu interpretieren ist.[95] Steinhem wäre dann Tonerfinder eines von ihm oder der Tradition nach der Kopfstrophe Grund- bzw. Ankerweise genannten Tons, der weiterverwendet, leicht variiert und schließlich einem alten Meister unterschoben wurde. Der ursprüngliche Produzent wurde vergessen; aus einem Überlieferungszweig, der sein Werk möglicherweise anonym weitergab, erstand durch Verwechslung des Tonnamens mit einer Autorzuschreibung der sonst nirgends belegte Meister Anker neu. Im Nebeneinander der Töne in k und sekundär dann im Jüngeren Meistergesang[96] werden Ankers Ton und Frauenlobs Grundweise zu zwei unterschiedenen Tönen.

---

[94] Kiepe-Willms in VL², Bd. 1, Sp. 363f.

[95] Im Jüngeren Meistergesang kommt es gelegentlich zu einer Hommage an den Tonerfinder, d.h. der Name des Tonerfinders wird in den Inhalt verwoben; z.B. wird in Römers Gesangweise ein Gegenstand der Römischen Geschichte behandelt (²S/2401 und 2409). An eine solche Möglichkeit braucht man hier noch nicht zu denken.

[96] Der Ton Ankers wurde aus k sekundär entlehnt, wie die Namensnennung in einem Töneverzeichnis zeigt. Brunner <II>, S. 117.

Lesch, Gekrönter Reihen/ Frauenlob, Überkrönter Ton

Die Derivation ist im I. Kapitel (S. 33f) besprochen.

Wolfram von Eschenbach, Flammweise/ Herzog-Ernst-Ton
(Bernerton)

4	4	3'		4	3'	4	3'	4	4	4
a	a	b		d	e	d	e_{10}	f	x	f
c	c_5	b								

Schiller, Hofton

4	4	3'		4	3'	4	3'	5'	3'	3	3
a	a	b		d	e	d	e_{10}	f	f	g	g
c	c_5	b									

Während Flammweise und Herzog-Ernst-Ton im Tonschema identisch sind[97], divergieren die Melodien. Die Flammweise, die Melodie
zahlreicher strophischer Epen[98], hat dort am Ende eine gewisse Füllungsfreiheit (3'x oder 4x, 3f oder 4f). Eine solche Abweichung dokumentiert das Lied [2]Voi/349, das in Mel.v der Melodie unterlegt ist.
Alle sonstigen Texte ([1]Folz/7, 83 und 84 sowie der übrige Jüngere
Meistergesang) gehen von der üblichen Form aus.

Nah verwandt mit der Flammweise ist Schillers Hofton. Der um
mehrere Hebungen und ein Reimpaar verlängerte Schluß unterscheidet ihn aber ausreichend. Die Ähnlichkeit macht verständlich, daß
der Hofton in Lieddrucken vergleichbare Beliebtheit genoß wie die
beiden anderen und deshalb umgekehrt auf der *singschuel* nicht mehr
zum Singen zugelassen war. Die Melodie von Schillers Hofton jedoch
ist selbständig. Auch sie enthält nur wenige Melismen, verharrt aber
anders als die beiden Epenmelodien kaum auf Rezitationstönen und
wirkt bewegter. Puschman scheint in Mel.p[99] eine Mel.l/Mel.x nahe
verwandte Melodie zu notieren. Unter Wolframs Flammweise allerdings steht eine merkwürdige Mischform. Dem Tonschema nach
handelt es sich auch dort um Schillers Hofton ([2]Pus/68), die Melodie
ist eine sehr eigenwillige Fassung der Flammweise. Offenbar war
Puschman, der ja Herzog-Ernst-Ton, Flammweise und Hofton
gebrauchte, der irrigen Meinung, nicht die ersten beiden, sondern die
letzten beiden Töne seien schemagleich. Die ihm bekannte Melodie
zur Flammweise bog er entsprechend hin.

---

97 Brunner <V>, S. 319.
98 Brunner <V>, S. 316.
99 Nach dem bei Bohn, S. 383, Nr. 83, zitierten Beginn.

Wolfram von Eschenbach, Höhnweise/ Frauenlob, Abgekürzter Ton

3'	3		3'	3	3'	3
a	b		c_5	d	c	d
a	b					

Die Höhnweise ist im Meistergesang weit verbreitet, während der Abgekürzte Ton nur durch zwei Registereinträge[100] und einen Text bekannt ist (^{2}A/202). Es ist keine Melodie belegt, und so ist nicht sicher, ob es sich lediglich um eine Namensalternative handelt. Nur im Reimschema gleicht der Abgekürzte Ton dem Kurzen Ton Frauenlobs, der seit C, in F auch namentlich belegt ist. Ein Hintergrundwissen könnte bei der Zuweisung des Abgekürzten Tons mitgespielt haben. Als Variante dagegen kann man ihn aufgrund der metrischen Struktur nicht auffassen.

Neidhart, f 2 (Boueke V)/ Lurlebat, Ton/ 'Der Bauer als Pfründner'

4	4	3'	4	3'		4	5'	4	5'		4	4	3'	4	3'
a	a	b	x	b_5		d	e	d	e		f_{15}	f	g	x	g
c	c	b	x	b_{10}											

Bogner, Steigweise

4	4	3'	4	3'		4	5'	4	5'		4	4	3'	4	3'
a	a	b	a	b_5		e	f	e	f		g_{15}	g	h	g	h
c	c	d	c	d_{10}											

Die Strophenformen stimmen in der Bauform – als Kanzone mit repetiertem Steg und 3. Stollen –, darüber hinaus in den Stollen wenigstens metrisch überein, während das Reimschema der Steigweise die Waisen in das Reimschema mit einbezieht. Lurlebat hat die Strophenform sicher nicht erfunden – er hat die Melodie des Pseudo-Neidharts vermutlich einfach übernommen.[101] Neidhart f ist bis jetzt nicht genau lokalisiert und zeitlich bestimmt. Dennoch darf man annehmen, daß das Lied zur Schaffenszeit Bogners (um 1440) schon existierte, wahrscheinlich ist es sogar ein gutes Stück älter. In Nürnberg war es mit großer Wahrscheinlichkeit bekannt, denn es handelt von *Neithart, wie er zw Nurmberg die hosen kauffte*. Von Bogner ist im 15. Jahrhundert nur der Name belegt, seine Steigweise taucht nicht vor 1537 (^{2}S/812) auf, sie wird ausschließlich für zum Teil sehr deftige Schwänke verwendet.[102] Sachs rechnet ihn nicht unter die

---

[100]Streinz, S. 97 und 153. Vgl. Brunner <II>, S. 109 Anm. 138.

[101] Das bei Cramer <I>, Bd. 2, S. 268-274, abgedruckte Lied besingt ein Ereignis von 1476, ist also jünger als die Neidharthandschrift f, wo Boueke Nr. 5 steht. Vgl. Schanze in VL^2, Bd. 5, Sp. 1083f.

[102]M.Müller, S. 320 Anm. 498.

Zwölf Nürnberger Meister.[103] Schon die erwähnten zeitlichen
Gründe zerschlagen die Hoffnung, in Bogner möglicherweise den
Namen eines Dichters von Neidhartischen Schwänken bewahrt zu
sehen; inhaltliche kommen hinzu: das Lied versetzt den Bayerischen
Herzogshof nach Nürnberg, und dergleichen hätte ein Nürnberger
Dichter wohl selbst bei vorgegebenem Stoff vermieden. Bogner wird
das Reimschema des bekannten Liedes abgewandelt haben, als er
einen Ton für schwankhafte Lieder benötigte, die uns vielleicht
deswegen nicht überkommen sind, weil Sachs sie nicht in seine
»seriöse« Sammlung q aufnehmen mochte.[104]

Walther von der Vogelweide, Goldene Weise / Wolfram, Vergoldeter
Ton

3'	3'	3		5'	5'	3
a	b	c		d	d	c
a	b_5	c				

Drabolt, Schlechter Ton

3'	3'	3		5'	3'	3
a	b	c		d	d	c
a	b_5	c				

Unter dem Namen Goldene Weise Walthers ist in k ein Ton überliefert, der im Abgesang drei Varianten kennt: V. 8 ist wie oben angegeben oder 6'd oder – in der Melodiestrophe – zerlegt: 3x 3'd. In dieser
Variante ist der Ton eine Kanzone mit 3. Stollen, und der Schluß der
Melodie ist in k, Runge Nr. 109, auch nicht unterlegt, sondern es wird
auf die Stollenmelodie zurückverwiesen. Außerhalb von k ist der Ton
nur in h (*vbergulte ton*) Walther zugesprochen, in p (*vbergulden*) und x
(*vbergulten*) steht der Ton autorlos, bei Folz ([1]Folz/51 in Weimar Q

---

[103]Unter diese wird er nur durch einen Überlieferungsfehler bei Wagenseil
gezählt, und darum dann bei Richard Wagner in den 'Meistersingern'; vgl. auch
Brunner in VL², Bd. 2, Sp. 929.

[104]Der Schwank führt im Älteren Meistergesang im ganzen eine Randexistenz.
Während im Minnelied bereits im 13. Jahrhundert im Fortspinnen Neidharti-
scher Motive und durch Minneparodie wie Fortentwicklung der Pastourellen-
situation – worauf hier im einzelnen nicht eingegangen werden kann – das
schwankhafte Element ausgebaut wird, bleibt in der Sangspruchdichtung der in
manchen *bíspeln* greifbare Humor eher hintergründig. Eindeutige Schwank-
erzählungen sind in Nürnberg bei Folz greifbar ([1]Folz/20 im Hofton Schillers,
[1]Folz/62 im Hofton Muskatbluts und [1]Folz/83 in der Flammweise). Freilich
sind hier die gebrauchten Töne aufschlußreich, die ihrerseits am Rand des Meistergesangs angesiedelt sind. Als Dichter solcher Lieder könnte man sich Bogner
am ehesten vorstellen.

566) steht gar keine Tonangabe. *q* nennt den Ton dann *vbergülten don wolferans*. daneben führt *q* eine Goldene Weise Walthers, die ganz anders gebaut ist (Unikat). Der Jüngere Meistergesang nennt den Ton dann stets Vergoldeten Ton Wolframs. Die Melodien zu diesem Ton sind mit der unter Walthers Namen in *k* eng verwandt, doch ist »der in Mel.t [= *k*] eingeführte 3. Stollen in den jüngeren Fassungen nicht einmal ansatzweise vorhanden«.[105] Den Hinweis Runges[106] auf die enge Verwandtschaft dieser Melodie mit der Hofweise Walthers, die in *k* unmittelbar vorhergeht, sollte man beachten. Er erklärt möglicherweise die Zuschreibung an Walther. Der »Wiener Hofton«, der sicher immer lebendig war, könnte ursprünglich einmal diese Melodie auch inspiriert haben, ohne daß sonst eine Verbindung zu Walther nötig ist. Denn vom Reimschema her gibt es keine Anknüpfung an Walthers Sprüche oder Lieder. Allerdings scheinen ähnliche Modelle im Minnesang des 13. Jahrhunderts nicht selten zu sein. Als nächstverwandtes Tonschema verweise ich auf KLD, Namenlos 38a, 40-43, ein Tagelied, das allerdings den abweichenden Abgesang 2d 3'e 3'e 3d hat, und auf den ebenso gebauten Ton von Hadlaub SMS XXVII,38. Sie kommen metrisch Drabolts Schlechtem Ton fast gleich. Dieser ist aber sicher nicht hiervon, sondern von dem Walther/Wolfram-Ton abgeleitet, der dem Autor vermutlich bekannt war. Der Ton steht in *q* mit drei Strophen (¹Drab/2/1), die Melodie ist nicht erhalten. Ein unbekannter Benutzer der Handschrift hat auf die Verwandtschaft der Töne aufmerksam gemacht.[107] Denkbar ist sogar, daß Drabolt, der auch in Römers Gesangweise dichtete, also fremde Töne benutzte, den Vergoldeten Ton gemeint hat. Die Angabe »Schlechter Ton« wäre dann eine Verlegenheitslösung (der Quelle) von *q*.

Ehrenbote, Freier Ton/ Konrad von Würzburg, Kurzer Ton/
Frauenlob, Hagenblühweise

```
3' 4  5'      5' 5' 5'
a  b  c       d  d  d
a  b₅ c
```

Die drei Namen bezeichnen dasselbe Tonschema, und man kann auch sagen, denselben Ton: die Konkordanz von Freiem und Kurzem Ton geht aus der Überlieferung des gleichen Textes unter den beiden

---

[105] Brunner/Müller/Spechtler, S. 67*.
[106] Runge, S. 163. Vgl. Schumann, S. 257f.
[107] *lest sich singen jm vergulden thon her wolfenn.* Hand identisch mit einer Hand vom Beginn des 17. Jahrhunderts, die auch Eintragungen in Berlin Mgq 410 gemacht hat.

Namen hervor. Einer der vier altüberlieferten Bare ist außer in *k* auch in *h* und dort unter dem Tonautor Ehrenbote niedergeschrieben (¹KonrW/9/4a). Die Hagenblühweise, die im Jüngeren Meistergesang bekannt ist, verbindet sich mit einer Melodie, die mit der in *k* nahezu identisch ist.[108] Der auffällige Name »Hagenblühweise« weist in den Minnesang. Dort gibt es mehrere Töne, die dem Schema sehr nahe kommen, und zwar einerseits in der Neifen-Tradition und andererseits unter den Neidharten. Freilich ist die Hagenblühweise nicht als Derivation eines dieser Töne zu verstehen, sondern dürfte auf ein verlorenes Lied aus einer der beiden Traditionen zurückgehen, die auch beide den Namen geliefert haben könnten. Nur zum Vergleich füge ich die nächstverwandte Strophenform bei:[109]

Neidhart *c* 95a/b

6	4	3'		5'	5'	5'
a	b	c		d	d	d
a	b₅	c				

Bartsch vermutete übrigens, die Bare ¹KonrW/9/1 und 2 mit »Fürwurf«-Charakter stammten bereits aus »der ersten Hälfte des 14. Jahrhunderts«.[110] Das ist recht unwahrscheinlich. Ältester Bar dürfte vielmehr der 'Krieg zwischen Maria und Christus' sein, von dem ich nicht zu vermuten wage, wie weit er ins 14. Jahrhundert zurückreicht. Aus diesem Dialog hat man wohl den polemischen Charakter des Tons verallgemeinert. Eine sehr frühe meisterliche Nutzung des Tons – noch bevor regelmäßige Tonangaben üblich wurden – könnten die unterschiedlichen und besonders willkürlich erscheinenden Zuschreibungen des Tons erklären.[111]

---

[108] Kurzer Ton: *k*, Runge Nr. 74; Hagenblühweise: Mel.*i*, 247ʳ, Mel.*x*, Nr. 30 und 86, Mel.*p* nicht erhalten. Vgl. Schumann, S. 250f. In Weimar Fol 421/32 taucht der Kurze Ton zwar – von der Hand Watts geschrieben – mit Melodie auf. Es handelt sich jedoch um eine indirekte Abschrift aus *k* mit dem originalen Text; der Ton hat keine Verbreitung mehr gefunden. Brunner <II>, S. 103.

[109] Vgl. Boueke, S. 85. Zu nahverwandten Neifen-Strophen vergleiche man z.B. Kuhn, S. 57.

[110] Bartsch <II>, S. 166.

[111] Die Einordnung des Tons an dieser Stelle orientiert sich an der frühen meisterlichen Nutzung. Als lyrische Strophenform kann er auch ins 13. Jahrhundert gehören.

6. Derivationen im 15. Jahrhundert

Frauenlob, Tagweise

4	4	3'	4	3'	3'		4'	4'		4	4	3'	4	3'	3'
a	a	b	c	b_5	d		g	g		h_{15}	h	i	c	i	d_{20}
e	e	f	c_{10}	f	d										

Frauenlob, Übersüßer Ton

4	4	3'	4	3'	3'	4		4	3'	4	3'		4	4	3'	4	3'	3'	4
a	a	b	c	d_5	d	e		h_{15}	i	h	i		k	k_{20}	b	c	l	l	e_{25}
f	f	b_{10}	c	g	g	c													

Beide Töne tauchen erst im 16. Jahrhundert im Meistergesang auf. Das früheste Lied in der Tagweise ist 1551 von Hans Sachs gedichtet (²S/3115). Andere, später entstandene Lieder stammen aus Augsburg. Es liegt in diesem Fall nahe, daß der Ton von dort kam, nur die schlechte Bezeugung des frühen Augsburger Meistergesangs ist vermutlich schuld, daß er nicht dort zuerst nachzuweisen ist. Im Übersüßen Ton ist einzig *ein alts gedicht* zu singen, das sich Wildenauer aufgeschrieben hat (²A/316). Wie alt es wirklich ist, läßt sich in der sprachlich eingeebneten Fassung nicht abschätzen; ich bin nicht sicher, daß es ins 15. Jahrhundert zurückreicht. Bei der zahlreich belegten Tagweise kann man an ein geistliches Tagelied unbestimmten Alters als Vorbild denken. Ob dieses sich an die Form des Übersüßen Tons anlehnte oder ob das Verhältnis umgekehrt zu denken ist, ist nicht zu entscheiden. Vor allem der Steg der Tagweise ist besser als sekundäre Kürzung aus dem Langzeilenpaar des Übersüßen Tons zu verstehen. Beim zweiten Unterschied, der zusätzlichen Stollenzeile, kann sowohl eine Zeile angefügt als auch eine abgeschnitten worden sein. Muß auch die Richtung der Entlehnung offenbleiben, so ist doch der Zusammenhang als solcher unverkennbar.

Frauenlob, Verhohlener Ton/ Kettner, Osterweise

						(5)					
6	4	5		4	1_3	4	4	4	4	4	5
a	b	c		d	h e	d	e_{10}	f	f	g	h	g_{15}
a	b_5	c									

Die Schemata des Verhohlenen Tons und der Osterweise sind nahezu gleich.[112] Trotz der Zuschreibung an Frauenlob in *k* gilt die Tonautorschaft Kettners als gesichert. Wie Merzbacher wahrscheinlich machen

---

[112] E. und H. Kiepe, S. 184. Daß auch die Melodieüberlieferung im Prinzip einheitlich ist, bemerkt Brunner in MGG, Bd. 16, Sp. 938.

kann, ist Autor der Strophen in *k* Kettner selbst, vor allem der zweite
Bar (¹Ketn/3/2), der mit seiner Osterthematik Kenntnis des wahren
Tonnamens voraussetzt.[113] Die Fehlzuschreibung und Umbenennung scheint dabei mit der Aufnahme in *k* in Verbindung zu stehen,
denn nur unter dem Namen eines Alten Meisters konnte dort ein
zeitgenössischer Ton Eingang finden.[114] Verhohlener Ton ist dann
ein ähnlich mystifizierender Tonname wie Unerkannter Ton des
'Magister huius libri'. Der Veränderung des Tonautornamens kam die
Form des Tons durchaus entgegen, steht doch das Abgesangsschema
mit seinem Anreim h von der 2. Abgesangzeile auf die vorletzte
Zeile in der Tradition des Neuen Tons Frauenlobs. In *k* hat der Ton
übrigens die oben notierte kleine Variation in der Zeilenlänge, die bei
der Maskierung des Tones mitwirken sollte oder auf einer Fehlinterpretation beruht.

Obwohl der Tonname außerhalb *k* und *u* nicht belegt ist, ist die
Umbenennung vielleicht nicht ausschließlich wegen der Aufnahme in
die Kolmarer Handschrift vorgenommen worden. Denn dem Nürnberger Meistersinger Fritz Zorn war der »Verhohlene Ton« offenbar
geläufig. Jedenfalls führt einer seiner Töne denselben Namen:

Zorn, Verhohlener Ton

4	4	4	4	4		4	1_3	4	4	4	4	4	4	4	4	4
a	b	a	b	c_5		f	f g	h	i	h_{10}	i	g	k	l	k_{15}	l	e
d	e	d	e	c_{10}												

Die Namensgleichheit kann weder Zufall noch rein äußerlich sein.
Der Abgesang beginnt nämlich mit exakt der gleichen metrischen
Gruppe 4 1 3 4 4 4 4 4 4 in abgewandelter Reimverteilung. Dazu
kommt ein sehr ähnliches Fallzeilengerüst im »jonischen« Modus,[115]
das mit seiner einfachen Konstruktion keine sichere Entscheidung
zuläßt, ob zufällige Formelähnlichkeit vorliegt oder ob ein Bezug
geplant war. Die Namensübernahme sollte aber wahrscheinlich die
formale Abhängigkeit kennzeichnen. Nun spricht schon der Name

---

[113]Merzbacher in VL², Bd. 4, Sp. 1139. Einwände gegen die Zuweisung erhebt
Schanze <I>, Bd. 1, S. 293. Bestimmt ist absolute Sicherheit in diesem Fall nicht
zu gewinnen. Aber die Übereinstimmung zwischen Text und Tonname – noch
dazu, wenn wie hier der in Frage stehende Tonname gar nicht mitüberliefert ist,
sondern ein alternativer – ist wohl das stärkste Argument, das neben Signatur
im Text oder Autorangabe in Beischrift denkbar ist (und auch die können
trügen).

[114]Vgl. Brunner <II>, S. 79f.

[115]So die beiden Aufzeichnungen bei Valentin Voigt (Mel.*v*, 110ᵛ [Kettner] und 141ʳ
[Zorn]). Die Notationen Watts (Mel.*n*, 581ʳ und 138ʳ) transponieren nach g bzw.
fb, sind aber sowohl untereinander als auch zu Voigts Aufzeichnung ähnlich.

»Verhohlener Ton« dafür, daß Zorn den Ton als einen Ton Frauenlobs kannte, denn unter Kettner ist der Name nicht belegt. Diese Annahme verstärkt sich, bedenkt man, daß auch Greferei und Zugweise direkt auf Töne anderer Meister anspielen. Leider verwirrt dies das klare Bild, das man sonst von dem Sachverhalt zeichnen könnte. Die Vorstellung, daß innerhalb von 50 Jahren (dies etwa der zeitliche Abstand von Kettner zu Zorn) auch in Nürnberg dieselbe Fehlzuschreibung auftaucht wie gleichzeitig in k und u, nochmals 60 Jahre später in q aber die rechten Verhältnisse bekannt sind, macht die Erklärung ohne zusätzliche Erkenntnisse beinahe aussichtslos.

Zorn, Unbenannter Ton

4	3	4	3	4	3		2	2	3	2	2	3		4	3	4	3	4	3
a	b	c	d	b_5	e		g	g	h_{15}	i	i	h		k	l_{20}	k	l	b	f
a	f	c	d_{10}	f	e														

Folz, Strafweise

3'	3	3'	3	3'	3'		3'	3'	3	3'	3'	3		3'	3	3'	3	3'	3
a	b	a	b	c_5	d		g	g	h_{15}	i	i	h		k	l_{20}	k	l	c	l
e	f	e	f_{10}	c	d														

Diese beiden Töne der Nürnberger Zeitgenossen – Zorn ist freilich eine Generation älter – sind in der Gesamtlänge und in der Länge der Strophenteile gleich. Im Steg stimmt das Reimschema exakt überein, im 3. Stollen bis auf die letzte Zeile (da Reim c bei Folz an die gleiche Stelle weist wie Reim b bei Zorn). Ferner sind bis auf eine Stelle die dreihebig männlichen Zeilen an gleicher Stelle positioniert, nur an den Schlüssen der Aufgesangsstollen gibt es eine Opposition männlich (Zorn) – weiblich (Folz). Den sonstigen weiblichen Dreihebern bei Folz entsprechen Vierheber in den Stollen und Zweiheber im Steg. Der originellste Kunstgriff der ansonsten eher einfach gebauten Reimschemata ist der Stollenrückgriff im Reimschema am Ende: die vorletzte Zeile bei Folz nimmt den Reim der vorletzten Stollenzeile auf, 1. und 2. Stollen entsprechen sich bei ihm in diesem Reim; Zorn, bei dem die fünften Stollenreime sich nicht entsprechen, nimmt alle zwei in den beiden letzten Versen wieder auf. Ganz zweifellos ist das alles kein Zufall: die Töne verweisen auf einander, ohne daß ein Autor vom anderen einfach »abgeschrieben« hätte. Eher sieht es nach einer irgendwie parodierenden Bezugnahme aus. Aber wer hat von wem entlehnt und warum? Folz (1535/40-1513)[116] und Zorn (1405/15-1482)[117]

---

[116] Janota in VL², Bd. 2, Sp. 769f.
[117] Rettelbach <II>, S. 257.

waren seit spätestens 1459 Kollegen in der Nürnberger Meistersingerszene, und, wie Schanze[118] zeigen konnte, auch (künstlerische) Gegner. Der Gesamtzusammenhang spricht für die Priorität des Tons von Zorn. Das einzige Lied in q – vermutlich von Zorn selbst[119] – beschäftigt sich mit zehn Eigenschaften Gottes, die beweisen, daß Gott *borden* (geworden) ist ([1]Zorn/1/1). Folz' Tonname »Strafweise« spricht bereits dafür, daß hier jemand kritisiert wird; in der Tat ist in diesem Ton [1]Folz/53 abgefaßt, jenes Lied, in dem Folz Zorn anspricht und heftig wegen irriger Trinitätslehren kritisiert. Das inkriminierte Lied kann allerdings nicht das eben erwähnte sein – auch andere Lieder in Zorn-Tönen scheiden aus.[120] Der Negativbefund läßt sich deshalb mit Sicherheit angeben, weil der Kritikpunkt (eine theologisch nicht abgesicherte Unterscheidung von »Gott« und »Gottheit«) von Folz explizit formuliert wird. Die Strafweise ist vermutlich erfunden worden, um auf ein Lied im Unbenannten Ton zu antworten, das nicht erhalten ist. Das zweite Lied, das Folz in der Strafweise gedichtet hat ([1]Folz/57), steht in keinem Zusammenhang mit diesem Streit, das dritte Lied bei Mayer (Nr. 81, [1]Folz/160) gehört wohl nicht Folz.

Schiller, Thronweise / Römer, Schrankweise

4	4	4	5'		4	5'	4	5'	4'		4	4	4	5'
a	a	a	b		d	e_{10}	d	e	f		g	g_{15}	g	f
c_5	c	c	b											

Frauenlob, Später Ton

4	4	4	5'		5'	5'	5'		4	4	4	5'
a	a	a	b		d	d_{10}	e		f	f	f	e_{15}
c_5	c	c	b									

Der Späte Ton wird erst nachreformatorisch Frauenlob zugewiesen, zuvor existiert er nur in Drucküberlieferung. Dort wird er jedoch niemals mit Frauenlob in Verbindung gebracht, sondern erscheint stets autorlos, ja gelegentlich hat man sogar »Spät« für einen Autor gehalten – völlig ausschließen läßt sich auch für uns diese Möglichkeit nicht. Denn in einigen Drucken gibt es die Formel *in des späten ton*.[121] Für die Form des Tones gibt es keine direkten bekannten älteren Anknüpfungspunkte. Ebenfalls erstmals bei Hans Sachs erscheint eine Schrankweise Römers. Dieser Ton allerdings ist unter anderem

---

[118]Schanze ‹I›, Bd. 1, S. 346f.
[119]Vgl. Rettelbach ‹II›, S. 260.
[120]Rettelbach ‹II›, S. 259.
[121]Schanze ‹I›, Bd. 2, S. 302 Anm. 9.

Namen schon früher einmal – als Schillers Thronweise – belegt. Das einzige Lied in diesem Ton ist im Text signiert. Vermutlich sind also Ton und Text von Schiller.[122] Eine Melodie ist nicht bekannt, so daß sich nicht mit Sicherheit sagen läßt, daß auch darin die Schrankweise ihre Fortsetzung darstellt.

Frauenlobs Später Ton wie Römers Schrankweise haben ein formal gleiches Stollenschema, das dem um Sigharts Pflugton ähnelt (vgl. S. 213). Schließen die Töne dieser Gruppe den Stollen mit verkürzter weiblicher Zeile ab, so Später Ton und Schrankweise mit einer verlängerten. Roethe[123] schließt unter vorherrschender Berücksichtigung des Reimschemas beide an diese Tonfamilie an. Trennend sind aber nicht allein die Stollenenden. Im Steg sind Später Ton und Schrankweise nicht wie alle anderen Töne auf ein oder zwei (unterteilte) Langzeileneinheiten zurückzuführen. Darum bespreche ich sie nicht im Rahmen der Tonfamilie.

7. Derivationen 15. Jahrhundert / Jüngere Zeit

Örtel, Leidton

4	3'	4	3'	4	4	2	3'		4	3'	4	3'		4	3'	4
a	b	a	b	$A.c_5$	A.c	d	e		i	k	i	k_{20}		l	m	l
f	g_{10}	f	g	B.h	B.h	d_{15}	e									

								3'	4	4	2	3'
								m	C.n	C.n	d_{27}	e

Heinrich von Ofterdingen, Lange Morgenröte

4	3'	4	3'	4	4	2	3'		4	3'	4	3'		4	3'	4
a	b	a	b	c_5	c	d	e		i	k	i	k_{20}		l	m	l
f	g_{10}	f	g	h	h	d_{15}	e									

								3'	4	4	2	3'
								m	n_{25}	n	d	e

Örtels Leidton, der seinerseits nicht ohne Vorbild ist (vgl. S. 255), gibt den Ausgangspunkt für die Lange Morgenröte ab. Denn diese, obwohl einem Alten Meister zugeschrieben, ist erst seit Daniel Holzmann (²Hozm/15; 1576) belegt. Ganz offensichtlich ist sie durch Vereinfachung des Örtel-Tones entstanden. Bis auf die fehlenden Anreime bei Ofterdingen sind die Tonschemata identisch. Dadurch wird ein ähnliches Verhältnis zwischen dem Ton eines Alten Meisters und dem eines der Zwölf alten Nürnberger Meister hergestellt, wie es

---

[122]Schanze <I>, Bd. 1, S. 250.
[123]Roethe, S. 164.

tatsächlich zwischen Regenbogens Langem Ton und Zorns Zugweise besteht (vgl. S. 175). Die Melodien sind im ganzen verschieden, im Steg jedoch fast gleich, und so deutlich aufeinander bezogen. Es handelt sich beim Ofterdingen-Ton mit großer Sicherheit um einen Ton, der komponiert wurde, um ihn Ofterdingen zu unterschieben.

8. Zusammenfassung

Derivationen auf einer allgemeinen Ebene zu beschreiben, ist weit schwieriger als Variationen. Dort ist eine einheitliche Motivation vorauszusetzen, die unser Verständnis der Vorgänge erleichtert. Der Ton sollte wiederbenutzt werden, ob er nun bewußt oder versehentlich verändert wurde, und er ist für uns wiederzuerkennen. Derivationen sind nur durch die am Eingang des Kapitels beschriebenen Strukturen definiert. Der dahinterstehende schöpferische Prozeß ist, soweit wir ihn überhaupt fassen können, nicht zu verallgemeinern. Jedoch wenigstens tendenziell spiegelt die zeitliche Schichtung jeweils vergleichbare Vorgänge.

Die Derivationen des 13. Jahrhunderts sind in genau dem gleichen Problembereich verankert, in dem die Tonvarianten und Beinahegleichungen des II. Kapitels angesiedelt waren. Aufschlußreich ist hier die Fegfeuer-Höllefeuer-Gleichung, die trotz engster Verwandtschaft im Tonschema zwei deutlich unterschiedene Melodien hat; solches ist also auch denkbar bei anderen ebenso engen Tonschemagleichungen, für die uns die Weisen nicht zur Verfügung stehen. Dagegen steht die stets beachtete Gleichung Frauenlob – Junger Meißner, Ton I, mit beinahe identischer Melodie, die ihre scheinbare Ausnahmestellung verloren hat: abgesehen vom Problem der Melodie, wo es nur spätere vergleichbare Belege gibt, ist sie nun eingebettet in ein Umfeld ähnlicher Fälle. Mit der weitgehenden Melodieidentität stellt sie einen »Gegenentwurf« zum vorgeschilderten Fall dar. Andere Umbauten sind ausgeprägter, aber vom Inhaltlichen her abgesichert und leicht zu verstehen, wie die Wandlung des Spervogeltons oder die Bezugnahme Frauenlobs auf Kelin im Vergessenen Ton.

Dieser Facettenreichtum setzt sich in späterer Zeit fort, dünnt jedoch – so scheint es – im 14. Jahrhundert bei insgesamt abnehmender Tönezahl etwas aus. Um- und Nachbauten erscheinen auch gelegentlich bei der Unterschiebungspraxis, während die Ähnlichkeit von Tönen ein und desselben Autors untereinander nur deshalb so selten erwähnt wurden, weil das Phänomen hier nicht thematisiert wurde.

Familienähnlichkeiten von Nürnberger Tönen klangen an; über sie wird auch im Folgekapitel noch zu berichten sein. Im meistersingerischen Nürnberg des 15. Jahrhunderts könnte eine ähnlich kommunikative Situation geherrscht haben, wie sie unter den Sangspruchdichtern des 13. Jahrhunders und der Wende zum 14. Jahrhundert offenbar bestand.

Liegen größere Zeitabschnitte zwischen Entstehung von Ausgangs- und Derivationston, so fällt die unmittelbare Kommunikation der Tonautoren als Motiv weg. Der Rückbezug kann dann das bewußte Hineinstellen in eine Traditionskette sein, auf andere, aber vergleichbare Weise wie bei der unmittelbaren Schemaübernahme. Hierher ist Heinrich von Mügeln mit seiner Boppe-Kopie zu rechnen, auch für Oswald von Wolkenstein ist die Übernahme der Tonschemata die Möglichkeit, sich der Tradition einzugliedern, und selbst Widemann hat wohl den Schwarzen Ton nicht kopiert, um Arbeit zu sparen, sondern um seinen Ton in einen Traditionsstrang zu inserieren.

Etwas anders liegt der Fall bei dem Tonkopisten Zorn. »Irgendwie« hat sein Umgang mit alten oder für alt gehaltenen Tönen wohl mit der Tendenz zum Verbot neu komponierter Töne zu tun[124], aber ganz exakt ist die Motivation nicht zu bestimmen. Am ehesten mag die problemlose Umwandlungsmöglichkeit den Ausschlag für seine auffälligen Schöpfungen gegeben haben: ohne großen Aufwand konnte man die in einem modernen Ton abgefaßten Lieder bei Bedarf in einem alten Ton singen.

Wieder anders zu bewerten ist eine Tonübernahme, wie sie etwa an Liebe von Giengen vorgeführt werden konnte. Er scheint einen Konrad-Ton für seine Zwecke bearbeitet zu haben in einem Verfahren, das am ehesten dem des Bastlers entspricht, dessen Produkt vom Material bestimmt wird statt umgekehrt. Liebe vereinfacht den Aspiston, er gleicht Reimschema und Melodie an seine Bedürfnisse an. Vielleicht haben früher schon adlige Herren so gehandelt, wenn sie Töne übernahmen. Wie pure Vereinfachung jedenfalls sieht die Derivation Ringgenbergs aus; freilich ist nicht auszuschließen, daß auch Leute wie er schöpferisch im Bereich der Melodien gearbeitet haben – wie Oswald. Der Textbefund allerdings ist mit dem bei Oswald nicht zu vergleichen.

Schließlich ist die große Gruppe der »Tonverdoppelungen« zu beachten. Durch Rezeptionsprozesse, die wir in den wenigsten Fällen nachvollziehen können, sind hierbei aus einem Ton durch Schema-

---

[124]Vgl. Petzsch <III> und Brunner <II>, S. 80-83.

variation, Umbenennung und Melodieveränderung bzw. Neukomposition Varianten von so hoher Selbständigkeit entstanden, daß nicht selten schließlich in derselben Handschrift, in der gleichen Singschule beide nebeneinander gebraucht werden konnten, als hätten sie nie miteinander zu tun gehabt. Unterschiebung einer Variante an einen alten Meister spielt dabei oft eine Rolle, nicht selten sogar gleichzeitig Unterschiebung an verschiedene aus der Zwölferrunde, die dann sekundär wieder Folgen hatte. Nicht wenige dieser Töne sind selbst älteren Datums, die Unterschiebung erfolgte nachträglich unter dem Zwang, nur Töne alter Meister verwenden zu dürfen, oder weil man überhaupt keinen Anhaltspunkt für den wahren Autor hatte. Dieser Sachverhalt muß davor warnen, zu große Erwartungen an die stilistische Übereinstimmung von echten und unterschobenen Tönen zu knüpfen. Das könnte man allenfalls bei den Tönen annehmen, die eigens zur Unterschiebung an die älteren Meister geschaffen wurden, und das sind trotz des Hinweises von Folz (vgl. Zitat S. 266) doch offensichtlich sehr wenige.[125] Hierzu gehört die Lange Morgenröte des Heinrich von Ofterdingen.

Groß bleibt aber in jedem Fall die Zahl der Töne, bei denen keine der angeführten Möglichkeiten sicher anzunehmen ist, weil wir über Melodie, Alter, Singularität der Zuschreibung und wahren Autor viel zu wenig wissen. Auch sie aber sind an der Aufrechterhaltung des Gattungskontinuums beteiligt.

---

[125] Das Zitat zielt auch gar nicht eindeutig auf solche Fälle, sondern bestätigt eher die kritiklose Bereitschaft vieler Meister, jede beliebige Zuschreibung zu akzeptieren.

9. Tonfamilien

Die »Blauen Töne« und die ihnen verwandten Tonfamilien

Regenbogen, Blauer Ton – Form 1

4	4	4_3'		4	3'	4	3'		4	4	4_3'
a	a	x	b	d	e	d	e_{10}		f	f	x	e
c_5	c	x	b								

Frauenlob, Blauer Ton/ Konrad von Würzburg, Blauer Ton – Form 1

1_3	4	4	3'		4	3'	4	3'		4	4	4	3'
h	a	a	b	c	e	f_{10}	e	f		g	g	h_{15}	f
d_5	d	b	c									

Wolfram, Goldener Ton – Form 2/ Frauenlob, Ritterweise/
Regenbogen, Blauer Ton – Form 2

4	3'	4	3		4	3'	4	3'	4	3	4	3
a	b	c	d		e	f_{10}	e	f	g	h	g_{15}	h
a_5	b	c	d									

Zunächst sind hier noch zwei Schemaänderungen zu konstatieren, von denen die eine bereits im II. Kapitel (S. 53) besprochen worden ist: bei der jüngeren Variante von Konrads Blauem Ton handelt es sich um eine Mißinterpretation des Schemas von *k*. Es wurde aus dieser Handschrift bezogen. Diese Fehlinterpretation eröffnet den systematischen, keinesfalls historisch mißzuverstehenden, Übergang zu einer weiteren, weitgehend selbständigen Tonfamilie, die unten (S. 213ff) besprochen ist.

Die andere Tonveränderung ist nur im hier besprochenen Zusammenhang überhaupt verständlich zu machen. Die Unterschiede zwischen Ausgangsform (1) und jüngerer Form (2) beim Blauen Ton Regenbogens sind ungewöhnlich und auch auf Anhieb nicht erklärbar. Sie betreffen Metrum und Reimschema, und im Gefolge auch die Großstruktur. Denn während der ältere Blaue Ton offenbar als Kanzone mit 3. Stollen angelegt ist, ist diese Struktur beim jüngeren Ton nicht möglich. Ohne Vorbild ist die Umstellung des Reimschemas im Aufgesang: vom Schweifreim (a a b) zum fortschreitenden Reim (a b c d), vom Schweifreim (f f e) im zweiten Teil des Abgesangs zum Kreuzreim (g h g h). Nun existierten bereits zwei im Tonschema völlig identische Strophenformen, als die jüngere Form zum erstenmal aufgezeichnet wurde: Frauenlobs Ritterweise und Wolframs Goldener Ton, über deren Zusammenhang noch zu sprechen sein wird. Die ungewöhnliche Formveränderung ist keine der sonst üblichen, sondern hängt mit einer Verwechslung zusammen. Ein ungewöhnlich beliebtes Lied (¹Regb/5/1) in der Ritterweise Frauenlobs wurde in *q* unter dem Tonnamen »Regenbogens Blauer Ton« abgeschrieben. Zwar ist das die älteste Überlieferung, doch drei jüngere Meisterliederhandschriften[126] belegen durch ihre Benennung, daß das Lied normalerweise unter dem Tonnamen Ritterweise firmierte. Die 13 Drucke, deren älteste in Nürnberg erschienen sind, haben meist Doppelangaben.[127] Es ist nicht unwahrscheinlich, daß diese Drucke von Sachs – dem Schreiber von *q* – angeregt sind. Gleichgültig, ob er die Fehlbenennung selbst zu verantworten hat oder ob er sie schon aus seiner Quelle übernahm: jedenfalls treten in *q* erstmals die zwei schemagleichen Töne – Frauenlob, Ritterweise, und Regenbogen, Blauer Ton – auf. Die Autorität des Hans Sachs hat ganz offenbar dann den Irrtum zementiert. Die jüngere Form des Blauen Tons von Regenbogen steht mit der älteren daher nicht in einem unmittelbar genetischen Zusammenhang, soweit dies das Tonschema betrifft.

Wie hängen die älteren Formen der Regenbogen, Frauenlob und Konrad von Würzburg zugeschriebenen Blauen Töne zusammen? Mit Roethe[128] gehe ich davon aus, daß die ältere Variante des Regenbogen-Tons der Ausgangspunkt ist. Bezeugt ist Regenbogen als Tonautor in *h* bei sechs Baren (¹KonrW/8/5-7.9-11)[129] und in *p* bei einem (8/15). Letzterer und ein Bar in *h* (8/6) reimen die 3. Stollenzeile mit. Zumindest für Augsburg kann damit gelten, daß dort der Blaue Ton in einer nicht voll ausgebauten Bereimung als Ton Regenbogens galt.[130] In *p* sind vier Lieder belegt (¹KonrW/8/4, 13, 16 und 17), die den Blauen Ton ohne Autornamen führen; übereinstimmend reimen sie V.3/7 mit, nur eines hat auch den Anreim wie der Blaue Ton Frauenlobs/ Konrads (8/13b). In *q* läuft dieses Lied unter Frauenlobs Blauem Ton. Ein weiteres Lied (8/4), ist in *k* unter Konrads Blauem Ton inseriert. In diesem Fall fehlt in *p* allerdings der Anreim, den *k*

---

[126] Berlin Mgq 583, Berlin Mgf 22 und Weimar Fol 418.

[127] Z.B. RSM, Druck Nr. 315a um 1530: *Jn des Regenpogen plaen thon Oder in der Ritter weyß ein gemeß.* So alle Drucke Nürnberger und Zürcher Provenienz. Dagegen schreiben die beiden Augsburger Drucke (315j und k) *Jn der Ritter weiß.* Sie sind leider beide undatiert.

[128] Roethe, S. 165 Anm. 207.

[129] Die Subsumierung der Texte unter ¹KonrW (Konrad von Würzburg) im RSM hängt damit zusammen, daß diesem der Blaue Ton in *k* zugeschrieben ist; *k* ist im RSM Leithandschrift.

[130] Im Jüngeren Meistergesang ist der Blaue Ton unter dem Namen Regenbogens in Augsburg nur noch einmal belegt: am 12. August 1618 verzeichnen ihn die Singschulprotokolle – wie immer ohne Hinweise auf den Text; vgl. Brunner/ Dischner/Klesatschke/Taylor, S. 97.

bietet. Nach dem Textbefund ist er hier sekundär zerstört zugunsten einer Strophenanapher.[131] Daß die Nichtnennung des Autors mit einer bestimmten Tonvariante einhergeht, ist wohl gewollt. Zumindest wußte der Redaktor nicht, ob er diese Variante Regenbogen zuschlagen sollte. Vielleicht kannte er die Doppelbenennung des Tonautors Frauenlob-Regenbogen. Wenig wahrscheinlich dagegen ist, daß er für diese Variante zwischen Frauenlob und Konrad nicht zu entscheiden wußte: die Doppelung Frauenlob/Regenbogen ist nämlich kein bloßer Zufall, steckt doch in diesem Ton ein Stück »Sängerkrieg«. In [1]KonrW/8/7 löst Frauenlob in Str. 4-6 ein Rätsel, das Regenbogen ihm in Str. 1-3 gestellt hat. Die Texte wage ich so wenig zu datieren wie Wachinger.[132] Wie bei anderen solchen Fällen, hat dieser Streit wahrscheinlich die Doppelzuschreibung ausgelöst.[133] Erst danach ist wohl das Schema »frauenlobisiert« worden. Für die Bindung von Anreim auf Endreim über weitere Strecken liefert nämlich Frauenlobs Neuer Ton das Muster. Daß diese Variante des Tons in k unter Konrad von Würzburg läuft, ist außer mit dem Hinweis auf die noch nicht sehr feste Tradition nicht zu begründen. k nimmt gerade unter Konrads Namen zahlreiche Töne auf.

Die Entwicklung des Blauen Tons durch zwei Mißverständnisse (die Verwechslung in q und die Mißinterpretation des k-Schemas im späten Nürnberger Meistergesang) bringt zwei Tonfamilien in Verbindung, deren Gemeinsamkeiten sonst gar nicht so ausgeprägt sind. Sie gilt es, im folgenden darzulegen. Was gleich ist, ist die Gesamtlänge und die Länge der Einzelteile. Diese sind in der Struktur ähnlich, doch vor allem im Reimschema deutlich unterschieden. Am deutlichsten scheidet sie der Schlußteil (vgl. Schema oben).

---

[131]Daß nicht k ein altertümliches Lied auf die gewünschte Form gebracht hat, geht daraus hervor, daß die Reimwörter in p weitgehend erhalten und nur verschoben sind.

[132]Wachinger <II>, S. 290, behandelt den Bar, ohne auf die Altersfrage einzugehen.

[133]Man vergleiche etwa die Überschrift in k zu Regenbogens Briefweise: *Dys ist die prüffwyse die ist frauwenlobs vnd regenbogen gemein*, weil in diesem Ton 'Der Krieg von Würzburg' abgefaßt ist ([1]Regb/1/512a).

Friedrich von Sonnenburg, Ton I

```
4   3'  4   3          4   3'  4   3'  4   3   4   7
a   b   c   d          e   f₁₀ e   f   g   h   g₁₅ h
a₅  b   c   d
```

Gast, Ton

```
4_3'  4_3          5'  7'  4_3   4_3
x a   x b          c₅  c   x d   x d
x a   x b
```

Guter, Ton II

```
4   3'  4_3          4_3   4_3   4   3   4   3
a   b   x c          x d   x d   e   f₁₀ e   f
a   b₅  x c
```

Wolfram, Goldener Ton – Form 1

```
4   3'  4_3          5'  7'  4_3   4_3
a   b   x c          d   d   x e   x e₁₀
a   b₅  x c
```

Wolfram, Goldener Ton – Form 2/ Frauenlob, Ritterweise/
Regenbogen, Blauer Ton – Form 2

```
4   3'  4   3          4   3'  4   3'  4   3   4   3
a   b   c   d          e   f₁₀ e   f   g   h   g₁₅ h
a₅  b   c   d
```

Zorn, Greferei

```
4   3'  4   3'          4   3'  4   3'  4   3'  4   3'
a   b   c   d           e   f₁₀ e   f   g   h   g₁₅ h
a₅  b   c   d
```

Im 13. Jahrhundert gibt es drei Töne, die die Tonfamilie präludieren
oder umspielen. Ton I Friedrichs von Sonnenburg bringt bereits exakt
das Reimschema der Ritterweise und eine beinahe identische Verteilung der Zeilenlängen. Doch er ändert das Modell, vermutlich ehe es
noch in reiner Form existiert, durch Schlußbetonung ab. Die letzte
Zeile ist sieben-, nicht vierhebig. Damit geht das Grundmodell der
Tonfamilie, Aufbau aus zäsurierten Langzeilen mit wechselnd weib-
lichem und männlichem Endreim (7' 7 : | 7' 7' 7 7), nicht mehr auf.
Beinahe wie eine unmittelbare Vorstufe der Ritterweise wirkt dagegen Guters Ton. Nur vier Zäsuren müssen aufeinander gereimt werden, um das Schema zu erfüllen; die Metrik stimmt bis auf die Kadenzen, allerdings sind die Strophen in J in denkbar schlechtem Zustand und kadenzieren nicht immer gleich.[134] Der Ton Gasts entspricht dem Ton Guters recht genau. In den Reimen steht er dem
Ausgangs-Langzeilenschema am nächsten, dem Endprodukt am

---

[134]Text: Cramer <I>, Bd. 1, S. 264f.

fernsten: vergleichbar mit Friedrichs von Sonnenburg Verfahren variiert er das Reimschema durch eine metrische Besonderheit; er verlängert nicht die letzte, sondern kürzt die erste Abgesangszeile. Gerade dieser am stärksten von der Ritterweise abweichende Ton findet aber in der Entwicklung einen Weg exakt zu diesem Reimschema hin. Wenn er unterwegs einen Namen und einen neuen Tonautor verpaßt bekommt, so scheint doch die Kontinuität dadurch gesichert, daß die Einzelstrophe aus *C*, die dort Gast gegeben wird, noch in *k* auftaucht. Damit liegt auch die Vermutung nahe, die Melodie in *k* könne im Rahmen der üblichen Veränderungen noch die des 13. Jahrhunderts sein. Das Reimschema wird im zweiten Bar des Tons in *k* schon ausgebaut fast wie in der jüngsten Form (Form 2), nämlich in den Stollen und zu Ende des Abgesangs. Noch unterscheidet ihn aber von der Ritterweise, die ja ebenfalls in *k* steht, der Fünfheber zu Beginn des Abgesangs. Das betreffende Lied ('König Artus' Horn', [1]Wolfr/2/2) steht auch in den Meisterliederhandschriften *w* und *q* in der gleichen Form. Im Jüngeren Meistergesang[135] hat der Goldene Ton stets auch die erste Abgesangszeile verändert; den Fünfheber vertritt nun ein Zeilenpaar 4 + 3, dessen Vierheber auf den des nächsten Zeilenpaars reimen kann. Das Tonschema ist nun vollkommen eingeebnet und in dieser Form identisch mit dem der beiden anderen Töne.

Ohne die Stütze eines mittransportierten Textes muß die Überlegung auskommen, daß die Ritterweise ebenfalls die Fortsetzung eines Tones aus dem 13. Jahrhundert sei. Dafür aber gibt es andere Indizien, die in Kombination vielleicht ebenfalls zählen. In der Ritterweise zeichnet *k* ein 53strophiges Marienmirakel auf — *den hort ... von eim verzwyfelten ritter* ([1]Frau/23/3). Ein immerhin 5strophiges *bîspel* über die Begegnung eines Ritters mit Frau Welt ([1]Guter/1/1-5) prägt den Inhalt von Guters Ton I. Es beginnt zu allem Überfluß mit der Formel *Hie vur eyn werder ritter lac*, ein ideales Initium zur Ableitung eines entsprechenden Tonnamens. Leider ist Ton I nicht der, um dessen Schema es uns geht. In den Spruchstrophen von Ton II ist wohl durchaus von ritterlichen Tugenden die Rede, aber das Wort Ritter steht an keiner Stelle. Ob sich möglicherweise das Thema von Ton I im Namen von Ton II niederschlagen konnte, darüber läßt sich nur spekulieren; so kann der Befund die These kaum stützen, die Melodie von Guters Ton II werde in der Ritterweise fortgesetzt. Stützender Thesen bedarf es deshalb überhaupt, weil die Melodie in *J* nicht eingetragen ist: die 1. Str. steht unter leeren Notenlinien.

---

[135] Ältestes Lied [2]S/804 vom 27.9.1537; [2]S/757 in Frauenlobs Ritterweise und [2]S/771 in Regenbogens Blauem Ton laufen nur in späterer nicht-autographer Überlieferung gelegentlich unter dem Tonnamen Goldener Ton.

Gleichwohl gibt es ein Argument aus dem melodischen Bereich, das sogar recht schwer wiegt. Die Ritterweise ist eine der beiden Melodien in *k*, die einen vollständigen 3. Stollen im Abgesang bringt, und danach mit einer Coda schließt (K3C).[136] In *J* gibt es immerhin fünf K3C; die Form war also im 13. Jahrhundert nicht verbreitet, aber geläufig. Zu den wenigen Anwendern gehört ausgerechnet der Guter in seinem Ton I. Es liegt nahe, daß der Guter in seinem zweiten Ton, der nach seiner metrischen Bauform die gleiche Gliederung erlaubte, denselben Bautyp gebrauchte. Die Ritterweise in ihrer einsamen Position im 15. Jahrhundert erklärt sich am besten, wenn man ihr höheres Alter zubilligt. Das Tonschema der Ritterweise setzt mit Bereimung der Zäsuren das von Guters Ton II in einer Art fort, wie es nach den im II. Kapitel beschriebenen Variationen möglich scheint. Der Kadenzwechsel allerdings läßt Fragen offen.

Die Greferei von Zorn knüpft an die Ritterweise an und variiert sie leicht; dieses Verfahren ist für Zorn typisch.[137] Die durchgehende »Verweiblichung« der Dreiheber ebnet das Schema noch mehr ein.

Aus gutem Grund wurden die Melodien in die Interpretation bisher nur zum Teil einbezogen. Hier ergeben sich nämlich andere Verwandtschaften, Anklänge und Verwechslungen. Erschwert wird die Bewertung zusätzlich dadurch, daß die einzige bekannte Aufzeichnung des Blauen Tons von Regenbogen in Mel.*p* nicht ediert und deshalb verloren ist. Auch der Verlust der Melodie zu Wolframs Goldenem Ton in Mel.*p* ist bedauerlich, da sie offenbar von anderen Fassungen abwich.

Die Wiedergabe der Melodien umfaßt alle vollständig erhaltenen und selbständigen Aufzeichnungen. Die Melodie Friedrichs von Sonnenburg, die abweicht, ist zur Orientierung nach Masser, S. 42, beigefügt. Die Darstellung versucht, Melodieüberlieferungen, so gut es geht, nach Ähnlichkeiten zu gruppieren. Dies ist jedoch nur bedingt möglich, denn die Beziehungen überschneiden sich zum Teil. Es wurde in keinem Fall transponiert. (Schumann, Notenteil, S. 3, notiert die Ritterweise nach Mel.*p* eine Quart höher.)

Frauenlob, Blauer Ton: Mel.*i*, 241ᵛ; Mel.*o*, 48ʳ; Mel.*x*, Nr. 66; Frauenlob, Ritterweise: *k*, Runge Nr. 52; Mel.*i*, 243ʳ; Mel.*p*, Münzer Nr. 18. Konrad von Würzburg, Blauer Ton: *k*, Runge Nr. 75; Wolfram von Eschenbach, Goldener Ton: *k*, Runge Nr. 107; Mel.*n*, 521ʳ.

Bei Frauenlob, Blauer Ton (alle Fassungen) folgt auf den Steg (Ende 2. Notensystem) ein 3. Stollen.

---

[136]Vgl. dazu die Tabelle S. 236.
[137]Vgl. Rettelbach <II>, S. 258.

Zusammengehörige Melodien: Auf das gleiche Grundgerüst gehen zweifellos die Melodien von *k* und Mel.*i* zu Frauenlobs Ritterweise zurück, ferner die von Mel.*i* und Mel.*o* zu Frauenlobs Blauem Ton. Die unterschiedliche Tonalität hat aber einige deutliche Verschiebungen bedingt. Mel.*o* repräsentiert übrigens wohl eine modifizierte Variante der verlorenen Mel.*p*; jedenfalls weicht die bei Bohn zitierte Fassung der 1. Zeile nur in der Kadenz leicht von Mel.*o* ab.[138] Wenig ausgeprägt sind die Ähnlichkeiten zwischen *k* und Mel.*n* beim

---

[138] Die letzten beiden Silben tragen die Noten c ba.

Goldenen Ton Wolframs; denkt man sich Mel.*n* einen Ton tiefer, läßt sich aber doch deutlich ein einheitliches Melodiegerüst erkennen. Aus der einen Melodiezeile, die uns von Mel.*p* bekannt ist,[139] kann man in diesem Fall keinen Schluß ziehen. Denn wie Schumann[140] richtig bemerkt hat, ist das, was in Mel.*p* unter Frauenlobs Ritterweise steht, eine um eine Terz versetzte Version des Goldenen Tons (Mel.*n*-Fassung). Das ist freilich nicht die einzige Querverbindung zwischen den einzelnen Tönen. Ganz eng hängen nämlich offenbar Frauenlobs Ritterweise und der Blaue Ton Frauenlobs zusammen. Im Abgesang, wo die Differenzen größer werden als in der Stollenmelodie, sind die Unterschiede zwischen den einzelnen Fassungen des einen und des andern Tons auch in sich deutlich breiter gestreut. Auch was Mel.*p* als Regenbogens Blauen Ton führt, gehört ohne Zweifel zu diesem Melodiesystem, doch ist – wie oben schon mitgeteilt – nur die erste Zeile bekannt; es bleibt unklar, worin Puschman den Unterschied zu Frauenlob gesehen hat.[141] Eine zweite auffällige Gleichung zeigt sich zwischen Konrads Blauem Ton und Wolframs Goldenem. Schon in der Version, wie sie in *k* notiert sind, zeigen sie enge Verwandtschaft, es kann sich also nicht um ein spätes »Zusammenwachsen« der Melodien handeln. Doch ist die Verwandtschaft mit der in Mel.*n* überlieferten Melodie noch enger. Beziehungen dieser Melodie zu Konrads Blauem Ton kann man wohl konstruieren, sie bleiben allerdings recht vage. Deutlich abgesetzt erscheint mir Zorns Greferei, deren Melodie deshalb nicht beigegeben ist. Die Ritterweise und die Blauen Töne jüngerer Provenienz gehören also zu einer ursprünglich gemeinsamen Melodie, der Goldene Ton (einschließlich der Ritterweise in der Fassung Mel.*p*) und der ältere Blaue Ton einer zweiten.

Die Gesamtentwicklung wird hierdurch zwar nicht völlig erklärt, aber etwas durchschaubarer. Die nicht von Haus aus, jedoch nach einer Entwicklung der beiden schemagleichen Töne Guter/Frauenlob, Ritterweise, und Gast/Wolfram, Goldener Ton, haben ursprünglich verschiedene Melodien, die sich nach dem metrischen Zusammenwachsen sekundär überschneiden. Die Blauen Töne in den Fassungen des Älteren Meistergesangs, metrisch aus einer Wurzel

---

[139] Bohn, S. 381, Nr. 59. Zitierter Anfang: f f f f f g g e.

[140] Schumann, S. 227.

[141] Daß er diesen gesehen hat, belegt nicht nur die parallele Aufnahme beider Töne ins 'Singebuch' (Mel.*p*). Auch ausdrücklich weist Puschman in der 3. Fassung des 'Gründlichen Berichts' auf die melodische Unterscheidung der Töne hin: *So ist doch in aller dreyen Melodeyen ein gros vnterscheidt* ... B. Taylor ‹II›, Bd. 2, III, S. 35. Vgl. auch S. 325f.

gewachsen und von den beiden andern Tönen im Strophenschema bei gleicher Gesamtlänge und etwa übereinstimmenden Zeilenlängen deutlich geschieden, bedienten sich – vielleicht schon immer – einer der beiden Melodien aus dem 13. Jahrhundert (Ritterweise oder Goldener Ton). Denkbar wäre, daß nach der Aufspaltung in Frauenlob und Regenbogen jedem der beiden Blauen Töne eine der präexistenten Melodien zugeteilt wurde. Indes ist gerade dies wegen der unglückichen Überlieferungslage nicht ausreichend zu belegen. Verständlich machen würde diese Annahme die Gleichsetzung und metrische Verwechslung von Ritterweise und Regenbogens Blauem Ton: sie hatten wohl schon vorher sehr ähnliche Melodien.[142]

Wie wir oben gesehen haben, ist die jüngere, aus *k* entlehnte Form des Blauen Tons Ergebnis einer Fehlinterpretation, sie schlägt jedoch die Brücke zu einer umfangreichen Tonfamilie mit einer genau beschreibbaren Struktur, bei der die Blauen Töne eher eine Randstellung einnehmen. Die Bedingungen dieses Tontyps sind: Kanzone mit 3. Stollen, die Stollen aus drei vierhebigen männlichen Zeilen mit Abschluß einer dreihebig-weiblichen; die drei männlichen Zeilen tragen gleichen Reim; Bautyp also: **4a 4a 4a 3'b**; kombiniert mit einem Steg, der mindestens eine weiblich endende Zeile enthält – steht sie allein, trägt sie den Korrespondenzreim zum Schluß des 3. Stollens.

---

[142] Für die angesprochene Hypothese müßte man annehmen, daß *k* im Blauen Ton Konrads zwar das Tonschema Pseudo-Frauenlobs repräsentiert, jedoch die Melodie Pseudo-Regenbogens. Dafür, daß die Tonschemata fast beliebig mit den verschiedenen vorhandenen Melodien versehen werden konnten, spricht allerdings Mel.*p* mit ihren zusätzlichen Verwechslungen. In diesem Fall wäre jede versuchte Rekonstruktion der ursprünglichen Verhältnisse zum Scheitern verurteilt.

Wizlaw, Ton I

4	4	4_3'		2	2	3'	2	2	3'		4	4	4_3'
a	a	x	b	d	d	e	f_{10}	f	e		g	g	x	b_{15}
c	c_5	x	b

Frauenlob, Froschweise

4	4	4	3'		2	2	3'	2	2	3'		4	4	4	3'
a	a	a	b	d	d_{10}	e	d	d	e		f_{15}	f	f	e
c_5	c	c	b

Kanzler, Hofton II/ Sighart, Pflugton

4	4	4	3'		2	2	3'		4	4	4	3'
a	a	a	b	d	d_{10}	e		f	f	f	e_{15}
c_5	c	c	b

Konrad von Würzburg, Nachtweise

4	4	4	3'		7'		4	4	4	3'
a	a	a	b	d	e_{10}	e	e	d
c_5	c	c	b

Goesli von Ehenhain, Ton II/ Suchensinn, Ton/ [Konrad von
Würzburg] Nachtweise – Variante Schonsbekels

4	4	4	3'		5'		4	4	4	3'
a	a	a	b	d	e_{10}	e	e	d
c_5	c	c	b

Beheim, Verkehrter Ton

4	4	4	3'		3'		4	4	4	3'
a	a	a	b	d	e_{10}	e	e	b
c_5	c	c	d

Konrad von Würzburg, Blauer Ton – Form 2

4	4	4	3'		4	3'	4	3'		4	4	4	3'
a	a	a	b	d	e_{10}	d	e		f	f	f	e
c_5	c	a	b

Muskatblut, Goldener Ton

4	4	4	3'		4	3'	4	3'		4	4	4	3'
a	a	a	b	d	e_{10}	d	e		f	f	f	b
c_5	c	a	b

Metrisch völlig identisch sind Sigharts Pflugton und Kanzlers Hofton
II, deren Traditionen sich nicht überschneiden. Kanzlers Hofton II ist
ausschließlich in *k* überliefert, lediglich Abschriften von der Melodie
aus *k* tauchen später in Nürnberg in Mel.*x* und Mel.*q* auf. Der Text ist
ein Weihnachtslied (1Kanzl/7/1). Im Pflugton Sigharts ist ein einziger vorreformatorischer Text in *q* erhalten. Ohne Tonangabe findet
sich der Ton auch in *h* (7/2) und in der Abschrift des Görlitzer
Gelehrten Anton nach unbekannter Quelle, Görlitz, Anton-Nachlaß
189 (7/3). Beide Texte, deren Zuordnung zu einem der beiden Töne

also nicht möglich ist, sind Liebeslieder. 7/1 sieht übrigens aus wie
eine geistliche Kontrafaktur von 7/2. Pflugton und Hofton II sind
schon metrisch zu nahe verwandt, als daß es sich um Zufallsidentität
im Rahmen einer eng verwandten Gruppe handeln könnte. Die
Melodien sind nicht gänzlich gleich, aber so ähnlich, daß Zufall
ausgeschlossen werden kann: sie müssen sich aus einer gemeinsamen
Vorform entwickelt haben. Sigharts Name ist sonst nur aus den
Dichterkatalogen und von einem weiteren, ebenfalls in q als Unikat
überlieferten Ton (dem Sanften) her bekannt. Es ist wenig wahrscheinlich, daß ihm ein Ton unterschoben wurde – er war ja nur in
seinen Tönen lebendig. So ist seiner Autorschaft zunächst einmal
eher zu trauen als der Kanzlers. Doch die Sache liegt aus mehreren
Gründen komplizierter.

Es gibt nämlich einen Ton (XVI) des Kanzlers, den Heinrich von
Mügeln als *nota curie mensurata cancellarii rethoris*[143] (Hofton I)
verwendet. Allenfalls die beiden Stollen haben eine gewisse Affinität
zur hier aufgezeigten Tongruppe, doch auch diese unterscheiden sich
durch den männlich statt weiblich endenden Stollenschluß:

```
4   4   4   3
a   b   c   d
a   b   c   d
```

Es spricht nichts dafür, daß dieser Ton ein direkter Vorgänger der
Strophenform in *k* ist, aber der Name könnte als vage Erinnerung im
Hintergrund gestanden haben, als man Kanzler den Ton zuschrieb.
Allerdings ist außer durch Heinrich von Mügeln der strophenreichste
Ton des Kanzlers nicht von anderen benutzt worden.

Nur die Binnenreime des Langzeilenstegs fehlen der Nachtweise
Konrads von Würzburg zu einer dem Hofton II/Pflugton identischen
metrischen Struktur. Der Ton ist nur in *k* Konrad zugeschrieben.
Seine Melodie entspricht dem Pflugton Sigharts weitgehend.[144]

Die folgende Melodiewiedergabe notiert:
Kanzler, Hofton II nach *k*, Runge Nr. 81.
Sighart, Pflugton nach Mel.*l*, 69ʳ. Die Melodie in Mel.*n*, 553ʳ, unterscheidet sich
nur in Kleinigkeiten; die Abweichungen in Mel.*p*, Münzer Nr. 101, sind ebenfalls

---

[143] In seiner lateinischen Ungarnchronik (¹HeiMü/410); vgl. Domanovszky, S. 270.
Nota curie entspricht bei Mügeln auch sonst einem deutschen »Hofton«.
Kornrumpf in VL², Bd. 4, Sp. 986-992, und RSM unterscheiden Hofton I und II.
[144] Die Feststellung von Schumann, S. 394, es handle sich um einen e-Modus, der
sich »ganz und gar der Formeln des c-Modus bedient« und in der »die Finalis
als Terzschluß« wirkt, gilt nicht nur für die Nachtweise (*k*), sondern uneingeschränkt auch für Pflugton und Hofton II.

so gering, daß eine Mitteilung entfallen kann.
Konrad von Würzburg, Nachtweise nach *k*, Runge Nr. 72.

Konrads Ton hat in *k* einen zweiten Namen: *alii dicunt esse in friderich von suneburgs sußem don.* Doch auch von Friedrich gibt es keine Strophe, die man darauf singen könnte. Weitläufig verwandt ist allenfalls sein Ton II. In *h* ist die Nachtweise ohne Tonautornennung bezeugt. Ein fünfstrophiges Erzähllied mit Tageliedsituation beginnt nicht nur *Der ritter sprach ich lob die naht* ([1]KonrW/10/4), sondern endet auch mit der ausdrücklichen Tonnennung: *ich han gesungen die naht wis* und einer verschlüsselten Autorsignatur: *min guldin bluet.* Signaturen gegen Ende der letzten Strophe kennen wir in zwei Formen: entweder nennt der Autor den Namen – so Muskatblut oder Suchensinn –, oder er gibt eine vertretende Metapher an, letzteres ist sonst nur bekannt von Hülzings *mein silbres reis*, was wohl einen wappenartig zu verstehenden »silbernen Zweig« meint.[145] Die hier begegnende Formel gehört Schonsbekel. Man möchte dieses Lied daher ebenfalls Schonsbekel zuweisen. Gehört ihm also die Nachtweise in *h*?

Die Variante der Nachtweise, die zu dem geistlichen Tagelied gehört, ist metrisch mit dem Ton Suchensinns identisch. Mehr noch: genau an der Stelle, wo die Schonsbekel-Signatur sitzt, findet man normalerweise in den Suchensinn-Liedern ein *ach suchensinn*. Und ist man erst einmal so weit, dann stellt man fest, daß das Lied auch

---

[145] Anders Brunner in VL², Bd. 4, Sp. 96, der es als »silbernen Kranz« gedeutet wissen will, »möglicherweise als Rangabzeichen des Sängers«. Die Parallele von *guldin bluet* und *silbrin reis* spricht für die andere Deutung.

inhaltlich ein »typischer Suchensinn« ist. Allerdings: der Typ hat sich vom Autor gelöst. Nicht alle Lieder *im suchs im sinn* und mit Autorsignatur im Text stammen von ihm.[146] Autor unseres Lieds ist also tatsächlich vermutlich Schonsbekel, der sich hier am Typ 'Suchensinn' versucht hat – in gelungener Nachahmung zwar, jedoch ohne sich zu verleugnen. Ferner denke ich, ist Nachtweise nicht der Name von Suchensinns Ton, der – wenn überhaupt (in *k* und *d*) – nur unter dem Autor zitiert wird, sondern bezieht sich auf das Lied zurück. Dennoch konnte es wohl nur von diesem Lied aus zu der Zuschreibung Nachtweise in *k* kommen, obwohl dort nicht der namengebende, sondern nur drei andere Bare überliefert sind. Das ist also ein nicht aus *k* herrührender, doch wohl nicht zu alter Fehler. Die alternative Zuschreibung an Friedrich von Sonnenburg ist – wie gesagt – auch nicht besser. Die Unterschiebung der Nachtweise an Konrad liegt nahe, weil ihm schon eine Morgenweise gehört. Die fast vollkommene Melodiegleichung spricht sehr stark dafür, daß Nachtweise, Pflugton und Hofton II aus einer Wurzel herausgewachsen sind. Sigharts Pflugton als der vermutlich älteste der Gruppe könnte am ehesten das »Original« auch für die Melodie sein. Eine solche melodische Ähnlichkeit gilt allerdings nicht für den Ton Suchensinns.[147]

Übrigens weist der Ton Suchensinns auf eine ältere Struktur zurück – den Ton II Goeslis von Ehenhein (KLD 14,II) in *C*,[148] der sich nur durch eine exakte Auftaktregelung unterscheidet. Daß Suchensinn an ihn anknüpfen wollte, ist nicht auszuschließen, aber nicht zwingend, denn die Bauteile dieser Gruppe sind so allgemein, daß daraus mehrmals Ähnliches oder gleiches zusammengesetzt werden konnte. Dies gilt auch für die Übereinstimmung Suchensinn/Nachtweise in der Nebenform von *h*. Daß die ältesten Vertreter des Hoftons II bzw. des Pflugtons Liebeslieder sind, spricht dafür, daß der oben dargestellte Komplex der Töne mit nichtrepetiertem Steg nicht aus typischen Sangspruchformen herausgewachsen ist.

Alle bisher betrachteten Töne sind in den Stollen metrisch völlig gleich gebaut. Unterschiede werden lediglich im Steg sichtbar. Dieser ist aus einer längeren oder Langzeile gebildet (5', 7' bzw. 4 + 3') und

---

[146] Zur Echtheitsfrage im einzelnen vgl. zuletzt Schanze <I>, Bd. 1, S. 137–145.

[147] Die mehrmalige Gleichsetzung der Melodien von Konrads Blauem Ton und seiner Nachtweise durch Schumann, z.B. S. 297, ist dagegen höchst problematisch. Gewisse Ähnlichkeiten ergeben sich allenfalls durch die gleiche Stellung der Schwebezeilen in der 2. Stollenzeile und im Steg. Übereinstimmungen so allgemeiner Art besagen jedoch m.E. gar nichts.

[148] Roethe, S. 164. Zum Ton Goeslis haben wir keine Melodie.

gegebenenfalls unterteilt gereimt. Offenbar hatte Beheim genau diese Gruppe im Auge, soweit er sie kennen konnte, als er seinen Verkehrten Ton schuf. Dieser spielt nämlich mit dem Ausgangsmaterial, indem er am Ende des zweiten Stollens, wenn die Erwartungshaltung aufgebaut ist, den erwarteten Reim b nicht bringt, sondern einen weiteren einführt; erst im Abgesang wird das Ungewohnte aufgelöst. Daneben hat er auch dem Steg durch die Kürze der Zeile eine neue Variante abgewonnen.[149]

Nah verwandt sind all die Töne, die den bisher besprochenen Stollenbau mit einem aus zwei längeren Zeilen bestehenden Steg verbinden. Ein unmittelbarer Verwandter Suchensinns ist hier der Ton Meffrids mit Wiederholung des Fünfhebers (5' 5'), musikalisch als repetierter Steg ausgebildet. Die Melodien sind übrigens unabhängig. Der Blaue Ton Konrads in seiner mißverstandenen Nürnberger Form und der Goldene Ton Muskatbluts haben ein zäsurgereimtes Langzeilenpaar (4 3' 4 3') als Steg. Unrepetiert gibt es dazu keine direkte Entsprechung, weil der Reim d nur schwer Korrespondenz gefunden hätte. Ein Gegenstück zu Kanzler, Hofton II/Sighart, Pflugton bildet die Froschweise Frauenlobs, die den in Kurzzeilen unterteilten Steg repetiert.

Die hier beschriebene Gruppe von Tönen ist durch ein Bündel gemeinsamer Merkmale eng begrenzt: gleicher Aufbau der Stollen in Metrum und Reimschema bei 3. Stollen. Dieses Merkmalsbündel führte uns in ein beinahe einmalig enges Geflecht von Tonschemata, deren Randzone nachher noch einbezogen werden kann. Doch zuvor muß der Sachverhalt noch einmal interpretiert werden. Roethe spricht im Zusammenhang mit diesen Strophenformen von einer »Tonfamilie«, und zwar im Blick auf die Schrankweise Römers, die er als Ton Reinmars von Zweter ausschließt. Er begrenzt die Tonfamilie durch die Bedingungen a a a b als Stollenreimschema und 3. Stollen.[150] Die Schrankweise weist im Metrum eine Variante gegenüber den oben besprochenen Tönen auf, sie betont nämlich den Stollenschluß durch eine verlängerte Zeile (4 4 4 5'), während er die Verwandtschaft der Blauen Töne, die im Reimschema von Roethes Bedingung abweichen, nicht einmal erwähnt. Ganz sicher meint auch Roethe nicht, »Tonfamilie« solle ein genetisches Prinzip ausdrücken. Vielmehr sieht er in einer Tonfamilie eine an bestimmte – willkürlich festgelegte – Bedingungen geknüpfte Teilmenge aller Strophenschemata. Von einer Tonfamilie zu sprechen, impliziert darüber hinaus

---

[149] *Verkeren* begegnet in ¹Beh/438 als Terminus technicus für das Umstellen von Reimschemata.

[150] Roethe, S. 163f.

nur noch, daß eben an eine bestimmte Merkmalskombination eine
besondere Häufung von Tönen gebunden ist. Verstanden ist eine solche Gruppe bei Roethe rein phänomenologisch. Daß man sie nur so
verstehen darf, geht auch aus unserem Material überdeutlich hervor,
am anschaulichsten aus jener exakt zu belegenden und zu erklären-
den Metamorphose des Blauen Tons von Konrad, der durch zwei
Fehlinterpretationen des Tonverwenders in die Gruppe eintritt und
zufällig sogar dem Goldenen Ton von Muskatblut fast gänzlich
gestaltgleich wird, den der erste Verwender des Blauen Tons dieser
Form mit Sicherheit nicht kannte. Weil der Bereich so eng belegt ist,
lassen sich manche Beziehungen aber auch nicht eindeutig klären.
Wo man bei Tönen mit seltenen Merkmalen aufgrund der Kennzeichen bereits Abhängigkeiten konstatieren kann, lassen Töne sich hier
oft eben nur der Tonfamilie insgesamt zuweisen. Sieht man das Problem so, dann gibt es erst einmal gar nicht so viele Tonfamilien, und
dann darf man weiterfragen, ob Roethes Merkmalsbeschreibung
denn hinreicht, um das ganze Feld der Ähnlichkeiten in diesem Fall
abzustecken. Ich erwähne zunächst die Töne, die er über die bereits
erwähnten hinaus zur Gruppe rechnet. Das sind »die Stollen der
süßen Weise Mönchs von Salzburg: auch die Weise des Pseudo-Gott-
friedischen Lobgesangs [Gottfried von Straßburg, Ton II], auch die 15.
Weise Wizlavs stimmen bis auf éine Differenz zu diesem Typus.«[151]
Ferner nennt er noch den Hofton Konrads von Würzburg, die Briefweise Regenbogens, die »Schlußzeile von Harders Chorweise«, deren
Stollen genau denen der Schrankweise entsprechen, aber er rechnet
sie nicht zur Tonfamilie. Die besprochenen Stollen sehen so aus:

Römer, Schrankweise	Konrad, Hofton	Gottfried, Ton II
4 4 4 5'	7' 7' 3' 4	4 4 2 3'
a a a b	a a a b	a a a b

Mönchs Süßer Ton hat als einziger von den bei Roethe genannten
Tönen genau die geforderte Stollenform, sein Abgesang repetiert
jedoch den Stollen nicht am Ende, sondern das Schema hat die Bauform A A B B C D.[152] Ich notiere ausnahmsweise auch den zweiten

---

[151] Roethe, S. 164. Zu Gottfrieds Ton s.u.

[152] Vgl. die Analyse des Tons bei Wachinger <VIII>, S. 168-170. Er sieht die Nähe
zu anderen Tönen des Mönchs und kommt mehr aus anderen Gründen zu dem
Ergebnis, daß der einzige Text und der Ton unecht sind: in Unregelmäßigkeiten
der Versfüllung in *k* spiegelt sich am Strophenende ein ursprüngliches
»Schwanken zwischen 4 4 4 4 und 4 3- 4 3- ..., eine metrische Freiheit, wie sie bei
nicht meisterlicher Dichtung auch bei relativ hohem Formanspruch im 15. Jahrhundert nicht selten war« (S. 170). Man kann noch darauf hinweisen, daß die
Füllungsfreiheit in der Kadenz an bestimmten Stellen eines Tons noch einmal in

paarigen Teil untereinander, um die Form deutlich zu machen. Durch die gleiche Länge und die metrische Identität dieses Teils wirkt der Ton nämlich kaum mehr wie eine Kanzone sondern eher »doppelt stollig«.[153]

Mönch von Salzburg, Süßer Ton

4	4	4	3'		4	4	4	3'		4	4	4	4	4	4	4	3
a	a	a	b		c	c_{10}	c	d		e	f	e	f_{20}	g	h	g	h
a_5	a	a	b		c	c	c_{15}	d									

Wizlaws (Lied)-Ton XV ist dagegen näher verwandt, er bringt tatsächlich auch melodisch einen 3. Stollen, der Steg ist metrisch wie die Stollen gebaut, so daß das metrische Grundmuster viermal wiederholt wird.[154]

Wizlaw, Ton XV

2	4	4	3'		2	4	4	3'		2	4	4	3'
a	a	a	b		d	d_{10}	d	e		d	d	d_{15}	e
c_5	c	c	b										

Das Reimschema der Stollen ist sicher ein ganz wesentliches Element in der Ähnlichkeit von Tönen, aber man darf es wohl nicht ausschließlich beachten. Gerade Wizlaw bietet nämlich einen Spruchton (Ton I), der der Froschweise Frauenlobs sehr nahe steht. Der Ton unterscheidet sich nur dadurch, daß eine zäsurierte Langzeile den Stollen beschließt, ein Reim fehlt also. Außerdem sind die Zweiergruppen des Stegs nicht beide mit demselben Reim ausgestattet wie bei der Froschweise. Wizlaws Ton könnte fast ohne Schwierigkeiten als genetischer Vorläufer der Froschweise gelten. Die Mitreimung der Zäsuren liegt voll im normalen Entwicklungstrend. Allerdings wird diese Möglichkeit nicht durch die Melodien gestützt. Wizlaws Ton I in *J*, 73^r, unterscheidet sich völlig von der Melodie zur Froschweise in *k*, Runge Nr. 24, diese jedoch auch von ihren nachreformatorischen Fassungen so weit, daß Schumann darüber urteilt: »Die Verschiedenheiten überwiegen das Gemeinsame«.[155] So bleibt eine Neuschöpfung des Tons bei Kenntnis des Vorläufers am wahrscheinlichsten; dafür könnte dann jener Alblin verantwortlich sein, dessen Bar in

---

k bei einem geistlichen Text mit einem ungewöhnlichen Tonschema verknüpft ist: bei Pseudo-Regenbogens Torenweise (Schema S. 57). Etwas anders liegt der Fall wohl bei Pseudo-Kanzlers Langem Ton.

[153] Zur »Doppelstollenkanzone« vgl. auch die entsprechenden Beobachtungen am Ton IV Reinmars von Brennenberg, S. 128 A 132.

[154] Pickerodt-Uthleb, S. 479.

[155] Schumann, S. 290. Melodien im Notenteil 3,I.

Karlsruhe St. Georgen 74 (¹Albl/1) der frühest-belegte ist.[156] Das
erklärt den Melodieunterschied und das abweichende Reimschema
im Steg. Ein Hinweis zur Erklärung des auffälligen Namens findet
sich übrigens in keiner erhaltenen Strophe. In ähnlicher Weise gehört
dann auch Marners Goldener Ton hierher, der ebenfalls den Stollentyp 4a 4a 4x 3'b vertritt. Der Steg wird bei diesem Ton allerdings sehr
lang, der 3. Stollen wird erst spät hergestellt, als auch schon ein
Reimschema a a b c verwirklicht ist wie in Konrad/Frauenlob, Blauer
Ton. Ich sehe diesen Ton jedenfalls näher an der Gruppe als etwa den
oben erwähnten Hofton, der im Reimschema zwar entspricht, aber
metrisch völlig anders gebaut ist.

Walther von der Vogelweide, Ton XXI

4	4	4	3'		2	2	3'		4	4	2	3'
a	a	b	c		e	e$_{10}$	f		g	g	g	f
d$_5$	d	b	c									

Gottfried von Straßburg, Ton II

4	4	2	3'		4	3'		4	4	2	3'
a	a	a	b		d	e$_{10}$		d	d	d	e
c$_5$	c	c	b								

Frauenlob, Silbrin Reis

4	4	2	3'		4	2		4	4	2	3'
a	a	b	c		e	e$_{10}$		e	e	e	c
d$_5$	d	b	c								

In einer Randstellung zur Tonfamilie – man sollte sie nicht hinzuzäh-
len – stehen diese drei Töne. Wenn auch durch das Reimschema
a a b c geschieden, steht Walthers Ton XXI[157] ganz nahe an Kanzler,
Hofton II/Sighart, Pflugton, von denen ihn im Aufgesang also das
Reimschema, im Abgesang nur die Verkürzung der vorletzten Zeile
scheidet. Wie z.B. Marners Goldener Ton geht er auf diese Weise
knapp an der metrischen Verwirklichung des 3. Stollens vorbei. Auch
wenn er nicht echt ist, könnte er der älteste Vertreter der ganzen Tongruppe überhaupt sein. Fast genau der gleiche Abgesang tritt bei
Gottfrieds Ton II auf – dort allerdings in Zusammenhang mit einem
anderen Stollentyp, der den Ton zu einem echten Vertreter der Form

---

[156]Ohne Tonnamen in Karlsruhe St.Georgen 74, doch kehrt Str. 1 dieses Bars in
¹Frau/14/1 wieder. »Eine ältere Einzelstr. (Anfang 14. Jh.?) scheint also im 15.
Jh. zweimal nach Meistersingerart zum Dreierbar ergänzt worden zu sein.«
Wachinger in VL², Bd. 1, Sp. 156. Unter dieser Voraussetzung rückt die Froschweise zeitlich recht nahe an Wizlaw heran.

[157]¹WaltV/21/1; bei Brunner <II>, S. 184, Ton XVIII; Lachmann 104,33.

mit 3. Stollen macht. Sogar das Reimschema der Stollen paßt in die Umgebung der Tonfamilie, am nächsten steht der Ton Pseudo-Konrads Nachtweise. Frauenlobs Silbrin Reis ist ein Unikat in *d* (¹Frau/24/1); ein Zusammenhang mit echten Frauenlob-Tönen ist nicht zu sehen, aber strukturell ist er mit dem Ton Pseudo-Gottfrieds verwandt. Vom Kern der Tonfamilie entfernt er sich freilich noch weiter, einerseits durch sein originelles Tonschema, andererseits durch den nicht weiblich endenden Steg. Insgesamt ist der Stollentyp 4 4 2 3', wie ihn die beiden zuletzt besprochenen Töne verwirklichen, als Unterform des Typs 4 4 5' zu betrachten – und dieser kommt häufig vor (vgl. S. 250). Gegenüber diesem Stollentyp ist die letzte Zeile geteilt.

Die beiden Tonfamilien sind nicht insgesamt aus einer genetischen Wurzel zu erklären. Sie sind weder durch Weiterentwicklung und Aufspaltung eines einzigen Ausgangstons entstanden, noch läßt sich in vielen Fällen eine bewußte Auseinandersetzung mit ähnlichen Vorgängern nachweisen. Unabhängig sind sie andererseits auch keineswegs; die enge Familienzusammengehörigkeit führt zu Kontrastierung (Beheim, Verkehrter Ton), Melodieverwandtschaften (Sighart, Pflugton/Konrad, Nachtweise) und Melodieverwechslungen (Wolfram, Goldener Ton/Frauenlob, Ritterweise), ja sogar fortwirkende Verwechslung von Tonschemata (Regenbogen, Blauer Ton) und Angleichungen/»Einebnungen« in Richtung auf die Grundgestalt (Gast/Wolfram, Goldener Ton).

Die Strophenformen haben jenen mittleren Umfang, wie er beliebt war; aber sie sind noch so kurz, daß Ähnlichkeiten nicht schon aus statistischen Gründen unwahrscheinlich werden. Eben darum konnten sich diese beiden Tonfamilien gerade in einem Bereich entwickeln, der durch die Voraussetzung eines 3. Stollens im Abgesang auch diesen weitgehend festlegt. Unsere Gruppe unterscheidet sich daher auch am deutlichsten in der unterschiedlichen Art, den Steg zu bilden. Noch eines ist auffällig – die Tonfamilie erfaßt zwar eine große Anzahl von Namen, aber kaum einer dieser Töne gehört zu den Großcorpora. Viele sind nur durch wenige Strophen belegt, ein großer Teil tritt uns melodielos entgegen. Minnelieder greifen in den Bereich ein, Autoren, die sonst nicht im Meistergesang vertreten sind und zahlreiche Unterschiebungen. Als »volkstümlich« qualifiziert Schumann den Bereich dieser Tonfamilie. Das ist unscharf, aber berührt sicherlich den speziellen Sachverhalt insoweit, als die Tonfamilien nicht nur in einem Schnittpunkt von Sangspruchdichtung und Meistergesang, sondern allgemein im Zentrum des Liedguts vom 13. bis zum 15. Jahrhundert angesiedelt sind. »Variante und Kontamination«[158] sind wie in der Melodiebildung, in diesem Fall auch im Schema schwer auseinanderzuhalten.

Vor dem Horizont der entfalteten Tonfamilien läßt sich der Begriff noch einmal hinterfragen. Roethe hatte bei seiner Prägung zweifellos eine breite Kenntnis von Tönen und Tonverwandtschaften; gleichwohl hat er den Begriff undefiniert verwendet und auf seine speziellen Bedürfnisse zugeschnitten. Wesentlich scheinen zwei Momente: die Erfüllung einer Gruppe von Bedingungen und die Stellung dieser Bedingungen so, daß eine überdurchschnittliche Zahl von Tönen davon erfaßt wird. Abgesicherte genetische Beziehungen verlangt er dagegen nicht, schließt sie jedoch auch nicht aus. Dies muß man deswegen ausdrücklich erwähnen, weil der Name solche Beziehungen nahelegt. Darüber hinaus hat Roethe auch Tonteile als Glieder von Tonfamilien zugelassen. Diese letzte Möglichkeit scheint mir freilich den Begriff überzustrapazieren. Natürlich ist auch die Untersuchung von Tonteilen ein sinnvolles Unterfangen – das nächste Kapitel wird darauf eingehen. Aber man sollte bei beliebig gewählten Bedingungen und bei solchen, die sich allein auf Tonteile beziehen, neutral von Tongruppen, Stollengruppen usw. sprechen und den Begriff der Tonfamilie auf Fälle wie die oben dargestellten beschränken. Die von Roethe beigebrachten und oben schon bewußt abgetrennten Fälle: Mönch von Salzburg, Süßer Ton und Wizlaw, Ton XV wurden gesondert dargestellt. Ich rechne sie nicht zur Tonfamilie um Sigharts Pflugton, ebensowenig wie die von Roethe angesprochenen Stollenverwandtschaften.

---

[158]Schumann, S. 291.

Die Langzeilen-Tonfamilie um den Schwarzen Ton des
Ungelehrten

Ungelehrter, Schwarzer Ton
Form 1

4	3'	4	3'	7		4	4	4	4		4	3'	4	3'	7
x	a	x	a	b_5		d	e	d	e		x_{15}	f	x	f	b
x	c	x	c	b_{10}											

Form 2

4	3'	4	3'	4	3		4	4	4	4		4	3'	4	3'	4	3
a	b	a	b	x_5	c		f	g	f_{15}	g		h	i	h	i_{20}	x	c
d	e	d	e_{10}	x	c												

Junger Meißner, Ton III

4	3'	4	3'	4	3		4	3'	4	3'		4	3'	4	3'	4	3
a	b	a	b	x_5	c		f	g	f_{15}	g		h	i	h	i_{20}	x	c
d	e	d	e_{10}	x	c												

Boppe, Kreuzton

4	3'	4	3'	4	3'		4	4	4	4		4	3'	4	3'	4	3'
a	b	a	b	c_5	d		g	h	g_{15}	h		i	k	i	k_{20}	c	d
e	f	e	f_{10}	c	d												

Marner, Kreuzton

4	3	4	3	3'	3		4	3'	4	3'		4	3	4	3	3'	3
a	b	a	b	c_5	d		g	h	g_{15}	h		i	k	i	k_{20}	c	d
e	f	e	f_{10}	c	d												

Schwarz, Vermahnter Ton

4	3'	4	3'	2	2	3		4	3'	4	3'		4	3'	4	3'	2	2	3
a	b	a	b	c_5	c	d		h_{15}	i	h	i		k	l_{20}	k	l	m	m	d_{25}
e	f	e_{10}	f	g	g	d													

Um die Tabelle einigermaßen überschaubar zu halten, ist beim Ungelehrten die jüngste Form weggelassen – sie entspricht im Reimschema exakt den beiden Kreuztönen. Vom Reimschema her identisch sind auch Form 2 des Ungelehrten und der Ton des Jungen
Meißners. Alle Töne sind – soweit belegt, auch melodisch – Kanzonen mit 3. Stollen. Die Stollen gliedern sich in je drei Langzeilenpaare,
die auf dem Boden der Heuslerschen Theorie gleichlang sind und nur
unterschiedlich kadenzieren. Am auffälligsten weicht Marners Kreuzton ab, der am Stollenende in der ersten Halbzeile weiblich kaden-
ziert. So minimal die Unterschiede zwischen den Strophenformen
sein mögen: solange man die Töne als Meistertöne versteht, sind sie
nicht unmittelbar genetisch voneinander ableitbar, denn Kadenzfrei-
heit kennt der Meistergesang nicht. Denkbar wäre freie Kadenzfül-
lung allenfalls in Bereichen außerhalb des Meistergesangs, die allerdings öfter einmal in diesen eingedrungen sind. So muß erst einmal

die Schichtung der Töne untersucht werden. Wenn auch im Ton des Ungelehrten alte Texte fehlen, so stammt zumindest doch der Ton von ihm (vgl. S. 131). Den Ton des Jungen Meißners leitet Kornrumpf[159] vom Ungelehrten ab. Denkbar ist eine solche Ableitung. Er wäre dann der erste Tonbenutzer, der den Schwarzen Ton mit ausgebautem Reimschema verwendet. Zugleich müßte er den Steg des Abgesangs umgestaltet haben – ähnlich wie er den Langen Ton Frauenlobs leicht variierte. Da uns die Melodie fehlt, ist der Sachverhalt nicht genauer zu klären. Die beiden Kreuztöne sind erst im Jüngeren Meistergesang belegt. Der Boppes ist nur durch weibliche Stollenschlußkadenz vom Ton des Ungelehrten unterschieden. Der Ton wurde von Hans Sachs nur einmal, sehr spät, gebraucht (1559; ²S/5399). Neben drei Belegen aus dem 17. Jahrhundert gibt es je einen von den Augsburgern Spreng (²Spr/103; undatiert) und Holzmann (²Hozm/15; 1576). Beide Texte sind wohl später als der von Sachs entstanden, doch deuten sie stark auf Augsburger Herkunft des Tons. Möglicherweise hat Puschman den Ton von dort mitgebracht. Jedenfalls fällt die Entstehung von Sachs' Lied in die Zeit von Puschmans Nürnberger Aufenthalt; Puschman hat es in sein 'Singebuch' aufgenommen.[160] Spreng kennt allerdings auch den Schwarzen Ton des Ungelehrten; der Kreuzton hat in Augsburg wohl nicht den Schwarzen Ton vertreten. Marners Kreuzton, der dem Ton des Jungen Meißners recht nahesteht, ist mit einem Lied in q vertreten (¹Marn/10/1) und bei den jüngeren Meistersingern recht beliebt. Schließlich sieht der Ton des Hans Schwarz aus wie eine unmittelbare Fortentwicklung des Jungen Meißner-Tons. Denkt man sich die Waisenzeilen dieses Tons binnengereimt, so entsteht genau der Vermahnte Ton. Wir müßten allerdings unsere Vorstellungen von der Präsenz älterer Sangspruchdichtung bei Meistersingern strapazieren, wollten wir eine direkte Bekanntschaft mit diesem Ton voraussetzen.[161] Eher ist wohl damit zu rechnen, daß Schwarz seine Strophenform aus allgemeiner Vertrautheit mit der Tonfamilie neu schaffen konnte.[162] Außerdem gibt es noch einen weiteren Anknüpfungspunkt (vgl. S. 255). Die Melodien der Töne zeigen keine Übereinstimmung,

---

[159] Bei Peperkorn, S. 9 Anm. 28.

[160] Hier wie in anderen Fällen kann man annehmen, daß Puschman sich das Lied eigens für diesen Zweck dichten ließ.

[161] Vom Jungen Meißner sind nur zwei Strophen in diesem Ton erhalten.

[162] Falls der Name des Tons nicht davon abgeleitet ist, daß im namensetzenden Text jemand »vermahnt« wurde, sondern weil seine Kreation im Kreis der Mitmeister mißfiel, könnte das die Konkurrenz zum Schwarzen Ton des Ungelehrten und zum Kreuzton Marners betroffen haben.

abgesehen von Ungelehrter, Schwarzer Ton, und Boppe, Kreuzton, die in Tonalität und Melodieverlauf deutlich kongruieren.[163]

Abschließend lassen sich nur vage die Beziehungen zwischen den Tönen formulieren. Zu einer Tonfamilie ist der ganze Komplex zusammengewachsen, weil die Großform A A B B A so verbreitet ist und weil die Einzelelemente so einfach sind. Ältester Ton ist mit Sicherheit – die jedoch nicht durch alte Texte gestützt wird – der Schwarze Ton des Ungelehrten. Ton III des Jungen Meißners greift diesen variiert auf. Ein Kreuzton Boppes, über dessen Alter wir nichts Genaues sagen können, ist seiner Melodie nach aus dem Schwarzen Ton herausgewachsen; diese Beziehung scheint mir recht deutlich. Marners Kreuzton steht dem Gesamtkomplex der genannten Töne mit Variationen nahe. Hans Schwarz' Vermahnter Ton ist eine Neubelebung des wohl aus zwei Vertretern bekannten Schemas mit einer neu komponierten Melodie.

---

[163]Ungelehrter, Schwarzer Ton: *k*, Runge Nr. 111; Mel.*p* verloren; Mel.*x*, Nr. 138; Boppe, Kreuzton: Mel.*o*, 126ᵛ; Mel.*p* verloren; Mel.*q*, 14ᵛ; Mel.*x*, Nr. 117.

IV. Kapitel
Imitationsfelder

Im I. Kapitel zeigte sich, ausgehend von einem einzelnen Text, ein Geflecht von Beziehungen zwischen verschiedenen Tönen. Diese waren teilweise sehr eng, in vielen Fällen beschränkte sich der Bezug indes auf eines oder wenige Elemente – Überlänge etwa oder die Verbindung von »normalem« Reim mit Kornreim. Die Aufnahme und freie Verwendung vorgefundener Elemente ist in der Sangspruchdichtung eine wesentliche Grundlage des formgeschichtlichen Prozesses neben der völligen Innovation oder der Übernahme aus Bereichen der Minnelyrik und dem geistlichen Lied. Nur durch das Weiterverwenden von Einzelelementen und durch das Fortführen von Modellen und Strukturen konnte sie als formaler Gattungstypus konsistent bleiben. Daß bei den Überlangen Tönen das Beziehungsgeflecht so genau entwirrt werden konnte, hängt damit zusammen, daß hier Extremformen zu analysieren waren. Bei – beispielsweise – zwanzigreimigen Tönen ohne Reimspielereien gibt es zwar viele verschiedene Möglichkeiten der Verwirklichung, und man wird rasch Ähnliches von weniger Ähnlichem scheiden können. Aber auch vorausgesetzt, die relative Chronologie sei gesichert, wird man doch häufig allenfalls sagen können, wie eine bestimmte Strophenform den zuvor bestehenden Untertypus variiert. Imitiert wird nicht mehr einzelnes, sondern ein Modell. Von einigen typischen Modellstrukturen handle ich in Abschnitt 4. Andere Elemente, die ich im folgenden beschreibe, sind aus Einzelbeobachtungen hervorgegangen und verstehen sich als Anregungen, in welche Richtung weitergeforscht werden kann. Erschließung über ein gewisses Maß hinaus, ohne andere Größen wie Melodien, aber auch ohne Inhaltsbezüge mit heranzuziehen, ist nicht sinnvoll, sondern führt in formalistische Sackgassen. Mit den in den beiden letzten Kapiteln besprochenen Varianten- und Derivationsbildungen sind diese Erscheinungen nur noch zum Teil vergleichbar.

1. Die Einführung kurzer Reimabstände in die Spruchdichtung

Ein Einzelelement, dessen Vordringen in der Spruchdichtung sich gut verfolgen läßt, ist die Intrusion kurzer Reime. Kurze Reimabstände nämlich sind der älteren Sangspruchdichtung fremd. Die Richtung der Gattungsentwicklung im 13. Jahrhundert geht eher zur Groß-form, wie sie sich schon in Walthers Reichston dokumentiert. Doch wächst nicht nur die absolute Länge der Töne an, auch die Reimab-stände sind weit größer als in der zeitgenössischen Minnelyrik. In *J* gibt es nur wenige Töne ohne lange oder Langzeilen (6 Hebungen oder mehr), nur wenige mit Kurzzeilen (2 Hebungen). Während bei Neifen und in der Neifenschule Reimspiele schon vor der Mitte des 13. Jahrhunderts den Minnesang dominieren, treiben Sangspruch-dichter ihre Strophen vor allem mehr und mehr in die Länge. Der früheste Sangspruchton mit Kurzreimen ist Marners Ton VI. Die drei kurzen Spruchstrophen beginnen den Abgesang jeweils mit den Formeln

Tump man,   nim dich an
Friunt mîn,   dû solt sîn
Wes, des   wæne ich wes

Das ganze, recht experimentell anmutende, doch geschickt konstru-ierte Strophenschema sieht so aus:

Marner, Ton VI

5' °6		1 °2		5' °6	
a	b	c	c₅	a	b
a	b				

Die oben zitierten Zeilen freilich liest man spontan wegen der Reim-korrespondenz der c-Reime mit beschwerter Hebung (°2c °2c), was auch der inhaltlichen Bedeutung (zweimal Apostrophe des Adressa-ten) entspricht. Gleich wie man es letztlich metrisch darstellt: eher so eine Gliederung mag der Marner gemeint und musikalisch verwirk-licht haben. Es ist ein Experiment, aber nicht eigentlich ein Anreim-experiment.

Wenig später dichtete Hawart ein dreistrophiges Gebet, in dem sich die erste Silbe der ersten Zeile beider Stollen auf den Strophen-schluß reimt:

Hawart, Ton I

7'	7	3		4'	4'	6	4'	4'	6	7
g.a	b	c		d	d	e	f_{10}	f	e	g
g.a	b_5	c								

Freilich, der Ton wirkt formal »spruchartig ausladend«, wie von
Kraus[1] herausstellt. Inhalt ist ein Gebet mit politischer Komponente
(Kreuzzug), dessen Strophen untrennbar zusammengehören. Es gehört zweifellos zu jenen Texten, die die Grenze Spruch – Lied trans-
zendieren und manchen an den Gattungsgrenzen überhaupt zweifeln
lassen. Mit U. Müller und Bleck[2] sehe ich das Ganze doch als Lied –
innerhalb dieses Komplexes ist diese Art des Reims längst
Konvention[3]. So gilt es noch Litschauers Ton II zu erwähnen, der den
Anreim genau wie Hawart einsetzt. »Die Sprüche des Tones II« sind
»durch Leitwörter, Responsionsreime und die Technik gehäufter
Wortwiederholung auffallend eng verknüpft«.[4] Ein Dichter, der auch
sonst seine Reimschemata auf originelle Weise bildet, kann sehr wohl
für die Übertragung liedhafter Elemente in die Sangspruchdichtung
in Frage kommen. Leider können wir den Litschauer bis heute nicht
sicher datieren. Doch wird er wohl vor Frauenlob gedichtet haben,
der dann den Anreim in großem Umfang einsetzte.

Konrad von Würzburg führt den Schlagreim in die Sangspruchdichtung ein. Bei ihm, dem virtuosen Formkünstler, ist die Übernahme eines solchen Formelements besonders gut erklärbar. In Ton
23 beginnt Konrad eine Spruchreihe scheinbar als Winterlied:

Jarlanc treit
heide breit
manige not und arebeit[5]

Dann aber führt Reflexion – und diese nicht etwa über Minne-
thematik – den Natureingang fort.

---

[1] KLD, Bd. 2, S. 176. Die Bauform schließt unmittelbar an einige Walther-Töne an:
  A A B B C, d.h. im Abgesang folgt einem längeren Wiederholungsteil nur noch
  eine abschließende Langzeile.
[2] U. Müller in VL², Bd. 3, Sp. 560 und Bleck, S. 83. Bleck hält für die wahrscheinlichste Datierung das Jahr 1267.
[3] Willkürlich herausgegriffene Beispiele sind Gottfried von Neifen, KLD 15,V und
  VI.
[4] Kornrumpf in VL², Bd. 5, Sp. 852.
[5] Schröder 23,1-3.

Konrad von Würzburg, Ton 23

°2 °2 °4 °3 °3 °5	°2' °2'_°1' °3	°2 °2 °4 °3 °3 °5
a a a a a_5 b	c c c a_{15}	a a a a a_{20} b
a a a a_{10} a b		

Kurze Verse, Schlagreim und die Beschränkung auf nur drei Reimklänge machen die »Tarnung« als Minnelied perfekt. Die nicht über-
kommene Melodie mag das ihre dazugetan haben. Damit ist die
Brücke geschlagen: auch im textlich »normalen« Aspiston wird der
Schlagreim sangspruchfähig.[6] Auch der Aspiston hat darüber hinaus
streng geregelte Auftaktverhältnisse und gebraucht mehrere Reimklänge vier-, ja fünfmal.[7] Zunächst übernimmt kein anderer Dichter
Konrads Schlagreimexperiment in genau dieser Form: zweisilbig-
weiblicher Reim mit synaphisch angeschlossener (also auftaktloser)
Folgezeile. Heinrich von Mügeln, der die verschiedenen Traditionen
der Spruchdichtung aufs Genaueste kennt (auf formaler Ebene wird
das ausgewiesen durch den Gebrauch verschiedener älterer Töne),
nimmt im Grünen Ton die Anregung Konrads auf. Deutlich wird der
Bezug gewahrt: hat doch dieser Ton noch einmal geregelt auftaktlose
Verse zu einer Zeit, da die Auftaktigkeit schon verbindlich zu werden
beginnt. Wenig später erscheint der Schlagreim neben vielen anderen
Reimkunststückchen im Überlangen Ton Regenbogens. Entsprechende Regeln enthält auch noch Puschmans 'Bericht' (vgl. S. 323-
325). Schon beim Überlangen Ton sind fast alle Besonderheiten in die
Spruchform eingebaut, die ehedem für das Lied erfunden wurden
und ihm vorbehalten waren. So konnten gelegentlich nun auch ältere
und jüngere Lieder im Meistergesang rezipiert werden. *k* enthält den
Barantton Peters von Sachs, ein mehrfach kontrafiziertes deutsches
Winterlied ([1]PeterS/3), und das Neidhartische Gefräß, *w* eine Elendton
ton (*elenton*) überschriebene Abschiedsklage, *q* ein Mailied Michel
Nachtigalls,[8] die alle Schlagreime enthalten. Im vorreformatorischen
Meistergesang dagegen ist der Schlagreim jedoch nur mäßig beliebt.[9]
Aufgenommen hat ihn Fritz Kettner:

---

[6] Eine Chronologie der Tonerfindung wird durch diese Beobachtungen wahrscheinlich, braucht jedoch nicht zwingend gefordert zu werden. In jedem Fall
dokumentieren diese Überlegungen Konrads Einstellung zum Gesamtkomplex.

[7] Im Zusammenhang ausführlicher dargestellt bei Rettelbach <IV>.

[8] Allenfalls die Aufnahme in eine Meisterliederhandschrift rechtfertigt die
Bezeichnung 'Meistersinger' für Michel Nachtigall (vgl. S. 300).

[9] Ich erinnere in diesem Zusammenhang noch einmal an (Pseudo-)Frauenlobs
Gekrönten Ton, der eine eigene, sonst nicht in der Sangspruchdichtung verwendete schlagreimähnliche Form gebrauchte (vgl. S. 101f).

Kettner, Paratreihen

```
4   4   1°1' °4' 4   4        1°1' °2 3 1_1 2 3    4   4
a   a   b̆ b̆  b   a₅  c        f   f   g  h₁₅  i  i  g  h    k   k₂₀
d   d   e̮ e̮  e₁₀ d   c
                             1°1' °4' 4   4
                             l   l   l   k   h
```

Geht man davon aus, daß [1]Ketn/4/2 (Cramer <I>, Bd. 4, S. 55f) echt ist, steht diese Aufnahme des Schlagreims in unmittelbarem Zusammenhang mit inhaltlichen Liedelementen. Die ganze erste Strophe ist – wie bei Konrad von Würzburg, Ton 23 – ein Natureingang, der dann jedoch in ein Lob Christi und Marias mündet. Der enge Bezug von Form und Thema und die Einbindung in die Tradition, deren Kenntnis auch sonst bei Kettner vorausgesetzt werden kann, zerstreuen jeden Zweifel an der Echtheit des Meisterlieds.[10] Der nächste vorreformatorische Verwender des Schlagreims ist Konrad Nachtigall im Starken Ton. Ein »Weihnachtslied mit Tageliedmotiven« ([1]NachtK/8/2) könnte man sich wohl als Anlaß für die Schöpfung des auffällig gezierten Tons vorstellen. Aber es ist anonym überliefert, und so zwingend wie bei Kettner erscheint der Zusammenhang nicht. Diese beiden Nürnberger Töne sind auch nach der Reformation noch recht beliebt. Sie behalten in der dem Schlagreim folgenden Zeile in der Regel die Auftaktverhältnisse wie die älteren Lieder: auftaktlos bei Kettner, mit Auftakt in Nachtigalls Ton. Die Neue Chorweise Nunnenbecks dagegen hat wieder Marienthematik ([1]Nun/25; Schema S. 78). Erst nach der Reformation ist der Überlange Ton Ulrich Eislingers belegt, der ebenfalls einen Schlagreim in sein Schema einbaut. Die Bare von Sachs fahren nach dem Schlagreim übrigens auftaktig fort.[11] Der Ton dürfte authentisch sein, so daß man bei den Nürnberger Autoren eine konsequente Linie der Schlagreimbenutzung konstatieren kann. Über nachreformatorische Schlagreimtöne wird noch zu handeln sein (S. 323-325).

Die nächstverwandte metrische Erscheinung ist der ebenfalls einhebig-weibliche Reim mit Auftakt (1'), der, soweit er auf die vorangegangene Zeile reimt, auch als Schlagreim zu bezeichnen ist.[12] Frühestes Beispiel innerhalb der Sangspruchdichtung ist Heinrichs

---

10 Zum engen Anschluß an die Tradition vgl. Merzbacher in VL², Bd. 4, Sp. 1140f. Merzbacher äußert sich zur Echtheit dieses Liedes nicht. Die Zweifel von Schanze <I>, Bd. 1, S. 289f, an der Echtheit der Meisterlieder im Paratreihen gründen sich ausschließlich auf die Überlieferungslage, formale und inhaltliche Kriterien wurden nicht einbezogen.

11 ²S/1606, 1628, 1636, 1652, 3892, 4191, 4585. Der Ton ist von keinem anderen Autor gebraucht worden.

12 Zur Terminologie vgl. Einleitung, S. 6.

von Mügeln Traumweise. Häufiger jedoch reimt er auf später folgende Zeilen und ist so dem Anreim verwandt. Folgende Fälle sind zu verzeichnen:[13]

Meißner, Ton XIX	– Marienpreis. 2 Str. ([1]Mei/19/1.2)
Heinrich v. Mügeln, Traumweise	– 'Gekrönter Reihen' zu Ehren Marias als Einleitung der Lieder in der Traumweise in der Göttinger Mügeln-Handschrift, dann andere Themen ([1]HeiMü/339)
Anker, Ton	– Steinhem: Lob der Trinität; unter den Baren in *k* ein Marienpreis ([1]Steinh/1; [1]Frau/11/2)
Folz, (Unser Frauen) Chorweise	– Marienpreis (einziger Bar vor der Reformation [1]Folz/73)
Nunnenbeck, Goldene Schlagweise	– Mariengruß (einziger Bar vor der Reformation [1]Nun/29)
Nunnenbeck, Klagweise	– Marienklage (einziger Bar vor der Reformation [1]Nun/36)
Drabolt, Goldene Tagreise	– Marienpreis; Schulkunst ([1]Drab/1/1 und 2)

Die Tabelle spricht für sich – ohne Zweifel korrespondieren formale und inhaltliche Übereinstimmungen. Man kann sich einen formzitierenden Rückbezug Heinrichs von Mügeln auf den Meißner auch durchaus vorstellen. Aber Mariologie wird überhaupt in langen, reimreichen Tönen abgehandelt. Die Töne von Folz, Nunnenbeck und Drabolt sind denn auch zusätzlich mit anderen Kurzreimen geblümt.[14] Folz' Text verrät durch sein Zitat *o pia/ maria* den

---

13 Die Neue Chorweise Nunnenbecks ist hier nicht aufgeführt. Sie hat erst in der nachreformatorischen Fassung von Sachs einen entsprechenden Reim erhalten.

14 Auf die Beziehung zum »Blümen« weist Folz selbst am Ende von [1]Folz/74 hin: Denn Maria, *die hocht und rümpt,/ erwirdigt, plümpt/ mit new gedichten ymer/ als himlisch her an unterlaß*. Wird Maria durch himmlische Gesänge *geplümpt*, so liegt auch eine Korrespondenz in den Rühmungen selbst nahe und mutatis mutandis in deren irdischer Nachbildung. Der Terminus »Blümen« ist Folz bekannt: *blompte worte* rühmt er an Neidhart (Mayer Nr. 93, V. 82-87). Der Ausdruck »Blümen« begegnet darüber hinaus beim Geblümten Ton Marners und in *blumen* für Melismen im Jüngeren Meistergesang. Auf die Technik des Blümens weist ebenfalls der Doppeltonname (Marner) Wilder Ton/(Ungelehrter) Fremder Ton. Die scheinbar so unterschiedlichen Namen bewegen sich beide in der Terminologie des Blümens. Blümen als ein Begriff der Reimform und der musikalischen Gestaltung war bislang nicht bekannt. Mordhorst, S. 81, nennt nur zwei Belege in diesem Zusammenhang (*spæhe rime* in der 'Minneburg', *wilde*

Zusammenhang mit dem lateinischen Marienpreis des Mönchs von Salzburg (¹Mönch/10/1 im Barantton Peters von Sachs)[15], der eine höchst komplizierte Form aufweist, aber keinen Reim der besprochenen Form enthält. Noch Lorenz Wessels Kaiserlicher Paratreihen erweist sich als imitierende Fortführung des Baranttons nicht nur durch Form und Namen, sondern durch ein nunmehr säkularisiertes Zitat des deutschen Marienpreises: *Elisabeth keusch/ zuchtig/ Junckh/ fruchtig.*[16] Schon vom Namen her hängt Nunnenbecks Neue Chorweise von Folz' (*vnser frawen*) Chorweise ab, die Gestalt weist ihn als Überbietungsform aus, d.h. nahezu alle Besonderheiten des Tons wurden übernommen und gesteigert. Dasselbe gilt für Beckmessers Chorweise. Beide Töne wurden bisher nicht erwähnt, weil sie den fraglichen Reim nicht enthalten.

Auch der männliche Schlagreim fehlt in der älteren Sangspruchdichtung.[17] Dessen Ausbreitung zu dokumentieren, ist fast nicht möglich, weil hier kein einzelnes, berühmtes Muster kopiert wurde. Nicht einmal der älteste Beleg ist sicher auszumachen; denn was unter Kanzler, Frauenlob und Regenbogen an einschlägigen Tönen läuft, sind nach gängiger Überzeugung sämtlich fehlerhaft zugeschriebene Töne. Ich erwähne Frauenlobs Gekrönten Ton und Leidton, die aber vielleicht nicht älter sind als Frauenton und Schlüsselweise von Kettner. Alle vier führen wieder auf mariologische Spuren.[18] Die in Kanzlers Grundton und Regenbogens Braunem Ton stehenden Lieder (je eines vor der Reformation) sind sicher jünger.

---

rîme bei Konrad von Würzburg in der 'Goldenen Schmiede'), beide, sowie einige weniger deutliche, scheinen sich jedoch auf die Reimwörter zu beziehen.

[15] Vgl. Röll <II>, S. 104.

[16] ²Wessl/20-Str. 17. Gemeint ist Elisabeth, die Tochter Maximilians II.

[17] Die wenigen Strophen in Frauenlobs Grünem Ton, die an einer Stelle durch Binnenreimung Schlagreim einbauen, haben Sondercharakter und blieben wohl ohne Wirkungen.

[18] Dies kann man beim Frauenton Kettners nur noch aus den Namen herleiten. Vgl. Schanze <I>, Bd. 1, S. 290 mit Anm. 12. Der Name schließt entgegen Schanze die Echtheit von ¹Ketn/5/1 allerdings keinesfalls aus: sie fordert ein oder mehrere mariologische Lieder im Ton, fordert nicht Beschränkung darauf (so Schanze selbst wenige Sätze später). Die Herleitung des Meistergesangs in 5/1 von Jubal, dem Schmied, der ihn beim Hämmern erfand (Text Cramer <I>, Bd. 4, S. 57f.), könnte an Regenbogen-Traditionen nicht nur anknüpfen, sondern sie auch erklären helfen. Jedenfalls kommt diesem Motiv höheres Alter zu, denn es steht doch wohl in offenbarem Gegensatz zur Tradition, den rex et propheta David als Patron der Meistersinger zu sehen. Da dieses Lied ganz offensichtlich nicht den Namen gegeben hat, ist eine weitere Tontradition sicher vorauszusetzen. Es gibt keinen Grund, anzunehmen, daß diese Tradition sich nicht von Kettner herleite. Der Ton zumindest ist zweifellos echt.

Wahrscheinlich kam der männliche Schlagreim aus liedhaften Randbereichen in den Meistergesang, als Kurzreime bereits keine Besonderheit mehr waren.

Anreime anzuwenden, ist ebenfalls in der älteren Sangspruchdichtung nicht üblich. Es dauert – wie wir gesehen haben – bis zum
Litschauer, bis sie erstmals auftauchen, und ihr regelmäßiger
Gebrauch scheint erst auf Frauenlobs Mustertöne Goldener und
Neuer Ton zurückzuführen zu sein. Auch sie kannte der Minnesang
schon lange vor dem Spruchsang. Natürlich läge es nahe, bei Frauenlob ähnliche Verbindungen zu sehen, wie sie sich bei der Einführung kurzer Reime durch Konrad von Würzburg zeigten. Der
Fürstenpreis auf König Erich von Dänemark mit seinem einstrophi-
gen Natureingang bietet sich dafür an. Eine Konrad vergleichbare
Intensität der Verbindung von Minnesang und Spruchthematik gibt
es freilich nicht. Vielmehr scheint für Frauenlob die strophenverbin-
dende Wirkung der Inreime und das Element des Blümens allgemein
beim Neuen Ton im Vordergrund gestanden zu haben; im Goldenen
Ton findet sich ein entsprechender Anknüpfungspunkt ohnehin
nicht. Frauenlob verwendet Anreime sogleich in den verschiedensten
Varianten: einsilbig (Pausenreim), zweisilbig oder gar doppelt. Er
bindet den Anreim auf andere Anreime ebenso wie auf spätere
Endreime, einige seiner Inreimexperimente bleiben fast ohne Nachfolger. Für Spätere blieb nur noch, diese Möglichkeiten aufzugreifen,
und nach Mügeln taten das viele. Lesch, Beheim, ältere und jüngere
Nürnberger und Pseudo-Frauenlob-Töne kennen Anreime, ohne daß
sich deutliche Traditionsketten ergründen ließen.

Eine besonders herauszuhebende Erscheinung sind noch die
beiden Kettentöne Schillers und Folz'. Sie binden in großen Teilen des
Liedes Endreim der einen mit übergehendem Pausenreim der nächsten Zeile. Bei Folz heißt der Ton in der Tat Kettenton, bei Schiller ist
es der Parat. Sein Ton wird der frühere sein.

2. Anmerkungen zu den Bauformen

Die Kanzonenform ist die Bauform, in der sich die Sangspruchdichtung normalerweise verwirklicht.[19] Unstollige Formen werden nur
ganz am Beginn der Entwicklung im Ton des Älteren Spervogel und

---

[19] Zur Terminologie Gennrichs und zu verschiedenen kritischen Gegenmodellen
sowie zur hier verwendeten Begrifflichkeit vgl. die Einleitung.

bei Walther von der Vogelweide in umfangreicherem Maß greifbar, später allenfalls gelegentlich in Randbereichen. Die Spervogelstrophe selbst wird ja von dieser strukturellen Klärung erfaßt (vgl. S. 149f).

Zeilen und Zeilengruppen bis hin zu den strukturellen Teilen prägen die Faktur der einzelnen Töne. Reimanordnung, der Wechsel von Reimgeschlecht und Zeilenlängen gibt ihnen ihre je typische Besonderheit. Baut sich so der Ton einerseits von »unten« auf, so erhält er umgekehrt von »oben« eine strukturelle Prägung durch seine Bauteile. Diese bestimmen nicht nur die spezifische Form der Sangspruchstrophe überhaupt, sondern auch ihre jeweilige Untergruppe. Beschreibungsmodelle für diese Strukturen wurden in der Einleitung diskutiert.

Die Untersuchung der Melodien in J wie der wenigen anderen Melodien, die wir zu älteren Spruchtönen haben, legt äußerste Vorsicht nahe, Bauformen ohne Einbeziehung der Melodien zu beurteilen. Wie soll man ohne solche bemerken, daß die Spruchtöne I und II Friedrichs von Sonnenburg einen vollständigen 3. Stollen inmitten des Abgesangs einschließen, wie eine Strophenform beurteilen, die wie des Meißners Ton VII durch Wiederholung des Stollenmaterials schon im Steg eine Form schafft, in der sich repetierter Steg und 3. Stollen gewissermaßen überschneiden? Brunner kann zeigen, daß die Töne Bruder Wernhers, die von der metrischen Struktur her Zweiteiligkeit des Abgesangs vorstellen, diese musikalisch keineswegs alle verwirklichen.[20] Eine Struktur wie die mehrfache Repetition (A A B B C C) läßt sich aus der Metrik allein so gut wie gar nicht erschließen, J bezeugt sie jedoch zweimal.

Eine Untersuchung, die wie die vorliegende von der Metrik ausgeht, kann Bauformen daher nur bedingt einbeziehen, auch wenn sie zu einzelnen Fragen die Melodien befragt. Formen der Imitation sind Bauformen ohnehin nur in einem ganz spezifischen Sinn: wo eingeführte Typen erneut verwendet werden, ist der neu entstandene Ton nur noch Imitation des Typs, nicht mehr eines bestimmten Vorbilds. Nur bei selten vorkommenden Bauformen kann das anders sein. Grundlegend ist die Frage, welche Bauformen innerhalb von Sangspruchdichtung und Meistergesang überhaupt vorkommen, und daran schließt sich die weitere, ob ihre Streuung einem Zeitwandel unterworfen ist. Beide Fragen lassen sich nicht ohne Melodien beantworten, deshalb auch nicht statistisch exakt über das ganze Material; denn zu vielen Tönen des 13. und 14. Jahrhunderts gibt es entweder überhaupt keine Melodien, oder sie sind so jung überliefert, daß ihre

---

20 Brunner <X>, vgl. dort die Einzelanalysen der Töne.

Bauformen eher den Geschmack des Zeitraums der Niederschrift spiegeln als den der Entstehung.[21] Dieser Befund trifft für die Mehrzahl der in C stehenden Töne zu. Auch für jüngere haben wir jedoch keineswegs stets eine Melodie zur Verfügung. So werde ich an dieser Stelle mit drei exemplarischen Corpora arbeiten, die jeweils einigermaßen eingrenzbar sind und verschiedene zeitliche und räumliche Komplexe spiegeln: die Corpora von *J*, von *k* und das Corpus der vorreformatorischen Nürnberger Meister.

J: Ausgangspunkt der Bewertung ist die Darstellung der Tonschemata durch Pickerodt-Uthleb, S. 421-508. Ihre Einordnung konnte in fast allen Fällen übernommen werden. Die Termini wurden einfach in meine Begriffe »übersetzt«. Unterschiede ergaben sich an folgenden Stellen: Ihr Begriff der »Da-Capo-Form« wurde abhängig vom jeweiligen Befund mit »Kanzone mit 3. Stollen« (K3) oder mit »Kanzone mit verkürztem 3. Stollen« (KV3) präzisiert. Herausgelöst wurden die Strophenformen, in denen einem 3. Stollen eine Coda folgt – sie laufen bei Pickerodt-Uthleb unter verschiedenen Namen –, und gesondert vermerkt ist schließlich, ob es sich bei Repetitionskanzonen um einfache oder doppelte Repetition im Abgesang handelt (A A B B oder A A B B C C). Außer acht gelassen sind die Töne mit fragmentarisch überlieferten Melodien und die Liedtöne. Bei letzteren gibt es keine Bewertungsunterschiede zu Pickerodt-Uthleb.

k: Ausgangspunkt ist das Corpus der mit Melodien versehenen Töne der Handschrift unter Ausschluß der nicht stolligen Töne und des Pseudo-Neidhartischen Fraßtons. Die Bauformen sind im Prinzip von mir ermittelt, zur Hilfe bzw. zur Bestätigung wurden jedoch die einschlägigen Melodieanalysen herangezogen – die auf *k* bezogenen von Zitzmann, sowie die hier berücksichtigungsfähigen Beobachtungen von Schumann. Für die älteren Töne, die *k* enthält, bilden die von Brunner <II> erstellten Analysen die Untersuchungsgrundlage. Berücksichtigt wurden ferner Brunner/Müller/Spechtler zu echten und Pseudotönen Walthers von der Vogelweide, Brunner in Kiepe-Willms <III> zu Muskatblut.

Nürnberger Meister (Nü): Untersucht ist das Corpus der vorreformatorischen Nürnberger Meister. Diese sind durch ihr Auftauchen in der Handschrift *q* definiert, also nicht zwingend an den Aufenthaltsnachweis in Nürnberg gebunden.[22] Auch in diesem Fall sind Töne nicht berücksichtigt, zu denen keine Melodie bekannt ist. Einbezogen sind dagegen diejenigen Töne der angegebenen Meister, die erst nach *q* auftauchen. Die berücksichtigten Töne sind nach den Melodiehandschriften des Jüngeren Meistergesangs ausgewertet. Eine Gefahr, daß diese die ursprünglich gemeinten Bauformen verfälschen, darf man wegen

---

21 Daß bei weitgehendem Erhalt des melodischen Materials die Baustrukturen zunehmend vereinfacht werden, ist eines der wesentlichen Ergebnisse im 3. Kapitel von Brunner <II>; zur Verschiebung der auftretenden Bauformen jedoch unten.

22 Es geht um folgende 16 Autoren: Heinrich Barz, Sixt Beckmesser, Hans Bogner, Jeronimus Drabolt, Ulrich Eislinger, Hans Folz, Fritz Kettner, Meienschein, Konrad Nachtigall, Lienhard Nunnenbeck, Hermann Örtel, Hans Schwarz, Caspar Singer, Konrad Vogelsang, Balthasar Wenck, Fritz Zorn.

der relativen zeitlichen und räumlichen Nähe wohl gering veranschlagen, man kann sie jedoch bei den ältesten Autoren nicht völlig ausschließen.[23]

Es fehlen also hier jene älteren Töne, die außerhalb von *J* bereits in älterer Zeit melodisch nachgewiesen sind, ebenso ältere Töne, die erst in Handschriften des 16. Jahrhunderts erstmals melodisch auftauchen. Auch viele Töne des 14./15. Jahrhunderts fehlen, weil ihre Melodie – wenn überhaupt – nicht in *k*, sondern erst später belegt ist. Bewußt ausgeklammert ist die Randfigur Michel Beheim. Die älteren Töne, die sowohl in *J* als auch in *k* stehen, erscheinen an beiden Stellen. So wird in den Tendenzen nicht das Gesamtphänomen dokumentiert, jedoch methodisch klar gefaßte Ausschnitte, die groß genug sind, um repräsentativ zu sein.[24]

Hs.	Tonzahl	K	KRS	RK	RKRS	KV3	KRSV3
J	68	9(13,2%)	1(1,5%)	10(14,7%)	0	1 (1,5%)	6(8,8%)
k	90	20(22,2%)	5(5,6%)	15(16,7%)	10(11,1%)	9(10,0%)	0
Nü	61	13(21,3%)	5(8,2%)	6 (9,8%)	3 (4,9%)	5 (8,2%)	5(8,2%)

	K3	KRS3	KKS3	K3C	RepK	RepK2
J	15(22,1%)	16(23,6%)	1(1,5%)	5(7,4%)	2(3,0%)	2(3,0%)
k	17(18,9%)	9(10,0%)	0	1(1,1%)	3(3,3%)	1(1,1%)
Nü	11(18,0%)	8(13,1%)	3(4,9%)	0	2(3,3%)	0

Das Ergebnis ist recht eindeutig und zugleich überraschend: Die Kanzone mit 3. Stollen ist die eindeutig beherrschende Form in *J* (47,1%), faßt man die Formen der unterschiedlichen Stegbildung zusammen. In *k* (28,9%) und Nü (36,1%) spielt sie zwar ebenfalls eine wichtige, aber keine dominante Rolle. Eher würde man eine kontinuierliche Zunahme der Formen mit 3. Stollen erwarten. Dies könnte man nämlich aus den Ergebnissen von Brunner <II> und Schumann extrapolieren, die eine Verstärkung aller formelhaften Tendenzen in der melodischen Entwicklung der älteren Töne feststellen. Was für diese Entwicklung gilt, scheint so bei der Neuschöpfung von Tönen nicht im Trend zu liegen. Vielmehr zeichnet sich vor allem in *k* eine deutliche Tendenz zur Rundkanzone ab, d.h. es wird der Stollenschluß aufgenommen, nicht der ganze Stollen wiederholt. Anknüpfung an den Stollen zeigt auch eine bislang kaum beschriebene Sonderform, die einem 3. Stollen eine Coda folgen läßt (K3C).

---

[23] Ein in die Bauformen eingreifender Unterschied ergab sich bei Mehrfachüberlieferung von Melodien nicht. Darum kann auf eine Einzelaufstellung der jeweils benutzten Melodieaufzeichnungen verzichtet werden. Zum Überblick vergleiche man die Tabellen bei Staiger, S. 82-107, und Brunner/Rettelbach <I>, S. 18-46.

[24] Zu den Abkürzungen der Tabelle vgl. Einleitung, S. 9-13.

Diese erscheint im 13. Jahrhundert einige Male, stirbt dann aber aus. Der hier in der Statistik noch vorkommende Vertreter in *k* ist Frauenlobs Ritterweise.[25] Fast nur unter den Nürnberger Tönen zeigt sich eine Sonderform, die den Steg selbst wieder kanzonenförmig gestaltet, d.h. nach einem wiederholten Glied noch ein neues Stück einschiebt, bevor der Stollen wieder aufgenommen wird (KKS3). Hermann Damen hat diese Bauform in seinem Ton V angewandt, aber weder ist der Ton weiterbenutzt worden noch hat das Formexperiment unmittelbare Nachfolger gewonnen. Der älteste Vertreter dieser Form in Nürnberg ist der Lange Ton von Folz.[26] Vermutlich gibt es keine Traditionslinie bis zu Hermann Damen zurück. Nicht zu fassen sind auf der Ebene der Bauformen solche Töne, die Melodieteile aus Beginn und Mitte des Stollens im Abgesang wieder aufnehmen. Aber solche Anknüpfungen sind weder so häufig noch so formprägend wie die Einmündung in den Stollenschluß und deshalb von der Forschung niemals gesondert behandelt worden.

Die zweite wesentliche Möglichkeit zur formalen Ausgestaltung des Abgesangs ist die Wiederholung von Abgesangsgliedern. Typisch ist insbesondere Wiederholung eines Teils unmittelbar am Abgesangsbeginn. Die Kombination dieses Bauglieds – dem repetierten Steg – mit den oben besprochenen Möglichkeiten des Rückgriffs auf den Stollen prägt den Bau des Abgesangs und bringt alle oben benannten Formen hervor. Die reine Repetitionsform des Typs A A B B – in unserem Material kaum mehr dokumentiert – steht dagegen mit an der Wiege der Sangspruchdichtung. Ihm gehören bei Walther an: der »Ottenton« (Feiner Ton), der »Erste Thüringerton«, der »Erste« und vielleicht der »Zweite Philippston«. Die weitgehende Zurückdrängung bzw. Nichtaufnahme dieses Typs in der folgenden Generation der Sangspruchdichter ist erstaunlich, sie liegt jedoch auf einer konsequenten Linie, denn auch andere Formexperimente Walthers in seinen Sangspruchtönen werden von den jüngeren Meistern nicht aufgegriffen. In der nächsten Generation der Sangspruchdichter tritt die Form also fast ganz zurück: durch den Wilden Alexander (Ton II)

---

[25] Schumann, S. 125, u. Zitzmann, S. 47 u. 153; er ordnet den Ton dennoch als Rundkanzone ein. Das tue ich jedoch wie er bei Rumelant, Geschwinder Ton, obwohl auch hier der Stollen im Abgesang gänzlich wiederholt wird. Doch ist der Stollen im Verhältnis zum gesamten Abgesang so kurz, daß er nicht entscheidend strukturbestimmend wirkt. Vgl. die Melodiestruktur S. 287.

[26] Außerhalb unseres Untersuchungsmaterials hat die Schrankweise, die Römer von Zwickau im Jüngeren Meistergesang zugesprochen wird, diese Form. Der Ton stammt vermutlich von Schiller (vgl. S. 198f) und paßt dann zeitlich zu den älteren Nürnberger Belegen.

und Kelin (Ton III) sind sie in *J* vertreten. Gänzlich vergessen wird
die RepK auch später nicht. Harders Goldener Reihen variiert den
Typus nur wenig, indem er einer exakten Melodierepetition als Coda
eine – leicht variierte – Wiederholung der letzten Zeile anhängt. Eine
geringe Variation der Melodiezeilen macht auch den Süßen Ton Frauenlobs in *k* zu einer nur variierten Repetitionskanzone. Vogelsangs
Goldener Ton (Mel.*y*, Nr. 59) und Eislingers Maienweise (Mel.*o*, 128^r)
zeigen dagegen, daß die Form im 15. Jahrhundert auch in exakter
Ausführung noch lebendig war. Einige moderne Interpreten verweigern der einfachen Repetitionsform die Anerkennung als Kanzone
(vgl. S. 10 und 13). Die Übergänge zu anderen Formen der Kanzone,
die vom Anhang einer kurzen Coda bis zur Aufnahme neuer oder
aus dem Aufgesang übernommener Materialien führen, wie sie sich
in den genannten Beispielen aus *k* darstellen, besonders aber die logi-
sche Verwandtschaft zur doppelten Repetition (A A B B C C) und zu
Formen mit repetiertem Steg lassen eine solche Ausgrenzung jedoch
wenig sinnvoll erscheinen. Man würde damit abermals Genetik an
die Stelle der Phänomenbeschreibung setzen, der man doch im
Gegensatz zu Gennrich heute in der Regel abgeschworen hat.[27]
Repetierte Teile am Beginn des Abgesangs kennen also auch
Kanzonen, die weder Repetitionsformen noch Rundkanzonen oder
Kanzonen mit 3. Stollen sind. Erfaßt man ihren Anteil insgesamt, also
KRS, RKRS, KRSV3 und KRS3, so zeigt sich die Repetition als zweiter
Eckpfeiler der Abgesangsformung. In jeder der Herkunftsgruppen
enthalten mehr als ein Viertel der Töne repetierte Teile zu Beginn des
Abgesangs bzw. Repetition des gesamten Abgesangs.

Die angeführten Bauformen sind im gesamten Untersuchungszeit-
raum strukturbildend. Nicht nur die Kanzonenform, sondern durchaus die angegebenen Substrukturen werden immer wieder aufgenommen und erhalten so das Formkontinuum der Sangspruchdichtung und des Meistergesangs. Dabei darf man sich das Korsett dieser
Formen jedoch keineswegs so eng denken, wie es vielleicht erscheint.
Zweifellos verwirklichen manche Tonerfinder ihre Formen ohne
Anspruch auf Originalität oder streben danach nur in der Melodie.
Aber sowohl innerhalb der oben zu K zusammengefaßten Tonformen
als auch gelegentlich in den Subgruppen verwirklichen sich ganz
originelle Bauformen, die mit den oben dargestellten Mitteln nicht zu
fassen sind. Ich gebe wenige Beispiele:

---

[27] Die genetischen Besonderheiten sollen gleichwohl nicht verkannt werden. Ganz
offensichtlich steht die Form A A B B bei Walther in engem Zusammenhang mit
der nichtstolligen Form A B B A, den sogenannten Gespaltenen Weisen, einer
weiteren gern von ihm in der Sangspruchdichtung gebrauchten Form.

1. Den Ton des Meisters Singuf in *J* beschreibt Pickerodt-Uthleb[28] so, daß er sich mit der Strukturformel A A B C C beschreiben läßt. Diese Struktur, die allein aus der melodischen Faktur abgeleitet werden kann, paßt zu keinem der oben beschriebenen Modelle. Es kommt noch hinzu, daß diese Struktur quer zur Anordnung des Reimschemas steht. Eine adäquate Beschreibung muß genau dieses aufzeigen.
2. Muskatbluts Neuer/Fröhlicher Ton besteht im Abgesang aus drei metrisch gleich gebauten Teilen. Nur die jüngeren Melodiehandschriften Mel.*q*, Mel.*x*, Mel.*z*, gleichen die melodische Struktur der metrischen an: A B A B C C C, die ältere in *k* hat die Bauform A B A B B' B' A'.[29] In der hier angewandten schematisierenden Betrachtung war diese als A A B B C (KRS) einzuordnen.

Bei anderen Tönen werden über die Darstellung der Bauformen, die ganz gewöhnlich aussehen mögen, die wirklich wesentlichen und möglicherweise originellen strukturellen Merkmale gar nicht erfaßt:

1. Der Name Geteilter Ton bei Hans Folz geht auf eine formale Besonderheit. Der Ton gewinnt seine Originalität und seinen Namen aus dem spiegelsymmetrischen Aufbau seines Abgesangs (Mel.*y*, Nr. 88):

   3'c 2d 2d 3'c

   γ δ   δ ε   (ε ist annähernd Krebs zu γ)

   Derartige wesentliche Besonderheiten sind durch eine schematisierte Betrachtung nicht erfaßbar.
2. Die Tonproduktion Frauenlobs erscheint im wesentlichen hier unter den Etiketten K und RK. Die Besonderheiten des Frauenlobischen Personalstils sind damit jedoch auch im Ansatz nicht zu fassen. Sie liegen in den besonderen Verhältnissen der Melodieglieder zueinander, die durch die Bauformen gar nicht ausgedrückt werden.[30]

Diese Beispiele lassen sich ohne Mühe vermehren, es ging hier jedoch nur darum, die Bedeutung der Bauformen zu relativieren.

Die oben gewonnenen Ergebnisse müssen jedoch zweifellos noch in anderer Richtung hinterfragt werden, nämlich bezüglich der Überlieferungsbesonderheiten. Es ist in *J* durchaus so, daß die hohe Zahl von Formen mit 3. Stollen auf eine bestimmte Konstellation der

---

[28] Pickerodt-Uthleb, S. 449.
[29] Brunner in Kiepe-Willms <III>, S. 27.
[30] Vgl. die Melodieinterpretationen zu Frauenlobs Grünem, Zartem Ton und Würgendrüssel (den drei alt belegten Melodien, in *J* bzw. Würgendrüssel in *W*) bei Brunner <II>, S. 245-254. – Auf zahlreiche andere Sonderformen habe ich bereits im Verlauf der Arbeit hingewiesen.

Handschrift zurückgeht. So stammen allein acht von ihnen vom Meißner[31]; sie alle haben verhältnismäßig wenige Strophen. Weitere sechs stammen von Rumelant und weitere vier von Hermann Damen. Bei ihnen verhält es sich hinsichtlich der Strophen pro Ton ebenso, außerdem sind alle drei Dichterkomponisten ausgesprochene »Vieltöner«. 19 von 32 (59,4%) K3 gehen also auf drei – relativ zum Strophenbestand – vieltönige Komponisten zurück. Dagegen kommt der älteste der »Vieltöner« in J, Bruder Wernher, noch völlig ohne diesen Formtyp aus. Er dichtet zu einer Zeit, da die Kanzone mit 3. Stollen offenbar noch nicht verbreitet ist. Die Beobachtung an Bruder Wernher bildet also nur die berühmte bestätigende Ausnahme. Die kleine Zahl der Strophen pro Ton bei den K3 wird noch dadurch in ihrer Bedeutung unterstrichen, daß keiner der genannten Dichter mit einem seiner Töne unmittelbar über die Handschrift hinauswirkt.[32] Das gilt allerdings auch für viele andere Dichter in J. Von allen K3 der Handschrift kehren nur der Ton II des 'Wartburgkrieges' (Klingsors Schwarzer Ton) und Konrads von Würzburg Hofton in andereren Handschriften wieder. Dagegen gibt es unter den K und RK so prominente Vertreter wie Boppes Hofton, Frauenlobs Langen[33], Grünen und Zarten Ton und Stolles Alment (dazu noch unten). Die Vorherrschaft von K3 und verwandter Formen in J geht daher in hohem Maß auf Sondergut zurück.

In k sind nur wenige Zeitgenossen mit Tönen vertreten. Selbst diese sind zum Teil »mystifiziert«. Der größte Teil der Töne wird Autoren des 13. und beginnenden 14. Jahrhunderts zugewiesen. Ein Teil von ihnen gehört diesen tatsächlich, und einige Töne sind mit denen in J identisch, wenn auch mit kleineren oder größeren Abweichungen in der Melodie. Das Problem der zeitlichen Schichtung stellt sich daher für k weit schärfer als für J. Wie signifikant diese zeitliche Schichtung für die Verteilung der Formen ist, läßt sich durch eine probeweise Trennung der Bestände eruieren. Nimmt man nämlich alle Töne heraus, die mit Sicherheit bis zum Abschluß der großen Sammelhandschriften C und J entstanden sind, so müßten sich im Rest (k_j) – selbst wenn sich darunter noch weitere ähnlich alte Töne

---

[31] Seine sechs anderen melodisch interpretierbaren Töne sind KV3 und KRSV3, gehören also zum gleichen Formenkreis.

[32] Lediglich als Ausgangspunkt einer Derivation wird Wizlaws Ton I greifbar; ebenso Ton XVII des Meißners. Gerade der jedoch hat keinen 3. Stollen.

[33] Von Frauenlobs Langem Ton sind aufgrund des mechanischen Verlusts am Beginn von J nur Textstrophen, es ist aber keine Melodie erhalten. In der Übersicht oben ist er daher nicht berücksichtigt. Die Form als RK kann gleichwohl auch für J mit hinreichender Sicherheit vorausgesetzt werden.

finden – tendenziell die jüngeren Bauformen verstärken, die älteren ($k_ä$) sollten sich in den herausgehobenen Beständen ballen.

	Tonzahl	K	KRS	RK	RKRS	KV3
$k_ä$	32	10(31,3%)	2(6,3%)	10(31,3%)	1 (3,1%)	1 (3,1%)
k_j	58	10(17,2%)	3(5,2%)	5(8,6%)	9(15,5%)	8(13,8%)

	K3	KRS3	K3C	REPK	REPK2
$k_ä$	4(12,5%)	4(12,5%)	0	0	0
k_j	13(22,4%)	5 (8,6%)	1(1,7%)	3(5,2%)	1(1,7%)

In den aus älterer Zeit stammenden Tönen (32 der 90)[34] dominieren deutlich die keinem der herausgehobenen Untertypen zuzuordnenden Kanzonen. Von den 25 K (einschließlich KRS) des Gesamtbestandes gehören zwölf dem älteren Bestand an, sie nehmen dort also mehr als ein Drittel ein, im jüngeren nur knapp ein Viertel. Noch deutlicher überrepräsentiert sind auch Rundkanzonen (10). Kanzonen mit 3. Stollen dagegen (K3 und KRS3) dagegen sind auf 25% beschränkt, während sie im übrigen Bestand der Handschrift 31% erreichen. Alle anderen Sonderformen fehlen dem älteren Bestand völlig. Die nachweislich aus älterer Zeit tradierten Töne von k haben damit eine deutlich gegenläufige Tendenz zu den Tönen von J. Der mindestens zum Teil in jüngerer Zeit komponierte Tonbestand von k dagegen ist tendenziell J sogar näher. Die Zahl der Formen mit 3. Stollen ist annähernd ähnlich groß und nur im jüngeren Bestand überhaupt finden sich die seltenen Bauformen von J wieder.

Der Befund kann nicht allein auf Überlieferungszufälle zurückgeführt werden, dafür ist die Materialgrundlage zu breit. Wir müssen uns an die oben an J gewonnenen Ergebnisse zurückerinnern. Dort hatten wir bereits festgestellt, daß der 3. Stollen zwar bei vielen Tonerfindern gern gebraucht wird, aber doch überwiegend bei denen, die nicht über J hinauswirken: er wird relativ oft komponiert, doch relativ selten gebraucht. Die RK dagegen verhalten sich rezeptiv wie K. Unter den K und RK finden sich in k Töne wie Marners und Frauenlobs Lange Töne, Reinmars von Zweter Frau-Ehren-Ton und Stolles Alment, das sind die am beständigsten rezipierten Töne der Gesamttradition mit weitaus den größten Strophenbeständen. Für das Neukomponieren von Tönen sagt dieser Befund jedoch auch, daß ein grundsätzlicher Geschmackswandel auf der Ebene der Bauformen

---

[34] Als ältere Töne wurde der gleiche Kreis berücksichtigt wie bei den Melodieanalysen in Brunner <II> (Zusammenfassung der Sangspruchtöne in der Liste, S. 176-185), zusätzlich wurde jedoch Frauenlobs Spiegelweise als Ton 18 von Konrad von Würzburg aufgenommen, ferner Regenbogens Briefweise, Grauer und Langer Ton, deren Echtheit mittlerweile wohl hinreichend abgesichert ist.

nicht stattgefunden hat. Die Bauformen bleiben in ihren prinzipiellen
Möglichkeiten auf dem Weg von *J* nach *k* konstant. Es gibt aber in
den Möglichkeiten der Nutzung einen deutlichen Rückgang in der
Verwendung der Formen mit 3. Stollen. Experimentelle Formen wie
die RepK scheinen in der Regel wenig Nachwirkung zu haben. Ein
deutlich gegenläufiger Befund zeigt sich jedoch in der Faktur der
Melodien – wie nochmals betont werden soll –, die sowohl in der
verfolgbaren Struktur bei Überlieferung in *J* und *k* als auch in ihrer
Gestalt beim Vergleich der Neukompositionen eine deutliche Veränderung in Richtung auf Formalisierung und Einschränkung bei der
Zahl der verwendeten Melodieglieder zeigt.

Auch das untersuchte Nürnberger Repertoire ist nur räumlich,
nicht zeitlich als relative Einheit zu betrachten.[35] Zwischen den ältesten Tönen von Kettner und den jüngsten, vielleicht von Nunnenbeck, liegen etwa 100 Jahre. Tendenziell unterscheiden sie sich von
den anderen beiden Gruppen durch eine gewisse Vernachlässigung
der Formen mit unvollständig repetiertem 3. Stollen (RK und KV3).
Wenn überhaupt Stollenwiederholung, dann erfolgt sie eher vollständig und am Ende. Die K3C verschwindet, dafür kommt eine neue
Stegvariante hinzu (KKS3), offenbar eine Erfindung des späten 15.
Jahrhunderts, nicht speziell Nürnbergs. Denn nicht nur Römers
Schrankweise, die wahrscheinlich Jörg Schiller (Thronweise) er-
funden hat, kennt diese Form, sondern auch (Pseudo-)Frauenlobs
Später Ton.

Insgesamt gibt es bei den Bauformen eine Konstanz zu beobachten,
die deutlich macht, daß hier trotz allem Wandel bewußtes Anknüpfen an Traditionen bis zum Beginn des 16. Jahrhunderts immer
wieder die Gattungseinheit sicherstellt. Die Bauformen sind keine
Zufallsprodukte, denn was sich darin verwirklicht, ist, wie die wenigen Beispiele oben zeigten, von höchster Variabilität. Trotz steter
Innovation wird immer wieder auf die einheitstiftende Konvention
rekurriert. Konventionsstränge, die mit anderen formalen oder
inhaltlichen Erscheinungen korrespondieren, konnte ich dagegen
nicht feststellen. Imitationen im Bereich der Bauformen beziehen sich
mehr auf die Modelle im allgemeinen als auf konkrete Einzeltöne.

---

[35] Aufgrund der Definition des Corpus gibt es zwar keine Überschneidung mit *J*,
allerdings in zwei Tönen mit *k*, da ja Nachtigalls Sanfter Ton (als Ton des Liebe
von Giengen) und Kettners Osterweise (als Frauenlobs Verhohlener Ton) in die
Handschrift Eingang gefunden haben. Dies ist statistisch jedoch ohne Belang.

Sonderformen
Langzeilentöne

Töne, die aus Langzeilen, und zwar ausschließlich gleichgebauten
Langzeilen, zusammengesetzt sind, lassen die üblichen Gliederungs-
größen Stollen und Abgesang etwas in den Hintergrund treten. Sie
erhalten ihre spezifische Prägung durch dieses Nichtbeachten. Wie in
anderen Bereichen der Lyrik ist hier die Zeilenstruktur so deutlich
ausgeprägt und bestimmend, daß sie wichtiger wird als die überge-
ordneten Gliederungseinheiten. Schon Töne, die an den Grenzen der
Strophenteile das Reimgeschlecht wechseln, sind hier bestimmter.
Auch das Reimschema kann durch Differenzierung zwischen Auf-
und Abgesang Signale setzen. Ebenso finden sich Töne, die zwar im
wesentlichen aus einer Sorte von Langzeilen aufgebaut sind, jedoch
bewußt an einer Stelle diese Ordnung durchbrechen. Häufen sich
Abweichungen, wird die Differenzierung zwischen Auf- und Abgesang deutlicher und nähert sich den »gewöhnlichen« Bauformen. Die
Melodie wird durch diese Bedingungen zunächst nicht prädestiniert,
sie mag im allgemeinen die Kanzonenstruktur deutlich werden lassen, aber gelegentlich überspielt sie diese (s.u.). Dagegen bereichert
die jeweils spezifische Ausprägung der Langzeilen das Erscheinungsbild, stellt es jedoch nicht in Frage. Einer dieser Langzeilentöne
ist der Hofton Tannhäusers, der aus zehn Langzeilen der Form 4x 3'n
(auftaktige Vagantenzeile) aufgebaut ist. Eine Differenzierung
zwischen Stollen und Abgesang ergibt sich jedoch aus dem Wechsel
von Kreuzreim und Paarreim: a b : ‖ c c d d e e. Wenn die Melodie,
wie vermutet (S. 130), den Stollen mitten im Abgesang repetiert hat,
so ergab sich im Vortrag eine interessante melodische Spannung zu
den gewohnten Strophengrenzen, die den vielfach aufzählenden Par-
tien des Inhalts entgegenkam. Sein Ton XIV besteht ebenfalls aus
Vagantenzeilen und verwendet dieselben Mittel der Abgesangsdiffe-
renzierung, so daß wir, ohne über eine Melodie zu verfügen, die Ton-
struktur – d.h. die Grenze zwischen Auf- und Abgesang – bestimmen
können: a b : ‖ c c d d.
Langzeilen des Nibelungentyps (3' 3) prägen die nah verwandten
Töne von Robin und Rudinger (Schemata S. 151), die sich nur durch
Zäsurreime unterscheiden. Aus lauter weiblichen Siebenhebern
besteht Ton II Fegfeuers, wieder wird durch die Reimstruktur der
Aufbau deutlich: a a b | c c b ‖ d d e e. Kanzlers Ton I aus binnen-
gereimten Nibelungenzeilen differenziert ebenfalls durch die Reimstruktur. Der Aufbau, der zwischen Stollen und Abgesang differenziert, aber offenbar nicht auf einen 3. Stollen hin angelegt ist,

scheidet diesen Ton trotz sonst großer Ähnlichkeit hinreichend von den Tönen der Tonfamilien um Frauenlobs Ritterweise.[36]

Kanzler, Ton I

3'	3	3'	3		3'	3	3'	3	3'	3	3'	3
a	b	c	d		e	f_{10}	e	f	g	h	g_{15}	h
a_5	b	c	d									

Andere Töne lassen ebenfalls Langzeilenstruktur erkennen, bereimen aber entweder die Zäsuren nur teilweise oder mischen die Langzeilentypen: 7, 7' und 8. Friedrich von Sonnenburg, Ton I (mit einer Unregelmäßigkeit), Ton II, Ton IV, Geltar, Ton II, Guter, Ton II, Frauenlob, Ritterweise, Junger Meißner, Ton III, Kanzler, Ton III, Kelin, Ton I und der Schwarze Ton des Ungelehrten gehören hierher.

Neben den von Spervogel abgeleiteten Tönen, den auf die Alment aufbauenden und neben den von der Epik beeinflußten scheinen mir die Langzeilentöne ein weiterer Bautyp der Sangspruchdichtung im 13. Jahrhundert. Er ist in noch weit mehr Tonschemata wirkmächtig, doch ist in anderen Fällen die Struktur durch einzelne Kurzzeilen, die sich nicht zu Langzeilen fügen, aufgelockert.

Epentöne

Epentöne bilden definitionsgemäß eine funktionale Einheit. Sie sind hier zu besprechen, weil sie zum Teil in den Meistergesang übertreten und dann auch auf Strukturmerkmale anderer Meistertöne einwirken. Wie Brunner in zwei grundlegenden Studien zeigen konnte, sind die Melodien, in Teilbereichen jedoch auch die Tonschemata, untereinander ähnlich. So bilden z.B. Morolf-, Titurel- und Winsbeckenton eine Reihe von Tonschemata aus exakt denselben Bauelementen, die sich einzig durch die Zahl der verwendeten Einheiten unterscheiden.[37] Gerade diese drei besonders einfach gebauten Töne, die ausschließlich Paarreime reihen, zeigen eine charakteristische Eigenheit im Abgesang: dieser enthält immer wenigstens eine einzelne zäsurierte Langzeile am Schluß. Die Abgesangsstruktur läßt sich jedoch niemals auf eine Folge aufgelöster Langzeilen reduzieren, nur das Ende wird aufgeschwellt. Dieses Charakteristikum verbindet diese Töne mit dem Bernerton. Die Schlußfloskel 4f 4x 3f des Bernertons (bzw. Varianten davon, z.B. 4f 3'x 4f) findet sich gelegentlich unter »normalen« Tönen und könnte dort aus den Epentönen abge-

---

[36] Besonders eng zu Zorns Greferei; vgl. S. 206ff.
[37] Brunner <I> und <V>, hier vor allem S. 310f.

tons (bzw. Varianten davon, z.B. 4f 3'x 4f) findet sich gelegentlich unter »normalen« Tönen und könnte dort aus den Epentönen abgeleitet sein. Von der auch sonst gern gebrauchten Schlußlängung hebt sie sich durch den Paarreim charakteristisch ab. Töne solcher Bauart sind z.B. Leuthold von Sevens Ton VII und Hülzings Hofton. Ganz auffällig ist jedoch, daß auch die jüngere Form von Ton I des Jungen Spervogels mit gekürzter vorletzter Zeile diesem Typus entspricht, ja sie ist dem Bernerton auffallend ähnlich.

Wolfram, Flammweise (Bernerton)

4	4	3'		4	3'	4	3'	4	4	3
a	a	b		d	e	d	e_{10}	f	x	f
c_5	c	b								

Junger Spervogel, Ton I
Jüngere Form

4	3	3		4	4	3	4	3
a	b	c		d	d	e	x_{10}	e
a	b_5	c						

Wenn nicht tatsächlich ein Defekt die Änderung dieses Tons ausgelöst hat (vgl. S. 86), ist sie nur durch sekundäre Angleichung an das Epentonmodell zu verstehen.

Spruchweisen

Unter den Epenmelodien zählt Brunner[38] auch die Angstweise von Michel Beheim auf. Als genuine Epenmelodie hat sie bereits Petzsch[39] zu erweisen gesucht. Auch von ihrer Funktion her ist das zweifellos richtig: sie ist dazu erfunden, das 2169strophige 'Buch von den Wienern' (¹Beh/454) darauf zu singen, und Beheim ließ diesem Text noch weitere Chroniken folgen (¹Beh/453 und 455).

Beheim, Angstweise

4	4		3'	3'
a	a		c_5	c
b	b			

Dises sagt von den wienern vnd stet das man es lesen mag als ainen spruch oder singen als ain liet. Daß man die Texte dieses Tones auch als »Spruch« lesen kann, liegt an den Zeilenlängen in Verbindung mit dem durchgehenden Paarreim. Die Form ist für diese Texte erfunden. Vorher gibt es nichts Vergleichbares. Von anderen Epenstrophen

---

[38] Brunner <V>.
[39] Petzsch <VIII>, S. 284-291.

unterscheidet die Angstweise sich dadurch, daß sie auf den Paarreim festgelegt ist, von älteren weitgehend paargereimten Modellen dadurch, daß nicht Langzeilen, sondern Kurzzeilenpaare vorliegen. Die Tatsache, daß hier der Reimpaarvers sangbar wird, hebt die Angstweise deutlich vom alten Typus ab. Ein zweiter Ton Beheims läßt das Spruchweisen-Schema anklingen – die Hofweise (Schema S. 135). Freilich hat dieser Ton durch einen zusätzlichen übergehenden Reim und durch die Verschiebung der Reimkorrespondenz gegen die Strophenstruktur ganz originelle Züge. Gerade die zweite Eigenheit jedoch bringt die Strophen eines Bars in engste Verbindung; reimt doch jeweils ein Strophenende auf den folgenden Strophenanfang. Zur Hofweise gehören keine der Angstweise vergleichbaren Liedlängen. Aber mehrere vielstrophige Lieder, deren längstes der 77strophige Bericht von der Eroberung Konstantinopels (¹Beh/328) ist, bestätigen die Funktion. Die Erfindung dieses Tons liegt lange vor der Angstweise.[40] Sie bestätigt, daß bei Beheim von der Anlage her die Spruchweise aus der Strophenform des Meisterliedes herauswächst, erst im zweiten Anlauf wagt er größere Einfachheit.

Das Modell hat Folz adaptiert. Er reiht in der Abenteuerweise 20 paargereimte männliche Vierheber zu einer Strophenform. Der Name weist sie von vornherein für Erzähltexte aus. Das erhaltene Lied ¹Folz/100 ist eine Bibelversifikation, deren Autor nicht Folz sein muß.[41] Das Lied steht auf einem Einblattdruck aus dem letzten Jahrzehnt des 15. Jahrhunderts, wo es überschrieben ist: *Man mag dy istori ... lesen oder singen in hans folzen abenteuer weis ...* Die Formulierung klingt verblüffend ähnlich dem Vorspann des 'Buchs von den Wienern'. Trotz des weit kürzeren Textes und der völlig gewandelten Vortragssituation[42] sind die Formulierungen nahezu austauschbar. Unseres Wissens besteht zwischen dem in einer Sondersituation lebenden Beheim und dem städtischen Meistergesang kaum eine Verbindung. Das sieht man an der spärlichen Rezeption der Beheim-

---

[40] Hofweise vermutlich 1449, Angstweise 1462. Vgl. dazu zuletzt Schanze <I>, Bd. 1, S. 214f. und 219. S. 206-223 eine Chronologie aller Beheim-Töne.

[41] Auch wenn damit kein sicher vom Autor verbürgtes Lied die Echtheit des Tones sichert, wird man an der Tonautorschaft nicht zweifeln, denn der Ton erscheint noch zu Lebzeiten. Zur Unterschiebung bestand kein Anlaß.

[42] Aus dem 'Buch von den Wienern' wurde von Beheim der Kaiserin Eleonore auf der belagerten Wiener Burg mehrmals vorgetragen; vgl Petzsch <IV>, S. 281. Der Einblattdruck gehört in die städtische Öffentlichkeit der Mittel- und Unterschichten.

Töne in älteren Meistersingerhandschriften.[43] Hieran muß allerdings nicht allein Unkenntnis schuld sein. Die Nürnberger Meistersinger z.B. können ihn kennengelernt haben, als er während des Ersten Markgräflerkrieges im Dienst des Markgrafen Albrecht Achilles von Brandenburg-Ansbach stand.[44] Dies dürfte die Begeisterung für die Rezeption seiner Lieder oder Töne nicht gesteigert haben. Wir haben keine Gewißheit, ob Folz die einschlägigen Töne oder gar die Begründung gekannt hat oder beides erneut erfunden. Übrigens spricht Schanze die Vermutung aus, daß »er vielleicht manche seiner Reimpaargedichte bei Gelegenheit auf die Abenteuerweise sang«.[45] Einige von Folz' Reimpaarsprüchen hätten sich nach Schanze dazu geeignet; ihre Verszahl ist durch 20 teilbar.

Beschrieben ist damit in jedem Fall das Verfahren, mit dem Sachs beim Gebrauch seiner Spruchtöne arbeitete. Er nämlich erfand mit seinem Rosenton und seiner Spruchweise zwei weitere 20reimige Töne, die sich ausschließlich aus Reimpaaren zusammensetzen. Dabei wechselt der Rosenton beinahe regelmäßig zwischen Neun- und Achtsilblern (weiblichen und männlichen Vierhebern), die Spruchweise baut sich aus lauter Siebensilblern (weiblichen Dreihebern) auf. Sachs hat immer wieder vorgeführt, wie leicht sich solche Lieder in Spruchgedichte konvertieren lassen.[46] Unter Sonderbedingungen gibt es dann bei Adam Puschman noch fünf Spruchtöne, die mit dem Rosenton im Tonschema völlig identisch sind (vgl. S. 326).

3. Verwandte Strophenteile

Die Möglichkeiten, Reimschemata anzuordnen, sind scheinbar unerschöpflich. Gleichwohl kommt es immer wieder zu Konvergenzen –

---

[43] Zwei nachgedichtete Bare in *h* im Verkehrten Ton (¹Beh/500 und 501), ein echter in der Gekrönten Weise in *q* (284). Im Jüngeren Meistergesang wird der Verkehrte Ton gerne gebraucht, dazu kommt die Hofweise in geringer Verbreitung.

[44] Schanze <I>, Bd. 1, S. 214. Später hat man die Rolle Beheims offenbar vergessen, denn in den neunziger Jahren wird in Nürnberg die Beheim-Handschrift Berlin Mgq 1402 gefertigt.

[45] Schanze <I>, Bd. 1, S. 340f Anm. 134.

[46] In der Regel ist dies das Arbeitsverfahren von Sachs, nur selten arbeitet er Spruchgedichte in Meisterlieder um. Bei Drescher/Goetze ist bei allen Fabeln oder Schwänken in diesen beiden Tönen auf das entsprechende Spruchgedicht querverwiesen. Ebenso im Registerband 25 von Keller/Goetze.

gleichen oder über größere Strecken ähnlichen Reimschemata[47] –
selbst bei längeren und komplizierteren Formen. Durch die unterschiedlichen metrischen Strukturen differenziert sich das Bild, sie
eröffnen den Zugriff auf anders geartete Verwandtschaften.

Stollen

Die Kanzonenstrophe gliedert ihre Bauteile durch Wiederholung und
Differenzierung. Ein zu gleichmäßiger Fortschritt von Zeilen und
Zeilengruppen verwischt die Grenzen der Bauteile, eine zu große
Ähnlichkeit zwischen den Stollen und dem Abgesang macht gleich-
sam aus einer Strophe drei. Beides kann natürlich einer Strophenform
ihren besonderen Reiz verleihen, aber das Normale ist der Wunsch
zur Differenzierung. Differenziert werden kann entweder vorwiegend durch Verwendung unterschiedlichen Materials zwischen Auf-
und Abgesang – dann bleibt der Stollenschluß unter Umständen eher
unauffällig – oder durch Binnendifferenzierung der Strophenteile –
dann werden sich die Enden der Teile vom Vorhergehenden durch
Verwendung neuen Materials absetzen. Eine solche Schlußdifferenzierung erreichen die Tonkomponisten am leichtesten durch metrische Verlängerung, Verkürzung oder durch Wechsel des Reimgeschlechts.

Eng begrenzt sind die Möglichkeiten der Reimbindung bei kürzeren Stollen: im zweireimigen Stollen gibt es genau zwei Möglichkeiten, im dreireimigen fünf, im vierreimigen auch erst 15.[48] So kommt
es, daß in kurzen Tönen die Stollenschemata an manchen Schnittpunkten von Konventionen der metrischen und der Reimstruktur in
kaum überschaubarer Weise verwandt sind.

---

[47] Man vergleiche hierzu auch den Versuch von D. und E. Peschel zu einer systematischen Darstellung von Reimschemata, die aus der Erweiterungen der
Grundstruktur a a b | c c b erwachsen.

[48] Dann allerdings steigen die Zahlen steil an: für fünf Reime sind es schon 52
Möglichkeiten, bei sechs geht die Zahl bereits in die Hunderte. Bei hohen Reimzahlen sind Zufälle bei totalen Gleichungen also so gut wie ausgeschlossen.
Man kann die Zahlen übrigens für den ganzen Aufgesang gelten lassen, wenn
man die seltenen Fälle der Form a a b | a a b mit a a b | c c b gleichsetzt und
auch Töne mit nicht parallelem Aufbau der Stollen vernachlässigt wie Beheims
Verkehrten Ton oder Frauenlobs Goldenen Ton. Sind die Arten der Reimschemata demnach im Bereich der Drei- und Vierreimstollen durch ihre eingeschränkten Möglichkeiten so wenig, daß eine gesonderte Untersuchung wenig
Aussagekraft hat, so zeigt sich bei den längeren, daß die theoretische Zahl über
die praktisch genutzten Möglichkeiten wenig aussagt.

Zweireimige Stollen sind nicht sehr verbreitet in der älteren Sangspruchdichtung und in Tönen des 14./15. Jahrhunderts noch seltener. Es kommt bei ihnen zu notwendigen Zufallsgleichungen, nicht zu verwandten »Nestern«. Die hauptsächlich verbreiteten Stollen haben drei, vier oder fünf Reime. Vierreimige Stollen gibt es dabei etwas öfter als die anderen beiden Arten. Zusammen machen sie etwas mehr als die Hälfte des Gesamtbestandes aus. Die noch längeren Stollen sind also keineswegs selten.

Dreireimstollen

Bei den dreireimigen Tönen ergeben sich mehrfach eng zusammengehörige Tönegruppen gleicher Struktur. Dabei werden die Gruppen im wesentlichen durch die metrischen Einheiten bestimmt, denn von den fünf theoretischen Möglichkeiten des Reimschemas verwirklichen die Töne fast nur die Möglichkeiten a a b und a b c im 1. Stollen.[49] Am verbreitetsten sind die Stollen mit Enddifferenzierung in Länge und Reimgeschlecht.

```
4   4   3'
a   a   b
c   c   b
```

Hierher gehören aus älterer Zeit Sigeher, Ton I; Alexander, Ton II; Rumelant, Ton X; Singuf, Ton; sie alle können sich schon auf gleichlautende ältere Minnesangstollen beziehen. Vor allem aber haben sie den Bernerton als Modell zur Verfügung, der in den 'Carmina burana' nicht nur mit einer Strophe des 'Eckenliedes' vertreten ist, sondern auch durch ein zugehöriges lateinisches Lied.[50] Als Flammweise Wolframs und als Herzog-Ernst-Ton (mit gleichem Reimschema und eigener Melodie) lebt dieser Ton im Meistergesang fort. Schließlich hat auch Beheims Osterweise denselben Stollen. Durch die Abgesänge sind die Töne sonst völlig unabhängig voneinander. Leicht variiert wird der Stollentyp durch einen Anonymus (Cpg 349, anonymer Ton XIII), der dieselbe metrische Struktur mit dem Reimschema a b c versieht, und in anderer Richtung durch Jöriger/Kanz-

---

[49] Ein Reimschema a b b | a c c wird im untersuchten Material ausschließlich durch Harders Süßen Ton vertreten; später, zu Ende des 16. Jahrhunderts dann auch durch Georg Hagers Klingende Vesperweise und dann durch die Reichliche Jahrweise von Lorenz Rolck sowie mehrere Töne Ambrosius Metzgers. Im Minnesang ist sie ebenfalls belegt.

[50] CB, 203a und 203. Vgl. Brunner <V>, S. 316; zum 'Eckenlied' vgl. Heinzle in VL², Bd. 2, Sp. 323-327.

ler, Kurzer Ton, wo die Schlußdifferenzierung durch einen männlichen Dreiheber erfolgt.

Noch weiter verbreitet ist derselbe Stollentyp mit verlängertem Ende.

```
4  4  5'
a  a  b
c  c  b
```

Darunter fallen Walther, Feiner Ton, Hofweise und Ton VI; Albrecht von Haigerloch/Rumelant von Schwaben, Ton; Marner, Ton XVII; Goldener, Ton; Regenbogen, Goldener Ton; Konrad, Ton XVIII/Frauenlob, Spiegelweise; Cpg 349, anonymer Ton XII; Frauenlob, Tannton. Nah verwandt ist Walthers Ton XVI, der den Stollen mit einem weiblichen Sechsheber (6') abschließt. Ein von der metrischen Struktur emanzipiertes Reimschema verwirklichen der Ton Albrechts von Haigerloch/Rumelants von Schwaben und Marners Ton XVII mit der Reimstellung a b c : ‖.

Als Kanzonen mit 3. Stollen rücken Tannton, Goldener Ton und Goldeners Ton besonders eng zusammen. Sie unterscheiden sich nur durch Varianten in der Bildung des Steges.[51]

Zu einer weit verbreiteten Verwandtschaft im Bereich der vierreimigen Töne leiten die Stollen mit abschließendem Siebenheber über, soweit dieser zäsuriert ist (4 4 7' und 4 4 4+3'). Dazu gehören Marners Goldener Ton, Wizlaws Ton I und Regenbogens Blauer Ton in seiner ältesten Gestalt. Die zugehörigen Tonfamilien sind bereits besprochen.

Von der 4 4 5'-Gruppe durch Variation abgehoben ist der 'Klingsor'-Stollen: 4a 6a 5'b. Zu den Vertretern der Gruppe, die uns alle bereits beschäftigt haben, gehören Klingsors Schwarzer Ton, Ton V Rumelants und Ton IV Sigehers sowie Frauenlobs Ankelweise, deren überlieferte Strophen als einzige nicht ins 13. Jahrhundert gehören.

Wie eng alle Erscheinungen im Bereich der dreireimigen Stollen zusammenhängen, zeigen schließlich auch jene mit der metrischen

---

51 Schemata von Tannton und Goldenem Ton S. 177f. Vielleicht ist die Nähe von Regenbogens Goldenem Ton und Goldeners Ton mehr als ein merkwürdiger Zufall. Was als Regenbogens Goldener Ton umläuft, hat Qualitäten, wie sie für Goldene Töne typisch sind, erst sekundär gewonnen (vgl. S. 125f). Goldeners Ton unterscheidet sich von dessen Grundform nur durch eine zusätzliche Langzeile im Steg (4d 5'e 4d 5'e gegen 4d 5'e 4d 5'e 6x 5'f). Solche relativ kleinen Unterschiede können um 1300 nach vielen Vorbildern in J zwei Töne desselben Autors durchaus signalisieren. Das Mißverständnis, 'Goldener' als Tonname aufzufassen, läge nahe. Mehr als eine Vermutung kann es aber nicht sein, in Regenbogens Goldenem Ton einen weiteren Ton des Goldeners zu sehen.

Struktur 6a 6a 5'b, die an die vorhergehenden unmittelbar anknüpfen. Der Stollen ist der von Boppes Langem Ton, schon beim Autor durchaus strophenreich und in alten Handschriften breit gestreut,[52] und so taucht er nicht nur in den Kopien dieses Tons (Heinrich von Mügeln, Langer Ton; Römer, Gesangweise) auf, sondern auch bei Rumelant (Ton II), dem Henneberger[53] und leicht variiert bei Süßkind von Trimberg (Töne I und IV) und einem Anonymus in *n* (Anonym Leipzig Rep II 70ª, Ton IV), die den Stollen mit einem Sechsheber (6') schließen lassen.[54] Erfunden hat den Stollentyp allerdings schon Walther von der Vogelweide für den »Ersten Philippston«, eine einfache Repetitionskanzone (A A B B). Sowohl Stollentyp wie Bauform übernimmt Gottfried von Straßburg (Ton I), der dadurch einen sehr ähnlichen Ton erzeugt, getrennt allerdings durch ein unterschiedliches Reimschema im Aufgesang (a b c : ‖) und durch unterschiedliche Gestaltung des Gemäßes bei gleichem Reimschema im Abgesang.[55]

Vierreimstollen

Die systematische Anordnung nach der Reimzahl darf nicht den Eindruck erwecken, als sei die Form der »Tonbausteine« in erster Linie von ihr abhängig. Fast mit gleicher Berechtigung könnte man von der Gesamtlänge eines Strophenteils ausgehen und dessen Unterteilungsmöglichkeiten untersuchen. Der Stollen mit 15 Hebungen etwa ermöglicht Untergliederungen z.B. in 8 7[(')], in 4 4 7[(')], 4 6 5[(')], 4 4 4 3[(')], 4 6 2 3[(')], 2 4 4 2 3[(')], bis hin zu 2 2 2 2 2 3' (Schiller, Sanfter Ton), und viele gänzlich andere Teilungsmöglichkeiten. Es ist einsichtig, daß diese Verwandtschaften im Prinzip keinen geringeren Stellenwert

---

[52] Vgl. die Übersicht in RSM, Bd. 3, S. 209.

[53] In der überlieferten Fassung des Tons in J gibt es eine auffällige Stollendifferenzierung: 7a 6a 5'b | 6c 6c 5'b. Lomnitzer <I>, S. 337-340, hält den einleitenten Siebenheber für eine aus der Abgesangsmelodie resultierende Erscheinung des Umsingens. Die Strukturverwandtschaft der Stollen bleibt auch, wenn man das in Zweifel zieht.

[54] Diese Einzelstrophe ([1]ZX/34/1; KLD 38 n III 29) würde Süßkind vielleicht einigermaßen ins Repertoire passen, doch das durch die ganze Strohe geführte Spiel mit *guot* hat keine Parallele, das Sprachspiel mit Satznamen in [1]Süßk/5/1 (KLD 56,V,1) geht in andere Richtung. Die Tonähnlichkeit bleibt gleichwohl auffällig. Vgl. Kornrumpf in VL², Bd. 8, Sp. 997. Süßkind war auch außerhalb von C überliefert, wie die Inhaltsangabe der verlorenen Handschrift X beweist. Schanze <II>, S. 317 und 320 mit Anm. 11.

[55] Auf die enge Verbindung dieser beiden Töne hat erstmals Plenio <I>, S. 63, aufmerksam gemacht. Vgl. auch Brunner <II>, S. 5 Anm. 17.

haben. Da hier aber nur Tonteile gesucht werden, die in Zeilenlängen und Reimverteilung jeweils weitgehend übereinstimmen, ist die leichter überschaubare Systematik gewählt.

Vom Stollen 4a 4a 4a 3'b war bereits ausführlich im IV. Kapitel die Rede. Er ist die häufigste Verwirklichung des oft vertretenen Reimschemas a a a b. Eine ähnliche Sonderstellung hat der Stollen 4a 3'b 4c 3d. Sein Reimschema, das alle Responsionen erst im 2. Stollen findet, ist sogar noch häufiger. Daneben kommen noch a a b c und a b a c mit gewisser Häufigkeit vor, alle anderen theoretischen Möglichkeiten sind mit verschwindend geringer Frequenz oder gar nicht zu finden.

Zu den Stollen, die wir aus der Tonfamilie Gast/Wolfram, Goldener Ton bereits kennen, kommen noch einige ältere Vertreter: der »Zweite Thüringerton«, Ton IV Hermann Damens und Ton I Kelins mit dem modifizierten Reimschema a b a c. Jeder dieser Töne verwirklicht eine eigene Baustruktur; Walther: A A B B; Damen: A A B B A' A' (A' = endreduzierter 3. Stollen); Kelin: A A B A.[56] Durch die Reimstruktur und eine metrische Variante des Abgesangs ist dieser Ton aber trotz gleicher Bauform so deutlich von denen der oben genannten Tonfamilie getrennt, daß er dort nicht zu behandeln war. In der Tonfamilie begegnete auch eine Variante, die den Stollenschluß weiblich enden läßt, in Zorns Greferei. Dem so gestalteten Bauteil sind zuzuordnen: Meißner, Töne XIII und XX; Süßkind von Trimberg, Ton V; Tannhäuser, Tagweise (ein unikal auftretender unechter Ton, der vielleicht aus seinem Ton XIV entwickelt ist).

Stolle, Alment

7	7	4	5'
a	a	b	c
d	d	b	c

Süßkind von Trimberg, Ton II

7	7	4	3
a	b	c	d
a	b	c	d

Walther von Breisach, Ton

7'	7'	4	5'
a	a	b	c
d	d	b	c

Konrad von Würzburg, Hofton

7'	7'	°3'	4
a	a	a	b
c	c	c	b

Deutlich ist der Aufgesang von Walthers von Breisach Ton an Stolles Alment orientiert, die einleitenden Langzeilen enden jedoch weiblich. Während der Alment-Abgesang reichlich fortgewirkt hat (s.u.), ist der Aufgesang nur noch in zwei weiteren, stark abgewandelten Aufgesängen wirksam. Reimschema und Zeilenlängen entsprechen der Alment bei Süßkind und Konrad nicht voll, wichtigstes Verbin-

---

[56] Zu Damen, Ton IV, und Kelin, Ton I, vgl. Pickerodt-Uthleb, S. 504 und 428.

dungsglied sind die einleitenden Siebenheber. Letztlich ist auch der Stollen von Regenbogens Grauem Ton ein durch Reime weiter untergliederter Ableger des Alment-Stollens.

Fünfreimstollen

Kettner, Schlüsselweise	Folz, Baumton
4 4 4 1_2'	3' 3' 3' 1_3'
a a a a b	a a a A b
a a a a b	c c c A b

Diese Stollen der beiden Nürnberger Töne sind ganz offensichtlich aufeinander bezogen, d.h. Folz nimmt Bezug auf seinen Vorgänger Kettner. Der Anreim zum Stollenschluß ist zwar einmal als Schlagreim, einmal als zweisilbiger Anreim mit selbständigem Reim ausgebildet, aber die Struktur der Glieder ist sehr ähnlich, unabhängig davon, ob Folz einen metrischen Zusammenhang zwischen weiblichem Dreiheber und männlichem Vierheber empfunden hat. Die Abgesänge sind unterschiedlich; die jeweils einzigen Lieder [1]Ketn/1/1 und [1]Folz/65 haben das Thema Maria, sonst aber nichts gemeinsam; es bleibt beim bloßen Formzitat.

Lesch, Zirkelweise/ Nunnenbeck, Unbenannter Ton

3'	3'	4	4	3(2)
a	a	b	b	c
d	d	e	e	c

Der Stollen der Zirkelweise ist durch Nunnenbeck fast unverändert adaptiert, nur die Schlußzeile ist verkürzt. Im Abgesang setzt sich das Zitat nicht fort. Auch gibt es im Inhalt des einzigen Bars ([1]Nun/26) keinen erkennbaren Anknüpfungspunkt.

K. Nachtigall, Hoher Ton	Folz, Hoher Ton
2 2 1' 2 3	4 2 3' 3 4'
a a b c d	a a b c d
e e b c d	e e b c d

Singer, Freier Ton

2	2	1	2	3
b.a	a	b.a	b	c
e.d	d	e.d	e	c

Trotz metrischer Differenzen dokumentieren die Namen, daß die Übereinstimmung im Reimschema der Hohen Töne nicht zufällig ist; weitere Beziehungen existieren nicht. Singers Ton variiert Nachtigalls

Hohen Ton in anderer Richtung, baut aber das Reimschema deutlich aus und stellt um.

					Reinold von der Lippe, Ton II/			
Wizlaw, Ton IV					Pfalz von Straßburg, Rohrton			
2'	5'	4	5'		4(2)	5'	4	2	3'
a	b	x	c		a	b	c	c	d
a	b	x	c		a	b	e	e	d

Die auffällige Ähnlichkeit zwischen den Tönen Reinolds und Pfalz' in den Stollen (einziger Unterschied: der Rohrton beginnt mit einem Zweiheber) setzt sich im Abgesang nicht fort. Sie kann durch bloßen Zufall gleichwohl nicht erklärt werden und fordert daher für den Rohrton höheres Alter, denn wir haben keinen Hinweis darauf, daß der Ton Reinolds von der Lippe über längere Zeit lebendig war. Unabhängig von der Richtung der Beeinflussung muß daher eine gewisse zeitliche Nähe vorausgesetzt werden. Das paßt zu dem Befund, daß Pfalz' Ton auch in einem engen Zusammenhang mit Wizlaws Ton IV steht (vgl. S. 174); der mit Reinold ist nicht genauer zu klären, obwohl er in den Stollen noch deutlicher ist.

Übereinstimmungen bei längeren Stollen

Unter den sechsreimigen Stollen fehlen signifikante Übereinstimmungen.

Ein siebenreimiges Schema a b a b c c d kommt fünfmal im untersuchten Material vor. Die Verbindung von Kreuzreim und Schweifreim begegnet deswegen etwas öfter, weil sie zwei beliebte Grundformen addiert. Die Gruppe scheint denn auch aus zwei Untergruppen zu bestehen, die nichts miteinander zu tun haben.

Heinrich von Mügeln, Traumweise								Beheim, Slegweise						
3'	3	3'	3	3'	1'	3		5	3'	4	3'	2_1	3'
a	b	a	b	c	c	d		a	b	a	b	c	c	d
e	f	e	f	g	g	d		e	f	e	f	g	g	d

Auf der Suche nach einem schlagreimgezierten Vorbild hat Beheim Mügelns Ton entdeckt und, allerdings nur im Stollen, nachempfunden. Der Traumton hat nicht genau denselben Schlagreim, sondern dreisilbig-weiblichen, wo Beheim männlichen setzt. Auch sonst ist Beheim in der metrischen Struktur selbständig; sein Abgesang setzt ein gänzlich autonomes metrisches Modell. Für die Stollen ist aber wohl keinesfalls an Zufall zu denken. Schon das Reimschema ist ja nicht weit verbreitet, die Verbindung mit der metrischen Besonderheit erhebt die Ähnlichkeit in den Rang eines Zitats.

Nachtigall, Langer Ton

4'	7'	4'	7'	2	2	3'
a	b	a	b	c	c	d
e	f	e	f	g	g	d

Schwarz, Vermahnter Ton

4	3'	4	3'	2	2	3
a	b	a	b	c	c	d
e	f	e	f	g	g	d

Folz, Freier Ton

4	4	4	4	4	4	4
a	b	a	b	c	c	d
e	f	e	f	g	g	d

Diese drei Stollen von drei Nürnberger Autoren entstanden gewiß nicht ohne Kenntnis voneinander, sind vielleicht aber sogar bewußt aufeinander bezogen. Zumindest die Schemata Nachtigalls und Schwarz' sehen sich sehr ähnlich. Da der Vermahnte Ton erst nach der Reformation greifbar wird, kann man ihn mit Nachtigalls Ton inhaltlich nicht vergleichen.

Eine auffällige Häufung desselben Reimschemas tritt unter den achtreimigen Stollen auf. Das Schema der Form a b a b c c d e wird nicht nur von einer erstaunlichen Zahl von Stollen erfüllt – verglichen mit den Möglichkeiten –, sondern die Verwandtschaft der folgenden fünf Töne geht sogar noch darüber hinaus.

Regenbogen, Leidton

4	3'	4	3'	4	4	4	3'
a	b	a	b	c	c	d	e
f	g	f	g	h	h	d	e

Ungelehrter, Langer Ton

4	3'	4	3'	2	2	4	3'
a	b	a	b	c	c	d	e
f	g	f	g	h	h	d	e

Folz, Schrankweise

4	3'	4	3'	4	4	4	3'
a	b	a	b	c	c	d	e
f	g	f	g	c	c	d	e

Hopfgart, Stiller Ton

3'	3	3'	3	5'	3'	2	3
a	b	a	b	c	c	d	e
f	g	f	g	h	h	d	e

Örtel, Leidton

4	3'	4	3'	4		4	2	3'
a	b	a	b	A.c	A.c	d	e
f	g	f	g	B.h	B.h	d	e

Die Anordnung erfolgte nach der Nähe zum mutmaßlichen Aus- gangston, dem Leidton, der in der Tradition unter Regenbogens Namen läuft. Die Aufstellung umfaßt alle Töne mit der angegebenen Reimstruktur, abgesehen von der Langen Morgenröte Heinrichs von Ofterdingen, die insgesamt – nicht nur in den Stollen – abhängig ist vom Leidton Örtels (vgl. S. 199f). Die Schrankweise von Folz ist auch in der Stollenstruktur völlig identisch, benutzt jedoch im 2. Stollen den Reim c nochmals. Im Abgesang verwendet Folz dasselbe metri- sche Material wie der Leidton, er macht ihn aber länger und baut als recht ungewohnte Raffinesse den Reim a des Aufgesangs noch ein- mal ein. Der Leidton Örtels variiert den Ausgangston metrisch leicht

und schmückt ihn mit Anreimen. Er behält aber sogar den Namen
bei, woraus wir einigermaßen sicher schließen können, daß sein Ton
nicht etwa von dem von Folz, sondern unmittelbar vom Leidton
abhängig ist. Der Abgesang mit 3. Stollen ist dann selbständig. Ein
recht obskurer Ton ist der Lange Ton des Ungelehrten. Es gibt nur
vier Bare, drei von Sachs aus den Jahren 1554/55 (^{2}S/4292, 5465,
4684) und einen undatierten anonymen, der keinen älteren Eindruck
macht (^{2}A/1093). Der Ton scheint am ehesten mit dem Örtels
zusammenzuhängen, da er ebenfalls als Kanzone mit 3. Stollen
weitergeführt ist. Der Steg verwendet im Prinzip dasselbe metrische
Material, er ist nur kräftig ausgebaut (Örtel: 4i 3'k 4i 3'k [KRS3],
Ungelehrter: 4i 4i 3'k 4l 4l 3'k 4m 4m 3'k [KKS3]). Deutlich abgesetzt ist
der Stille Ton Hopfgarts, der in den Zeilenlängen sehr stark abweicht.
Eine Zufallsgleichung kann man in diesem Fall nicht ganz ausschlie-
ßen, denn das Reimschema setzt sich aus zwei recht geläufigen
Vierergruppen zusammen (Kreuzreim + enderweiterter Schweif).
Dabei wäre bei ihm die Sache besonders interessant – denn gehört
der Ton zur Gruppe, so hat sich sein Autor vermutlich an einem
Nürnberger Spiel beteiligt, und das würde Aussagen über den
zeitlich und örtlich bislang nicht fixierten Tonerfinder zulassen.[57]
Bleiben uns als Hilfsmittel noch Melodien und Inhaltsstrukturen. Die
Melodien zu Folz und Örtel klingen jedoch allenfalls im Anfangs-
motiv an den Leidton an, doch nur an dessen *k*-Fassung, von der die
späteren deutlich abweichen.[58] Der Lange Ton des Ungelehrten dagegen zeigt zu keinem der anderen Töne ausgeprägte Beziehungen.
Zum Stillen Ton gibt es keine Melodieüberlieferung.

^{1}Nun/43 (Klesatschke Nr. 16) im Stillen Ton schildert das Leiden
Christi unter dem Aspekt von Marias Compassio. Die Folz-Belege der
Schrankweise (^{1}Folz/14, 36, 56, 58, 150 und 151) liefern in der Mehrzahl Mariengrüße (das weltliche Lied 150 ist wie 151 in der Handschrift *q* nicht als Folz gekennzeichnet; nicht marianisch orientiert
sind auch zwei Lieder von Hayweger und Nunnenbeck). ^{1}Örtl/1/1,
ein anonym überliefertes Lied in Örtels Leidton, preist Maria. Von
den fünf Liedern, die *k* im Leidton Regenbogens wiedergibt, ist das
erste mehrfach zu finden, mit Frauenlob als Tonautor auch in der
Basler Handschrift A IX 2.[59] Die anderen Bare in *k* lösen sich in der
Thematik zum Teil von Maria. Allzu eng ist die inhaltliche Struktur-
verwandtschaft nicht, auffällig bleibt vor allem, daß nur bei Nunnen-

---

57 Das wenige, was wir von Hopfgart wissen, bei Brunner in VL², Bd. 4, Sp. 137f.
58 Vgl. Schumann, Notenteil, 17 II.
59 Die Handschrift stammt aus dem 15. Jahrhundert. Zu Charakter und sonstigem
   Inhalt vgl. Kornrumpf <I>, S. 135.

beck in dem entferntest verwandten Ton der Gruppe das Compassio-Motiv auftaucht, das man – wenn man Maria als vorgegeben betrachtet – am ehesten erwartet. Der Zusammenhang aller anderen Töne ist durch die Form gesichert.

Verwandte Abgesänge

Die Struktur der Abgesänge ist wesentlich komplexer als die der Aufgesänge; nicht nur, weil sie meistens länger sind als ein Stollen, sondern weil sie durch ihre Verwirklichung erst eigentlich Träger der Bauform sind. Daraus ergibt sich der weitere Befund, daß diejenigen Abgesänge, die durch eine K3- oder RepK-Struktur usw. bestimmt sind, völlig anders zu behandeln sind als solche, die eine durchkomponierte, zwei- oder mehrteilige Struktur besitzen. Bei K3 wird die Physiognomie des Abgesangs vor allem durch das Aussehen des Stollens, dann aber durch die Architektur des Stegs bestimmt. Weitgehend also spielt sich das Auffällige im schon behandelten Bereich ab. Es gibt allerdings manchmal Abgesangsenden, die aussehen wie typische Stollen, ohne es zu sein, ebenso Einleitungsteile zum Abgesang mit repetiertem Steg (KRS, RKRS). Die einfache RepK ist selten belegt, außerdem meistens kurz und bietet deswegen wenig differenzierte Entfaltungsmöglichkeiten. Was hier behandelt wird, sind denn fast nur die Strukturen der »normalen« Kanzonen. Für sie sind bislang kaum in Ansätzen Ideen zur Aufschlüsselung entwickelt; Beziehungen festzustellen, ist höchst problematisch, vor allem ohne konsequente Einbeziehung der Melodien. Diese kann hier nicht geleistet werden. Trotz dieses Verzichts gibt es einige auffällige Koinzidenzen zu vermerken.

Fünfreimige Abgesänge

Sigeher, Ton V   Meffrid, Ton
5' 7' 6 5 5'   5' 5' 4 4 4_3'
d d e e d   e e f f x e

Reinmar von Zweter, »Meister-Ernst-Ton«
6' 6' 8 8 9
c c d d c

Die Gleichung erstreckt sich auf Übereinstimmung von Reimschema und Reimgeschlecht, interessant ist sie insbesondere für den »Meister-Ernst-Ton«, der Reinmar (durch Roethe) nur zugeschrieben ist. Sigehers Töne zeichnen sich allerdings gerade dadurch aus, daß kein

Tonschema wie das andere gebaut ist. Hier können allenfalls inhaltliche Übereinstimmungen eine weiterführende These rechtfertigen. Meffrid könnte dem Befund nach einen der beiden anderen Töne gekannt haben, doch von diesem Dichter wissen wir fast gar nichts.

Sechsreimige Abgesänge

Um Harders Süßen Ton[60]

Harder, Süßer Ton							Frauenlob, Jahrweise					
5'	5'	3'	5	4	3		5'	5'	3'	3	4	3
d	d	d	e	x	e		g	g	g	h	d	h

Lesch, Feuerweise, Variante

5'	5'	3'	2	4	3
f	f	f	g	x	g

Nah verwandt sind die beiden ersten Abgesänge, obwohl wir von der Jahrweise wissen, daß sie erst nachträglich durch Kürzung von Langzeilen diesen präexistenten Status erworben hat.[61] So wird denn Angleichung an ein gewohntes und ohnehin verwandtes Muster der eigentliche Motor der Änderung gewesen sein. Die auffällige Variante der Feuerweise in *k* (vgl. S. 133f) sieht im Abgesang in der Tat Harders Ton ähnlicher als dem Original. Man könnte auf die Idee kommen, hier habe eine bewußte Tonmischung stattgefunden.[62] Dann sollte man freilich den kompletten Abgesang des Süßen Tons erwarten, stattdessen hat sich aber eine Reminiszenz der Feuerweise in dem Zweiheber erhalten. Damit kommt wohl eher eine versehentliche, im einzelnen nicht nachvollziehbare Kontamination der Töne in Betracht.

---

[60] Die Waisen Ende des 14. Jahrhunderts als »Reime« zu zählen, ist wohl legitim. Es geht jedoch nicht um Theorie, sondern nur um Vergleichbarkeit mit der Jahrweise. Reime statt Zeilen zu zählen, erspart die Diskussion der Zeilenstruktur.

[61] Auch wenn die Jahrweise älter ist als ihre nachreformatorischen Belege, bleibt sie doch vom Ton Liebes von Giengen abhängig. Dieser ist mit größter Wahrscheinlichkeit jünger als Lesch. (Wie Kornrumpf <I> und Schanze, zuletzt in VL², Bd. 5, Sp. 726, sehe ich im älter bezeugten Lesch den Dichter.)

[62] Zu Spekulationen über den Niederschlag familiärer Bindungen in einer solchen Tonmischung sollte man sich nicht hinreißen lassen. Zur Frage der Verwandtschaft von Harder und Lesch Schanze <I>, Bd. 1, S. 264-266.

Das Umfeld der Alment
Eine deutlich herausgehobene Gruppe findet sich zusammmen, wenn
man die Töne heraussucht, die das Reimschema a b a b c c aufweisen.[63] Waisen sind nicht berücksichtigt; die Ordnung richtet sich
nach der Gesamthebungszahl (aufsteigend).

Regenbogen, Donnerweise
4 5' 4 5' 3 4
g h g h i i

Wolfram, Flammweise
4 3' 4 3' 4 8
d e d e f f

Leuthold von Seven, Ton VII
4 5' 4 5' 3 7
f g f g h h

Rumelant von Schwaben, Ton
4 7' 4 3' 5' 5'
d e d e f f

Rumelant, Ton IV
7' 2 7' 2 6 6
c d c d e e

Fegfeuer, Ton I
4 5' 4 3' 8 7
x d x d e e

Bruder Wernher, Ton IX
4 5' 4 5' 7 7
d e d e f f

Frauenlob, Zugweise
4 5' 4 5' 5' 9'
f g f g h h

Henneberger, Ton
4 5' 4 5' 8 8
d e d e f f

Bruder Wernher, Ton VI
4 5' 4 7' 7 7
e f e f g g

Bruder Wernher, Ton II
4 3 7 5 8 8
c d c d e e

Bruder Wernher, Ton III
4 5' 7 5' 7 7
d e d e f f

Bruder Wernher, Ton V
4 3' 6 5' 8 9
d e d e f f

Dietmar der Setzer, Ton
4 5' 4 5' 7 11
d e d e d d

Stolle, Alment
4 5' 4 7' 7 9
e f e f g g

Rumelant, Ton VII
4 5' 4 9' 7 9
f g f g h h

Bruder Wernher, Ton I – Form 1
4 5' 8 5' 8 8
d e d e f f

Form 2
4 5' 8 5' 4 4 4 4
d e d e f g f g

Bruder Wernher, Ton VII
5 5' 6 5' 8 10
e f e f g g

Bruder Wernher, Ton IV
4 7' 6 7' 8 9
d e d e f f

---

63 Dabei steht dieses Reimschema für jede Abgesangsfolge mit Kreuzreim und
abschließendem Paarreim unabhängig vom Ausgangsreimbuchstaben, der ja
von der Aufgesangs-Struktur abhängt.

Die dargestellten Abgesänge erfassen die Reimstruktur Kreuzreim +
Paarreim vollständig. An drei Stellen sind Ränder mit erfaßt: Fegfeuers Ton ist mit genannt, obwohl er anstelle der Reime in einem Fall
Waisen hat. Umgekehrt liegt die Sache bei Bruder Wernhers Ton I,
wo die Nebenform mit ausgebautem Reimschema mit angegeben ist,
das die Bedingung der Gruppe nicht erfüllt; schließlich ist im Ton
Dietmars der abschließende Paarreim identisch mit dem ersten Reim
des Kreuzreimes. Alle drei sollen dokumentieren, daß Tonschemata,
ausschließlich nach einer bestimmten Bedingung ausgesucht, für sich
allein keinen abgeschlossenen Typ erfüllen. Von a b a b c c zu a a b b
einerseits oder zu a b a b c d c d andererseits ist »nur ein Schritt«.
Sobald nur Langzeilen dabei sind – gerade in diesem Umkreis ist das
häufig der Fall –, sind solche Übergänge durch die Waisen in den
Zäsuren bereits vorgebildet. So sehe ich denn die Gruppeneinheit
auch nicht durch ein Reimschema allein begründet, sondern der
Ausschnitt zeigt eben in Teilbereichen größere Übereinstimmungen,
als nach der reinen Reimschemakorrespondenz nötig wäre. Auf die
Verwandtschaft von Stolle und den reichlich vertretenen Tönen
Bruder Wernhers sowie der des Hennebergers haben bereits Korn-
rumpf/Wachinger[64] hingewiesen. Je nachdem, wo man bei den
metrischen Übereinstimmungen das Schwergewicht setzt, wird man
größere oder geringere Nähe zur Alment oder sonst untereinander
finden. Auffällig ist z.B., daß alle beteiligten Töne das Kreuzreimpaar
durch das Reimgeschlecht differenzieren, abgesehen von Bruder
Wernhers Ton II; und bis auf Rumelants Ton IV bewirken alle die Differenzierung durch weiblichen Reim des 2. und 4. Gliedes. Frauenlobs Zugweise und der Ton Rumelants von Schwaben/Albrechts
von Haigerloch lassen das abschließende Reimpaar weiblich enden
und setzen sich dadurch vom Rest der Töne ab.
  Historisch verhält es sich so, daß von allen dargestellten Tönen der
älteste die Alment ist. Diese breitete sich einerseits selbst durch
umfangreiche Verwendung durch andere aus, wurde aber außerdem
recht frühzeitig durch Bruder Wernher in vielfacher Weise variiert
aufgenommen. Die Stollen der Wernher-Töne bleiben gegenüber der
Alment allerdings völlig selbständig – insgesamt kommt es über eine
spielerische Annäherung nicht hinaus. Wenn Wernhers Ton VIII in
der oben dargestellten Reihe nicht vertreten ist, dann deshalb, weil er
trotz erkennbarer Nähe zu den anderen Tönen Wernhers auf das

---

[64] Kornrumpf/Wachinger S. 367. Sie folgen dabei einer Anregung von Gerdes,
   S. 173 Anm. 1. Zu den Tönen Bruder Wernhers und ihrer Verwandtschaft zur
   Alment vgl. auch Brunner <X>.

abschließende Reimpaar zugunsten einer einzelnen abschließenden Zeile verzichtet.

Aus den Tonschemata des 13. Jahrhunderts fallen zeitlich die erst spät belegten und als unecht geltenden Töne Frauenlobs und Regenbogens heraus. Da es nur zwei sind, sehe ich darin eher ein Indiz für ihr Alter als einen Beweis für die Kontinuität des Modells. Dies gilt noch mehr für die Zugweise als für die Donnerweise. Denn letztere hat an keiner Stelle des Reimschemas Langzeilen, insbesondere nicht am Strophenschluß, und fällt damit aus der Reihe. Daß sich die Flammweise, also ein Epenton hier einreiht, unterstreicht die Nähe des epischen Formenkreises zur frühen Sangspruchdichtung. Sie scheidet sich durch ihre kurzen Stollen deutlich vom Zentrum der Alment-Gruppe. Schließlich ist noch einmal des randständigen Tons I von Fegfeuer zu gedenken. Er hat Waisen statt Reime im Vorderteil des Kreuzreimquartetts. Bei dem ganz nah verwandten Ton Höllefeuers sind die Langzeilen nicht so regelmäßig zäsuriert, und darum erscheint er hier nicht. Unter den wenigen vierreimigen Abgesängen bilden diese beiden mit dem Ton III des Unverzagten, mit Ton XXX Ulrichs von Singenberg und dem anonymen Ton XIII des Cpg 349 eine Gruppe von Tönen mit doppeltem Paarreim und zum Teil extrem langen und stets ungleich langen Zeilen.

Um Ton III des Jungen Spervogel

Junger Spervogel, Ton III	Leuthold von Seven, Ton VIII
4 4 4 4' 5' 4	6 6 5' 4 6 5'
c c d e e d	c c d e e d

Reinmar von Zweter, Frau-Ehren-Ton	Frauenlob, Grüner Ton
5' 5' 4' 4 4 5'	3' 7' 3' 4 4 5'
d d e f f e	f f g h h g

Ton III des Jungen Spervogel baut seinen Abgesang aus doppeltem Schweifreim auf. Das ist im 13. Jahrhundert recht beliebt.[65] Reinmars Frau-Ehren-Ton ist Ton III besonders nah verwandt; kleine Kontraste können nicht über die Gleichheit des Materials hinwegtäuschen: das Reimgeschlecht ist stets genau umgekehrt wie im Ausgangston, gleich reimende Zeilen sind in beiden Tönen gleich lang, je einmal jedoch längendifferenziert. Die metrischen Einheiten (4 und 5') sind

---

[65] Auch Junger Spervogel, Ton II, Alexander, Ton II, Schulmeister von Esslingen, Ton I, Ehrenbote, Spiegelton, Konrad von Würzburg, Ton 19; aus dem 15. Jahrhundert dann noch Harder, Goldener Reihen.

dieselben. Leutholds Ton VIII nimmt zweifellos Bezug auf den Reinmar-Ton und verändert ihn nur geringfügig.[66] Der Abgesang von Frauenlobs Grünem Ton ist da vergleichsweise selbständiger. Man kann die Vorlage aber durchaus noch erkennen; der zweite Teil, ein gängiger Baustein, ist dem Frau-Ehren-Ton völlig gleich.

Achtreimige und längere Abgesänge

Der anonyme Ton in *W* zwischen Bruder Wernher und Reinmar von Brennenberg[67]

Anonym Wien 2701 (*W*), Ton I								Bruder Wernher, Ton III					
4	5'	4	5'	7	7	6	8	4	5'	4	5'	7	7
d	e	d	e	f	f	g	g	d	e	d	e	f	f

Reinmar von Brennenberg, Hofton							
4	7'	4	7'	6	6	6	8
c	d	c	d	e	e	f	f

Bruder Wernhers Ton gehört zur weiteren Alment-Gruppe. Reinmars Ton zeigt uns, wie man diese Abgesangsstruktur weiter ausbauen kann. Er schiebt ein weiteres paargereimtes Zeilenpaar ein. Eher so ist die Struktur abzuleiten als durch die Annahme eines angehängten Reimpaars, weil der ungleichversige Abschluß zwar nicht dem Ton Bruder Wernhers, aber dem Kernbestand der Alment-Gruppe näher ist; niemals gibt es auf der Schlußstelle sonst zwei nur sechshebige Zeilen. Der anonyme Ton verhält sich in dieser Hinsicht eher neutral. Er sieht aus, als habe man Bruder Wernhers Ton die Schlußgruppe des ohnehin benachbarten Tons von Brennenberg angehängt. Wir sind ausnahmsweise in der glücklichen Lage, die Melodien alle vergleichen zu können. Dabei stelle ich weitergehende Strukturähnlichkeiten des anonymen Tons zu einem der beiden auf Anhieb allerdings nicht fest.

---

66 Die Längung des Vierhebers zum Fünfheber nimmt dabei die spätere Entwicklung des Frau-Ehren-Tons vorweg. Der Aufgesang scheidet sich deutlicher, paßt aber ebenfalls zum von Reinmar Gewohnten. Man kann noch darauf hinweisen, daß ¹Leuth/2/1 die *êre* thematisiert. Eine frühe Ansetzung der Str. 2/2 scheint unter diesen Umständen recht unwahrscheinlich; sie würde voraussetzen, daß der Frau-Ehren-Ton von Leuthold (oder wer immer den Ton erfand) abhängig wäre. Zum angeschnittenen Problem vgl. Wachinger <II>, S. 128-131, und Mertens in VL², Bd. 5, Sp. 735.

67 Ettmüller hatte den Ton für einen Ton Frauenlobs gehalten, bei ihm heißt er »Silberne Weise«.

Lomnitzer, der die richtige Lesung der vorletzten Zeile als Sechsheber gegen Ettmüller aus der Melodieaufzeichnung in *W* erwiesen
hat, führt eine Parallele in Meißners Ton XX an[68] – und zeigt uns damit den Weg zu einem weiteren Ableger der almentartigen Abgesänge.

Meißner, Ton XX

2	2	5'	2	2	5'	6	4_4	
e	e	f	g	g	f	h	x	h

Meißner, Ton IX

2	2	5	2	2	5	6	4	4
e	e	f	g	g	f	h	h	h

In Ton XX sind Vierheber durch Mittelreim zerlegt. Es liegt kein me-
chanischer Ausbau einer vorgefundenen Form vor, sonst hätten sich
der jeweils zweite Reim e und g binden müssen statt des tatsächlich
eingesetzten Mittelreims. In der metrischen Struktur wie im sonstigen
Reimschema ist die Verwandtschaft jedoch deutlich. Noch einen
Schritt weiter geht Ton IX. Er sieht beinahe wie eine Variante von Ton
XX aus. Mit den oben angeführten Abgesängen würde man ihn jedoch nicht mehr zusammenbringen. Das Reimschema hat sich durch
nur eine weitere Neuerung völlig emanzipiert, und auch auf den
typischen Wechsel des Reimgeschlechts ist verzichtet. Auf ihre Weise
sind übrigens beide Töne mit anderen Meißner-Tönen eng verwandt.
Auf die Darstellung solcher »Selbstderivationen« und »Selbstimitatio-
nen« habe ich generell verzichtet (vgl. S. 150 Anm. 8).

Zwinger, Hofton

2	2	3'	2	2	3'	4	3'	4	3'
d	d	e	f	f	e	g	h	g	h

Ehrenbote/ Frauenlob, Kupferton

2	2	3'	2	2	3'	4	3	4	3
f	f	g	h	h	g	i	k	i	k

Zorn, Unbenannter Ton

2	2	3	2	2	3		4	3	4	3	4	3
g	g	h	i	i	h		k	l	k	l	b	f

Der Unterschied der ersten beiden Abgesänge liegt allein im Reimgeschlecht des letzten Reims (k bzw. h). Sie unterscheiden sich auch
kaum von Frauenlobs Froschweise. Anders als diese wiederholen sie
den 3. Stollen nicht bzw. nicht komplett (Kupferton) und erscheinen

---

[68] »Ein aus männlichem Sechs- und Achtheber bestehendes Reimpaar scheint kein
ungewöhnlicher Strophenschluß gewesen zu sein. Auf Anhieb finde ich einen
Beleg beim Meißner.« Lomnitzer <I>, S. 343 Anm. 46.

daher auch nicht mit unter den Tonfamilien des vorangegangenen Kapitels. Die Töne sind recht deutlich aus einigen gängigen »Fertig-bauteilen« zusammengesetzt, darunter die gerne im Steg eingesetzte zweifach unterteilte Langzeile 2 2 3', so daß die Gleichungen keine zu große Nähe ausdrücken können, jedoch Bekanntschaft mit einem entsprechenden Reservoir; der Kupferton knüpft ja unmittelbar an einen Ton Kanzlers an (vgl. S. 168-170).

Nur ein weitereres 4+3-Zeilenpaar fügt Zorn dem gleichen Muster hinzu. Sein Ton ist sogar eine KRS3, er steht der Froschweise Frau-enlobs und verwandten Tönen durch Bauform und Gestalt des Steges nahe. Originalität gewinnt der Ton dadurch, daß er auch im Steg aus-schließlich männliche Reime verwendet, vor allem aber dadurch, daß er am Stollenende zwei nichtexponierte Reime aus den beiden Stollen (b, f) noch einmal aufnimmt.

Zusammenfassung

Teilweise Tonübereinstimmungen sind bislang zur Darstellung von Abhängigkeiten zwischen Tonautoren kaum genutzt worden. Dabei sind die Ergebnisse durchaus beachtenswert. Sie scheinen vornehm-lich in zwei Richtungen zu gehen. Einerseits bilden sich wie bei den Tonfamilien ganze »Nester« von übereinstimmenden Teilstücken. Auch wenn diese einfach sind – wie manche beschriebene Dreireim-stollen –, sollte man mit dem Begriff Zufall vorsichtig umgehen. Die Entscheidung für drei Reime ist bereits eine Entscheidung, und trotz fast unbegrenzter Möglichkeiten ballt sich das Übereinstimmende auf wenigen Plätzen der metrischen Ausfüllung. Gerade wenn man gele-gentlich verirrten Minnesangstollen im Meistergesang begegnet (5' 3' 5; 5' 4 3'), erkennt man, wieviele Möglichkeiten nicht genutzt wurden. Dennoch geben diese Nester kaum mehr Auskunft über ein-zelne Tonbeziehungen. Das ist anders allerdings bei den der Alment ähnlichen Abgesängen – sie gehen wahrscheinlich zum größeren Teil, zumindest über Zwischenstufen, auf die Alment zurück. Ähnlich verhält es sich wohl bei allen diffizileren Übereinstimmungen. Sie lassen meist den Ausgangston erschließen und sind in der Regel weniger als Aneignung zum Zweck der Entlastung von eigener Krea-tivität denn als Formzitate zu werten, als Rückbezüge auf Gattungs-tradition und Vorgänger. Solche Rückbezüge werden im 13. Jahr-hundert ebenso greifbar wie bei den Nürnberger Meistersingern des 15. Jahrhunderts, dazwischen sind sie weniger ausgeprägt.

Fragt man nach den Bedingungen, so mag die in bestimmten Kon-stituenten vergleichbare Rezeptionssituation in den Blick kommen.

Im Lauf des 13. Jahrhunderts und bis in den Beginn des 14. hinein bildet sich offenbar ein extrem informiertes Publikum der Gattung Sangspruchdichtung, was zu stetiger Verfeinerung der formalen Mittel führt. Die Tatsache ist unübersehbar und an Beispielen Konrads von Würzburg (S. 229), Frauenlobs (z.B. S. 112ff) und anderer auch zur Sprache gekommen. Die hohe Zahl überkommener Töne, zu denen eine unbestimmte weitere Zahl hinzuzudenken ist, die Zahl der bekannten Tonschöpfernamen, die intertextuellen Bezüge bis hin zu »Sängerkriegen« offenbaren enge Beziehungen zwischen den Autoren. Zumindest im Kreis der dichtenden und komponierenden Kollegen, vielleicht auch darüber hinaus im nur zuhörenden Publikum, sind solche Bezüge verstanden worden. Eine ähnlich »dichte« Situation ergibt sich erst wieder in der zweiten Hälfte des 15. Jahrhunderts, eingeschränkt auf den engen Nürnberger Raum, wo die Meistersinger ebenfalls in Texten Bezug aufeinander nehmen und wo abermals eine dichte kommunikative Situation aufgebaut wird. Auch hier nimmt rasch die Verfeinerung der formalen Mittel zu – nach den einfacheren Tönen eines Kettner oder Zorn –, auch hier wächst die Bereitschaft zur formalen Bezugnahme.

Andere formale Mittel, die ich gelegentlich als »Fertigbauteile« klassifiziert habe, scheinen dagegen eher in Richtung Vereinfachung des schöpferischen Vorgangs zu weisen. Sie lassen sich bei den oben angesprochenen Autorengruppen bis zu einem gewissen Grad ebenfalls finden, häufen sich aber eher bei den primär anonymen, das heißt vor allem bei den später unterschobenen Tönen.

V. Kapitel
Die Toncorpora der Sangspruchdichter und
älteren Meistersinger im Meistergesang

Die Töne wurden bisher ohne Rücksicht auf Echtheit oder Unechtheit und auf die Einbindung in das Corpus der übrigen Töne des wirklichen oder vermeintlichen Autors untersucht. Die Bedingungen standen aber natürlich immer im Hintergrund und wurden – wo nötig – entsprechend berücksichtigt. Die Relevanz der Echtheitsfrage schon für den Meistergesang selbst lehrt uns Folz:

Wer ietz ein don hie singet
Den menger nie gehoret hat,
So fragt er mich wem ich den don du geben.
Ich sprich: 'es ist der dane,
Der Kantzler sang in schone
Vor mengem jar,
Heist sein glut weys mit namen.'
So sprechens allesamen:
'Ey, er hat war!
In al sein don er bringet
Solch melodey!' dar bey verstat:
Wie ietz die singer leben,

      3
So werden sie al blente.
Wer ist der sy al kente
Die maister alt
Und auch ir don mir zeiget?[1]

---

1 [1]Folz/78; Mayer, Nr. 90, V. 49-64; E. und H. Kiepe, S. 352-355 mit Übersetzung. Zum Gesamtzusammenhang im Rahmen der Folzschen sogenannten »Reformlieder« vgl. die Inhaltsangabe im RSM. Beachtenswert ist übrigens die ausdrückliche Berufung auf die *melodey*. Melodische Personalstile sind bei den Alten Meistern allenfalls bei Frauenlob im Ansatz beschrieben (Brunner <II>).

Nicht erst durch Puschman (vgl. S. 340)[2] ist demnach die Frage der
Authentizität auf die Tagesordnung gesetzt worden. Den Meistersingern war die Unterschiebungspraxis vielfach bewußt. Dabei läßt sich
nur in Ausnahmefällen beweisen, daß Töne unmittelbar zur Unterschiebung neu geschaffen wurden. Die Regel war wohl, daß ältere
existierende Töne einem der bekannten Meister zugeschlagen
wurden, weil das System Töne ohne Autor nicht zuließ, oder weil der
vorgefundene Autor keine ausreichende Legitimation besaß. Dies gilt
insbesondere für Orte, wo zeitweilig ausschließlich die Töne der
Zwölf alten Meister auf der Singschule zugelassen waren.[3]
 Im Rahmen einer Arbeit, die nur ausgewählte formale Aspekte
zahlreicher Autorenoeuvres berücksichtigen kann, lassen sich Aussagen über Echtheitsfragen allenfalls aus jenem formal eingeschränkten Blickwinkel formulieren, sie griffen damit in fast jedem
Fall zu kurz. Auffällige Aspekte der Rezeption kann aber allein schon
die Betrachtung der diachronen Verschiebung der Toncorpora in sich
vermitteln. Und natürlich ist es in vielen Fällen möglich, auf textkriti-
sche Vorarbeiten zurückzugreifen und deren Ergebnisse mit dem
formalen Befund zu verknüpfen.
 Die Darstellung beginnt mit den Corpora der sogenannten Zwölf
alten Meister – unter ihnen finden sich die umfangreichsten Tonoeuvres –, dann folgen die sonstigen Dichter des 13. und beginnenden 14. Jahrhunderts, soweit sie im Meistergesang rezipiert sind.[4]
Den Abschluß bildet Heinrich von Mügeln, gewissermaßen der drei-
zehnte Alte Meister.[5] Aus der Zeit zwischen Frauenlob/Regenbogen
und Heinrich von Mügeln gibt es so gut wie keine Sangspruchdichter, deren Töne durch Fremdgebrauch in typischer Meistergesangs-
manier rezipiert worden sind. Mülich von Prag gehört hierher, wenn
er nicht – noch wahrscheinlicher – bereits um 1300 gewirkt hat. Noch
größer ist die Ungewißheit bei Pfalz von Straßburg; auch er gehört
jedoch nach der Gestalt seines Tons in frühere Zeit. Meffrid, dessen
Ton bezeichnenderweise keinen Namen trägt, könnte früher als
Mügeln gedichtet haben, wird aber nur passiv – d.h. durch Weiter-

---

Man vergleiche jedoch jetzt die Untersuchung von Brunner <X> zu Bruder
 Wernher, der freilich nicht im Meistergesang fortlebte.

2 Auf Rückverweise auf vorangegangene Kapitel muß in dieser Zusammenfassung verzichtet werden, man vergleiche im Zweifelsfall das Register.

3 Vgl. Brunner <II>, S. 80-83.

4 Dies entspricht in etwa dem meistersingerischen Begriff der »Alten Nachdichter«, der jedoch in Unkenntnis der genauen Chronologie gelegentlich auch weit
 Jüngere mit einbezieht.

5 Er wird in jüngeren Aufzählungen in der Regel unter die Zwölf gezählt und
 verdrängt dabei einen der älteren. Vgl. dazu Brunner/Rettelbach <II>.

gabe vermutlich echter Texte – rezipiert und steht damit am Rand der meisterlichen Tradition. Beginnt nach dem Tod Frauenlobs 1318 und dem nicht fixierbaren Tod Regenbogens vielleicht wirklich eine Epoche der anonymen Nachdichter?[6]

1. Die alten Meister

Walther von der Vogelweide

Es ist nicht sinnvoll, im gegebenen Kontext das Nachleben Walthers von der Vogelweide aufzuarbeiten. Sein Fortwirken in den Handschriften ist bei Brunner/Müller/Spechtler[7] dokumentiert; von den typischen Meistersingerhandschriften hat nur *k* einige echte Strophen bewahrt. Während andere Sangspruchdichter nur durch den Meistergesang überhaupt fortleben, ist bei Walther dies nur ein wenig bedeutender Teilaspekt. Die Meistersinger haben nach Ausweis jüngerer Schulkünste auch keine rechte Vorstellung mehr von Leben oder Werk. Abgesehen von weitergehenden Entstellungen seines Namens gilt er den bekannten Zwölferlisten als Ritter, *landherr*, gelegentlich mit dem Zusatz »aus Böhmen«. Als Begründer des Meistergesangs scheinen ihn lediglich Hans Sigel (²Sigel/1) und zuvor schon der anonyme Gekrönte Hort ¹Bop/1/563 in *q* zu verstehen:

Lob sey den meister singern all auf disser ert,
da mit sie han genczlichen güter künst bewert;
in müsica so wart ir hercz entzündet.
Her Walter von der Vagelweid don fant gar schon.
Darnach der dichter aüch so vil gesüngen han,
cristliche ler wird vns von in verkündet.[8]

---

6 Dazu passen andere Beobachtungen: 1322 ist das Jahr des anonymen Überzarten Tones, zugleich auch das der ältesten datierbaren Bare, die um ältere Einzelstrophen herumgesponnen wurden: die ältere strophische 'Sibyllenweissagung' (¹Marn/6/101) und der Bar ¹Marn/7/102, dessen Verfasser Albertus allerdings bekannt wäre (vgl. dazu Kornrumpf in VL², Bd. 1, Sp. 142).
7 Dort auch eine umfassende Würdigung Walthers bezüglich der Ton-, insbesondere der Melodietraditionen einschließlich aller Fehlzuschreibungen mit Umschrift aller einschlägigen Melodien durch Brunner, S. 79*-100*.
8 *q*, 267ʳ.

Walthers spezifische Strophenformen haben kaum nachgewirkt, der Typ der nichtstolligen »gespaltenen Weisen« (A B B A) ist nicht produktiv, aber der »König-Friedrichs-Ton« überlebt doch immerhin bis *k* und zeigt dort sogar noch etliche Strophen, die sonst nirgends überliefert sind. Auch die einfache Repetitionskanzone (A A B B) und ihr Ableger mit einer abschließenden Einzelzeile (A A B B c) bleiben höchst selten. Doch selbst von diesen Unterarten der Kanzone hat sich je ein Vertreter aus Walthers eigenem Tonbestand erhalten: als Repetitionskanzone der Feine Ton in Fortsetzung des Ottentons. Da von *A*, *B* und *C*, wo der Ottenton mit insgesamt sechs Strophen vertreten ist, eine Lücke bis zu Hans Sachs' *knarzat weib* 1547 (²S/2408) klafft, muß es verschüttete Traditionen gegeben haben. So bleibt einzig dem Hofton, der angesprochenen Variante des Repetitionskanzonenschemas eine »normale« Rezeption vorbehalten, die von den echten Strophen in *C* und *D* über *H* nach *y* und *k* führt. Die Rezeption im Jüngeren Meistergesang ist allerdings auf eine Abschrift aus *k* (¹WaltV/7/500b) beschränkt.

Wüßte man, woher Langer Ton, Kreuzton – beide nur im Jüngeren Meistergesang – und die beiden Goldenen Töne kommen, könnte man Spekulationen über Anwendung auf Walthers Reichston oder Minnelieder endgültig ausräumen. Gerade für sie hat die Untersuchung recht wenig Neues ergeben. Lediglich die musikalische Anknüpfung des Walther/Wolfram-Tons (Goldener bzw. Vergoldeter) an den Hofton kann ein wenig Licht ins Dunkel bringen. Daß man gleich zweimal Walther einen Goldenen Ton zu unterschieben suchte, dürfte mit einem syntaktischen Mißverständnis von Frauenlobs 'Selbstrühmung' zusammenhängen:

swaz ie gesprach
der von der vogelweide,
mit vergoltem kleide
ich, Vrouwenlop, vergulde ir sang, ...[9]

Wolfram von Eschenbach

Der Epiker Wolfram war auch Liederdichter. Schon das 13. Jahrhundert jedoch versetzte ihn auch unter die Sangspruchdichter, indem es ihn dem Personal des 'Wartburgkrieges' inkorporiert. Der Titurelton,

---

[9] GA V,115,2-5a. Die richtige Interpunktion ist aus der Ausgabe übernommen. Läßt man das Komma nach *vogelweide* weg und fügt eines nach *kleide* ein, so stellt sich der mißverständliche Sinn ein.

der vermutlich auch melodisch auf Wolfram selbst zurückgeht,[10]
»streift« zweimal den Meistergesang: durch die Jahrweise des
Mönchs und schon zuvor in Heinrichs von Mügeln lateinischer 'Ungarnchronik'. Beide Male fehlt jedoch ein Hinweis auf Wolfram. Erst *k*
macht Wolfram zum Sangspruchtonerfinder. Mit dem Goldenen Ton
weist sie ihm einen Ton des 13. Jahrhunderts, den Ton Gasts, zu.
Außerdem bürdet man ihm die Mühlweise auf, den kurzen und einfachen Ton eines längeren Erzählliedes. Hier zeigt sich zum erstenmal
der Zug, Wolfram Epentöne zuzuweisen: die Mühlweise ist die
Tirolstrophe. Episode bleibt dagegen die fakultative Zuweisung des
Geschwinden Tones, die weniger verständlich ist als die in *w* begegnende des Fürstentons – Wolfram ist ja 'Wartburgkrieg'-Teilnehmer.
Von den genannten Tönen bleibt ihm im Jüngeren Meistergesang nur
der Goldene. Dafür erbt er von Walther dessen Goldenen Ton, der
nun Vergoldeter oder Übergoldener Ton heißt. Bei der Umschichtung
könnte sich die epentonähnliche Struktur des Tonschemas ausgewirkt haben. Vielleicht spielt bei der Verdrängung auch jene obskure
Goldene Weise Walthers eine Rolle, die unikal in *q* auftaucht. Spät
erst werden Wolfram zwei andere Epentöne zugesprochen: Flammweise und Höhnweise. Die Flammweise (Bernerton) wird zwar schon
von Mügeln (¹HeiMü/411) und dann von Folz benutzt. Doch bleibt
hier wie bei drei weiteren Bezeugungen vom Beginn des 16. Jahrhunderts der Ton unbezeichnet oder wenigstens der Tonautor unge-
nannt. Der Bernertons stammt aus dem 13. Jahrhundert und ist
bereits in den 'Carmina Burana' belegt.[11] Die Höhnweise (Heunen-
weise) ist eine Fortsetzung des Hildebrandstones. Sie wird ebenfalls
nach der Reformation Wolfram zugeschrieben.[12] Der Lange und der
Kurze Ton mögen ihren Ausgangspunkt bei geistlichen Liedern
genommen haben, wie sie als Frauenlobs und Regenbogens Tagweise
und in Sonderform als Kanzlers Langer Ton dokumentiert sind. Der
Kurze Ton, der nicht kurz ist und wohl eher seinen nur zweihebigen
Stollenschlüssen seinen Namen verdankt, schließt mit der letztgenannten Eigenschaft unmittelbar an die Tagweise Regenbogens, der
Kreuzton knüpft locker an Frauenlobs Grünen Ton an.

Durch den Zuzug so vieler und überwiegend gerne gebrauchter
Töne wird Wolfram in der Spätzeit fast aus dem Nichts zu einem der
wichtigsten Tonautoren aufgebaut. Allenfalls der Ehrenbote erlebt im
16. Jahrhundert einen ähnlich glanzvollen Aufstieg.

---

[10] Brunner <V>, S. 307.

[11] Brunner <V>, S. 315.

[12] Ohne Tonbezeichnung im Meistergesang auch schon in *m* (¹Lilg/1). Vgl. Brunner in VL², Bd. 5, Sp. 827f.

Stolle – Junger Stolle

Stolles Alment findet sich unter seinem Namen in *J*, in *C* außerdem im Corpus von sechs weiteren Dichtern. Der Ton ist, wie sein Name ganz offensichtlich angibt, in breitem Gebrauch gewesen. Da die älteste datierbare Strophe unter den Sprüchen Hardeggers 1235/37 steht, muß die Tonerfindung mindestens so alt sein. Nach älterer Vorstellung ist Stolle der Dichter der überwiegenden Zahl der Strophen in der Alment, die in *J* stehen. Dann kann er jedoch – da einige Strophen erst weit nach der Jahrhundertmitte datiert werden können – nicht der Erfinder des Tones sein. Nun herrscht aber, wie sich an mehreren Stellen erweist, in *J* schon eher ein »Tonautoren-«[13] als ein Autorenprinzip. Es ist also davon auszugehen, daß mit Stolle in erster Linie der Tonerfinder gemeint ist. Er gehört dann zu den ersten Spruchdichtern nach oder sogar schon neben Walther und damit vermutlich vor Bruder Wernher und Marner, deren Töne die Alment voraussetzen. Der außergewöhnliche Gebrauch, der von dem Ton gemacht wird, schlägt sich auch im Namen nieder. Dies alles haben Kornrumpf/Wachinger in ihrem Alment-Aufsatz zusammengetragen und dabei die Sonderstellung von Autor und Ton beschrieben und begründet. Demnach können wir für den Dichter weder die Lebensdaten genauer eingrenzen noch Stolles Anteil an den Strophen bestimmen, die in *J* seinem Toncorpus zugewiesen sind. Auch angesichts anderer Tonübernahmen ist diese Lage außergewöhnlich und nur mit der bei den noch älteren Spervogel-Strophen zu vergleichen. Verständlich wird freilich von dieser Voraussetzung her die Wirksamkeit seines Tones auch als Modell für weitere Töne des 13. Jahrhunderts.

Dem biographisch nicht greifbaren Alten Stolle tritt ein Junger Stolle zur Seite, der noch weniger faßbar ist. Der Name kommt erst in *k* vor, allerdings ist die Opposition *alt stoll* in einer Beischrift schon in *C* bezeugt.[14] Dem Jungen Stolle kommen in *k* Strophen und ein Ton zu, die in *A* dem Jungen Spervogel zugewiesen sind. In *C* ist der Ton unter Spervogel eingeordnet. Mertens/Wachinger vermuten – wie schon Kornrumpf/Wachinger – »daß der Verfasser von t2 und t3 (und eventuell weiterer Strophen ...) ein jüngerer Namensvetter Stolles war.«[15] Das kann man nicht ausschließen. Warum der Junge Stolle jedoch wahrscheinlicher sein soll als der Junge Spervogel, vermag ich nicht recht einzusehen. Entscheidend ist wohl zunächst einmal die

---

[13] Kornrumpf/Wachinger, S. 365.

[14] Kornrumpf/Wachinger, S. 360f.

[15] Mertens/Wachinger in VL², Bd. 4, Sp. 419. t2,3 meint ¹SpervA/2/500a-Str. 2 und 3.

funktionale Gleichung Junger Spervogel/Junger Stolle. Beide Namen knüpfen an Tonautoren an, deren Töne in verbreitetem Gebrauch waren. Es ist doch ganz naheliegend, wenn ein Jüngerer, der sich dieser Töne bedient, diesen Namen führt oder erhält. So mag es sogar mehrere Junge Spervögel oder Stolles gegeben haben oder umgekehrt, eine Person trug beide Namen. Schließlich ist sogar auf der Ebene der Handschriftenproduktion eine solche Hilfslösung denkbar, angesichts eines Oeuvres vielleicht, dem der Redaktor die verschiedenen zeitlichen Schichten abspürte. – *Wie er sturbe daz ste zu gott* notiert *k* über den Jungen Stolle; ob er als historisch faßbare Person lebte, scheint auch höchst zweifelhaft.

Der Meistergesang führt die Opposition Alter – Junger Stolle fort.[16] In den größeren Namenskatalogen von Folz und Nachtigall kommen beide vor. Später werden sie in Registern in der Regel nicht geschieden. Dort wo überhaupt bei Liedern ein Namenszusatz auftaucht, gehört stets dem Alten Stolle die Alment,[17] dem Jungen der Hohe Ton – die Assoziation liegt nahe –,[18] der Blutton meist dem Alten, seltener dem Jungen Stolle. Ein vereinzeltes Alter Stolle bei ²Dei/198 für den Hohen Ton dürfte darauf zurückgehen, daß der Schreiber nur den Alten Stolle kannte. Von den drei zusätzlichen Tönen der Meistersinger ist der Blutton in seiner Herkunft geklärt; nicht so die Frage, warum ihn ausgerechnet Stolle zugesprochen bekam. Rätselhaft bleibt der Hohe Ton des Jungen Stolle. Der Tonname, wenn man an die Verbindung von »hoch« und »jung« denkt, könnte dafür sprechen, daß er zu jenen Tönen gehört, die eigens zum Zweck der Unterschiebung komponiert wurden. Der Junge Stolle hatte ja im Jüngeren Meistergesang sonst keinen Ton. Den namenlosen Ton I des Jungen Spervogel lernten die Meistersinger nämlich erst aus der Abschrift von *k* kennen. Aus der Überschrift *Dyß ist des jungen stollen getichte* entlehnten sie den Namen *gedicht weiß*. Mit hoher Wahrscheinlichkeit dagegen wurde der Lange Ton des Alten Stolle zum Zweck der Unterschiebung erfunden. Er ist nämlich unikal mit einer Stolle selbst in den Mund gelegten Schulkunst verbunden, die mit der Zwölf Meister-Sage zusammen-

---

16 Vgl. zum Nachleben der beiden Stolles im Jüngeren Meistergesang auch Brunner <II>, S. 90f.

17 Abgesehen von der Doppelzuschreibung in *q*.

18 In Tonbezeichnungen des Jüngeren Meistergesangs dient die Angabe »Hoher Ton« unter Umständen der Kennzeichnung der Knabenstimme des Tonautors, z.B. bei Paulus Schmid, Hohe Knabenweise, und Caspar Ottendorfer, Hohe Knabenweise.

hängt (^{2}A/1075; *'von wan fridrich stol dz singen gelehrnt hat vnd von wan er sei'*).

Reinmar von Zweter – Römer von Zwickau – Ehrenbote

Die wenigstens 234 echten Strophen im Frau-Ehren-Ton sind das umfangreichste Spruchcorpus eines Dichters in einem einzelnen Ton. Die autornahe Sammlung in *D* wird dabei im Umfang von der Überlieferung in *C* noch übertroffen. Neben dem Frau-Ehren-Ton sind uns weitere Strophen in der Neuen Ehrenweise (bei Roethe »Minnenton«) überkommen. Roethe schreibt außerdem Reinmar zwei Strophen in *C* zu, deren Ton er »Meister-Ernst-Ton« nennt. Als Lieder stufte Roethe drei durchaus spruchartige Strophenkomplexe in achtzeiligen Tönen ein.[19] Strophen im Frau-Ehren-Ton sind in breitester Streuung überliefert – etliche Überlieferungsträger, die Roethe noch nicht kannte, sind seither noch gefunden worden. Nachdichter fand Reinmar schon früh, jedenfalls gelten bereits Strophen aus *C* als unecht. Bis zu den typischen Meistersingerhandschriften, in denen nachgedichtete Bare stehen, bleiben die echten Strophen aber stets ganz deutlich im Vordergrund, werden nicht etwa wie bei anderen von jüngeren Zudichtungen überwuchert. *m, k, u* und *h* enthalten in ihren Baren immer noch echte Strophen. Benannt werden als Dichter im Frau-Ehren-Ton der freilich obskure Alte Meißner und Heinrich von Mügeln, der ihn mit dem Namen *Crudon*[20] belegt, in *q* dann Hans Sachs, der nun den Ehrenboten als Tonerfinder nennt, was im Jüngeren Meistergesang verbindlich bleibt. Vergleichsweise wenig gestreut ist dagegen die Neue Ehrenweise, von deren Bestand Roethe zwar auch eine Strophe für unecht hält, die aber nicht wirklich produktiv rezipiert worden ist.

Der Name Reinmars wandelte sich ab etwa 1500 in Römer von Zwickau.[21] Während ihm der Frau-Ehren-Ton abhanden kam, gewann er in *u* erstmals die Gesangweise – noch unter *Remer von zwetel* – hinzu. Im Jüngeren Meistergesang kommt dazu die Schrankweise, vermutlich eine Umbenennung von Schillers Thronweise. In Augsburg heißt ausgerechnet der Leidton Frauenlobs Römers Geiler

---

19 Zum Spruchcharakter dieser Strophen speziell sowie zu Reinmar überhaupt vgl. Brunner in VL^2, Bd. 8, Sp. 1205f.

20 Der Name läßt sich nicht sinnvoll ableiten. Gisela Kornrumpf macht mich darauf aufmerksam, daß es sich möglicherweise nur um eine Verschreibung für *Erndon* handelt.

21 Zu den Tönen vgl. auch Brunner in VL^2, Bd. 7, Sp. 159f.

274

Ton.[22] Unikal in *d* kommt auch *Remers vber see kurcze don* vor. Stimmt
Roethes[23] Vorschlag, daß damit der obskure Rember von Bibersee[24]
der Meisterlisten gemeint sei, so hat der Ton Reinmar nie betroffen.
Doch ist im Auge zu behalten, daß *vber see* als »übersichtig« gedeutet
auch mit dem schwer verständlichen *Reinmarus caecus dux natione* in
Kassel Cod. iur. fol. 25 zusammenhängen könnte;[25] es würde dann
die These vom blinden Reinmar weiter stützen.

Den Ehrenboten hat Wachinger mit guten Gründen wieder von
Reinmar getrennt, nachdem Roethe mit einleuchtenden Argumenten
für die Gleichsetzung plädiert hatte. In jedem Fall sind sie für die
Tradition zwei getrennte Persönlichkeiten. Doch tritt der Ehrenbote
mit Übernahme des Frau-Ehren-Tons bei den Meistersingern Reinmars Nachfolge an. Dem Römer von Zwickau bleibt zwar der Platz
unter den Zwölf alten Meistern, aber Gesang- und Schrankweise sind
vermutlich beide Erzeugnisse des 15. Jahrhunderts. Der Ehrenbote
dagegen erhielt nicht nur den Frau-Ehren-Ton zugesprochen, was
durch die Verwandtschaft des Tonnamens zum Autornamen naheliegt, sondern mit dem Fürstenton des 'Wartburgkrieges' sogar noch
einen zweiten Ton des 13. Jahrhunderts, der vorher Heinrich von
Ofterdingen oder Wolfram von Eschenbach beigelegt war. Diese
beiden Töne kommen zu seiner alt belegten Spiegelweise hinzu, die
vielleicht wirklich sein Eigentum ist. Die Schallweise bzw. der
Kupferton, den *k* und ursprünglich *q* dem Ehrenboten zuschreiben,
enthält dagegen nach Wachinger keine alten Texte.[26] Auch wenn
dieser Ton in der Tradition an Frauenlob übergeht, gewinnt der
Ehrenbote je später je mehr an Bedeutung, die unterstrichen wird
durch den im Jüngeren Meistergesang unikal auftretenden Langen
Ton des Ehrenboten (^{2}A/84), dessen Herkunft unklar ist.

Marner

Dem produktiven Lied- und Spruchdichter rechnet *C* sieben Spruchtöne zu, während er in *J* nicht ausdrücklich vertreten ist. Zwei wei-

---

22 Daß es sich lediglich um eine andere Benennung handelt, ist in diesem Fall auch
   bei den Meistersingern bekannt. Die bei Brunner <II>, S. 92 Anm. 86, zitierte
   Äußerung Georg Hagers macht dies trotz ihrer Fehlerhaftigkeit hinreichend
   klar. Roethes (S. 166) Verdacht, es könne sich eventuell um eine »Neukomposition« – und damit um eine Derivation – handeln, bestätigt sich also nicht.
23 Roethe, S. 7 Anm. 13.
24 Vgl. Brunner in VL², Bd. 7, Sp. 1221f.
25 Handschrift und Notiz kannte Roethe noch nicht.
26 Wachinger in VL², Bd. 2, Sp. 388.

tere, Ton XVI und XVII, fügt *E* aus der Mitte des 14. Jahrhunderts hinzu. Schon früh kommt Nachgedichtetes in den unumstrittenen Tönen hinzu, und zwar zunächst in seinen Haupttönen Langer und Kurzer Ton (Hofton). Sie sind beide wieder in *H* vertreten, der Lange Ton sogleich in der für *H* typischen Form mit variiertem Reimschema und Strophenanapher in strophenreichen Gebilden (¹Marn/7/101 und 102, dieser Bar vermutlich von 1322), der Kurze allerdings mit echten. Dafür enthält erstmals *n* die in anderen Überlieferungen auf bis zu 19 Strophen aufgeschwellte strophische 'Sibyllenweissagung' (¹Marn/6/101a), die sich ebenfalls auf 1321/22 datieren läßt. Echte wie unechte Marner-Strophen dieser Töne werden im 14. Jahrhundert immer wieder einmal aufgenommen. Im 15. Jahrhundert allerdings gibt es bis auf jene in der 'Sibyllenweissagung' mitgeschleppte Strophe nur noch Zudichtungen. Nur in der ältesten Überlieferung dieses Liedes in *n* bleibt der Ton unverändert, sonst erscheint er - wie der Lange Ton von *C* an - immer in Variationen. Der Lange Ton wurde dann zum wichtigsten Ton des Älteren Meistergesangs überhaupt. Anders liegt die Sache beim Goldenen Ton, der schon alt nur mit vier Strophen und ausschließlich in *C* vorliegt. Er taucht dann mit einer Diskordanz bis *d* und *k* unter. In *k* erscheinen dann alle C-Strophen, um eine weitere vermehrt, als Einleitungsbar zum Goldenen Ton (¹Marn/1/500a), und zwar mit dem ausdrücklichen Hinweis auf den Textautor Marner. In der nachfolgenden Rezeption fallen die vielstrophigen Erzähllieder (oft mit Drucküberlieferung) auf. Von den übrigen Tönen gehören zwei anderen Meistern (Stolle, Alment; Kelin, Ton III), unter offensichtlichen Sonderbedingungen.²⁷ Es ist auffällig, daß die Meistersinger gerade diesen Ton Kelins, wenn auch unter Frauenlobs Namen, führen, der auch dem Marner beigelegt wird. Sie kannten Marner, erwähnen Kelin aber nicht einmal in den Dichterkatalogen. Die einzige echte Strophe dieses Tons in *k* allerdings steht sonst nur im Kelin-Teil von *J*. Je drei Strophen, die auch nur *C* kennt, sind in den Tönen VI und XI abgefaßt. Insgesamt zeichnet sich das Tonoeuvre Marners durch Vielgestaltigkeit und weitgehende Unabhängigkeit untereinander, aber auch von traditionellen Mustern, aus. Nimmt man allein diesen Aspekt zum Maßstab, dann passen auch die Töne der zweifelhaften Einzelstrophen von Ton XVI und XVII ins Bild, besonders gut Ton XVII mit seinen stark wechselnden Zeilenlängen. In Ton XVII stehen auch mehrere lateinische Strophen von Nachahmern – das spricht für Zuschreibung an einen bekannten Namen. Ausschlußgründe für die Echtheit liefert die Form keinesfalls, eher

---

²⁷ Vgl. Wachinger in VL², Bd. 6, Sp. 74f.

schon die Nachbarschaft. Ton XVIII dagegen, der ausschließlich durch drei lateinische Strophen bekannt ist, ist vermutlich nur durch eine Fehllesung vom Meißner (Ton XVII) zum Marner übergegangen.

Andere Tonzuschreibungen gibt es erst später und darum schon mit Tonnamen. Nur unikal wird der Flugton Frauenlobs Marner beigelegt (¹Marn/8/1 und 2 in *d*). Bei weiteren Unterschiebungen kann man Marner als Autor der überlieferten Texte ausschließen. Auch einige Töne können ihm nicht gehören, wir wissen aber bei keinem weiteren den wahren Autor oder Näheres über die Herkunft. Es geht um Geblümten, Kreuz-, Süßen und Wilden Ton, sowie um den Prophetentanz. Vom letztgenannten behauptet *k*, es handle sich um ein *eygen geticht des marners* (¹Marn/11/1a). Nicht so sicher ist sich da Hans Sachs, der den Prophetentanz ursprünglich Regenbogen zugeordnet hatte und erst später zu Marner verbesserte (1c), während *m* auf eine Überschrift verzichtet. So ist schon von der Überlieferungslage her wahrscheinlich, was die Form wie der Inhalt klar machen: der Prophetentanz gehört in einen Umkreis wie Leschs Kurzer Reihen und damit wohl in die 2. Hälfte des 14. Jahrhunderts. Undenkbar ist auch der Geblümte Ton als Erzeugnis Marners; das Tonschema ahmt den Goldenen Ton Frauenlobs nach. Auch der einzig bekannte fünfstrophige Text macht keinen zu alten Eindruck. Nicht einordnen läßt sich der Kreuzton hinsichtlich seines Alters, zum Kernbestand der Marner-Töne paßt er überhaupt nicht. Wilden Ton nennen die jüngeren Augsburger einen Ton, der ursprünglich in *p* Fremder Ton des Ungelehrten heißt.[28] Der Ton kann vielleicht alt sein, mit Marner hat er aber nichts zu schaffen. Bleibt schließlich der Süße Ton, der erst sehr spät - seit *q* - Marner beigelegt wird. Die Bauart macht indes einen ausgesprochen altertümlichen Eindruck; geradezu verdächtig ähnlich ist das Schema dem der Wizlaw-Töne. Mit Wizlaws Ton Ia teilt er das Stollenreimschema, mit Ton II das des Abgesangs. Das Abgesangsschema mit Kreuzreim und umschließendem Reim e f e f g h h g kommt nur noch ein drittes Mal vor, bei Friedrich von Sonnenburg, Ton III. Doch Sonnenburg baut in jedes seiner Reimschemata Langzeilen ein und meidet Kurzzeilen.[29]

---

[28] Der Name ist in *p* entsprechend überschrieben (¹Marn/13/1), von Holzbock gibt es dann 1625 noch einen Text mit dem Marner-Tonnamen (²Hoz/92).

[29] Damit wird nicht Wizlaws Autorschaft behauptet. Da jedoch Töne dieser Machart später nie mehr vorkommen, ist zumindest hohes Alter wahrscheinlich.

Heinrich von Ofterdingen

Wenn Heinrich von Ofterdingen, wie Wachinger[30] unlängst wieder
vorsichtig vermutete, der Dichter des 'Wartburgkrieges' ist, dann hat
er den Fürstenton, der schon in der Kopfstrophe des Streitgedichts so
heißt und damit wohl der älteste benannte Sangspruchton ist,
geschaffen. Unabhängig vom Problem der realen Autorschaft gilt
Heinrich jedenfalls der Tradition noch in *k* als Autor des Fürstentons.
Nach der Reformation muß er den Ton ohne jeden erkennbaren
Grund an den Ehrenboten abtreten, und Ofterdingen steht so plötzlich ohne jeden Ton da, obwohl er ja traditionell zu den Zwölf alten
Meistern zählt. Das wirkt sich z.B. dann aus, wenn Töne in Verzeich-
nissen oder Registern systematisch geordnet sind und die Zwölf alten
Meister voranstehen sollen. Aus diesem Dilemma gibt es nur zwei
Auswege: man streicht ihn aus der Zwölfzahl oder man läßt ihm
Töne zukommen. Beide Wege sind beschritten worden. Da Heinrich
von Mügeln ja mit Macht in die Zwölferrunde strebte, war ein ande-
rer Verlust unausweichlich; in den uns bekannten Katalogen traf es
Ofterdingen am häufigsten. Das konnte allerdings nicht im Sinn der
oberösterreichischen Meistersinger sein, denen der *Eferdinger* als
einer der Ihren galt. So ist es recht wahrscheinlich, daß aus dieser
Gegend die jungen Tonunterschiebungen Lange Morgenröte und
Überkurzer Ton stammen. Der früheste Beleg für einen dieser beiden
Töne ist die Verwendung des Überkurzen Tons durch Lorenz Wessel
um 1570, einem aus Essen zugewanderten Meistersinger, der sich um
den Oberösterreichischen Meistergesang in mehrfacher Hinsicht verdient gemacht hat. Er war darüber hinaus ein begabter und ideenrei-
cher Tönekomponist. Für mehr als einen Verdacht der Urheberschaft
an den neuen Ofterdingen-Tönen reicht das freilich nicht aus.

Klingsor

Den Zauberer *Clinschor* aus Wolframs 'Parzival' macht der 'Wart-
burgkrieg' zum *meister* und Sänger *ûz Ungerlant* und zum Erfinder des
Schwarzen Tons.[31] Schwarz ist die Farbe der Astronomie und der
Nigromantie. Im 16. und im 17. Jahrhundert gewinnt er noch zwei
Töne hinzu: die Nachtweise und den Goldenen Ton. Die wenig
belegte Nachtweise, eine metrische Kopie des Frau-Ehren-Tons,

---

30 VL², Bd. 3, Sp. 855f.
31 Wachinger in VL², Bd. 4, Sp. 1220f. Dort Einzelheiten zur Verfestigung des
Autors Klingsor bei Hermann Damen und in *C*.

dürfte eine bewußte Neuerfindung zum Zweck der Unterschiebung sein; der Name schließt an den Schwarzen Ton an. Man wollte wohl den geringen Tonbestand erweitern. Der Goldene Ton, der mit einer Häufung von weiblichen Dreisilblern (1') und von männlichem Schlagreim am Reimreichtum der Goldenen Töne orientiert ist, verzeichnet nur eine einzige Überlieferung (Georg Holzbock 1626; ²Hoz/129) und entzieht sich jeder Einordnung.

Konrad von Würzburg

Das Oeuvre umfaßt in seiner älteren Gestalt eine große Zahl von Lied- und Spruchtönen. 30 Töne verzeichnet E. Schröder in seiner Ausgabe ohne die beiden Leichs. Sieben davon sind als Spruchtöne aufzufassen.[32] Alle Töne sind erstmals in C bezeugt. Nur den Hofton kennt J, übrigens nicht mit allen Strophen von C, jedoch mit zwei zusätzlichen; C bietet also keinesfalls einen kompletten Überblick. Die Melodie in J zeigt, daß beim Hofton die metrische Kanzone mit 3. Stollen auch musikalisch verwirklicht ist. Man kann in diesem Punkt daher auch der Spätüberlieferung von Aspiston und Morgenweise vertrauen,[33] die ebenfalls mit 3. Stollen ausgestattet sind. Metrisch gilt dies für alle Spruchtöne Konrads, musikalisch läßt es sich auch noch am Ton 18 belegen, der ja in Frauenlobs Spiegelweise weiterlebt.[34] Das Weiterdichten in Konrads drei benannten Tönen setzt bereits in C ein und wird 14. Jahrhundert auf verschiedene Weise – auch durch ein Minnelied und einmal lateinisch – in vielen Handschriften bezeugt, während die Spiegelweise erst in k wieder auftaucht. Sie transportiert dort ältere, wenn auch keine als echt denkbaren Strophen.

Die Meistersinger begnügen sich meistens mit dieser Auswahl echter Töne; allein k schreibt Konrad mehrere andere Töne zu, von denen jedoch keiner verdächtig ist, etwa auf verlorene echte Strophen zurückzugehen. Der Blaue Ton z.B. läuft mit sehr geringem Recht unter Konrads Namen. Es ist gar kein Grund auszumachen, weshalb man den Ton ausgerechnet ihm zusprechen sollte, möchte man nicht auf die einzige Affinität zu den echten Tönen, den 3. Stollen, verwei-

---

32 Zu Mischformen zwischen Spruch und Lied bzw. zu als Liedern »getarnten« Sprüchen vgl. Rettelbach <IV>.

33 Vgl. die Tonanalysen bei Brunner <II>, S. 282f und 289f.

34 Schumann, S. 234, der die Gleichung nicht bekannt war, erkannte einen altertümlichen Zug der Melodie: »Diese Septimspannung durch ein b, das nicht auf f gerichtet ist, enthalten schon Weisen in J.« Allerdings liegt die Tonalität der unterschiedlichen Melodiefassungen sehr im argen.

sen. Ebensowenig erkennbar sind auch die Begründungen für andere Zuschreibungen, etwa des Goldenen Reihen, der andernorts mit dem gleichen Text wie in *k* als Leschs Kurzer Reihen bezeugt ist. Weder formal noch inhaltlich hat er mit Konrad zu tun. Der Kurze *oder werthe* Ton in *k* heißt im Jüngeren Meistergesang Frauenlobs Hagenblühweise. Der vermutliche Minnesangton ist Konrads Liedern nicht ähnlich. Im einleitenden Leichteil von *k* findet man Konrads Reihen. Die Überschrift *Cunrades von Wurczburg rey* ist offensichtlich als Titel, nicht als Tonbezeichnung gemeint, denn formal ist er identisch mit seiner Nachtweise. Wohl aus diesem Grund unterblieb die ursprünglich geplante Melodienotation. Die Nachtweise schließlich mag nicht einmal *k* selbst mit Sicherheit an Konrad binden: *In Cunrads von wirczburg nachtwyse alii dicunt esse in frider von Suneburg sußem ton.* Sie gehört keinem von beiden, sondern weist in Richtung Schonsbekel oder allenfalls Suchensinn. Warum *k* quer zur sonstigen Tradition Konrad so viele Töne zuschreibt, ist nicht klar, verständlich allenfalls bei der Nachtweise, die der Morgenweise unmittelbar folgt. Wahrscheinlich war das alles keine unmittelbare Entscheidung des Redaktors. Die Zuschreibung der Textautorschaft für den Reihen vor allem ist ad hoc nicht denkbar. So mag es am ehesten so sein, daß große Teile des Blocks aus einer Sondertradition stammen, die Konrad besonders hochhielt.[35]

Der Jüngere Meistergesang kennt ursprünglich nur die drei benannten echten Töne. Jedoch hat er durch Übernahme aus *k* den Blauen Ton später hinzugewonnen. Weil der Ton mißinterpretiert wurde, differiert seine Form vom Blauen Ton Frauenlobs, und so ist auf diesem Weg eine echte Ausweitung des Tönerepertoires zustandegekommen. Einmalig bleibt die Zuschreibung eines Langen Tons an Konrad. Dieser ist einzig an eine Konrad in den Mund gelegte Schulkunst gebunden (^{2}A/457). Das Tonschema scheint so auszusehen, wie ältere Töne nach Bereimung der Zäsuren aussehen können. Spezifisch Konradisches kann man nicht darin finden, allenfalls daß der Abgesang mit einem 3. Stollen schließt. Doch ein kleiner Zug verrät die Fälschung: im 3. Stollen wird nicht nur der Reim der letzten beiden Stollenzeilen aufgenommen, sondern auch der der zweiten. Eine solche Wiederaufnahme des Reims an nicht-exponierter Stelle ist im 13. Jahrhundert ohne Parallele. Es spricht alles dafür, daß der Ton für diese Schulkunst geschaffen wurde; er ist damit ein

---

[35] Nach den kodikologischen Untersuchungen von Schanze, S. 47, gehören der älteren Schicht von Aufzeichnungen (O^1- und O^2-Papier) Aspiston, Hofton, Teile der Morgenweise, aber auch der unechte Kurze Ton an.

weiteres der raren Beispiele für einen Ton, der eigens zum Zweck der Unterschiebung an einen der Zwölf alten Meister komponiert wurde.

Boppe

Mit dem Namen verbindet sich in erster Linie der Hofton, und dieser dominiert von Anfang an. Ergänzt von kleinen Strophengruppen in anderen Tönen, ist er mit 20 Strophen in C vertreten und steht als einziger mit 12 Strophen in J. Dazu gesellt sich als dritte wichtige Quelle Basel N I 3/145 mit sechs Strophen. Einige davon sind auch anderswo überliefert. Mögen diese Strophen noch alle als echt gelten,[36] so setzt doch spätestens mit dem 'Ave Maria' in H ([1]Bop/1/100) und im lateinischen Gebrauch ([1]Bop/1/30d) die Rezeption durch anonyme Weiterdichter ein. Die Meistersinger verwenden den Ton gerne, und die wichtigsten Handschriften führen ihn mit vielen Baren, obwohl auch Heinrich von Mügelns Langer Ton mit gleichem Reimschema zur Verfügung stand. Im Jüngeren Meistergesang, der Boppe zu den Zwölf alten Meistern zählt, sinkt die Bedeutung des Tons rasch zugunsten des Mügling-Tons. Mitte des 16. Jahrhunderts erscheint ein Kreuzton Boppes, der sich der Einordnung weitgehend entzieht, während andere Töne unter Boppes Namen nach C nicht wiederkehren. Die Töne II-VII sind ohnehin normalerweise unter anderen Namen bekannt: II ist leicht variiert der Lange Ton Marners, III bringt nur eine polemische Strophe in Ton I des Meißners gegen diesen, IV ist Stolles Alment, V eine Minneklageparodie im Schwarzen Ton Klingsors, unter VI stehen Strophen Frauenlobs im Grünen Ton; VII ist der Ton Gasts. Nur Ton VIII, zu einer Einzelstrophe gehörig, steht außer dem Hofton allein unter Boppe. Die besonders geartete Strophenform teilt Besonderheiten mit den beiden Tönen des Litschauers, dem sie vielleicht auch gehört. Außer für besondere Anlässe (Polemik) hat Boppe demnach wahrscheinlich nur einen einzigen eigenen Ton gebraucht.

Kanzler

Neben zahlreichen Liedern hat der vor allem in der Konrad von Würzburg-Tradition dichtende Kanzler fünf Spruchtöne erfunden, die ihn in den Kanon der Zwölf alten Meister geführt haben. C kennt sie alle, darüber hinaus sind nur die dort strophenreichsten Töne II

---

[36] Einwände erhebt Roethe, S. 243 Anm. 301. Vgl. Kornrumpf in VL², Bd. 1, Sp. 955.

und XVI bekannt. In der meistersingerischen Überlieferung heißt Ton II Goldener Ton. XVI, von dem fast nur echte Strophen umlaufen, steht auch in *n* und Basel N I 6/50. In Heinrichs von Mügeln lateinischer 'Ungarnchronik' (¹HeiMü/410) heißt er *nota curie*, was sonst stets einem deutschen »Hofton« entspricht. Mit Mügeln aber endet diese Tontradition bereits.

Ein Hofton (II), der von diesem nicht abgeleitet werden kann, ist dann mit einem einzigen Bar in *k* vertreten. Zwei nicht mit Tonnamen versehene Texte kann man nur bedingt zuordnen, da sie auch das Tonschema des nach der Reformation geläufigen Pflugtons von Sighart erfüllen. Das ist allerdings gar nicht so wesentlich, denn melodisch stehen sich beide Töne so nahe, daß sie aus einer Wurzel herausgewachsen sein müssen. Andere Töne sind dem Kanzler ebenfalls sporadisch zugeordnet. Anders als bei Konrad von Würzburg, dessen Tonreichtum speziell *k* aufgeschwellt hat, verteilt sich hier die Ausweitung fast beliebig über die Handschriften. Kanzlers Grundton, eine reimreiche Schmuckform mit männlichem Schlagreim, liefert ein Trinitätslied in *d* (¹Kanzl/6/1). Warum man den Ton dem Kanzler zugeordnet hat, ist nicht einsichtig. Das Minnelied KLD 28,V ist als Vorbild von Kanzlers Kurzem Ton nicht ganz auszuschließen. Doch wahrscheinlicher ist eine zufällige Gleichung und stattdessen ein Zusammenhang mit dem Ton Jörigers. Schließlich bleiben die beiden Süßen Töne, die je einmal in *d* und *k* dem Kanzler zugeordnet sind. Ist bei dem anderwärts auch Frauenlob und Regenbogen zugewiesenen Ton von *d* der Kanzler als Tonerfinder wohl auszuschließen, so erwägt Kornrumpf[37] für das unikal in *k* überlieferte Lied ¹Kanzl/10/1 (Kiepe, S. 318f) sogar Echtheit der ersten drei Strophen. Nichts mit Kanzler hat aber jedenfalls der formal auffällige Lange Ton zu tun. Um den Ausbau der Tonzuschreibungen deutlich zu machen, zeigt die folgende Tabelle die Verteilung auf die vorreformatorischen Handschriften im Überblick.

Die Tabelle ist nach dem Alter der Handschriften geordnet. Handschriften, die ausschließlich den Goldenen Ton überliefern, sind nicht einbezogen. Außer den im Handschriftenverzeichnis aufgelösten Siglen bedeuten die Kürzel im einzelnen: 6/50 – Basel N I 6/50; Cpg – Heidelberg Cpg 693; Anton – Görlitz Anton-Nachlaß 189 (Abschrift aus einer nicht erhaltenen Handschrift des 15. Jahrhunderts); JM – Jüngerer Meistergesang.
[x] = Namenlos überliefert   (x) = Unter anderem Tonautornamen überliefert
{x} = Sekundär aus *k* entlehnt
Der Goldener Ton über die Tabelle hinaus in Seitenstetten 286, *b*, *x*, Wien 4119, *u*, *t* und *p*.

---

37 VL², Bd. 4, Sp. 991. Kornrumpf, Sp. 989-991, setzt sich intensiv mit der Rezeption Kanzlers im Meistergesang auseinander.

Echte Töne	6/50	C	n	Cpg	d	k	Anton	h	q	JM
Ton I	x									
Ton III	x									
Ton IV	x									
Goldener Ton (Ton II)	x	x	x				x	x	x	x
Hofton I (Ton XVI)	x	x	x							

Unechte Töne	6/50	C	n	Cpg	d	k	Anton	h	q	JM
Grundton					x					
Hofton II						x	[x]	[x]		{x}
Kurzer Ton								x	x	
Langer Ton				[x]	x					x
Süßer Ton (Frauenlob, Regenbogen, *kingly*)				[x]	x	(x)			(x)	(x)

Die Kanzler-Resonanz im Meistergesang zeigt sich auffällig widersprüchlich; geht doch einer seiner Haupttöne – der Hofton I (Ton XVI) – trotz anfänglicher Rezeption bald verloren, während andererseits in verschiedensten Handschriften Zuzug durch ganz unterschiedliche Töne erfolgt. Schön wäre es, könnte man einem Jüngeren mit ähnlich klingendem Namen alles Hinzugekommene aufbürden. Für den Süßen Ton böte sich jener *kingly* an, den wenigstens versuchsweise Kornrumpf mit Künglein von Straßburg identifiziert hat. Aber es hat mit der Deutung von *kingly* seine Probleme. Wohl hat der Schreiber diesen Namen schreiben wollen, und es ist ihm nicht nur etwa eine falsch deutbare Ungenauigkeit unterlaufen, doch wahrscheinlich hat er nur ein *kanczler* der Vorlage verlesen, denn die ebenfalls unikale Zuweisung des Grundtons an Kanzler geht unmittelbar voraus. Denkbar ist allenfalls die genaue Umkehrung: auch der Grundton gehört *kingly*-Künglein und die Zuschreibung des Grundtons an Kanzler ist nur eine Verlesung. Erschwert wird diese Deutung jedoch zusätzlich durch den Befund, daß *d* den reimreichen Grundton und den einfachen Süßen Ton (sonst Frauenlobs/Regenbogens) ihm zuweist, daß Heidelberg Cpg 693 ohne Ton- und Tonautornamen den einfach gebauten Süßen Ton und den völlig abweichend konstruierten Langen Ton in seinem Bestand vereinigt, was eine gleiche Tonautorschaft oder wenigstens Herkunft aus gleicher Umgebung durchaus nahelegt.

Frauenlob

Frauenlob nimmt die wichtigste Stellung unter den Zwölf alten Meistern ein. In vielen Aufzählungen steht er an der Spitze; auch wenn nur ein Teil der alten Meister aufgezählt wird: er ist immer dabei. Mainz, seinen stets erwähnten Wohnort, läßt man Erfindungsort und ältestes Zentrum des Meistergesangs sein. Sein Toncorpus wird stark ausgeweitet, nicht einmal Regenbogen wird ein annähernd vergleichbares Tonoeuvre zugesprochen. Insgesamt sind 39 Töne belegt, abgesehen von offensichtlich fehlerhaften oder sonst irgendwie singulären Gelegenheitszuschreibungen. Als echt in die GA aufgenommen sind dagegen nur 10.

Außer den im Handschriftenverzeichnis aufgelösten Siglen bedeuten die Kürzel im einzelnen: Br – Breslau Akc. 1955/193; Ma – Marburg Staatsarchiv Bestand 147 Hr.1.2; Str – Streuüberlieferung in: E, n, W, Vorau 401, Engelberg 314 (alle 2. Hälfte 14. Jahrhundert, alle überliefern von Frauenlob nur echte Töne); Clm – München Clm 4350 und 4379; Cpg – Heidelberg Cpg 693; Esz – Esztergom 11; JM – Jüngerer Meistergesang.

Die Tabelle ist nach dem Alter der Handschriften geordnet, ausgenommen F, die zwischen den älteren Sangspruchhandschriften und den Meistergesangshandschriften eingeordnet ist; dies könnte dem mutmaßlichen Alter von *F entsprechen, die ungeachtet bestimmter Überarbeitungen wohl den gleichen Textbestand aufwies.
Die älteste Überlieferung des Langen Tons steht in Soest V Ee 8.10. Der Goldene Ton und Ton IV, der Ton zu 'Minne und Welt', wurden auch lateinisch benutzt.
Der älteste Beleg der Zugweise findet sich in Wien s.n. 3344, die Froschweise unter dem Autornamen Alblin auch Karlsruhe St. Georgen 74. Älteste Belege für den Späten Ton sind Lieddrucke.
Nicht aufgenommen ist Streuüberlieferung häufig verwendeter echter Töne.
Nicht aufgenommen ist Streuüberlieferung der Zugweise.

[ ] = Namenlos überliefert   ( ) = Unter anderem Tonautornamen überliefert
{ } = Sekundär aus k entlehnt   * = Älteste Überlieferung

Echte Töne	Br.Ma	C	J	H	Str	F	m	b	d	k	x,y	u	h	w	t	q	p	JM
Ton IV						[*]												
Flugton	[*]					x	(x)											
Goldener Ton	[*]					x			x	x	x				x			x
Grüner Ton		[*]	[x]	x	x	x	x	x	x	x	x	x	x	x	x	x	x	x
Kurzer Ton		[*]	[x]	x	x													x
Langer Ton		[x]	[x]	x	x	x	x	x	x	x	x	x	x	x	x	x	x	x
Neuer Ton						*	x		x	x		x		x	x	x		x
Vergessener Ton						*			x	x	x	x			x	x		x
Würgendrüssel	[*]		x	x	x				x	x	x	x		x	x	x		x
Zarter Ton	[*]		[x]	x	x	x	x		x	x	x	x			x			x

Unechte Töne	C ClmCpgm	d	k	x	y	Esz	u	159	h	w	q	p	JM
Abgekürzter Ton													*
Ankelweise		*	x										{x}
Blauer Ton		(*)							x	(x)			x
Blühender Ton												*	x
Froschweise		*	x	x	x				x	x			x
Geiler Ton												*	x
Gekrönter Reihen		*				x							{x}
Gekrönter Ton	[*]	x	x			x			x	x	x		x
Geschwinder Ton		(*)											x
Goldene Radweise		*							x		x		x
Grundweise		*	x								x		x
Hagenblühweise		(*)					(x)						x
Hundweise	(*)	x											{x}
Jahrweise													*
Kupferton		*	(x)	(x)			(x)		x	x	(x)		x
Leichton		(*)											{x}
Leidton		*				x					x		x
Ritterweise		*	x			x			x	x	x	x	x
Silbrin Reis		*											
Später Ton													x
Spiegelweise	(*)	x	x		[x]				x	x	x	x	x
Süßer Ton		*	x									(x)	{x}
Tagweise													*
Tannton	[*] [x]	x				x							{x}
Überkrönter Ton												*	x
Übersüßer Ton													*
Überzarter Ton	*	x				x							x
Verhohlener Ton		*				x							{x}
Zugweise	[x]	x	x			[x]			x	x	x	x	x

Selbst bei den in die GA aufgenommenen Tönen scheinen dem Herausgeber bei einigen Tönen letzte Zweifel nicht beseitigt. Allerdings sollte man Einwände gegen die Melodien nicht bedenkenlos auf Tonschemata übertragen: Veränderungen gehen hier viel weiter als bei den Texten. Vom Blickwinkel der Tonschemata aus könnte man allenfalls gegen den Vergessenen Ton Einwände erheben, weil er als einziger beinahe den 3. Stollen wiederholt. Gerade die Feststellung der speziellen Bedingungen, unter denen der Ton entstand, kann diese Besonderheit erklären: muß man doch eine wie auch immer geartete besondere Beziehung zu Kelin im Hintergrund sehen.

Nicht nur ein Lai-Ausschnitt im Sinne Gennrichs, sondern wahrhaft einen Leich-Ausschnitt (aus dem Marienleich) stellt der Leichton vor, der – ein Produkt des Jüngeren Meistergesangs – gleichwohl auf Echtes zurückgeht.

Die melodische Nähe des Überzarten Tons zu Frauenlob-Melodien kann kein ausreichendes Argument für dessen Komposition durch Frauenlob sein. Der Ton ist 1322 im Zusammenhang mit den drei datierten Strophen entstanden. Die ausführlich besprochenen stilistischen Eigenheiten machen es nicht verwunderlich, daß er in jüngerer Tradition Frauenlob beigelegt wurde. Zwar ist die Zuschreibung nicht sehr alt belegt, doch handelt es sich um den ältesten Ton, den wir einem Kreis von Frauenlob-Schülern zuordnen können.

Älter als der Überzarte Ton sind einige sekundär auf Frauenlob übertragene ältere Töne: so gehört die Spiegelweise Konrad von Würzburg, die Hundweise Kelin, die Ritterweise könnte mit Guter und die Froschweise mit Alblin in Verbindung stehen. Vielleicht gehört der Kupferton tatsächlich dem Ehrenboten. Wie ein Minnesangton des 13. Jahrhunderts sieht die Hagenblühweise aus, doch mag diese Struktur auch später erzeugt worden sein können. Dasselbe gilt für die Grundweise; in diesem Ton ist sogar ein Liebeslied im Corpus erhalten (¹Frau/18/4).

Nur durch einen Text und durch einen Registereintrag abgesichert ist der Abgekürzte Ton, der zwar das Reimschema des echten Kurzen Tons widerspiegelt, jedoch insgesamt im Tonschema mit der Höhnweise Wolframs identisch und vielleicht nur eine Umbenennung dieses Tons ist. Kettners Osterweise steht als Frauenlobs Verhohlener Ton in k. Der Überkrönte Ton ist ganz offensichtlich eine Derivation von Leschs Gekröntem Reihen. Von der Rad-/Jahrweise des Lieben von Giengen abgeleitet ist die Jahrweise.[38]

Für andere Frauenlob unterschobene Töne kennen wir keinen anderen Namen, der uns als echt gelten könnte. Eine alte Unterschiebung ist offensichtlich die Zugweise. 'Regenbogens Sterbelied' (¹Frau/33/2) steht in zahlreichen Handschriften ab der ersten Hälfte des 15. Jahrhunderts. »Regenbogen« bezeichnet darin Frauenlob als Autor des Tones. Sicher wurde diese Fiktion nicht erst für das Lied aufgebaut. Auffällig ist die breite handschriftliche Streuung der Texte in diesem Ton, die über die typischen Meisterliederhandschriften hinausgeht. Ebenfalls alt scheint der Tannton zu sein, dessen namengebende Einzelstrophe in einem Bar erhalten ist. Besser als bei ihm kann man bei der (Goldenen) Radweise die Zuschreibung an Frau-

---

[38] Ganz vereinzelt wird Frauenlob im Jüngeren Meistergesang auch der Unbekannte Ton Nestlers von Speyer zugeschrieben (z.B. ²A/693 und 695). Geht man davon aus, daß dieser der Redaktor von k ist, wird wohl auch sein Unbekannter Ton in überschaubarem Abstand vor Entstehung des Codex (ca. 1460) einzuordnen sein. Seine Form ist zeittypisch und bei relativer Länge doch ganz nach den Erwartungen gebaut. Seine gelegentlich falsche Einordnung sagt kaum etwas über den Ton selbst aus, sondern scheint eher das Mißverständnis zu spiegeln, Frauenlob selbst sei der *magister huius libri*, der Redaktor von k. Weitere – einmalige – Fehlzuschreibungen sind hier nicht erwähnt.

enlob nachvollziehen. Der formal abwechslungsreiche Ton beschäftigt sich ausgiebig mit Maria. Ähnlich ist es beim Gekrönten Ton, der nach seiner Überlieferungslage mit den ältesten Baren ans Ende des 14. Jahrhunderts gehören wird. Wenig läßt sich über die Töne sagen, die nur in wenigen Baren und Handschriften zu finden sind und völlig selbständige Reimschemata haben. Dazu gehören der Leidton (nur in k, u und q), der Geile (q) und der Blühende Ton (q), die im Jüngeren Meistergesang ebenfalls zu finden sind. Nur in k – mit einem festen Text verbunden – findet sich der Gekrönte Reihen, der erst durch die Augsburger Abschriften ebenso in nachreformatorische Handschriften Eingang gefunden hat wie die einige Bare umfassende Ankelweise. Unikat ist das Silbrin Reis in d. Über den vermutlich aus dem Minnesang stammenden Süßen Ton sind sich die Meister selbst nicht einig. Der Späte Ton ist nur aus der Not, einen Tonautor zu finden, in das Toncorpus Frauenlobs genommen worden. Ihm fehlt die Spur einer alten Bezeugung, ja wahrscheinlich gehört er ursprünglich so wenig in den Meistergesang wie der Herzog-Ernst-Ton. Doch verrät sein Name überhaupt nichts von seiner Herkunft. Daß Spät der Tonautor sei, wie es einzelne Drucke verstehen, kann man nicht ausschließen, aber vielleicht ist das auch nur eine Spiegelung für die Verlegenheit der Zeitgenossen gegenüber diesem autorlosen Ton. Seinen Nimbus als Ton für gedruckte Lieder wird der Späte Ton auch nach der Reformation nicht los; auf der Singschule darf er nicht gesungen werden, und so verwendet man ihn nur für wenige Lieder. Erst im Jüngeren Meistergesang kennt man eine Tagweise Frauenlobs. Wie mit altem Text belegte Töne gleichen Namens wird auch sie ursprünglich die Melodie zu einem geistlichen Tagelied gewesen sein. Ein einziges Mal, von einem anonymen Verfasser und undatiert, begegnet im Jüngeren Meistergesang der Übersüße Ton (^{2}A/313), der eine Derivation der Tagweise sein könnte. In der Spätzeit wird Frauenlob auch der Geschwinde Ton zugerechnet, ebenso ohne Berechtigung wie zuvor in k Wolfram, während die dort alternativ angebotene Zuschreibung an *Rumslant* zumindest einen Anspruch aus der Seltenheit herleiten kann.[39] In die Zeit Rumelants (von Sachsen) möchte ich den Ton auf alle Fälle setzen. Dahin paßt die Melodiestruktur mit der Art, wie die Stollenmelodie im Abgesang aufgenommen wird:[40]

---

[39] Über die Überschrift in *k*: *im geswinden ton Meinster Rumslant Etlich sprechen wolframs* ist nachträglich geschrieben: *hort dem frawenlob zu ist sein thon.* In *q* und im Jüngeren Meistergesang Zuschreibung regelmäßig an Frauenlob.

[40] Ähnlich die Strukturschemata bei Schumann, S. 126 und Zitzmann, S. 173.

α β γ ‖ δ | α₁ β γ | δ ε ζ ζ η+ϑ ϑ ϑ ϑ | β γ
(ζ Teil von α)

Speziell zu Rumelant paßt das Tonschema der Stollen, das des Abgesangs ist gut für ihn denkbar, und auch zur Anlage der Melodie gibt es in Ton VIII eine Parallele, die das Stollenmaterial wenigstens annähernd vergleichbar aufnimmt.[41] Durch dies alles läßt sich die Autorschaft nicht erweisen, sie liegt aber im Bereich des Möglichen.

Frauenlob ist der Autor mit dem stärksten Zuzug an fremden Tönen, vielfach scheint dieser jedoch wenig motiviert oder zumindest stärker an inhaltliche denn an formale Kriterien geknüpft. Die Übersicht oben zeigt, daß der Zuzug kontinuierlich und breit gestreut erfolgte. Die in der Tradition als echt geltenden Töne sind teils durch positive, vor allem aber durch negative Kriterien recht gut zu kennzeichnen. Zu den positiven Kriterien zählen: die experimentierfreudige Auflösung der Zeile durch innere Reime; sie gilt freilich nur für einige Töne. Dagegen sind auch die anderen Töne durch eine unruhige Zeilenstruktur, nämlich unregelmäßigen Wechsel des Reimgeschlechts und häufig wechselnde Zeilenlänge geprägt. Die deutlichste negative Bestimmung ist die Meidung aller »typischen« Bauformen, insbesondere der Kanzone mit 3. Stollen (K3). Durch die breite Streuung der Formtypen freilich kommt es dennoch zu einzelnen Verwandtschaften: fast eine K3 ist der Verhohlene Ton; eine extrem einfache Bauform hat der bezeichnenderweise kaum rezipierte Kurze Ton; dem Langzeilenmodell verpflichtet ist der Grüne Ton, im Abgesang auch der Würgendrüssel. Die schon in *J* überlieferten Töne Zarter Ton, Flugton und Grüner Ton sind allesamt Rundkanzonen, ebenso der in *W* alt überlieferte Würgendrüssel[42]. Das sagt jedoch vergleichsweise wenig aus, denn stärker sind die melodisch durchgestalteten Zeilenverknüpfungen und -fortführungen, die sich abgeschwächt, aber noch deutlich, in den jüngeren Handschriften erhalten. Solche Strukturen weist von den unterschobenen Tönen nur der Überzarte Ton auf. Die übrigen unterschobenen Töne dagegen weichen sowohl in den Bauelementen und in den Bautypen als auch in den melodischen Strukturen gänzlich ab. Die Einführung des Anreims im Blauen Ton Frauenlobs gegenüber dem Blauen Ton Regenbogens läßt sich vielleicht als Angleichung an Elemente verstehen, die für Frauenlob als typisch angesehen wurden.

---

[41] Melodiestruktur bei Pickerodt-Uthleb, S. 458.

[42] Vgl. die Melodiestrukturen bei Pickerodt-Uthleb, S. 498-500 (Flugton, Grüner Ton, Zarter Ton), und bei Brunner <II>, S. 245-254 (Grüner Ton, Zarter Ton, Würgendrüssel).

Regenbogen

Die einzigen Strophen, die man Regenbogen mit Sicherheit zuschreiben kann, sind die in der Briefweise stehenden der Handschrift C und
in Grimms Regenbogen-Fragmenten. Was darüber hinaus an Tönen
vorhanden ist, hat nicht alles den gleichen Stellenwert. Schanze
plädiert für die Echtheit von Kurzem und Grauem sowie Langem
Ton; dem ist zuzustimmen. Den Kurzen Ton bezeugt Heinrich von
Mügeln, wenn auch unter dem abweichenden Namen *Paratwyse*.
Mügeln hat in allen überprüfbaren Fällen nur zweifelsfrei echte Töne
benutzt, scheint also noch ausreichend sichere Informationen gehabt
zu haben. Der Graue Ton kann leider nicht durch das Alter
bestimmter Strophen als echt erwiesen werden. Ein entsprechender
Einwand Schanzes gegen R. Schröder ist berechtigt.[43] Die Echtheit
wird indes durch ein Bündel von Wahrscheinlichkeiten nahegelegt:
das Tonoeuvre enthält ursprüngliche Einzelstrophen, wodurch Entstehung vor Mitte des 14. Jahrhunderts höchstwahrscheinlich ist;
weite Verbreitung zeugt in der Regel für einen älteren Ton; der Graue
Ton wird schon bald im 15. Jahrhundert als Ton Regenbogens
bezeichnet.[44] In *m* findet sich auch das ältere Schmiedegedicht, das,
ohne den Namen zu nennen, Regenbogen meint (¹Regb/2/30). Selbst
wenn es nicht echt ist, hat Str. 1, eine ursprüngliche Einzelstrophe,
doch mit Sicherheit hohes Alter. Sehr wahrscheinlich aber wird man
das Lied in einem Ton des Autors gedichtet haben, wie etwa andere
einem Tonautor in den Mund gelegte Strophen. Sollte der Text von
Regenbogen sein, ist die Sache ohnehin klar. Allein aus der Form
Rückschlüsse zu ziehen, erlaubt der sehr originelle Ton nicht: er paßt
zwar zu Regenbogen, aber ebensogut würde er sich beispielsweise zu
Rumelant fügen, und er könnte sogar jünger sein. Die Schmiedetra-
dition scheint mir allerdings hinreichend. Die älteste Bezeugung des
Langen Tons steht in *R*, und zwar bereits mit Tonautor- und
Tonname. Dieses Zeugnis des 14. Jahrhunderts spricht für die Echtheit des Tons, noch sicherer machen der Gebrauch der abgewandelten Strophenform durch Johann von Ringgenberg und die Erwähnung von Regenbogens Langem Ton durch Heinrich von Mügeln
(¹HeiMü/1-17-Str.3). Weder diese noch eine andere echte Strophe im

---

[43] Schanze <I>, Bd. 1, S. 67 Anm. 99.
[44] Dies allerdings nur indirekt. Denn in *m*, wo er vorkommt steht er ohne Tonautornamen, durch die Nachbarschaft des Langen Tons kann man die Autorschaft
allerdings als selbstverständlich voraussetzen. Bis hierher die Argumente nach
Schanze <I>, Bd. 1, S. 66-69.

Langen Ton sind bis jetzt gefunden; im Meistergesang freilich bleibt der Ton der beliebteste überhaupt.

Bei einer so schwierigen Überlieferungslage schon im zentralen Bestand muß man sehr sorgfältig abwägen, was von den weniger gut bezeugten Tönen als Regenbogens Eigentum wahrscheinlich oder denkbar ist. Es bleiben noch: Blauer, Brauner, Goldener, Leich-, Leid-, Süßer, Übergoldener und Überlanger Ton, Donner-, Tag-, Tann-, Torenweise und ein namenloser Ton, der dem Autor Regenbogen in *d* zugewiesen ist.

Von vorneherein scheidet der Leichton als Umarbeitung eines Versikels von Frauenlobs Kreuzleich aus. Tagweise und Torenweise sind offensichtlich an einzelne geistliche Texte gebunden. Sie sind von ihrer Struktur her nicht mit Regenbogen oder überhaupt mit dem beginnenden 14. Jahrhundert in Einklang zu bringen. Der Braune Ton gehört Zwinger und wurde, nur minimal verändert, Regenbogen unterschoben. Den Überlangen Ton haben wir bereits als Fortschreibung von Tendenzen des Überzarten Tons Frauenlobs charakterisiert.[45] Der Süße Ton scheint schon dem Namen nach in Richtung Minnesang zu weisen. Seine wechselnde Zuschreibung an Frauenlob, Regenbogen und *kingly* spricht für Unterschiebung. Noch ein weiterer Ton weist in Richtung Minnelyrik. Die unikal in *d* belegte Tannweise (¹Regb/10/1) hat einen typischen Minnesang-Stollen (5' 2' 5), wenn auch die Strophenform genau so sonst nicht belegt ist. Der geistliche Text ist vielleicht die Kontrafaktur eines weltlichen Liebesliedes. Möglicherweise älterer Nürnberger Provenienz ist der Leidton – nach seinen zahlreichen Verwandten dort zu schließen. Wie die Tannweise sind auch der Übergoldene und der »Unbenannte Ton« nur unikal in *d* belegt. Beide machen keinen sehr alten Eindruck und könnten mit ihren Texten unmittelbar zusammengehören. Der Blaue Ton gehört seiner ältesten Zuschreibung nach wohl zu Regenbogen. Die Form spricht hier jedoch deutlich gegen einen Zusammenhang mit dem Kern-Tonbestand.

Für den Goldenen Ton ist höheres Alter denkbar, formal spricht nichts zwingend gegen Regenbogen, das winzige Indiz des Namens vielleicht für Zuschreibung an den Goldener.

Ganz schwierig ist die erst nachreformatorisch belegte Donnerweise zu beurteilen. Ihr Abgesang gehört in beste Traditionen des 13. Jahrhunderts. Die Stollen sind so originell gebaut, daß sie zu jeder Zeit auffällig sind. Eine andere Frage ist freilich, ob man sie Regenbo-

---

[45] Ihn als Einzelliedton zu kennzeichnen, ist dagegen kühn, da er schon in der ältesten Überlieferung (*d*) mit zwei Baren auftritt. Schanze <I>, Bd. 1, S. 65, gibt nicht an, welchen er für den älteren Text hält.

gen zuschreiben darf. Der verwendet im Gegensatz zur Donnerweise in keinem gesicherten Ton Anreime und mag im Gegensatz zu Frauenlob auch eher ein Programm einfacher Strophenformen (und nicht geblümter Texte) verwirklicht haben. Andererseits erfüllt die Donnerweise wie der Graue Ton die seltene Gleichung, daß die Hebungszahlen eines Stollens der des Abgesangs entspricht. Fügt man die gegensätzlichen Beobachtungen zusammen, so bietet sich aber auch eine am Grauen Ton orientierte Unterschiebung als Lösung an.[46]

Auffällig ist beim Überblick über alle Töne der Regenbogen-Tradition der hohe Anteil von Tönen mit fortschreitendem Reim (a b c ...). Von den als echt eingestuften besitzen ihn der Graue und der Lange Ton, von den anderen der Goldene, Süße, Überlange Ton und die Donnerweise. Der fortschreitende Reim ist um 1300 in Sangspruchtönen durchaus beliebt. Daß Regenbogen gerade zwei gerne verwendete Töne so gereimt hat, mag Folgen gehabt haben. Wir können hier wohl ein auslösendes oder wenigstens mitbestimmendes Element der Tonunterschiebung fassen.

2. »Nachmeister« bis zum Abschluß von C und J[47]

Die drei »Buhler« Tannhäuser, Reinmar von Brennenberg und Neidhart nahmen in der Tradition immer eine Sonderstellung ein. Neidhart – obgleich vielfach in den Meisterlisten vertreten – gehört im Bewußtsein der Meistersinger in einen anderen Traditionszusammenhang, seinen Ton benannte man im Gebrauch daher um (Neidharts Ton wird Stolles Blutton) oder rezipierte ihn allenfalls unter enzyklopädischen Gesichtspunkten passiv (Fraß in *k*). Es gehört zu den Traditionsbesonderheiten der Meistersinger, daß diese passive Rezeption in *k* letztlich eine aktive wieder ausgelöst hat (Lied Benedicts von Watt).

Ebensowenig paßt der »Buhler« »Bremberger« in die Runde der Zwölf alten Meister. Sein »Lied-Spruchton« IV verbreitete sich früh auch außerhalb der typischen Meistergesangsrezeption in Streuüber-

46 Schanze <I>, Bd. 1, S. 64-71, plädiert bei seinen Überlegungen für die Echtheit der Regenbogen-Töne vor allem mit dem Moment der reichen Bezeugung. Das mag als positives Argument wohl dienen, als negatives ist es nicht (oder allenfalls bei ausschließlicher Bezeugung in *d*) geeignet, wie Fälle wie der Feine Ton/»Ottenton« Walthers oder Zwingers Töne lehren.
47 Was zu Friedrich von Sonnenburg und Rumslant zu sagen ist, steht unter Konrad von Würzburg und Frauenlob.

lieferung und in Liederbüchern. Zwischen Minne- und Spruchsang oszilliert er bis in die jüngste Überlieferung. Weil auch in Lieddrucken verbreitet und allgemein gebräuchlich, wird im Jüngeren Meistergesang das Singen des Bremberger-Tons verboten.

Tannhäuser ist in C auch als Spruchdichter in den Tönen XII, XIV, XVI und XVII dokumentiert. Allein Spruchton XII, der Hofton des Meistergesangs hat sich in k bewahrt. Daneben führt man dort aber auch den Ludeleich, ein echtes Tannhäuser-Lied, dessen Aufnahme wie bei Neidhart zu einer aktiven Spätrezeption geführt hat. Darüber hinaus gibt es immerhin drei Unterschiebungen: Hauptweise, Langer Ton, Tagweise. Die Hauptweise ist der Ton, in dem die beiden älteren Zeugnisse der Tannhäuser-Sage abgefaßt sind (^{1}Tanh/6/1, 2 und 3), beide in Ich-Form, die Unterschiebung des Tons ist damit fast zwangsläufig. Die Tagweise enthält in ihrem einzigen Lied (^{1}Tanh/7/1) ebenfalls das Motiv der Reue über die Verführung durch *wibes schöne*. Der Lange Ton schließlich ist wieder nur als Ton zu einem Lied über Tannhäuser (^{2}A/1080) ihm in den Mund gelegt; die Melodie kennen wir nicht.

Vom Ungelehrten hat sich offenbar ein Ton – der Schwarze – erhalten, freilich keine Zeile Text. Ob der Fremde Ton, der eher wie ein Minnesangton aussieht, von ihm stammt, dafür gibt es keine Kriterien; älteren Datums könnte er wohl sein. Der Lange Ton gehört nach seiner Struktur zu einer Gruppe Nürnberger Töne des 15. Jahrhunderts; er wird erst ab 1554 (^{2}S/5292) gebraucht.

Die Rohrweise des Pfalz von Straßburg ist vom Tonaufbau her ein Ton, der zu Beginn des 14. Jahrhunderts entstanden sein könnte. Auch andere Indizien weisen in Richtung einer frühen Entstehung.[48] Man sollte ihm eine entsprechende Einordnung nicht verweigern, auch wenn er den alten Handschriften fremd ist.

Schließlich ist noch Zwinger zu erwähnen, der, entgegen älterer Ansicht, durch Kornrumpf ebenfalls früh datiert wurde. Diese Datierung auf vor 1320 betrifft den Roten Ton, dem Goldenen ist wegen der alten Einzelstrophe ebenfalls höheres Alter zuzusprechen. Der Hofton enthält keine alten Strophen und ist von seinem Erscheinungsbild her zeitlich nicht festzumachen; einen Grund, ihn aus dem Oeuvre auszugliedern, gibt es allerdings auch nicht.

---

[48] Zusammenfassend Kornrumpf in VL^2, Bd. 7, Sp. 552f.

3. Heinrich von Mügeln - Mülich von Prag - Mügling

Nach einer längeren Periode, in der Spruchdichter nicht namhaft
gemacht werden können, erscheint im dritten Viertel des 14. Jahrhunderts mit Heinrich von Mügeln wieder ein bedeutender Vertreter
der Gattung, der fünf Töne komponiert hat. Von den Komplikationen
der Autorschaft am Langen Ton abgesehen, sind diese unstrittig sein
Eigentum. Nur ausnahmsweise hat er daneben in fremden Tönen
gedichtet. Seine Strophen verknüpfen sich in 15 der 16 Bücher[49] der
Handschrift *g* zu langen »Spruchketten«.[50] Die Selbstverständlichkeit
der Mehrstrophigkeit dokumentiert sich im schemaintegrierten Kornreim des Kurzen Tons/Hoftons. Dagegen bindet ihn Beharren auf
fester Auftaktregelung noch zurück an ältere Vertreter der Gattung.
Seine Sonder- und Zwischenstellung erweist sich auch in der Rezeption. Er wird in einer Breite aufgenommen wie ein alter Meister. Was
in den typischen Meistersingerhandschriften steht, ist aber zum
überwiegenden Teil als echt gesichert; er wird also vornehmlich
passiv rezipiert. Im Kurzen Ton/Hofton ist vor Hans Sachs ein einziger Bar gedichtet worden (¹HeiMü/530). Wie den jüngeren Meistern
blieben ihm größere Veränderungen seiner Tonschemata weitgehend
erspart – nicht völlig dagegen Tonunterschiebungen: noch *k* hält
Mülich deutlich getrennt von Heinrich Mügling, doch schon in *h* und
q ist Müglings Hofton nicht mehr der angestammte dieses Namens,
der in der Spätrezeption nun nur noch Kurzer Ton heißt, sondern der
Hofton Mülichs; noch später kommt der Reihen dazu. Mülich dürfte
in die erste Hälfte des 14. Jahrhunderts gehören, vielleicht sogar in
die Zeit um 1300. *k* gibt ihm den Zusatz *von Prage*. Im *doctor heinrich
mügling von prag* der Spätzeit fallen beide zusammen und werden in
dieser schon in sich anachronistischen Person unter die Zwölf alten
Meister versetzt.

4. Die »Nachmeister« des 14. und 15. Jahrhunderts

Viele Töne dieser Meister waren bislang gar nicht zu erwähnen, weil
sie durchaus eigenständige Muster vertreten. Auch die Frage der
Unterschiebungspraxis ist wesentlich anders zu stellen und zu
beantworten: Da sie nicht zum Kanon der Meister gehörten, die bei

---

[49] Das 16. Buch ist Minneliedern vorbehalten.
[50] Stackmann <I>, S. 30.

manchen Singschulen allein zugelassen waren, ist Unterschiebung nicht mit der gleichen Selbstverständlichkeit vorauszusetzen und folgt jedenfalls einer anderen Motivation wie bei den älteren. Am sichersten lokalisieren und zeitlich einordnen können wir dank den Vorarbeiten Brunners und anderer[51] die Nürnberger Meister dieses Zeitraums. Andere stehen zum Teil mit Sicherheit außerhalb eines Singschulbetriebs im üblichen Sinn und sind in diesen nur einbezogen worden. Einige lassen sich weder lokalisieren noch zuordnen. Nicht erwähnt werden an dieser Stelle die nur oder fast ausschließlich passiv rezipierten Tonautoren, die meist auch inhaltlich dem Meistergesang nur bedingt nahestehen.[52] So bleiben zum einen die Tonautoren, die zuerst in *k* auftauchen, übrig, zum andern die vor allem in *q* erstmals belegten Nürnberger Autoren, zu denen in dieser Handschrift eine geringe Zahl von schwer einzuordnenden Meistern hinzukommt, die in Nürnberg archivalisch nicht nachgewiesen werden konnten.

---

[51] Vgl. die Artikel zu den einzelnen Meistern in VL².

[52] Dies sind die außerhalb der typischen Meistersingerhandschriften überlieferten Meister Jöriger, Wildgwid und Wolfgangus, die zwar im RSM zu Recht vertreten sind, aber in keiner Weise Traditionen stiften. Aus *k* sind es die Autoren Peter von Arberg mit seinen bzw. den von ihm benutzten Tagweisen und Peter von Reichenbach, dessen Hort dort tradiert ist. Enger zur Tradition gehören dagegen zahlreiche Autoren, die an dieser Stelle nicht erwähnt werden, weil sie nur ein oder zwei Töne beisteuern und daher eine Strukturierung ihres Tonoeuvres sinnlos ist. Soweit über sie Aussagen zu machen sind, wie z.B. über Meister Anker, der seine Existenz einem Mißverständnis verdankt, ist dies an anderer Stelle geschehen, man vergleiche dazu das Register. Nicht erwähnt sind aus (jeweils erstmals) *k*: Anker mit seinem Ton; Liebe von Giengen, Jahrweise und »Ton ohne Namen« (letzterer in Karlsruhe St. Georgen 74); Meffrid, Ton; Nestler von Speyer, Unbekannter (Unerkannter) Ton; Peter von Sachs, Paratweise; Sighart, Pflugton und Sanfter Ton; Suchensinn, Ton; aus *w*: Schonsbekel, »Unbenannter Ton« und Paratweise; aus *q*: Heinrich Barz, Langer Ton; Hans Bogner, Steigweise; Hopfgart, Langer und Stiller Ton; Hülzing, Hagelweise und Hofton (dieser in *h*); Meienschein, Langer Ton; Hermann Örtel, Langer und Leidton; Hans Schwarz, Hofton und Vermahnter Ton; Konrad Vogelsang, Goldener Ton; Balthasar Wenck, Kleeweise. Zu ihnen vergleiche man die einschlägigen Artikel in VL². Zur Diskussion Michel Nachtigalls vgl. unten Anm. 65. Der bei Schanze <I>, Bd. 1, S. 378 Anm. 20, erwähnte Erwählte Ton gehört dem nachreformatorischen Steyrer Meistersinger Matthes Schneider (ebenso eine Steyrweise), hat also mit Kunz Schneider oder mit dem Schneider von Gostenhof auf keinen Fall zu tun und gehört darum nicht hierher. Über die gut bezeugten Autoren hinaus liefern die Dichterkataloge von Folz und Nachtigall (¹Folz/82 und ¹NachtK/5/2) weitere Namen, die ausführlich bei Brunner <XI> besprochen sind. Ihre Werke sind völlig verloren.

Mönch von Salzburg

Von seinen Tönen sind Chorweise, Hofton, Kurzer, Langer[53] und Zarter Ton durch Überlieferung echter Lieder ausreichend gesichert. Wachinger bezeichnet »diese geistlichen Strophenlieder in großen stolligen Tönen« sogar als »Meisterlieder«[54], setzt den Begriff jedoch in Anführungszeichen, weil diese Lieder vom Gesamtwerk des Autors aus gesehen eine meisterliche Prägung haben, vom Blickwinkel des Meistergesangs her jedoch eher Sonderbedingungen zeigen. Am deutlichsten wird das beim Hofton, der aus einer geistlichen Kontrafaktur zu Neifen herausgewachsen ist, und beim Kurzen Ton, der bereits bei Wernher von Hohenberg greifbar ist. »Meisterlich« sind all diese Töne in jedem Fall durch ihre Rezeption im Meistergesang. In *k* stellt der Mönch zwar deutlich einen Außenseiter dar, doch ist Mönch-Tradition auch in anderen Meistersingerhandschriften zu fassen. Überlieferung von Mönch-Texten und produktive Tonaneignung stehen allenthalben nebeneinander. Noch in *q* erscheint eine Neutextierung des gegen alle meisterlichen Regeln unstolligen Taghorns. Taghorn und Nachthorn überliefert ungeachtet ihres außergewöhnlichen Baus mit den echten Texten *k*. Im Jüngeren Meistergesang werden Chorweise und Langer Ton gerne gebraucht. Einige andere Töne tauchen nur durch die Augsburger Abschrift von *k* wieder auf.[55] Zu diesen gehören auch Jahrweise und Süßer Ton. Hinter der Jahrweise versteckt sich der vom Mönch benutzte Titurelton Wolframs. Den Süßen Ton erklärt Wachinger zusammen mit dem zugehörigen unikalen Text für unecht.

Konrad Harder

Wenn auch der Sanfte oder Süße Ton nicht absolut zweifelsfrei durch einen Text zu sichern ist,[56] so darf seine reiche vorreformatorische Bezeugung als ausreichendes Indiz seiner Echtheit gelten; der Ton tritt zu den beiden anderen: Chorweise und Goldener Reihen. Die Strophenformen – insbesondere die der Chorweise – sind einfach und entsprechen gängigen Baumustern. Auffällig ist der Goldene

---

[53] In Handschriften, auch Meistersingerhandschriften vorwiegend schwäbischer und speziell Augsburger Herkunft, heißt auch dieser Ton häufig Chorweise.

[54] Wachinger <VIII>, S. 128f zum Begriff. Das Buch von Wachinger informiert über die gesamte Mönch-Rezeption. Hier geht es nur um den Teilaspekt des meisterlichen Tönegebrauchs.

[55] Vgl. dazu im einzelnen die Übersicht in Brunner <II>, S. 149.

[56] Vgl. die Angaben im RSM zu ¹Hardr/3/1-28.

Reihen durch seine Länge, mehr aber noch durch seine je sechsfache Wiederholung eines einzigen Reimklangs in beiden Stollen (durchschnittliche Reimklangwiederholung dadurch 3,33).

Albrecht Lesch[57]

Er gehört zu den originellsten vorreformatorischen Tonautoren. Kein gleichzeitiger Meister hat dem Umfang nach ein ähnlich ausgeprägtes Repertoire aufzuweisen. Allerdings sind nicht all seine Töne in die aktive Rezeption des Meistergesangs gelangt; nur Feuerweise, Gesangweise und Zirkelweise haben Eingang in den allgemeinen Gebrauch gefunden, sie sind auch im Jüngeren Meistergesang unter gleichem Namen belegt. Die übrigen: Goldenen Reihen, Goldenes Schloß, Gekrönten Reihen, Hofton, Kurzen Reihen, Süßen Ton und Tagweise gibt es in *k* und anderen älteren Meistersingerhandschriften, darüber hinaus aber Feuerweise, Goldenes Schloß, Kurzen Reihen, Tagweise und Zirkelweise in bis zu fünf Handschriften außerhalb des meistersingerischen Überlieferungszusammenhangs. Dies bei einem insgesamt eher mittelgroßen Gesamtoeuvre hinterläßt doch den Eindruck, es müsse sich bei Lesch um einen Dichter handeln, der mit seinem Werk nicht ausschließlich einem typisch meisterlichen Kreis verpflichtet gewesen sei. Darauf deutet auch die Anwendung der Kontrafakturtechnik in seinem Goldenen Schloß. Nicht unwahrscheinlich ist, daß die Tagweise gleichfalls als Kontrafaktur zu verstehen ist, auch wenn wir ihr Vorbild nicht kennen. Zu dem Bild eines eher untypischen Meisters würde dann auch passen, daß er sich im Kurzen Reihen einer unmeisterlichen – nichtstolligen – Form bedient hat. Die Autorbezeugung für diesen Ton (ausschließlich in *d*) ist zwar nicht besonders überzeugend, aber nur wegen der abweichenden Formtradition sollte man nicht an ihr zweifeln.

Andere Formexperimente Leschs gehören dagegen in die meisterliche Tradition. Häufige Reimklangwiederholung und die Kombination von Reimtirade mit Kornreim knüpfen im Gekrönten Reihen an den Überzarten Ton an. Als früher Vertreter eines konstruktivistischen Tonbaus mit – seltenen – fünfhebig-männlichen Stollenzeilen und einem repetierten Steg in der Form 1e 2e 3e 1e 2e 3e weist der Goldene Reihen auf Töne des 16. und 17. Jahrhunderts voraus. Fast schon Überlänge mit 27 Reimen bietet die Tagweise, die darüber hinaus Pausenreim hat. Auch alle anderen Töne, die eher im Bereich normaler Längen liegen, lassen stets eine ungewohnte Verteilung der

---

[57] Vgl. auch den Abschnitt über Leschs Töne bei Schanze <I>, Bd. 1, S. 277f.

Zeilenlängen und Anordnung der Reime erkennen. Goldener Reihen, Goldenes Schloß und Tagweise sind nach Schanze »Einzelliedtöne«, haben also im älteren Sinn Liedcharakter. Solche geistlichen Töne mit Tendenz zum einmaligen Gebrauch gibt es, doch die Wiederverwendung des Gekrönten Reihens durch Nunnenbeck als Frauenlobs Überkrönter Ton zeigt zugleich die Relativität.[58]

Muskatblut

Er gehört zu den Autoren mit einem originellen Tonprogramm, auch wenn er auf spektakuläre Spielereien verzichtet und obwohl er nicht allzu viele Töne komponiert hat. Sein Hofton/Alter Ton wie sein Neuer Ton/Fröhlicher Ton verfügen über einen deutlich dreigeteilten Abgesang. Nur die Melodiehandschriften des Jüngeren Meistergesangs neigen dazu, die Abschnitte teilweise (Hofton) oder gänzlich (Neuer Ton) auch musikalisch aneinander anzugleichen.[59] Der Lange Ton/Goldene Ton dagegen vertritt eine einfache Bauform aus einer reich besetzten Tonfamilie, die Kiepe-Willms zu der Annahme führt, es könne sich hierbei um seinen am frühesten komponierten Ton handeln.[60] Für uns wichtiger ist, daß er außer in der Muskatblut-Handschrift *a* lediglich in einer Meistersingerhandschrift, nämlich *m*, vorkommt. Ein namenloser Ton, in der Forschung als »Unbenannter Ton« geführt, hängt in seiner Echtheitsbeurteilung an den zugehörigen drei Texten, die umstritten sind.[61] Auch dieser Ton lehnt sich

---

58 Schanze <I>, Bd. 1, S. 15, definiert sie als »für ein einziges Lied geschaffen ... und nur im Zusammenhang mit dem Text dieses Liedes existent«, allerdings auch »von gelegentlicher Weiterbenutzung nicht prinzipiell ausgeschlossen«. Existenz wie Relativität des Tontyps beweist vor allem der Unbekannte Ton Nestlers. Nach der Rubrik zu diesem Ton war er vom Autor für ein einziges Lied bestimmt – den in *k* den Ton einleitenden Marienpreis. Er selbst hat auch keinen weiteren Text verfaßt, doch wie er selbst vermerkt, die Nürnberger Meister. Er nimmt auch ein weiteres Lied in seine Handschrift auf. D.h.: der Begriff ist unverbindlich; der Ton ist durch die Form nicht eindeutig geprägt, ja er begründet noch nicht einmal ein besonderes Recht des Autors an ihm. Für den heutigen wissenschaftlichen Interpreten, der ohnehin eine durch Verluste reduzierte Menge von Baren kennt, ist der Begriff daher nur mit äußerster Vorsicht verwendbar. So sind für die Bestimmung des Liedcharakters auch andere, nämlich formale und inhaltliche, Kriterien heranzuziehen. Bei Lesch erfüllt diese Kriterien am deutlichsten die Tagweise: inhaltlich durch Zitat der Tageliedsituation, formal durch geregelt auftaktlose Verse, die zu Leschs Zeit nur im Lied noch denkbar sind.

59 Brunner in Kiepe-Willms <III>, S. 27.

60 Kiepe-Willms <I>, S. 98f.

61 Kontrovers hierzu Kiepe-Willms <I>, S. 253f, und Schanze <I>, Bd. 1, S. 162-164.

entfernt an die Tonfamilie an, der der Goldene Ton angehört. Wiederholte Zweiheber in den Stollen weisen in Richtung Hofton. Die Strophenform spricht für Echtheit des Tons, zumal Grund zur Unterschiebung nicht vorhanden war.

Michel Beheim

Mit seinen Tönen steht Beheim ebenso innerhalb der Tradition der Meister wie mit seinen Texten. Gleichwohl blieb ihm die Rezeption fast verweigert. Der Grund dürfte in seiner Sonderstellung als eine Art Hofdichter zu suchen sein, die ihn mit anderen Meistern wenig in Kontakt treten ließ. Außerhalb seiner Autographen und speziellen Autorsammlungen sind nur wenige Töne belegt: Gekrönte Weise, Hofweise und Verkehrte Weise.[62] Nur die beiden letzten konnten sich in der aktiven Rezeption durchsetzen. Die Verkehrte Weise war allgemein verbreitet. Von Augsburg aus konnte der Hofton, der ursprünglich nur dort bekannt war, vereinzelt auch an andere Meistersingerorte vordringen. Ein Lied in der Gekrönten Weise (¹Beh/284d) hat unter dem abweichenden Tonnamen *parat reyen* Eingang in *q* gefunden – das einzige Beheim-Lied in einer typischen Meisterliederhandschrift. Die besondere Überlieferungssituation läßt an der Echtheit der Töne keinerlei Zweifel.

Beheims zwölf Töne sind durch höchsten Kunstanspruch in verschiedene Richtungen auffällig. Vor allem unter den reimreichen Tönen waren sie zu nennen. Dazu gehören Hohe guldin Weise, Slecht guldin Weise und Slegweise. Aber er versucht offenbar, Muster möglichst vieler Ton-Arten zu erfinden: besonders kurze Töne wie Angstweise und Kurze Weise - erstere als Ton für epischen Vortrag, für den auch die eigenwillige Hofweise bestimmt ist. Als Gegenstück zur Kurzen gibt es auch eine Lange Weise, in ihrer Hauptversion gedacht für ein geschultes Publikum. Mit nur zwei Reimklängen kommt die 22reimige Gekrönte Weise aus (Reim a wird 19mal wiederholt). Ein etwas einfacheres Modell verwirklicht die Trum-

---

62 Der Ton heißt im Jüngeren Meistergesang regelmäßig Verkehrter Ton. Sonst gibt es in der Tradition häufiger eine einheitliche Entscheidung: eine Strophenform heißt entweder x-Ton oder y-Weise. Nicht selten gibt es aber auch Schwankungen: neben Langer Ton steht z.B. vor allem im Älteren Meistergesang häufig Lange Weise. Einen Bedeutungsunterschied zwischen den beiden Möglichkeiten habe ich nicht gefunden. Endet das Bestimmungswort mit Verschlußlaut, wird gerne, aber nicht konsequent, -weise als Grundwort verwendet. Im Jüngeren Meistergesang werden ab Mitte des 16. Jahrhunderts neue Namen fast nur noch mit dem Grundwort -weise gebildet.

metenweise, doch auch in ihr bemüht Beheim sich um ein originelles
Reimschema, bringt in 16 Zeilen immerhin sechs verschiedene
Zeilenlängen, darunter einen Siebenheber, den im 15. Jahrhundert
sonst nur noch K. Nachtigall in eine Tonkomposition einbringt.
Osterweise, Zugweise und Verkehrter Ton sind einfachere, kürzere
Töne, die auch auf relativ geläufige Zeilenstrukturen zurückgreifen.
Wohl bewußt hat Beheim eine ganze Palette von Möglichkeiten
durchgespielt.

Jörg Schiller

Seine Töne sind vielgestaltig, die meisten jedoch von nicht zu
komplizierter Bauart. Ausnahmen machen sein anreimreicher Parat,
ein Ton, der wie Folz' Kettenton im Aufgesang serienweise übergehenden Reim einsetzt, und der nicht stollige Reihen mit seinen Reim-
klanghäufungen. Sein beliebtester Ton überhaupt ist der Hofton, und
diese Beliebtheit erklärt sich aus seiner engen Verwandtschaft im
Tonschema mit Wolframs Flammweise, dem Bernerton. Obgleich die
Melodie selbständig ist, wurde der Hofton vielfach in Lieddrucken
eingesetzt und deshalb später ebenso für den Gebrauch auf der Singschule verboten wie sein Modell. Ganz »normal« gebaut sind die
Maienweise, der Sanfte und der etwas reimreichere Süße Ton. Die
unikale, melodielose Thronweise, die durch Signatur des zugehörigen Textes als gesichert für den Autor gelten kann, dagegen ist im
Tonschema mit Römers Schrankweise identisch. Wahrscheinlich hat
man in letzterer eine bloße Umbenennung zu sehen, um den Ton
einem alten Meister unterschieben zu können.

Fritz Kettner

Er ist der älteste der in Nürnberg nachweisbaren Meister. Mit seiner
frühen Bezeugung – bereits 1392 – gehört er der Generation der
Spruchdichter nach Heinrich von Mügeln an, ein später Zeitgenosse
Leschs. Sieht man in Stadtsässigkeit und in Dichten und Komponieren als Freizeit- oder Nebenbeschäftigung das entscheidende Kriterium des Meistergesangs, so kann man ihn als den ältesten Nürnberger Meistersinger ansprechen. Mit der Hilfskonstruktion des »stadt-
bürgerlichen Dilettanten« wie bei Lesch behilft sich Schanze.[63]
Freilich: auch diese Formulierung impliziert fast schon mehr, als man
aussagen kann. Daß Kettner zu einem kleinen oder großen Teil seinen

---

[63] Schanze <I>, Bd. 1, S. 286ff.

Lebensunterhalt mit Singen, Dichten und Komponieren verdient hat, läßt sich schwer ausschließen, jedoch auch nicht beweisen. Als typisch für den Meistergesang gilt zu Recht auch das anonyme Weiterdichten in vorgegebenen Tönen. Wir kennen Kettner deswegen, weil er das nicht tat oder zumindest das anonyme Weiterdichten in fremden Tönen nicht ausschließlich wahrnahm. Allerdings spricht einiges dafür, daß Kettner auch fremde Töne verwendet hat. Sein Prophetentanz ist wahrscheinlich eine Verwendung von Zwingers Goldenem Ton, zumindest jedoch eine Übernahme des Tonschemas. Seine sonstigen Töne geben sich durchaus originell, wenn auch nicht revolutionär. Deutlich dem Modell von Frauenlobs Neuem Ton verpflichtet ist die Osterweise, die ja in *k* auch als Ton Frauenlobs erscheint. Bringt sie die dort vorgebildete Bindung von Anreim zu Beginn des Abgesangs auf Endreim am Abgesangsschluß, so hat der Frauenton mit weiblichem Schlagreim eine Möglichkeit in der Linie Konrad von Würzburg – Heinrich von Mügeln verwirklicht. Kettner als Kenner der Tradition haben für die Texte ja auch Merzbacher und Schanze nachgewiesen. Die Schlüsselweise verwirklicht ein originelles, reimreiches Tonschema, das neben männlichem Schlagreim die noch seltenere Besonderheit von verbindlichen Equivokareimen einbaut. Interne Verwandtschaft zeigen der Frauen- und der Hohe Ton in den Stollen. Der einfach gebaute Hohe Ton mit einem Abgesang, der kürzer ist als ein Stollen, wird erst im Jüngeren Meistergesang gebraucht. Allerdings ist auch die Authentizität des Frauentons (*vnser lieben frawen don* in *q* [¹Ketn/5/1]), der wie die Schlüsselweise männlichen Schlagreim einbaut, nicht durch einen signierten Text gesichert, jedoch aus anderen Gründen zweifelsfrei. Die sofortige und verbreitete Verwendung des Hohen Tons im Jüngeren Meistergesang begründet auch für diesen mit Sicherheit ältere Tradition und bedeutet höchstwahrscheinlich Echtheit. Beim Paratreihen macht die Verbindung von Natureingang mit Marienlob die Echtheit von ¹Ketn/4/2 als namengebendem Text in hohem Maß wahrscheinlich. Schließlich gilt es noch den Verkürzten Ton zu erwähnen. Der Ton ist unikal im Jüngeren Meistergesang mit einer Schulkunst als Text (²A/443) überliefert. Sicherlich stammt dieser nach Faktur und Überlieferungszusammenhang aus der Zeit vor 1520, Kettner wird man aber Text und Ton ohne neue Indizien kaum zusprechen können, zumal Unterschiebungspraxis bzw. Kettner als fiktive Sängerrolle belegt ist.[64]

---

[64] Vgl. Schanze <I>, Bd. 1, S. 293f.

Michel Nachtigall[65]

Ob der Bäckermeister als Meistersinger im geläufigen Sinn anzusprechen ist, ist
zweifelhaft. Indizien dafür sind die Aufnahme eines Liedes in q und das
Auftreten im Meisterkatalog seines Sohnes Konrad. Doch sein einziges überliefertes Lied ist ein »reimreiches Mailied«, das am ehesten dem Typus des »Zier-
lieds« entspricht.[66] Auch die Bezeichnung Kurzer Ton spricht nicht zwingend
für einen Meisterton. Sie könnte spontan für die Aufnahme in q erfunden sein.
Sachs selbst benannte auch die eigenen Liebeslieder der Frühzeit mit Tonnamen,
ohne daß er selbst oder die maßgebliche Forschung sie zu den Meisterliedern
gerechnet hätten. Nicht auszuschließen ist freilich, daß Meisterlieder verlorengegangen sind. Gegen den Meistersinger Michel Nachtigall spricht allerdings
noch ein Indiz: Möglicherweise handelte es sich bei ihm um einen zeitweise
fahrenden Hofsänger. »Im Jahr 1422 zahlte zum Beispiel die Stadt Augsburg
einen *guldin* an einen gewissen *Nachtigall, des hertzogs von Oesterreich singer. ...*
1429 war zum Beispiel unser *Nachtigall singer* bereits in den Dienst Herzog
Ludwigs VII von Ingolstadt ... getreten.« Diese Biographie, von Simon[67] als Beispiel eines möglichen Neidhartischen Autors zitiert, ist mit der Biographie des
Nürnberger Michel Nachtigall durchaus in Einklang zu bringen. Dieser nämlich
»wurde 1414 Meister des Bäckerhandwerks und erhielt 1415 das Bürgerrecht.
Archivalisch nachgewiesen ist er außerdem 1423 ... und 1427 ...«[68] Wir hätten
damit einen Dichter vor uns, der – wenn sich die Gelegenheit bot – seinen »Brot-
beruf« verließ und sich immer wieder kürzer oder länger einer, vielleicht sogar
einträglicheren, Nebenbeschäftigung widmete.

Fritz Zorn

1482 ist Zorn als Insasse der Mendelschen Zwölfbrüderstiftung in
Nürnberg gestorben; er hat nur wenige Töne hinterlassen. Seine
Bedeutung muß wohl vor allem auf dem Gebiet der Textproduktion
gesucht werden, die leider wegen des Fehlens autornaher Sammlungen wie bei Folz oder Nunnenbeck so gut wie vollständig verloren
bzw. ungesichert ist. Von den vielen anonymen Meisterliedern in
seinen Tönen in q gehören ihm gewiß viele, wenn wir auch nicht
wissen, welche. Die Töne Zorns sind sowohl in ihrer Anlage wie in
ihren Namen auffällig. Von letzteren ist »Greferei« ungedeutet, und
da dieser Ton erst im Jüngeren Meistergesang belegt ist, können wir

65 Der Autor wird gegen die Regel von mir hier aufgenommen, um seine Einordnung als Meistersinger diskutieren zu können. Die konsequente Mißachtung
seines Tons in allen einschlägigen Teilen dieser Untersuchung bedarf einer
Begründung.
66 Brunner in VL², Bd. 6, Sp. 848. Zum Typ »Zierlied« verweist er auf Lang, S. 93.
67 Simon, S. 242.
68 Brunner in VL², Bd. 6, Sp. 848.

auch nicht sagen, ob von den überlieferten Nebenformen *Gräferei* und *Greiferei* eine der ursprünglichen Bedeutung nahekommt. Während der Name »Zugweise« im Rahmen typischer Bildung bleibt, ist das Nebeneinander von Unbenanntem Ton, Verborgenem Ton und Verhohlenem Ton höchst auffällig, wenn auch keiner dieser Namen sonst unbelegt ist. Verstehen kann man diese Besonderheit wohl nur, wenn man gleichzeitig die formalen Auffälligkeiten berücksichtigt. Die oben erwähnte Greferei gleicht bis auf geringe Unterschiede im Tonschema der Ritterweise Frauenlobs, die Zugweise unterscheidet sich vom Langen Ton Regenbogens fast gar nicht, während die Strophenformen mit den auffällig verhüllenden Namen durchaus selbständig sind. Der Name »Verborgener Ton« könnte theoretisch auf eine formale Besonderheit des Tonschemas selbst hinweisen: auf verborgene Reime. Die Strophenform rechtfertigt jedoch diese Möglichkeit in keiner Weise: es gibt weder Kurzreime irgendeiner Art noch Endreime über größere Strecken. Letzteres ist allerdings im Verhohlenen Ton der Fall, wo der letzte Reim der Strophe auf einen nicht prominenten Reim des 2. Stollens zurückgreift. Der Terminus für solche Reime ist allerdings »verborgen«, nicht »verhohlen«. So dürften die entsprechenden Namen in der Tat jene Töne Zorns bezeichnen, die eine selbständige, nicht durch Minimaländerungen in ein anderes Tonschema überführbare Strophenform verwirklichen. Dieser Befund läßt sich wohl nur mit dem oft besprochenen Verbot der Benutzung eigener Töne in Verbindung bringen, das freilich in Nürnberg nicht bestand, allenfalls von einigen – uns nicht bekannten – Singern eingeführt werden sollte. Zu ihnen jedoch kann Zorn nicht gehört haben. Am besten wäre der Befund mit einem ursprünglichen oder zumindest länger andauernden Aufenthalt außerhalb Nürnbergs zu erklären, was indes pure Spekulation bleiben muß. Konstatieren kann man, daß Zorns Töne nicht den Formenreichtum anderer Nürnberger Meister erreichen.

Konrad Nachtigall

Michels Sohn Konrad Nachtigall ist nach Meinung der Meistersinger und einiger Forscher einer der bedeutendsten Komponisten des Meistergesangs.[69] Seine Töne Abendton, Geschiedener, Goldener,

[69] Vgl. die Gegenüberstellung bei Brunner in VL², Bd. 6, Sp. 847. Die Beliebtheit bei den Meistersingern dokumentiert außer dem ebenda, Sp. 845, zitierten positiven Urteil des Hans Sachs der überdurchschnittlich häufige Gebrauch fast aller seiner Töne. Zur Wertschätzung vgl. auch den Eintrag eines unbekannten

Kurzer, Leid-, Sanfter, Schöner und Starker Ton sowie ein Ton ohne
Namen, zeichnen sich durch klar gegliederten, wenig originellen Bau
aus. Nur der Goldene Ton macht hier eine Ausnahme.

Die meisten Töne sind Rundkanzonen oder Kanzonen mit
3. Stollen und repetiertem oder nichtrepetiertem Steg. Diesen
Bauformen gehören auch Geteilter und Langer Ton an, die erst im
Jüngeren Meistergesang nachgewiesen sind. Die Kurze Tagweise
ist dem Kurzen Ton verwandt. Auffällig abweichend ist allerdings
der nur spät bezeugte Hohe Ton mit einem relativ reimarmen Abgesang.[70] Er wird jedoch so selbstverständlich rezipiert wie alle anderen Töne. Von den bereits in q vorkommenden Tönen ist der Goldene
Ton von besonderer Prägung. An diesem reim- und anreimreichen
Beispiel zeigt Nachtigall, daß seine sonstige Beschränkung auf einen
entsprechenden Kunstwillen, nicht auf Beschränktheit zurückgeht.

Sixt Beckmesser

Unser Bild von diesem Meister ist höchst unscharf, da er im Gegensatz zu den meisten anderen Nürnberger Tonerfindern nicht
archivalisch nachzuweisen ist.

Man hat daraus den Schluß gezogen, es könne sich um eine Namensverball-
hornung handeln. Aus der Nebenform *Beckmesserer* wurde gefolgert, er habe
Sixt Beck geheißen und sei Messerer von Beruf gewesen. Abgesehen davon, daß
auch dieser nicht nachzuweisen ist, steht dem entgegen, daß die Namensform
Beckmesserer nur einmal bei dem wenig schreibgewandten Georg Hager belegt
und wohl nichts anderes als eine dittographische Verschreibung ist; es ist aber
auch die Behauptung hinfällig, die Namensform »Beckmesser« ergebe keinen
Sinn. Denn »Messer« ist ja wohl nicht von dem Schneidegerät abgeleitet,
sondern von »messen«.[71] Der Name bezeichnet wohl ein Überwachungsamt der
Brotherstellung, wie verwandte Namen über andere sensible Produk-
tionszweige. Zwar beziehen sich andere Bezeichnungen wie Holzmesser oder
Kornmesser auf das Produkt, nicht auf den überwachten Beruf. Dabei handelt es
sich aber um Produkte, die von außen in die Stadt kommen, also keinen inner-

---

meistersingerischen Benutzers in die Handschrift Dresden M 192: *die thön hor ich
gern lang nachtygal veschrenckten thon* [Caspar Betz'] *gsangweis sachs leydthon
Örthels fridweis Fridel kelberweys* [Hans Heids] *vnpenanden Zorn plosen thon*
[Michael Herwarts] *gulden vogelsgsang laytdon nachtigal.* Er zählt also gleich zwei
Töne Konrad Nachtigalls zu seinen Lieblingsmelodien.

70 Das Reimschema a a b c d | ● ● b c d | f f f x d enthält darüber hinaus die ein-
zige Waise bei Nachtigall überhaupt.

71 Anders mehrfach Rosenfeld, zuletzt in VL², Bd. 1, Sp. 658. – Richard Wagner hat
wohl ausgerechnet Beckmesser zum Merker »ernannt«, weil er den Zusammenhang mit dem Messen erfaßt hatte. – Auch andere -er-Namen bezeichnen in
der Regel entweder eine Herkunft oder eine Tätigkeit.

städtischen Hersteller kennen. Im Nürnberg des 16. Jahrhunderts existiert die Institution eines »Beckmessers« nicht, vielmehr war die Überwachungsaufgabe, die Brotgröße dem jeweiligen Getreidepreis anzupassen, den geschworenen Meistern des Handwerks übertragen. Das sagt weder etwas über die Verhältnisse des 15. Jahrhunderts, über die keine Quellen existieren, noch über die in anderen Städten aus.[72] Vermutlich ist – anders als bei Eislinger-Holzmesser – der Name keine verkappte echte, sondern eine zum Namen gewordene Berufsbezeichnung. Der Vorname Sixt ist auffällig. Bei Stichproben in Nürnberger Archivalien findet sich dieser Name äußerst selten, seine Verbreitung reicht in den 80er und 90er Jahren des 15. und im ersten Jahrzent des 16. Jahrhunderts nicht in die Handwerkerschaft, sondern ist Beamten und Kaufleuten, auch Patriziern vorbehalten.[73] Für Beckmessers Fehlen sind mehrere Gründe denkbar: Er fiel durch eine Häufung von Zufällen durch das Maschennetz der uns noch zugänglichen reichsstädtischen Arichivalien. Dies läßt sich prinzipiell nicht ausschließen, weil wir immer wieder beobachten, daß einzelne Daten eines Autors, die mit hoher Sicherheit besetzt sein müßten, dennoch fehlen. Das kann in statistischer Häufung durchaus einmal zum Fehlen sämtlicher Daten führen. Beckmesser könnte weiter in einer Vorstadt gewohnt und eine freie Kunst ausgeübt haben. Dann wäre es völlig normal, daß sich keine Lebensspuren erhalten haben. So verhält es sich beispielsweise ganz offensichtlich bei seinem Meistersingergenossen Hans Schwarz, von dem wir durch Hans Sachs und andere Meister wissen, daß er Briefmaler in der Vorstadt Wöhrd war. Erstaunlicherweise fehlen Angaben zu Beruf, Wohnort oder Herkunft in den Meistersingerhandschriften für Beckmesser völlig. Wenigstens eine Berufsangabe haben wir sonst für alle Nürnberger Autoren, die man zum Kreis der Zwölf alten Nürnberger Meister zählt. Dies eröffnet eine weitere Möglichkeit: wurde die Berufsangabe im nachreformatorischen Meistergesang bewußt unterdrückt, so läßt sich das sinnvoll erklären, wenn Beckmesser geistlichen Standes war. Nun kennen wir zwar solche Autoren sonst im Bereich des Älteren Meistergesangs nicht, denn den Mönch von Salzburg kann man hier sicher nicht nennen; im Jüngeren Meistergesang sind einzelne protestantische Geistliche allerdings von Beginn an vertreten.[74] War Beckmesser Geistlicher, sei es auch als Laienbruder,

---

72 Für Auskunft und Beratung habe ich Herrn Oberarchivrat i.R. Albert Barthelmeß, Nürnberg, zu danken.

73 Die Verbreitung ist gut überprüfbar. Die Amts- und Standbücher des Stadtarchivs Nürnberg sind, soweit sie überhaupt Register besitzen, dort nach den Vornamen geordnet. Alle einschlägigen Bände wurden überprüft, auch im Hinblick darauf, Beckmesser unter anderem Namen als Verwalter eines entsprechenden Amtes nachzuweisen. Daß Rosenfeld nicht einmal im 16. Jahrhundert in Nürnberg einen Namensträger »Sixt Beck« ausmachen konnte, spricht für die Seltenheit des Namens auch in jüngerer Zeit, denn der Zuname Beck ist häufig.

74 Im einzelnen sind hier zu nennen: Michael Lorenz, Pfarrer in Eibach, Eschenbach und Kirchsittenbach im Nürnberger Land, ferner Peter Pfort, Wolfhart Spangenberg und Johannes Zehenthofer in Straßburg (vgl. die Kurzbiographien in RSM Bd. 8, S. 98 und 548, Bd. 12, S. 84 und Bd. 13, S. 456). Nicht berücksichtigt sind hier die bei Roth aufgeführten Mainzer angeblichen Meistersinger geistlichen Standes; seine Angaben sind wahrscheinlich zum Teil falsch, d.h. sie

so würde das erklären, warum er archivalisch nicht zu belegen ist; zugleich erklärte sich daraus auch, wovon bislang nicht die Rede war, der hohe Standard seiner theologischen und vor allem musikalischen Bildung, der anderen Meistersingern zwar nicht stets fremd ist, hier aber doch als Besonderheit mit hinzukommt.

Die drei Töne Beckmessers, Chorweise, Neuer und Überzarter Ton, gehören zu den stark geblümten und reimreichen Tönen, die mit umfänglichen Melismen prunken und eine enorme, experimentell geprägte Variationsbreite bei den Kurzreimen aufweisen. So reimt Beckmesser etwa Anreim auf Anreim, gebraucht doppelten Anreim und reimt den Beginn einer Zeile auf deren Ende, was besonders selten ist; seine Töne häufen solche Besonderheiten.

Hans Folz

Sein Name ist mit dem Kampf zwischen Befürwortern und Gegnern des Dichtens ausschließlich in Tönen der Alten Meister verbunden. Er tritt nicht nur als wichtigster Textproduzent des Nürnberger Meistergesangs vor Hans Sachs hervor, sondern ebenso als dessen produktivster Komponist. Dem Überlieferungsbefund nach lassen sich seine Töne vier Gruppen zuordnen:

Bei ihm selbst und bei anderen belegt:

Baumton	Freier Ton	Passional
Blutton	Hahnenkrat	Schrankweise
Chorweise	Hoher Ton	Strafweise
Feielweise	Langer Ton	

Nur bei anderen belegt:

Abenteuerweise	Tagweise
Kettenton	Geteilter Ton

Nur bei ihm selbst belegt:
drei Töne ohne Namen

Die in der Tabelle getroffene Unterscheidung ist deshalb sinnvoll, weil die nur fremdbelegten Töne auf ihre Echtheit zu prüfen sind und weil die nur eigenbelegten Töne eine Sonderstellung aufweisen. Bei der dritten Gruppe handelt es sich um Gesellschaftslieder, deren Töne mit dem Meistergesang in der Formgebung kaum verwandt sind, deren Charakter von anderen auch offensichtlich respektiert wurde: man hat sie nicht für weitere Bare verwendet. Die Folzschen Autographen geben für diese Unterscheidung keine Hilfe, da Folz in

---

bringen zumindest Belege ein, die nicht unmittelbar in den Bereich des Meistergesangs gehören; der historisch richtige Kern ist nicht herauszulösen.

seinen Autographen nur in manchen Fällen Tonnamen beifügt, hinter
dem Beigeben bzw. Verschweigen läßt sich keine deutliche Regel
erkennen.[75]

Die ausschließlich bei anderen belegten Töne sind nur schwer als
Folz' Eigentum zu verifizieren, allerdings auch kaum auszuschließen.
Folz war nicht nur produktiv, sondern in seinen Tonerfindungen
auch anerkannt, wie die breite Rezeption vieler Töne ausweist. Da er
Autographen hinterlassen hat, ist auch die Möglichkeit von Verlusten
etwas geringer einzuschätzen als bei anderen. Schließlich gilt auch
noch, daß ein Teil der nicht durch eigene Texte abgesicherten Töne
einen hohen Originalitätsgrad aufweist. Der Kettenton z.B. trägt
seinen Namen wegen der originellen Reimform, die stets einen
Endreim mit Pausenreim der Folgezeile verbindet, die Abenteuerweise dagegen ist die erste durchgeformte Spruchweise. Sie ist bereits
zu Lebzeiten Folz' entstanden und deswegen sehr wahrscheinlich
authentisch. Der Geteilte Ton gewinnt seine Originalität aus dem
spiegelsymmetrischen Aufbau seines Abgesangs. Ein relativ einfach
gebauter Ton mittlerer Länge ist die Tagweise. Ihr frühester Beleg
stammt aus Augsburg ([2]Hozm/35), erst danach wird sie auch in
Nürnberg greifbar. Die lange Überlieferungslücke nährt den
Verdacht der Unechtheit, kann aber kein abschließendes Negativur-
teil auslösen, da man auch an eine zufällige Überlieferungslücke
denken kann.

Die Gruppe der durch eigene Bare abgesicherten Töne ist bei Folz
besonders variabel. In einigen verwendet er Reimbesonderheiten wie
den dreisilbig weiblichen und den männlichen Schlagreim, ein- und
zweisilbigen Anreim, Töne mit fast ausschließlich gleichlangen Zeilen
stehen neben solchen mit hoher Variabilität der Verslängen. Extrem
kurze Töne sind vertreten – Überlänge meidet er –, einige Töne
weisen einen 3. Stollen auf. Der Hahnenkrat scheint melodisch den
Hahnenschrei nachzubilden.[76] Variabilität und Experiment kennzeichnen also den Töneerfinder Folz, weniger im Sinn der Anhäu-
fung von Extremen – wie vielleicht bei Beckmesser und Nunnenbeck
– als im Durchprüfen möglichst vieler »normaler« Möglichkeiten. In
diesem Sinn könnten Kettenton und Geteilter Ton gut ins Programm
passen.

---

[75] Anders verfährt Hans Sachs, der auch den Tönen seiner Buhllieder Namen gibt,
sie aber ausdrücklich zu einer nichtmeisterlichen Gruppe erklärt.

[76] Mel.y, Nr. 85. Um in der ersten Zeile den Hahnenschrei zu erkennen, bedarf es
vielleicht einer gewissen Phantasie; sicher aber ist die zweite als Echo der ersten
zu verstehen, und auch dieser Sachverhalt allein beweist melodisch innovative
Kompetenz.

Ulrich Eislinger

Von seinen Tönen ist nur der Lange Ton bereits in q zu finden, doch gibt es auch in diesem Ton keinen gesicherten Text Eislingers. Die aus den bekannten Daten zu folgernde räumliche und zeitliche Nähe der Handschrift zum Tonautor läßt Zweifel an der Urheberschaft des Tons nicht aufkommen. Der mit 35 Reimen in der Tat lange Ton baut drei Schlagreime ein, was Sachs zu dem Urteil veranlaßt haben mag: *auf schöne kunstreim leget er sein fleise.*[77] Wahrscheinlich bezog er dieses Lob allerdings auch auf den Überlangen Ton, der andere und weit mehr *kunstreim* zeigt, nämlich zahlreiche Viersilbler (dadurch entsteht eine Reimdichte von 5,04 Silben pro Reim), Pausenreime und weiblichen Schlagreim. Freilich hat Sachs diesen Ton erst mehrere Jahre nach dem zitierten Lob – und übrigens als einziger – gebraucht ([2]S/1606; 1545). Das Lob mag aber als Indiz gelten, daß der Ton ihm damals schon bekannt war. Ein weiterer Ton, der erst durch den Jüngeren Meistergesang tradiert ist, ist die Maienweise mit einem ganz einfach gebauten Tonschema, die – wohl deswegen – sehr beliebt war. Einen Grund, ernsthaft an ihrer Echtheit zu zweifeln, gibt es dennoch nicht.

Lienhard Nunnenbeck

Als sein Lehrer im Meistergesang hat er Hans Sachs nicht nur das Dichten beigebracht, sondern sicher auch bei der Einführung in das Komponieren von Meistertönen mitgewirkt. In der Wahl der reimtechnischen Mittel übertrifft Nunnenbeck seinen Schüler deutlich. Die wahrscheinlichen Hintergründe hierfür sind aus Anlaß der Variantenbildung im II. Kapitel zur Sprache gekommen. Nunnenbeck hat sich im Einsatz von Kurzreimen in teilweise gänzlich neuen Bahnen bewegt. Seine Reimschemata sind in einigen Fällen kaum mehr adäquat taktierend darzustellen. Kennzeichnend für die sonstige Meistertonkomposition des 15. Jahrhunderts ist ein Festhalten an taktierenden bzw. alternierenden Konventionen sonst durchaus.[78] In

---

77 [2]S/187-Str.2; vgl. Nagel <II>, S. 105-107, hier S. 107.

78 Wir wissen nicht, wie die Lehre der erlaubten und verbotenen Silbenzahl- und Reimkombinationen eigentlich weitergegeben worden ist; am ehesten wird man sich das in einem Regelkanon vorstellen müssen, ähnlich wie ihn Puschman im 16. Jahrhundert aufzeichnet (vgl. S. 318-328), dessen Vorschriften ja ebenfalls zumindest teilweise auf eine faktische Beibehaltung taktierender metrischer Größen hinzielen. Hat ein ähnliches System bereits im 15. Jahrhundert existiert, dann muß man Nunnenbeck sogar der fehlerhaften Tonerfindung zeihen.

jedem Fall offenbaren aber Nunnenbecks Töne Kreativität, und sicher ist er einer der wichtigsten Tonproduzenten gegen Ende des Älteren Meistergesangs. Ohne Reimbesonderheiten kommt von seinen Tönen nur die Hämmerweise und der Unbenannte Ton aus, der freilich nur einmal in einem eigenen Lied belegt ist (¹Nun/26). Überhaupt sind alle Töne Nunnenbecks nur jeweils ein einziges Mal durch eigene Lieder abgesichert.[79] Man sollte hier aber eher die Überlieferungslage verantwortlich machen als ein Prinzip vermuten, denn der Abgeschiedene Ton ist überhaupt nicht vor der Reformation belegt. Offenbar ist das in *q* Gesammelte nicht das vollständige Werk Nunnenbecks.

Alle anderen Töne bauen – wie schon erwähnt – Kurzreime ins Reimschema ein; einsilbigen Anreim (Pausenreim): der Lange Ton, die Neue Chor-, die Straß- und die Zeherweise; zweisilbigen Anreim: der Lange Ton, die Goldene Schlag- und die Straßweise. Zwei weitere Töne benutzen den seltenen dreisilbig-weiblichen Reim (1'), allerdings nicht als Schlagreim, sondern wie Folz in seiner Chorweise und wohl in Anlehnung an diese als Stropheneröffnung: Goldene Schlagweise (die keinen Schlagreim enthält) und Kurzer Ton. Nunnenbecks Hang zu Besonderheiten ist damit wohl hinlänglich belegt. Wollte er »normale« Töne benutzen, so griff er offenbar gleich zu solchen von Vorgängern oder Zeitgenossen.[80] Weder von Meistersingern noch aus der Forschung sind je lobende Urteile über die Melodien Nunnenbecks bekanntgeworden; ein oberflächlicher Blick scheint zu bestätigen, was für die Reimschemata zu sagen war: experimentelle Kraft prägt auch die Melodien stärker als ausgewogener Verlauf.

Jeronimus Drabolt

Der Meistersinger, in Erwähnungen gelegentlich mit dem Zusatz »von München« versehen, hat drei Töne hinterlassen: die Goldene Tagreise, den Linden und den Schlechten Ton: »Die metrischen Schemata seiner Töne zeigen untereinander keine Ähnlichkeit.«[81] Der nur einmal in *q* genannte Schlechte Ton ist vielleicht überhaupt nicht als eigenständiger Ton anzusehen, sondern die fehlerhafte Angabe eines fremd benutzten Tons. Die Goldene Tagreise dagegen ist recht lang und baut neben einer Fülle von Anreimen auch noch zwei dreisilbige Schlagreime ein.

---

[79] Nicht gerechnet ¹Nun/45, das durch Klesatschke (Nr. 39) zugeschrieben ist.
[80] Vgl. die Übersichten bei Klesatschke, S. 21, und im RSM, Bd. 4, S. 455.
[81] Brunner in VL², Bd. 2, Sp. 220.

Caspar Singer

Der Meister, für den nur ein Text in *q* ausdrücklich bezeugt ist –
allenfalls kommen noch zwei weitere aus diese Handschrift für ihn in
Frage – lebt in fünf Tönen fort.[82] Freier, Heller und Lieber Ton
(^{2}S/69) sind für ihn in dieser Handschrift alt bezeugt; Langer und
Schlechter Ton kommen erst im Jüngeren Meistergesang vor. Singer
zeigt sich in seinen Tönen als höchst experimentierfreudiger
Tonschöpfer – ähnlich wie Nunnenbeck. Seine Schemata arbeiten
stark mit Anreimen, auch mit doppeltem Anreim in der Tradition des
Goldenen Tons von Frauenlob, ja der Freie Ton kennt sogar drei
Einsilbler hintereinander (später von Sachs vereinfacht), was im
Meistergesang außer beim Außenseiter Beheim nicht belegt ist.
Singers Schlechter Ton baut einen männlichen Schlagreim ein. Die
beiden erst nach der Reformation belegten Töne passen dazu – es gibt
keinen Grund, sie nicht für authentisch zu halten. Trotz ihrer
Kompliziertheit waren sie bis auf den Hellen Ton zumindest in
Nürnberg recht beliebt.

---

[82] Cramer <I>, Bd. 3, S. 280-282, und 4, S. 322-326.

VI. Kapitel
Töne und Tongebrauch des Jüngeren Meistergesangs im Kontext der Tradition[1]

1. Ausweitung des Tönerepertoires

Der Meistergesang erreicht seine größte Verbreitung geographisch, personell, und nach der Zahl der gedichteten Lieder und komponierten Töne erst nach der Reformation. Trotz des radikalen Umschwungs in den Inhalten, der durch die Reformation bewirkt und durch Hans Sachs und dann durch seine Nürnberger und Augsburger Zeitgenossen vollzogen wurde, bleibt die Meisterkunst sich formal weitgehend treu, wie oft beschrieben worden ist. Das Singen in selbst- oder von Zeitgenossen komponierten Tönen hält an, aber ebenso der Gebrauch von Tönen der Zwölf alten Meister und der »Nachmeister« des 13. und 14. Jahrhunderts; dies alles steht im Einklang mit den Traditionen der Zeit vor der Reformation. Freilich, durch den kontinuierlichen Zuwachs von Tönen treten gegen Ende des 16. Jahrhunderts die älteren Töne in ihrer relativen Häufigkeit nach und nach zurück. Zu erdrutschartigen Verschiebungen kommt es – vor allem in Nürnberg – dann um 1625 mit der Tonproduktion Ambrosius Metzgers. Die völlige Umstellung des Tönerepertoires in dieser Zeit schlägt sich auch auf der Singschule nieder. Dabei ist die Speerspitze dieser Veränderung nicht eigentlich gegen die alten Töne gerichtet, die im Gegenteil hohe Verehrung genießen, vielmehr ist man auf eine stete Ausweitung des Repertoires bedacht.

---

[1] Dieses Kapitel versucht, die Relevanz der älteren Töne und Tonerzeugungsmuster für den Jüngeren Meistergesang darzustellen. Insofern ist es mehr als ein bloßer Ausblick. Zu den weiterwirkenden Kräften gehören auch die Bauformen. Sie sind ausgespart; sie hier einzubeziehen, würde einer Untersuchung des gesamten jüngeren Tönebestands gleichkommen. Eine abgeschlossene Beschreibung der jüngeren Töne aber ist nicht intendiert. Sie müßte viele andere Kriterien berücksichtigen.

Im einzelnen gibt es dabei von Autor zu Autor – weniger von
Meistersingerort zu -ort – große Unterschiede. Hans Sachs etwa ver-
wendet 279 Töne,[2] davon gehören 13 ihm selbst. In eigenen Tönen
dichtet er etwa 16% seiner Meisterlieder, annähernd ebenso viele in
Tönen von Autoren des 16. Jahrhunderts und 68% in Tönen vorre-
formatorischer Meister einschließlich seiner Nürnberger Vorgänger.[3]
Sein Zeitgenosse Hans Vogel, von dem wir zwar nur 70 Lieder,
jedoch 20 Töne kennen, verhält sich ganz anders. 42 (60%) seiner
Meisterlieder hat er in eigenen Tönen komponiert, nur 6 (9%) in
Tönen von Zeitgenossen und 22 (31%) in alten Tönen. Außerhalb
Nürnbergs liegen die Fälle im 16. Jahrhundert ebenfalls gemischt.
Valentin Voigt in Magdeburg hat ein begrenztes Repertoire von 81
Tönen. Mit den darin enthaltenen alten Tönen bestreitet er 67% seines
gesamten Liedbestandes, von den restlichen 33% in jüngeren Tönen
verwenden 21% Strophenformen von Hans Sachs – Voigt selbst hat
nicht komponiert. Der vor allem in Österreich nachgewiesene Lorenz
Wessel aus Essen dagegen hat mindestens 27 Meistertöne verfaßt. Die
schmale Auswahl aus seinen Dichtungen, die auf uns gekommen ist,
umfaßt 43 Lieder; 18 (42%) davon in eigenen Tönen, 10 (23%) in
Tönen älterer Meister. Schließlich noch zwei Beispiele aus Augsburg:
Onoferus Schwartzenbach zog für 34 (77%) seiner 44 uns bekannten
Lieder eigene Töne[4] heran, sechs (14%) stammen von älteren, der
Rest (9%) von zeitgenössischen Tonautoren. Johann Spreng dagegen
gehört wieder zu jenen Liedautoren, die selbst nicht komponiert
haben. Bei ihm nehmen die Zeitgenossen rund 60% der Töne seiner
306 Lieder ein, die älteren Tonautoren sind mit 40% vertreten. So weit
die Beispiele aus dem 16. Jahrhundert.

Benedict von Watt, der ein Liebhaber alter Töne war, und vor
allem durch die Einbeziehung der Augsburger Abschriften aus *k*
auch die Zahl der Töne der Alten Meister in Nürnberg beträchtlich

---

2 Nach dem RSM, danach auch die Zahlen der anderen Autoren. Nach der
   Angabe von Sachs in seinem letzten 'Summagedicht' (²S/5424) ergibt sich eine
   Zahl von 272 Meistertönen, in drei Tönen hat er erst danach gedichtet (Matthes
   Schneider, Erwählter Ton; Hans Grieser, Verhöhter goldener Ton und Adam
   Puschman, Kurze Amselweise). Er muß also vier übersehen haben. Aus der
   Tabelle bei Geiger, S. 34-74, ergeben sich weit höhere Zahlen, da er auch nicht-
   meisterliche Töne einbezieht und einige Töne (unter verschiedenen Namens-
   formen) mehrfach nennt. Zu Zahlenverhältnissen im älteren Nürnberger
   Meistergesang vgl. Schanze <I>, Bd. 1, S. 130f.

3 Berechnet nach der tabellarischen Übersicht bei Geiger, S. 34-74, die nicht gänzlich fehlerfrei ist. Daher keine Angabe von absoluten Zahlen.

4 Er hat mindestens 22 Töne komponiert, von denen jedoch nur 13 in seinen eigenen bekannten Dichtungen vorkommen.

vermehren konnte, dichtete um 1600 in beinahe allen diesen Tönen selbst. Seine eigenen 25 Töne hat er nur 39mal verwendet. Doch steigt bei ihm vor allem die Zahl der Töne aus dem 16. Jahrhundert und von Zeitgenossen rapide an. So bringt er es in seinen 990 Liedern auf 402 Töne. 4% sind in eigenen Tönen verfaßt, 62% in Tönen von Zeitgenossen und Vorgängern, ein Drittel nur in Tönen älterer Meister.

Noch deutlicher treten die Verschiebungen bei Ambrosius Metzger zutage. Von ihm gibt es keine theoretischen Aussagen unmittelbar zu diesem Komplex. Durch seine praktische Dichtkunst allerdings setzt er doch deutlich andere Maßstäbe. Metzger hat nach eigener Angabe ca. 3000 Lieder gedichtet, von denen 1367 erhalten sind. Von diesen sind 875 in eigenen Tönen abgefaßt. Von seinen eigenen Tönen benutzt er nur 14 zehnmal oder öfter. Sehr viele Lieder hingegen sind in einem Ton zu singen, der nur bei diesem Lied überliefert ist. Nach eigener Aussage in seinem 'Curriculum Vitae' von 1629 (^{2}Met/801) hat Metzger 340 Töne verfaßt, doch sind uns 343 bekannt. Acht Töne sind erst nach der Selbstaussage belegt, ein Teil davon wohl auch erst danach komponiert, so daß der Befund in etwa mit Metzgers Angaben in Einklang steht. Wir können also davon ausgehen, daß beinahe alle Töne Metzgers zumindest dem Namen nach oder durch Benutzung durch ihn selbst oder andere Dichter auf uns gekommen sind. Umgerechnet auf ein Liedoeuvre, das mehr als doppelt so groß ist wie das Erhaltene, heißt das, daß zwar eine erkleckliche Zahl von Liedern (etwa 170, also ca. 12,5%) mit einem unikalen eigenen Ton verbunden sind, aber diese Zahl gestattet nicht die Überlegung, Metzger habe etwa ein Prinzip wie »Jedem Lied seinen Ton« durchsetzen wollen.[5] Andererseits geht mit einer »Tonverschwendung«, wie er sie praktizierte, sicher auch für den begabtesten Meistersinger die Möglichkeit verloren, den Großteil des Repertoires von Tönen auswendig beherrschen zu können. Freilich inflationierte Metzger nur eine Tendenz, die er bereits vorgefunden hatte. Nicht von allen 275 Tönen, die Hans Sachs benutzte, wird man annehmen können, daß er sie auch beherrscht hat. Einige Meisterlieder in zeitgenössischen Tönen wurden wohl für den Gebrauch durch den Tonkomponisten geschaffen – Sachs sang nach Ausweis seines 'Gemerkbüchleins' spätestens ab 1555 nicht mehr; eine Notwendigkeit, die Töne singen zu können, in denen er erstmals danach dichtete, bestand für

---

5 Auf die Problemstellung weisen erstmals Kornrumpf/Wachinger, S. 380 hin. Sie stellen fest, daß das Lob Neidharts durch Folz gerade auf der Tatsache beruht, daß dieser das Prinzip »ein Lied - ein Ton« verwirklicht habe. Sie erwähnen in diesem Zusammenhang auch Metzgers Tonproduktion.

ihn nicht.[6] Trotz solcher kleinen Einschränkungen dürfte Sachs aber
mehr als 250 meisterliche Melodien beherrscht haben. Wenn
Puschmans 'Singebuch', wie er in der Einleitung versichert, sein
persönliches Repertoire spiegelt, müßte er 327 Melodien haben
singen können.[7] Die Sammlung Benedict von Watts für Elias
Freudenberg – die ja alle bekannten Töne umfassen sollte – war auf
536 Maisterliche Thöne angelegt.[8] Enzyklopädik statt einer überschau-
baren Menge zum Gebrauch bestimmter Töne war hier schon angestrebt, und mit seiner Ausweitung um weitere 70% (eigene Töne im
Vergleich zum Watt-Corpus) machte Metzger dem beschränkten
Töneprinzip des Meistergesangs – ob er wollte oder nicht – den
Garaus. Wohl stand ihm als Nur-Produzenten, der das eigentliche
Singschulritual des Meistergesangs nie mitvollzog, explizite Kritik
nicht so recht zu. Er hat aber deutlich genug seine Meinung zu den
überkommenen Meistertönen geäußert. Im 'Curriculum Vitae'[9]
spricht er von den Meistern, die nur nach *der alten leiren tanzen* wollten und deshalb seine Töne, die mit [großen] *intervallis* ausgestattet
seien, ablehnten. Ganz offensichtlich und eingestanden will hier
Metzger neue musikalische Formen gegen die Kritik der Meister[10]
einführen, und dazu bedarf es eben neuer Töne. Auch diese Tendenz
jedoch führt er nicht absolut durch, sondern er gebraucht weiter die
Töne seiner Zeitgenossen, die der Vorgänger innerhalb und außerhalb Nürnbergs, und in etwa 200 Liedern benutzt er auch breit
gestreut die Töne der vorreformatorischen Meister.

Mit der zunehmenden Durchsetzung nicht von Hans Sachs
verfaßter Texte auf der Singschule nehmen auch hier die Melodien
der Alten Meister ab: waren im Jahr 1556 noch 75% aller protokol-
lierten Bare in Tönen alter Meister abgefaßt, so sank diese Zahl 1612

6 Welches Prestige mit dem »Hans Sachs hat in meinem Ton gedichtet« verbunden war, läßt sich aus Puschmans Elogium auf Hans Sachs ([2]Pus/24/2) ermessen, wo zu Recht darauf hingewiesen wird, daß Sachs sein letztes Lied in der
Kurzen Amselweise Puschmans verfaßt habe.
7 Vgl. Zitat S. 313. Puschman spricht an dieser Stelle von 350 Tönen. So viele sind
es aber nicht geworden.
8 Merzbacher, S. 207 und 467-475 (Töneregister).
9 [2]Met/801; Edition bei Schnorr von Carolsfeld, S. 57-62.
10 Die melodischen Neuerungen Metzgers sind auffällig. Die Kritik der meistersingerischen Zeitgenossen deckt sich daher mit der Schumanns, S. 431, die die
zitierte Stelle vermutlich nicht kannte. »Die Folge ist bei ... Metzger ungezieltes
Hüpfen der Melodie. Die Tonverbindungen sind größtenteils Konstruktionen,
die mehr an der Instrumental- als an der Gesangspraxis orientiert sind ...«.
Schumanns Vorwurf gleicht erstaunlich einem geläufigen Vorwurf gegen die
barocke Stimmbehandlung.

auf 34% und 1633 auf 18%. Der Anteil von Tönen Metzgers in diesem Jahr betrug allein 14%![11] Ein besonderes inhaltliches Profil hatten die alten Töne als Gruppe ohnehin nie gehabt. Wie z.B. unter den Tönen des 16. Jahrhunderts gab es darunter neben Tönen mit bevorzugt geistlicher Thematik auch solche, die eher Schwänken oder anderen weltlichen Stoffen zugeordnet waren.

Die Hochschätzung der alten Töne dokumentiert sich bis in die Zeit Metzgers jedoch im immer wieder aufgenommenen Lob der Alten Meister und in der Warnung vor Vernachlässigung ihrer Töne. Puschman z.B. wird nicht müde, die Alten Meister in seinem 'Gründlichen Bericht' als Autoritäten zu zitieren. Zur Legitimation der eigenen Kunst ziehen die Schulkünste, die sich mit den Zwölf alten Meistern beschäftigen, deren Töne heran.[12] Die Anlage seines 'Singebuches' begründet Puschman vor allem mit der Angst, die Töne der Älteren könnten mit seinem Tod zum Teil verlorengehen:

also habe ich diese meine grose muhe vnd vleis vber mich genumen, volgende 350. Meister Töne welche ich von meiner jugent an bishero gelernet, in dieses Buch Auff zu Notiren, Auff das nicht auch ein zimliche Anzal der töne sonderlich der Alten, mit mir absterben teten, wie zu voren mitt ettlichen verstorbenen Singern geschehen.[13]

2. Horte

Vor allem zeigt sich die Hochschätzung der Alten Meister durch den Gebrauch des »Gekrönten Hortes«. Dies ist eine Zusammenstellung von vier alten Tönen, von Strophe zu Strophe wechselnd, in einem Lied. Das älteste belegte Beispiel findet sich in q (¹Bop/1/563). Die Anordnung der Töne sieht dort so aus:

---

[11] Ausgezählt nach dem 'Gemerkbüchlein des Hans Sachs' und nach den 'Singschulprotokollen'. Drescher <II>, S. 10-30, und Drescher <I>, Bd. 1, S. 132-140, und Bd. 2, 317-323. Die Jahre sind nach folgenden Kriterien ausgewählt: 1556 ist das früheste vollständig protokollierte Jahr, 1612 liegt nach weitgehendem Abschluß der Liedproduktion von G. Hager und B. von Watt, 1633 nach Metzgers Liedproduktion, doch noch vor dem großen Sterben von 1634 (Seuchenjahr), das auch in der Meistersingergesellschaft einen personellen Umbruch zur Folge hatte.

[12] »Die Ursprungsage ist im 16. und 17. Jahrhundert weithin nichts anderes als das Kernstück des meistersingerlichen Selbstbewustseins und des Geltungsanspruchs der Meistersinger nach außen.« Brunner <II>, S. 28.

[13] 'Singebuch', Bl. 101ʳ, Dedikation an Wolf Herold. Bohn, S. 377f.

Jn des popen langen don vnd in des frawenlobs langen don vnd in des marners langen don vnd in des regenbogen langen don ein par 5 lieder

Die ersten vier Strophen sind also je einem dieser Töne zugeordnet. Die fünfte jedoch ist ein Gemisch aus allen vier Tönen, denen jeweils ein Strophenteil zugeordnet ist: der 1. Stollen in Boppes, der 2. in Frauenlobs, die erste Abgesangshälfte in Marners, die zweite in Regenbogens Langem Ton:

»Gekrönter Hort«

6	6	5'								Boppe (Mügling)
a	a	b								1. Stollen
6	2	3'	3'	4	3'	4	3'			Frauenlob
c	c	d	d	e	d	e	b			2. Stollen
4	3	6	3	4	4	4	3			Marner
x	f	f	g	x	g	x	x			1. Teil des Abgesangs
3	5	4	5	4	5	4	5	4	5	Regenbogen
h	h	i	k	i	k	x	l	x	l	2. Teil des Abgesangs

Durch die Tonmischung ist das entstandene Gebilde nicht stollig. Die Teile sind nur oberflächlich verknüpft. Allein zwischen 1. und 2. Stollen ist eine Reimresponsion hergestellt. Wie die musikalische Verknüpfung sich dargestellt haben mag, sei dahingestellt. Das Lied in *q* preist – nach einem einleitenden Lob Walthers von der Vogelweide – die genannten vier Töne, besonders ihre Melodien, und deren Erfinder. Der Dichter fordert dazu auf, sie auf der Singschule nicht zu vernachlässigen und bietet gegebenenfalls seine Mithilfe beim Erlernen der vier Töne an. Nach all dem sieht es so aus, als sei die auffällige Form spontan für diesen Anlaß erfunden worden. Den nächsten erhaltenen »Gekrönten Hort« dichtete dann erst Hans Sachs am 11. Juli 1546. Der Titel *'Die füenff wunderwerck Cristi'* verrät den Zusammenhang. Das besonders feierliche Thema hat Affinität zu den fünf Strophen des »Gekrönten Hortes«. In diesem Lied ist nun der Lange Ton Boppes durch den Langen Ton Müglings ersetzt, die beiden sind ja, wie mehrmals erwähnt, schemagleich. Ersetzt ist der Name übrigens auch in der einzigen Parallelüberlieferung zu ¹Bop/1/563 in der nachreformatorischen Handschrift Dresden M 9. Später hat Sachs einen weiteren Bar im »Gekrönten Hort« gedichtet (²S/4894 vom 2. Mai 1556).[14] Weitere solche Horte stammen aus dem

---

[14] »Gekrönter Hort« ist übrigens ein Begriff der Forschung. In den Handschriften heißt die Erscheinung *bar* oder *hort* in den *vier haubtönen* oder *krönten tönen*.

gesamten Verbreitungsgebiet des Meistergesangs, setzen aber überall erst in der Nachfolge des Hans Sachs ein. Erwähnenswert ist jedoch noch, daß gelegentlich Horte im Zusammenhang der Freiung begegnen. Wenn der Prüfling die Freiungsfragen beantwortet hat, singt er in einigen Freiungen anschließend einen »Gekrönten Hort«. Hier ist offensichtlich derselbe didaktische Impetus zu spüren, der einst den Verfasser des Hortes in q bewegt hatte: durch das Absingen wird Kontinuität in der Kenntnis der wichtigsten alten Töne gesichert. Einige wenige Horte weichen in der beschriebenen Reihenfolge von der Einteilung des ältesten Vorbilds ab. Sebald Früebeis z.B. reiht in seinem Lied von 1591 (^{2}Früb/3) die ersten vier Strophen in der Reihenfolge Mügling, Regenbogen, Marner, Frauenlob, bringt dann aber die beschriebene 5. Strophe. Ein »Gekrönter Hort« von Georg Hager (^{2}HaG/164/5) überträgt die Reihenfolge seiner ersten vier Strophen – Frauenlob, Mügling, Marner, Regenbogen – auf die Strophenteile der 5. Strophe, und entsprechend verfuhr schon ein Anonymus (^{2}A/262 von 1574), der, offenbar nach der Gewichtung in der Reihe der Alten Meister, die Reihenfolge Frauenlob, Regenbogen, Marner, Mügling wählte.

Hort bezeichnet im Älteren Meistergesang ein besonders hervorgehobenes Meisterlied. Die Hervorhebung kann auf sehr verschiedene Weise geschehen. So heißen in k in mehreren Fällen vielstrophige Lieder *hort*. Die Formulierung zeigt jeweils, daß der Hort dem Tonautor als Dichtung zugeschrieben wird und daß es sich offenbar nach Meinung des Redaktors um das jeweils wichtigste Lied in diesem Ton handelt.[15]

Eine Zusammenstellung verschiedener Töne zu einem Lied gibt es im Älteren Meistergesang außer im »Gekrönten Hort« nicht. Vielleicht gibt es aber doch einen ähnlichen Fall: den *hort* Peters von Reichenbach in k (^{1}PeterR/1/1 und 2/1). Hier werden ein mehrstrophiges Tagelied und ein Leich unter der Überschrift *Dyß* [fehlt: ist] *peter von richenbachs hort* zusammengeschlossen. Weitere Implikationen und Probleme des Zusammenhangs können hier vernachlässigt werden. Was hier mehr als die Benennung interessiert, ist die Tat-

---

15 Der Name »Hort« ist bei folgenden Liedern belegt: ^{1}Frau/8/507a, 14strophiges Passionslied; ^{1}Frau/23/3, 53strophiges Marienmirakel; ^{1}HeiMü/110-181b, 72strophiger Marienpreis; ^{1}PeterR/1/1; ^{1}Zwing/3/1a, siebenstrophiges Passionslied (diese Beispiele alle in k); ^{1}Nun/1, siebenstrophiges Lied über die Trinität mit akrostichischer Autorsignatur (in q; der Wortlaut der Angaben bei Brunner <II>, S. 158 Anm. 305). Bei ^{2}S/981b bezeichnet Hort eine Folge von 15 Str. im gleichen Ton, die in 3+5+7 Str. aufgeteilt ist. Die entsprechende Umgestaltung des Hans-Sachs-Liedes ist erst im 17. Jahrhundert belegt.

sache, daß der erste Teil des Horts – das Tagelied also – eine so vorher wie nachher nicht belegte Struktur aufweist. Je nach Interpretation kann man sagen, daß hier zwei Strophenformen sich in regelmäßigem Wechsel je dreimal wiederholen oder daß eine »Doppelkanzone« dreimal wiederholt wird.[16] Die Bauform sieht jedenfalls so aus:
   A A B + C C D.

Die beiden Teile sind völlig selbständig in der Faktur von Tonschema und Melodie, beziehen sich jedoch durch den jeweils letzten Reim aufeinander. Ob man sie nun eng zusammensieht oder lieber auseinanderrückt – es sind zwei strophenartige Gebilde, die zu einem Ganzen zusammengeschlossen sind. Peters von Reichenbach Hort und der anonyme »Gekrönte Hort« in *q* sind die beiden einzigen erhaltenen Vorläufer des Hans Sachs für seinen ersten Hort anderer Prägung, den es im folgenden darzustellen gilt. Daß er Peters von Reichenbach Schöpfung gekannt hat, ist äußerst unwahrscheinlich, daß es bereits andere Vorläufer für seinen Typ des Hortes gab, natürlich nicht auszuschließen. Doch halte ich es bei der sonst ausreichend bewiesenen Kreativität des jungen Hans Sachs für recht wahrscheinlich, daß er ihn selbst erfunden hat. Dafür spricht entschieden auch die weitere Entfaltung dieser Liedart.

Es geht um folgendes: Im Jahr 1520 besang Sachs 'Die sieben getreuen weiber in den sieben thönen', die er bis dahin komponiert hatte (^{2}S/77). Die Reihenfolge entsprach dabei der Reihenfolge der Tonerfindung, wie Schanze bemerkt hat, der in diesem Lied »die konsequente Krönung seines [Sachs'] Frühwerks« sieht.[17] Die in dieser Ausformung bis dahin nicht belegte Zusammenstellung mehrerer Töne heißt übrigens in keiner der elf Überlieferungen *hort*. Später komponierte Sachs weitere sechs Töne. Konsequent dichtete er am 5. November 1545, seinem 51. Geburtstag, ein Lied über *Die 13 verwandelten frawen* (^{2}S/1884), in seinen nunmehr 13 Tönen. Auch dieses wird nirgends als Hort bezeichnet. Der nächste Schritt in der Ausweitung dieses Gebrauchsmusters muß nun wohl so vor sich gegangen sein, daß Hans Vogel, angeregt durch Sachs' Lied, dasselbe einmal mit drei eigenen Tönen probiert hat. Es gibt jedenfalls ein anonymes, undatiertes Meisterlied in drei Tönen Hans Vogels – dem Schwarzen und dem Frischen Ton sowie der Lilienweise –, das nach seiner frühen Überlieferung mit größter Wahrscheinlichkeit Vogel

---

[16] Vgl. Brunner in VL², Bd. 7, Sp. 448–450. »Doppelkanzone« nennt Brunner, Sp. 450, diesen Formtyp.

[17] Schanze <I>, Bd. 1, S. 367 und 368.

selbst verfaßt hat (²A/1186).[18] Dann trat er an Sachs heran und bat ihn, doch einmal seinerseits in diesen Tönen ihm einen solch gemischten Bar zu dichten, oder Sachs hatte selbst diesen Wunsch und dichtete ein Lied in genau denselben Tönen (²S/2065 vom 31. Juli 1546).[19] Dasselbe machte er wenig später noch einmal mit den gleichen (²S/2268) und einmal mit drei anderen Tönen Hans Vogels (²S/2399). Damit war zunächst einmal die Verbindung von Ton- und Textautor beim Hort gelöst. Der nächste Schritt ist, daß auch Michael Vogel (vielleicht der Bruder von Hans) um den gleichen Gefallen bat. Das Ergebnis ist ein Bar vom 12. April 1553 in drei seiner Töne, der Langen Feldweise, Harten Steinweise und im Hohen unverkehrten Ton (²S/4024). Mittlerweile hatte Sachs also schon in Tönen dreier Tonautoren gemischte Bare gedichtet. Aus dem I. Kapitel wissen wir, daß der Verband von Baren in überlangen Tönen besonders locker ist, da in der Regel nur eine Strophe vorgetragen wurde. So war es naheliegend, drei Überlange Töne verschiedener Autoren zu einem Bar zusammenzuschließen (²S/4191 in den Überlangen Tönen von Sachs, Eislinger und Hans Vogel vom 16. August 1551). Damit war der Damm endgültig gebrochen. Es konnten von nun an Töne beliebig kombiniert werden; meistens besteht jedoch irgendeine Verbindung untereinander. So haben die Töne des Horts ²S/4200 annähernd gleiche Länge (28, 30 und 31 Reime) und beginnen jeweils mit Pausenreim, in ²S/4201 werden nur Lange Töne (solche, die so heißen) gebraucht usw. Der älteste nicht von Sachs stammende Hort ist der sicher vor 1550 und höchstwahrscheinlich von Hans Vogel 1545/46 verfaßte (²A/1186). Um 1550 dürfte ein Hort von Kilian Schramm (²Scram/6) in den Langen Tönen Regenbogens, Frauenlobs und Marners entstanden sein. Es handelt sich also um eine Art »unvollständigen« »Gekrönten Hort«, der wohl von der geschilderten Entwicklung völlig unabhängig entstanden ist.[20] Auch in Augsburg gibt es dann bald die ersten Horte von Schwartzenbach (²Scwar/2; 1556) und Spreng (²Spr/26; 1560). Der Terminus *hort* für die Kombi-

---

[18] Überliefert in Berlin Mgq 410, 3. Zählung, 59ʳ-60ᵛ. Schreiber: Valentin Wildenauer. Auf 54ʳ Schreibdatum: *anno salutis 1550 gesriben am suntag nach allerheiligen tag: 4fl 4h s h z* [4 Gulden 4 Heller. Die abschließenden Buchstaben kann ich nicht deuten, Name des Auftraggebers?] Danach in gleicher Lage und ohne Wechsel des Schriftduktus die folgenden Seiten geschrieben.

[19] Der Wunsch Vogels läßt sich natürlich nicht beweisen; theoretisch könnte Sachs auch aus eigenem Antrieb gehandelt haben. Auch ist denkbar, daß der Hort Sachs' dem Vogels vorausgeht, am aufgezeigten Entstehen des Traditionsmusters ändert dies aber nur Nuancen der Motivation.

[20] Schramm ist bislang nicht lokalisiert, er war weder in Augsburg noch in Nürnberg ansässig.

nation mehrerer Strophenformen ist erstmals zu Lorenz Wessels *gefünfften hordt in fünff Langen Thönen* (²Wessl/22)²¹ erwähnt. Der Formtyp bleibt dann bis weit ins 17. Jahrhundert produktiv. Er bildet die einzige Ausnahme gegen das sonst streng durchgehaltene strophische Prinzip und übernimmt damit Funktionen, die in den Jahrhunderten zuvor der Leich innegehabt hatte, den man im Meistergesang des 16./17. Jahrhunderts nicht einmal mehr dem Namen nach kannte.²²

3. Anweisungen zum Verfertigen von Meistertönen in Puschmans 'Gründlichem Bericht'²³

Reim und Zeile

So weit wir theoretische Aussagen im Meistergesang zurückverfolgen können, geht die Poetologie auf Silbenzählung aus. Die Dichtung des Hochmittelalters und des früheren Spätmittelalters war indes taktierend, und noch lange, als in der Theorie bereits die Silbenzählung nachweisbar ist, alternierend.²⁴ Im Lauf des 15. Jahrhunderts wird die theoretische Meinung immer mehr zur Praxis. Der Wortakzent verliert nach und nach seine prosodische Bedeutung, allein im Versausgang ist noch ein Rest Akzentuierung zu spüren.²⁵ Der Gegensatz von männlichem und weiblichem Reim ist wohl auch eine Frage der Vokalqualität, aber die könnte nicht bewirken, daß weibliche Reime ausschließlich in ungeradsilbigen Zeilen vorkommen, männliche Reime in geradsilbigen (und einsilbigen).

Die Anschauungen der Meistersinger hierüber sind einerseits aus dem Materialbefund zu entnehmen, sie spiegeln sich aber auch in seltenen theoretischen Äußerungen. Dabei treten die Tabulaturen durchaus in den Hintergrund: sie regeln nur strittige Spezialfälle. Grundsätzlicher äußern sich nur Lorenz Wessel und Adam Pusch-

---

21 Überliefert in Göttweig 1034; die Handschrift entstand in räumlicher und zeitlicher Nähe zum Autor.
22 So Brunner <II>, S. 158 Anm. 305. Dort auch ein Beleg des 16. Jahrhunderts für *reyen* als Synonym für Hort.
23 Eine ausführliche Würdigung der drei Fassungen in B. Taylor <V>, Bd. 1.
24 Man vgl. z.B. die entsprechende Untersuchung für Muskatblut durch Kiepe-Willms <I>, S. 101-110.
25 Zur Frage der Silbenzählung vgl. Staiger, S. 44-49, und Bell, Bd. 1, S. 155f.

man, der erstere in der Einleitung seiner Tabulatur für die Steyrer Meistersinger. Seine knappe und gute Übersicht über die Reimarten (*Folgen nun acht stuck, welche einem iden singer und mercker zu wisen hoch von nötten ist*) hat allerdings bei der Beschreibung des Schlagreims große Probleme.[26]

Ein ausgefeiltes Konzept für die Anschauungen des Meistergesangs liefert erst Adam Puschman in seinem 'Gründlichen Bericht des Deutschen Meistergesangs', er mag von Wessel die Anregung erhalten haben. Im *ersten Tractat* erörtert Puschman die Reimarten und unterscheidet dabei sechs verschiedene:

> I. *Stumpffe Reymen*
> II. *Klingende Reimem*
> III. *Waisen oder blose Reimen*
> IV. *Körner*
> V. *Pausen*
> VI. *Schlagreymen*[27]

Die hier gleichgeordneten Reimarten sind durchaus verschieden einzuordnen. I und II betreffen das Reimgeschlecht, III-VI exponierte Stellen im Reimklanggebäude, wobei V und VI Reime mit besonders kurzen Abständen zum vorhergehenden bezeichnen. Die stumpfen und klingenden Reime werden von Puschman in der folgenden Erklärung ausschließlich durch die gerade (stumpf) oder ungerade Silbenzahl (klingend) definiert. Dies ist so in allen drei Fassungen des 'Berichts', ungeachtet der sonstigen Änderungen und Umstellungen. Die genaueren Ausführungen zu klingenden und stumpfen Reimen finden sich erst in der ebenfalls beigegebenen Tabulatur. Dort werden *klingende stumpffe wörter* mit einer Silbe gestraft, jedoch ausdrücklich nur bei den Schärfestrafen. Puschman merkt in seiner Erklärung an, daß ihm dieser Verstoß nicht besonders wichtig ist: *Solches mag man auch in der scherffe straffen/ wenn man klügeln will.*[28] Für den umgekehrten Befund, daß stumpfe Wörter klingend gebraucht werden, hält übrigens nicht einmal seine verschärfte Tabulatur eine Regel

---

[26] Die Tabulatur des Lorenz Wessel von 1562 ist abgedruckt bei Streinz <II>, S. 86-110. Zu Überlieferung und Würdigung vgl. dort, vor allem aber B. Taylor <V>, Bd. 1, S. 26-30. Bei der Beschreibung der Schlagreime scheint Wessel den eigentlichen Schlagreim mit der Folgezeile zu verwechseln oder in eins zu setzen. So, wie sie dastehen, sind die Angaben ganz offensichtlich unsinnig. Der übrige Teil der Darstellung ist zwar äußerst knapp gehalten, aber übersichtlich und klar.

[27] B. Taylor <V>, Bd. 2, II, S. 87. Die drei Fassungen des 'Gründlichen Berichts' sind bei Taylor einzeln gezählt; die römische Zahl nach der Bandangabe gibt die jeweils gemeinte Fassung an.

[28] B. Taylor <V>, Bd. 2, I, Bl. 9ʳ.

bereit! Puschman hält also einen akzentorientierten Unterschied im Reimausgang nicht unbedingt für erforderlich. In der Praxis jedoch hat sich eine so weitgehende Formalisierung des männlichen bzw. weiblichen Versausgang-Prinzips niemals durchgesetzt. Sowohl bei ihm selbst wie auch bei anderen Meistersingern läßt sich im Versausgang eine weitgehende Orientierung am natürlichen Akzent konstatieren.

Viele Bestimmungen bei Puschman wechseln – offenbar infolge von Einwänden, die ihn erreichten – von Fassung zu Fassung, so auch hier. In der 2. Fassung[29] heißt der Begriff *Gezwungene Klingende vnd stumpfe wörter.*[30] Neben einigen neu eingeführten Beispielen unterbleibt nun der Hinweis auf die Überflüssigkeit dieser Regel. In der 3. Fassung schließlich werden sowohl *klingende stump<f>reimen* wie *Gezwungen klingende Reimen* erwähnt.[31] Der Gesamtkomplex müßte einmal im Zusammenhang aller Tabulaturen geklärt werden.

Puschman äußert sich an anderer Stelle auch über die absoluten Zeilenlängen. Für sie setzt er in der 1. Fassung 13 Silben als Obergrenze, und zwar mit der praktischen Begründung, *weil mans am Athem nicht wol haben kan/ mehr auff einmahl auß zusingen/ so auch ein zierliche Blum im Reimen sol gehört werden.*[32] In der 2. Fassung ist die Zahl sogar auf 12 Silben begrenzt, die Begründung ist neu:

Noch dem jch in der ersten Zwelf Meister tonen, vber 12 silben jhn jhren Versen semptlich nicht finde, Achte jch noch vor billich das Man nicht mehr als 12 Sylben vnd darüber nicht tichte. Ob man schone in ettlicher junger Nachtichter töne, Als im langen ton Nachtigal, vnd in der Corn blu Hans Schreiers versen findet welche 15 Silben Haben [welche mich vervrsacht, das jch meine kurze amsel weise welche 7 reimen hatt, 14. vnd 15 silben in die reimen machte, vnd also zu Nurnberg bewerte, hat mich es doch indes jch der Alten 12. Meister grunt hirinnen erfaren, den jch da zur Zeit noch nicht wuste: gerauen] Sehr [sehe] jch nach vor gutt an, den Alten zu folgen.[33]

Daß die Sangspruchdichter einst Zeilenlängen von bis zu 11 Hebungen gebraucht hatten, konnte Puschman nicht wissen. Längere Zeilen wurden auf dem Weg zum Meistergesang in der Regel geteilt.

---

[29] Die 2. Fassung ist lediglich handschriftlich dem 'Singebuch' beigegeben, »doch spricht manches dafür, daß Puschman ursprünglich vorhatte, auch sie drucken zu lassen.« B. Taylor <V>, Bd. 1, S. 57.
[30] B. Taylor <V>, Bd. 2, II, S. 90.
[31] B. Taylor <V>, Bd. 2, III, S. 31.
[32] B. Taylor <V>, Bd. 2, I, Bl. 2ᵛ.
[33] B. Taylor <V>, Bd. 2, II, S. 88.

Dennoch hat Puschman nicht recht. Denn auch zu seiner Zeit gab es noch zwei Töne älterer Sangspruchdichter, die von der Zeilenteilung verschont geblieben waren: die Morgenweise Konrads von Würzburg und den Fürstenton des Ehrenboten (Heinrichs von Ofterdingen).[34] Den Ehrenboten freilich rechnet Puschman unter die Nachmeister, und die Morgenweise, die Hans Sachs nicht selten verwendet hat, führt er nicht im 'Singebuch', weil ihm vielleicht keine Melodie zur Verfügung stand.[35] Vermutlich wurde er auch auf diesen Fehler hingewiesen, denn die 3. Fassung des 'Berichts' enthält sich jeden Vorschlags bezüglich der Verslänge.

Für Waisen und Körner gibt Puschman geläufige Definitionen: Waisen reimen nicht, sie können männlich oder weiblich sein. Körner binden sich an die entsprechende Stelle der Folgestrophe. Andere Reimresponsionen über Strophengrenzen hinweg, wie sie in älteren Tönen gelegentlich aufgetreten sind, kennt er nicht. Der Hofton Beheims ist ja, wie wir oben (S. 135) gesehen haben, in eine entsprechende Form umgeprägt. Die Sonderverhältnisse beim Überzarten Ton Frauenlobs, von ihm selbst durchaus beachtet, hat er an dieser Stelle übersehen oder nicht für theoriewürdig erachtet.[36] Experimente in dieser Richtung gibt es nach der Reformation auch nicht mehr.

Die nächste Reimart, die Puschman aufführt, sind die Pausen.[37] In allen drei Fassungen werden ihnen folgende Qualitäten zugesprochen:

1. Sie kehren das Reimgeschlecht der Folgezeile um. Geradsilbige Zeilen sind weiblich, ungeradsilbige männlich. Das entspricht, silbenzählend ausgedrückt, dem Sachverhalt, daß der einsilbige Anreim eben als Auftakt der Folgezeile zu betrachten ist. Insofern ist auch diese Bestimmung ein Relikt aus taktierender Zeit. Was Puschman in diesem Zusammenhang vergessen hat anzugeben, ist, daß auch der Pausenreim selbst ein männlicher Reim ist. Das ergibt sich zwar aus der Logik unseres Reimverständnisses (da ein einsilbiger Reim nicht zweisilbig reimen kann), nicht zwingend aber aus dem System Puschmans.

2. Über die Reimbindung des Pausenreims wird nämlich nur gesagt: *solche pausen mögen ihr gebent suchen jhm thon wo sie wöllen oder*

---

[34] In Wessels Tabulatur ist *des Ehrnbotten Fürsten thon* als Beispiel eines Tons mit 14silbiger Zeile ausdrücklich genannt. Streinz <II>, S. 88.

[35] Die Melodie der Morgenweise wurde später aus *k* wieder neu entlehnt. Vgl. Brunner <II>, S. 120.

[36] Erwähnt jedoch bei Wessel; vgl. Streinz <II>, S. 88.

[37] B. Taylor <V>, Bd. 2, I, Bl. 1ᵛ. II, S. 88. III, S. 20f.

können.[38] Dies entspricht dem Befund der Meistertöne; hier finden sich folgende Fälle: Anreim auf Anreim einer benachbarten oder einer weiter entfernten Zeile (z.B. Frauenlob, Goldener Ton); Anreim auf Endreim der gleichen Zeile (z.B. Beckmesser, Goldener Ton); Anreim auf Endreim einer später folgenden Zeile (z.B. Frauenlob, Neuer Ton); Anreim auf Endreim der unmittelbar vorhergehenden Zeile (einsilbiger Schlagreim – vgl. Einleitung, S. 6; ebenfalls Beckmesser, Goldener Ton); Pause auf unmittelbar folgende Pause (z.B. Regenbogen, Überlanger Ton).[39] Diesen doppelten Pausenreim dokumentiert Puschman nicht, vielleicht weil er der Meinung ist, die beiden einsilbigen Einheiten träten zu einer Pause plus Kurzzeile minus 1 Silbe zusammen. Im gesamten untersuchten älteren und jüngeren Material finden sich keine Beispiele, daß ein Endreim auf eine mehrere Zeilen später liegende Pause reimt.[40] In jüngeren Tönen kommt es gelegentlich auch zu Einsilblerhäufungen, die dann keinen Gesetzen mehr gehorchen. Die Pause wird von den Meistern entweder als eigene Zeile notiert oder, durch Reimvirgel abgetrennt, der Zeile vorangestellt. Real ist sie im Jüngeren Meistergesang ein Mischgebilde zwischen eigener Zeile und nur hervorgehobenem Zeilenbeginn. Rein technisch wird sie offenbar wie eine Zeile behandelt. An der Notation in den Melodiehandschriften läßt sich das ablesen, wo die Pause, die ja häufig mit einem ausschweifenden Melisma geziert ist, stets durch »Takt«strich abgeteilt wird. Das kann wohl nur bedeuten, daß an dieser Stelle geatmet werden soll, und dies darf, wenn man Puschmans Argumente für die Längenbegrenzung von Versen ernst nimmt, wohl als die eindeutigste Zeilendefinition im Jüngeren Meistergesang gelten. So kann es im Jüngeren Meistergesang sogar Pausenreime geben, die Waisen sind! Dennoch hat die Pause auch Nicht-Zeilen-Status: nur in der Pause nämlich dürfen Silben von Wörtern abgespalten werden. Das ist nach der Tabulatur sonst strengstens verboten; die Ausnahme ist, soweit ich sehe, in keiner Tabulatur erwähnt. In Minnesang, Sangspruchdichtung und im vorreformatorischen Meistergesang kommt es übrigens – abhängig von der Zeilenstruktur – zu Wortspaltungen auch nach größeren Abständen.

---

[38] B. Taylor <V>, Bd. 2, III, S. 21.

[39] Alle Beispiele sind aus älteren Tönen gewählt. Für sämtliche genannten Fälle finden sich auch Beispiele im Jüngeren Meistergesang.

[40] Auch bei W. Grimm kein entsprechendes Material. Ein Sonderfall ist der Binnenreim f in Frauenlobs Neuem Ton, der auf Anreim der Folgezeile bindet.

Die Schlagreime sind für Puschman offenbar das schwierigste
Kapitel. In der 1. Fassung unterscheidet er noch zwischen stumpfen
und klingenden Schlagreimen.

*schlagReymen sind zweyerley/ müssen nur zwo Syllaben haben/ mögen
Klingend oder Stumpff sein/ Es ist aber ein vnterscheid der zweyer
Versen/ Ein stumpffer Schlagreim mag sein Gebänd suchen/ wo jn sein
Tichter hinbindet/ wie ein ander langer Stumpff Reim. ...
Ein Klingend schlag Reimen aber/ hat auch nur zwu Syllaben/ muß sich
allwege auf den fürgehenden klingenden Verß binden/ Dem Verß aber der
jm folget nimpt oder gibt er eine Syllaba/ gleich wie die Pauß ...* [41]

Aus dieser Schlagreimdefinition sind zwei Dinge herauszuheben: das
eine ist die Bestimmung über die Folgezeile beim klingenden
Schlagreim. Die Umkehr des Reimgeschlechts bedeutet den synaphischen Anschluß dieser Zeile an den Schlagreim und ist offensichtlich
letztes Überbleibsel einer mittelalterlichen Tradition, wo dieser als
Binnenreim in einer längeren Zeile verstanden wurde. Den realen
Verhältnissen zur Zeit Puschmans entsprach die offenbar aus der
Tradition übernommene Formel jedoch keineswegs. Selbst Töne aus
mittelalterlicher Tradition, die dieses Gesetz einmal befolgt hatten,
wie der Aspiston Konrads und der Grüne Ton Mügelns, wurden bei
den späteren Meistersingern mit Auftakt der Folgezeile gebraucht.
Beim Grünen Ton, den Puschman einmal selbst verwendet hat, hält
er sich (gegen Sachs!) an die Regel; beim Überlangen Ton Regenbogens, dem oft zitierten Musterton, und bei Kettners Paratreihen hält
sich fast die gesamte Tradition daran. Ganz offenbar ist die Frage in
Meistersingerkreisen heftig diskutiert worden, wie die Auswirkun-
gen zeigen. In der 2. Fassung des 'Berichts' verbreitert Puschman
seine Argumentationsbasis durch Hinweis auf die eben genannten
Töne.[42] In der 3. dann formuliert er ganz neu und wieder kürzer:
*solcher klingender Schlag reimen hat aller ding die art vnd eigenschafft
gleich wie ein Pausa.*[43]

Originelle Blüten hat die Schlagreimdiskussion aber vor allem
beim Neukomponieren von Tönen getrieben, und dadurch wird am
deutlichsten, daß es wirklich eine Diskussion gegeben hat. Die Tonerfinder mußten ja, sofern sie über das Problem überhaupt Bescheid
wußten, entscheiden, wie sie es denn nun mit der Folgezeile des
Schlagreims halten wollten. Belegt ist zum einen der Fall, daß sich der
Tonerfinder nicht an die Vorschrift gemäß Puschmans 'Bericht' hält.

[41] B. Taylor <V>, Bd. 2, I, Bl. 1ᵛf.
[42] B. Taylor <V>, Bd. 2, II, S. 87f.
[43] B. Taylor <V>, Bd. 2, III, S. 21.

Hier kann man freilich nicht wissen, ob er dessen Stellungnahme überhaupt gekannt hat; dazu gehören: Nocker, Weißer Ton; Stilkrieg, Überlanger Ton und Hans Veit, Rote Sattelweise. Zu dieser Gruppe zählt auch die Klingende Widerhallweise von Ambrosius Metzger.[44] Zum zweiten gibt es Komponisten, deren Töne Puschmans Vorstellungen entsprechen; z.B.: Ambrosius Metzger, Elefanten-, Irrgängige Labyrinth-, Rubin- und Schwere Lastweise; Schmirer, Fröhliche Gesellschaftsweise; Jobst Zollner, Verschiedene Jungfrauweise. Schließlich aber gibt es auch bei mehreren Meistersingern Töne, die versuchen, die Entscheidung zu umgehen, indem sie auf den Schlagreim Verse folgen lassen, die hinsichtlich dieser Entscheidung neutral reagieren. Dies sind Waisen und Körner oder Reime, die dann eben bei jedem Auftreten einem Schlagreim folgen (z.B. wenn sie von Stollen zu Stollen binden); dies ist sogar der häufigste Fall: Beichter, Gekrönte Lorbeerweise; Drillner, Überlanger Ton; Leichner, Hohe Lypardweise; für Metzger nenne ich nur die Gelbe Goldblumenweise (dieser Ton ist unten S. 331-333 analysiert) als einen von sieben Tönen dieser Art; Puschman, Paradiesvogel-, Turteltauben- und Überlange Adlerweise; Schleelein, Löbliche Zinnweise; Schmirer, Lange Tiergartenweise. Erfunden hat den Trick offenbar Puschman selbst.

Die zweite interessante Frage betrifft den männlichen Schlagreim. Puschman gesteht ihm in der 1. Fassung des 'Berichts' ausdrücklich zu, daß er an jede beliebige Stelle des Reimschemas binden dürfe.[45] Das heißt, er versteht nicht nur die männliche Korrespondenz des weiblichen Schlagreims darunter, sondern rechnet auch Reime hierher, die man als zweisilbigen Anreim bezeichnen würde. Er spart sich damit eine gesonderte Behandlung des Begriffs, verstößt aber ganz offensichtlich zugleich gegen den ursprünglichen Wortsinn. Dieser muß freilich auch den Zeitgenossen geläufig gewesen sein, denn wieder zeigt die 2. Fassung des 'Berichts', daß es eine Diskussion gegeben hat. Hier plötzlich erscheint nämlich der männliche Schlagreim überhaupt nicht mehr, schon in der Überschrift steht

---

[44] In diesem Ton hat er den Fehler offenbar bewußt in Kauf genommen, um ein Modell zu verwirklichen, das von außerhalb des Meistergesangs kommt. Es handelt sich um ein Echo-Lied (das Echo antwortet jeweils dem fragenden Sänger im Schlagreim), das er in genau dieser Form bei Ollenix du Mont-Sacré: Die Schäffereyen von der schönen Juliana. Frankfurt a.M. 1615, finden konnte. Das gleiche Experiment machen dann auch Harsdörffer und Klai im 'Pegnesischen Schäfergedicht'. Sie werden das Form- und Inhaltsexperiment ebenfalls dorther, nicht etwa von Metzger übernommen haben.

[45] *Ein stumpffer Schlagreim mag sein Gebänd suchen wo jn sein Tichter hin bindet.* B. Taylor <V>, Bd. 2, I, Bl. 1ᵛ.

einfach *klingende Schlagreimen*.[46] Puschman kann den Begriff ohne weiteres weglassen, weil zweisilbige männliche Reime für die Umgebung nicht ähnlich einschneidende Sonderbedingungen schaffen wie weibliche Schlagreime oder Pausen. In der 3. Fassung ist der Text allerdings nochmals geändert. Nun sind auch die männlichen Schlagreime wieder da. Eine einzige Sonderbedingung wird ihnen nun auferlegt: *wan aber 2. stumpffe Schlagreimen auffeinander gehen/ als müssen sie sich binden vnd Reimen* ...[47] Beispiele für den Fall, daß mehrere männliche Zweisilbler aufeinander folgen, gibt es bis zu Puschmans Zeit ganz wenige. Er selbst hätte in seiner Überlangen Adlerweise dabei sogar gegen die Regel verstoßen. Darum nehme ich an, daß er an dieser Stelle gar nicht diese meint, sondern die sonst nirgends erwähnte Folge zweier Pausenreime (doppelter Anreim).[48]

Insgesamt orientiert sich die 3. also wieder enger an der 1. Fassung. Die 2. Fassung, die ja nur handschriftlich dem 'Singebuch' beigebunden war, hat also verhältnismäßig deutlich auf kritische Einwände reagiert, in der 3. ist die Kritik offenbar nicht mehr so gegenwärtig bzw. geschickter berücksichtigt. Inwieweit die 2. Fassung überhaupt rezipiert worden ist, ist schwer abzuschätzen. Nur Singer, die Puschman besuchten, konnten sie ja einsehen und eventuell abschreiben. Abschriften sind indes nicht nachgewiesen.

Schemagleiche Töne

Es gilt noch einen Punkt aus dem 'Bericht' zu behandeln, der sich speziell mit durch die alten Töne geschaffenen Problemen auseinandersetzt: durch die schemagleichen Töne Frauenlob, Ritterweise, Regenbogen, Blauer Ton und Wolfram, Goldener Ton. Generell ist es nämlich verboten, daß man einem *Andren Meisterton das gebent gar gleichmessig nachtichtet.* Die Existenz dieser drei schemagleichen alten Töne bewegt Puschman jedoch zur folgenden Zusatzregel:

Es wer den das man drey töne in gleicher Zal, mas vnd gebent haben kente, das man kunstlich ein gesang in solcher drey töne singen kente, wie Man den drey töne der alten Singer solcher gestalt findet, als den Gulden ton Wuffroms, Blauen Ton Regenbogens vnd Ritterwes Frauenlobs.[49]

---

[46] B. Taylor <V>, Bd. 2, II, S. 87.

[47] B. Taylor <V>, Bd. 2, III, S. 23.

[48] Diese Reimfolge kommt öfter vor. Während sich im Älteren Meistergesang so gut wie niemand an die Regel hält, ist sie im Jüngeren bis auf eine einzige Ausnahme (der Überlange Ton Drillners) stets beachtet.

[49] B. Taylor <V>, Bd. 2, II, S. 91.

Bis zu Puschman läßt sich ein Brauch, gleich drei Töne in einem Strophenschema zu komponieren, nicht nachweisen. Er selbst hat dies
dann allerdings intensiv betrieben. Im 'Singebuch' stehen vier Tongruppen, die entsprechend organisiert sind. Die Serie beginnt jeweils
mit einem Verweis auf den Ton eines Zeitgenossen oder eines
Vorgängers aus jüngerer Zeit, dem dann drei, zweimal sogar vier
Puschman-Töne folgen, so daß nun jeweils vier (!) oder sogar fünf
Töne gleichen Schemas zusammengeordnet sind.
Bei den erwähnten Gruppen handelt es sich um folgende Töne:

- Wolf Herold, Lange Schwertweise mit Puschman, Geborge Fal-
  kenweise, Geborgte Papageiweise und Geborgte Elsterweise
  (Bohn, S. 386f, Nr. 126-128);
- Hans Vogel, Jungfrauweise mit Puschman, Geborgte Gold-
  ammerweise, Geborgte Finkenweise, Geborgte Schneekönig-
  weise und Geborgte Sperlingweise (Bohn S. 386f, Nr. 137-140);
- Wolf Brandner, Brandweise mit Puschman, Geborgte Auer-
  hahnweise, Geborgte Sittichweise, Geborgte Wachtelweise und
  Geborgte Wüstlingweise (Bohn S. 387, Nr. 141-144);
- Sachs, Rosenton mit Puschman, Geborgte Grasmückenweise,
  Geborgte Bachstelzenweise und Geborgte Grünspechtweise,
  Schaller, Geborgte Freudweise und Paulus Fischer, Geschwinde
  Flugweise (Bohn S. 387, Nr. 145-147).

Die beiden letztgenannten Töne sind einzige Belege für die Aufnahme von Puschmans Ideen bei anderen Meistersingern.

Nicht nur aus der verunglückten Zahl (vier statt drei Töne) geht
hervor, daß Puschman die Regel offenbar ad hoc unter Beweisnot
entworfen hat. Er hat sie auch erst in 2. Fassung dem handschriftlichen 'Bericht' im 'Singebuch' eingefügt und hat dabei vermutlich
auch nicht bedacht, daß unter den älteren Tönen auch die Zweierglei-
chung Boppe, Langer Ton – Heinrich von Mügeln, Hofton vertreten
ist. Dabei hatte er beide Töne im 'Singebuch'! Später reute ihn sein
Experiment denn auch, er exkulpierte sich jedoch recht linkisch, ja
unglaubwürdig. Die Dreiheit der Alten Töne wird nun in der 3.
Fassung zum Zufallsprodukt erklärt:

*Vnd ob wol vnter den alten 12. Meistern jhren thönen allein drey Thöne
gefunden werden/ welche alle einerley zal/ maß vnd gebend ... haben/ ...
So ist es doch ungefehr geschehen so zu tichten/ dan keiner hat von des
andern thone nicht gewust. So ist doch in allen dreyen Melodeyen ein
gros vnterscheidt/ als haben sich etliche junge tichter auch vnterwunden
dreyen thönen ihre gebend zahl vnd maß abzuborgen/ aber nicht die*

Melodeien/ die haben mich vorursacht auch zweyen thöne solche abgeborget/ ...[50]

Er sei dazu aufgefordert worden, meint Puschman, und besser wäre gewesen, *wir hettens all vnterlassen.* Wir freilich kennen nur wenige weitere zeitgenössischen »Tonborger«, und ihr Zusammenhang mit Puschman oder überhaupt ein theoretisch abgeleiteter Hintergrund ist, abgesehen von den oben erwähnten Paulus Fischer und Gregor Schaller, unwahrscheinlich – schon deswegen, weil in den im folgenden belegten Fällen jeweils nur zwei Töne übereinstimmen. Zu nennen wären folgende Gleichungen:

- Klingsor, Schwarzer Ton : Albrecht Widemann, Verschwiegener Ton
- Folz, Feielweise : Georg Danbeck, Gesprengte Nägeleinweise
- Hans Vogel, Schwarzer Ton : Michael Vogel, Kurze Tagweise
- Georg Christian, Gestrafte Zinnweise : Nikolaus Lindtwurm, Rührende Rösselweise
- A. Metzger, Hochglänzende Sonnenweise : ders., Zimmetröhrenweise
- A. Metzger, Pipphahnweise : ders., Weberspulenweise[51]
- David Hummel, Grobe Buchstabenweise : Johann Friedrich Oetterle, Hohe Otterweise[52]

Ähnlicher wirkt allenfalls ein Versuch Metzgers: er versah seine Klingende Widerhallweise mit drei verschiedenen Melodien (Mel.*q*, 10^r.10^v.11^r). Das Tonschema der Widerhallweise lehnt sich jedoch an kein existierendes Reimschema an, sondern ist neu geschaffen, so daß sich diesmal die Zahl tatsächlich auf drei beschränkt.

Ein mit Puschman vergleichbares, über Tabulatur und Schulordnung hinausgehendes Regel- oder Beschreibungswerk gibt es nicht; Wessel bietet nur Ansätze. Die beiden sind ohne Vorgänger und Nachfolger, auch ohne allzu engen Zusammenhang untereinander,[53]

---

[50] B. Taylor <V>, Bd. 2, III, S. 35. Vgl. auch Bd. 1, S. 84f.

[51] Bei den Tongleichungen Metzgers ist nicht sicher zu entscheiden, ob es sich nicht um bloße Doppelbenennungen handelt. Musikalisch belegt ist nämlich von den genannten Tönen allein die Zimmetröhrenweise in Mel.*x*, Nr. 16.

[52] Dieser Ton ist der jüngste uns bekannte Meisterton (zugleich der Ton des jüngsten bekannten Meisterliedes). Er wurde am 18. Mai 1788 in Memmingen bewährt. ^{2}Oette/1.

[53] Deutliche Zusammenhänge sieht B. Taylor <V>, Bd. 1, S. 26-30, vor allem bei der Formulierung der Einleitung. Darum nimmt er an, daß die im wettereren Verlauf vorgebrachten polemischen Äußerungen Puschmans vielleicht gegen Wessel gerichtet seien. Das halte auch ich für wahrscheinlich. Hätte Puschman

orientiert möglicherweise an der mündlichen Unterweisung der Meistergesangsschüler durch ihre jeweiligen Lehrer. Der 'Gründliche Bericht' bleibt Puschmans großes Verdienst für den Meistergesang und ein kaum überschätzbares Hilfsmittel für die Forschung. Gleichwohl lehrt die Beschäftigung damit, daß der Meistergesang in Puschman nicht immer einen uneingeschränkt guten Sachwalter gefunden hat. Zu viele Regeln sind offenbar spontan formuliert und daher dem Widerspruch ausgesetzt gewesen. Der wissenschaftliche Leser muß sich in jedem Fall der überindividuellen Geltung der Puschmanschen Regeln erst vergewissern.

4. Wiedereinführung der Auftaktlosigkeit im Jüngeren Meistergesang

Viele Veränderungen der formalen Seite des Meistergesangs im 16. bis 18. Jahrhundert sind nirgends theoretisch festgeschrieben und lassen sich nur aus dem veränderten Tönematerial erschließen. Zunächst ein Kuriosum: Beim Übergang zum Silbenzählen im Spätmittelalter hatte sich auch die uneingeschränkte Geltung des Auftakts durchgesetzt. Im 17. Jahrhundert tauchen plötzlich wieder auftaktlose Verse auf. Einen Beleg gibt es aus Nürnberg:

Ambrosius Metzger, Götzenweise

8_w 7_m 8_w 7_m 8_w 7_w 10_m 10_m 8_w 7_m 8_w 7_m 8_w 7_w
a   b   a   b c_5 c   g   g h_{15} i   h   i   k k_{20}
d   e   d e_{10} f   f

Die Silbenzahlen sind mit den Symbolen m(ännlich) und w(eiblich) gekennzeichnet. In den meisten Fällen verhält sich die Zeile also genau umgekehrt wie normal, denn geradsilbige Verse sollten männlich sein, ungeradsilbige weiblich. Was aber eingefleischten Meistersingern wohl das Blut in den Adern stocken ließ, war die Gleichordnung der acht- und siebensilbigen Verse am Stollenende. Bei Metzger, der sich offenbar hier von den Vorschriften löst, um sich stärker am Vorbild des Kirchenliedes orientieren zu können, muß man wohl davon ausgehen, daß er sich seines Verstoßes bewußt war; der Text ist in der Tat ein am Kirchenlied orientiertes freies Gebet; Text von Str. 1:

Wessels Tabulatureinleitung aber mehr als nur oberflächlich gelesen, wären ihm wahrscheinlich einige Fehler nicht unterlaufen.

In der götzen weiß MA Metzgerj

Jesum wil ich nimer lassen,
in alleine liebe ich.
Alles böses will ich hassen
und mich gancz demütiglich
5 *under seinen schutz begeben.*
So kan ich sicher leben.

Weil ich lebe auf der erden,
wil ich meine zuversicht
zu im stellen ohn beschwerden.
10 *Diser ist ein helles licht,*
welches mir den weg kan zeigen
zunn edlen palmen zweigen,

auch zu den klaren lebens bächlein,
da ich kan erquicken die seel mein.
15 *Ander mögen freude haben,*
an der argen falschen welt,
die mit iren eitlen gaben
keinen bestand in sich helt.
Von im will ich gar nicht weichen,
20 *biß daß ich werd erbleichen.*[54]

Ob dem Ulmer Michael Scheiffele (Goldene Scheiffelweise) und den
Memminger Meistern Cyprianus Hummel (Fröhliche Jubelweise),
Gabriel Küechle (Vergnügte Liebhaberweise),[55] die in ihre Töne eben-
falls auftaktlose Zeilen einbanden, bewußt war, daß sie hier alte
Regeln verletzten, kann man wohl bezweifeln.

5. Reimspielereien

Im Meistergesang des 16. bis 18. Jahrhunderts gibt es Trends, die all-
mählich von der Strophenbildung früherer Jahrhunderte wegführen.
Sie betreffen sowohl die Zeilengestaltung wie die Reimordnung,

---

54 ²Met/719; Weimar Fol 421/18, Bl. 8ᵛ.
55 ²Sceif/4, Ton bewährt am 17. September 1665, ²HumCy/1, bewährt am 22.
September 1748 und ²Küech/1, bewährt am 26. Oktober 1773.

soweit dies innerhalb des grundsätzlich aufrechterhaltenen Form-schemas möglich ist.

Die Richtung, in die sich die Experimente bewegen, sind: Häufung von gleichen Reimklängen, ungewohnte und schwer aufzuspürende Reimkorrespondenzen, die bis zur Verwirrung des Hörers führen können, und Häufung, eventuell bei gleichzeitiger Mischung, von seltenen Reimarten. Für Reimklanghäufung und ungewohnte Reim-bindungen gibt es natürlich mittelalterliche Vorbilder, die aber in der Regel etwas andere Tendenzen aufweisen. Wo es konvergente Entwicklungen gibt, waren die alten Vorbilder in der Regel nicht bekannt. Mit einem einzigen Reimklang kommt der auch sonst experi-mentierfreudige Ulmer Meistersinger Johann Faulhaber in einem seiner Töne aus. Er war bezeichnenderweise Rechenmeister von Beruf.

Faulhaber, Vierzehnbündiger Carmenton

8	8	8	8		8	8	8	8	8	8
a	a	a	a		a	a_{10}	a	a	a	a
a_5	a	a	a							

Die erste Strophe seines eigenen Liedes (²Faulh/7) aus dem Jahr 1604 in diesem Ton liest sich so:

Jn dem Vierzehenbündigen Carmenthon,
Johann: Faulhabers von dem Syrach
am 7 Capitel hat 14 Reimen

1
Syrach der weyse mann spricht fein
jm sibenden Capitel sein:
Was du thuost, so bedenckh allein
das end; so würst du nimmer kein

5 *übels thon. Darbey jnn gemein*
solt du, lieber christ, nemen ein
beyspyl, dz du in der welt klein
nicht lebest wie ein wildes schwein.

Thuo dise wort in dz herz dein
10 *schließen vnnd behalten ganz rein,*
als das schönest edelgestein.
Die sünden auch täglich bewein,

doch nicht mit heuchlerischem schein,
darmit du nicht kommest jnn pein.[56]

Auch in den folgenden Strophen schafft es Faulhaber, jeweils 14 verschiedene Reimklänge für eine sinnvolle Strophe zu finden.

Die Idee hat A. Metzger noch zweimal aufgegriffen. Er schreibt
eine Sechzehnbündige und eine Siebzehnbündige Carmenweise. Sie
gleichen dem Ton Faulhabers exakt, nur daß er zunächst in den Stollen und dann im Abgesang jeweils eine achtsilbige Zeile – natürlich
wieder mit dem gleichen Reim – zulegt.[57] Derivationen gab es also
bis in die jüngste Phase des Meistergesangs.

Ein Beispiel für die möglichst vielfältige Mischung verschiedener
Reimarten und -stellungen ist

A. Metzger, Gelbe Goldblumenweise

8	1	8	7	2	7	11		11	1	1	2	2	8	9	8	11
a	a	b	c	c	x	K_5		g	h	h	i	i	k	b_{15}	k	g
d	d	e	f	f	x	e_{10}										

Das Schema enthält mehrere Auffälligkeiten und Tücken. Eingebaut
sind zwei Waisen und ein Kornreim; der letztere so, daß er durch
seine Stellung den normalen Parallelismus der Stollen stört. Der
eigentlich am Stollenende fällige Reim b wird in den Abgesang
»ausgelagert«. Dabei reimt ein Achtsilbler auf einen Neunsilbler, was
in diesem Fall aber ganz normal ist, denn dem Achtsilbler geht ein
einsilbiger Reim voraus (Reim a), der als Pause dem folgenden Reim
zugeordnet ist. Diese Pause reimt als übergehender Reim mit der
ersten Zeile (was innerhalb des Meistergesangs allerdings keinen
systematischen Status hat). Ein regulärer weiblicher Schlagreim steht
anschließend (c bzw. f). Im Abgesang stehen dann mehrere ein- und
zweisilbige Reime hintereinander. Warum sie so wie oben zusammengeordnet wurden, läßt sich besser anhand des Textes zeigen.

In der <gelben> golt blumen weis MAM

1

In Maximi schrifften ich laß,
daß   ein man viel übels begangen.
Da herr der rath det schaffen,
straffen

---

[56] Ulm Stadtmuseum L 5850, 158^r-159^r (Autograph).
[57] Es gibt auch eine Dreizehnbündige Reimenweise von Metzger, sie variiert
jedoch die Silbenzahlen.

5   *das man in solt mit gfängnuß*
    vnd im weder gedrenck noch speise reichen.

    Dieses mans tochter, die er het,
    thet   bey rath devot supliciren,
    das man ir solt ertheilen
10 *weillen*
    die gnad als einer tochter,
    das sie dörfft iren vatter vissitiren.

    Der rath, durch die sanfften reden bewogen,
    war   gar   eben   geben,
15 *das man ir thet diese freyheit*
    an alles ferners anlangen,
    das sie dörffte zu jeder zeit
    besuchen den, der sie hette erzogen.[58]

Die Zweisilbler im Abgesang (*eben/ geben*) sind offensichtlich weiblich. Der zweite ist dann nach Puschmans Definition ein weiblicher
Schlagreim. Damit es einer sein darf, muß jedoch ein »normaler«
weiblicher Reim vorhergehen. Er entsteht durch die Verbindung
Pause + Zweisilbler (*gar/ eben*). Allerdings steht nun der Einsilbler
davor (*war*) allein. Das dürfte er nach Puschmans Regel nicht, jedoch
gilt diese auch für den zweiten Einsilbler. Daher ist dieser Fall durch
Puschman – streng genommen – nicht definiert. Er hat nämlich in
diesem Zusammenhang den doppelten Anreim als Problem übersehen (vgl. aber S. 325). Nun folgt – wieder nach Puschman – ein
Fehler. Der Reim von Z. 14/16 beachtet die Vorschrift nicht, daß der
Reim nach dem Schlagreim das Reimgeschlecht umkehrt: es reimt 8k:
8k. Jetzt enthüllt sich **Metzgers Trick**, für den wir uns noch erinnern
müssen, daß bei Puschman das Reimgeschlecht erst in zweiter Linie
durch den natürlichen Akzent bestimmt ist, zunächst jedoch rein
formal durch die Silbenzahlen. Metzger kann nämlich sowohl Leute
zufriedenstellen, die nach dem Schlagreim gerne mit Auftakt fortfah-
ren – so wie das hier nach dem natürlichen Sprachakzent gedichtet ist
–, er kann aber auch strenge Puschmanianer bedienen. Für sie gehören *war/ gar* zu einer Zeile mit Pause zusammen. Die folgenden
beiden sind männliche Schlagreime (entgegen dem Sprachakzent),
und der Anschluß vollzieht sich ganz regulär. Selbst wenn durch den
konkreten Text die Sache durch die sprachliche Ausfüllung wohl für
die meisten potentiellen Benutzer entschieden war: die Möglichkeit,

---

[58] ²Met/104 von 1623 oder 1624 (zwei Datierungen); Weimar Fol 421/9, 19^rv.

das Tonschema beim Neudichten in beiden Richtungen zu verwirklichen, bleibt dennoch. Eine solch sophistische Schlußfolgerung – die reale Diskussion kennen wir nicht – ist nur möglich aufgrund der zahlreichen Beispiele, in denen durch Mehrdeutigkeit beide Möglichkeiten bewußt offengelassen sind. Solch ein Fall ist sogar nochmals im Lied belegt. Nach den weiblichen Schlagreimen des Aufgesangs steht nämlich als nächste Zeile eine Waise. Hier im Aufgesang hätte es übrigens auch ein Reim von Stollen zu Stollen getan; wenn beide Reime hinter dem Schlagreim stehen, kann man sich ja heraussuchen, wie man es haben will. Offensichtlich hat der Ton keine Bedenken erregt, er wurde durch Hans Winter bewährt.[59] Ein anderer Ton mit ganz ähnlichen Kunststückchen heißt ausdrücklich »Gültige Bundreimenweise«.

Reimspiele unter bestimmten Bedingungen gab es nicht nur in der Spätzeit. Wir haben auch im älteren Meistergesang genügend Beispiele gesehen. Für das 16. Jahrhundert möchte ich den Verwirrten Ton zitieren.[60]

Hans Vogel, Verwirrter Ton

8	7	8	4	4	7		4	4	7	4	4	7		8	7	8	4	4	7
K	K	a	a	a_5	K		c	c	d_{15}	c	c	d		K	K_{20}	e	e	e	K
K	K	b	b_{10}	b	K														

Der Ton verfolgt in der Tat die Konzeption, die Merker, die Hörer oder vielleicht auch schon die Leser zu verwirren: die Körner an völlig ungewohnten Stellen des Reimschemas – wie z.B. gleich zu Beginn – sind dazu angetan.

Auch dieser Ton ist nachgeahmt worden, zunächst in der Irrgartenweise von Michael Vogel, die ganz ähnlich strukturiert ist. Dann aber hat Benedict von Watt das System der mehrfachen Kornreimung auf die Spitze getrieben und einen Ton verfaßt, der ausschließlich Körner verwendet. Jeder Reim findet also tatsächlich seine Entsprechung erst in der nächsten Strophe.

Watt, Stumpfe Kornweise

8	8	8		8	8	8	8	8	8
K	K	K		K	K	K	K_{10}	K	K
K	K_5	K							

---

[59] Neben dem Lied steht die Beischrift: *NB in dem lid hat hanß winder den thon approbiret 27 februari sondag estomihi 1625.*

[60] Form-Inhaltsbeziehung in diesem Ton (Babylonische Sprachverwirrung) bei Rettelbach <I>, S. 748.

Auch ein anderes Extrem ist belegt, ein Ton, der völlig von Waisen dominiert wird: ein solcher Ton führt natürlich das Prinzip des gereimten Gedichts beinahe ad absurdum:

Hans Georg Findeisen, Bläsige Luftweise

4	*4*	*4*	*5*		*7*	*4*	*4*	*5*	*5*
a	x	x	x		x	x$_{10}$	x	x	K
a$_5$	x	x	x						

Extreme Wirkungen lassen sich aber auch allein schon dadurch erzielen, daß eine völlig ungewohnte Reimordnung eingeführt wird wie in Benedict von Watts Überlangem Ton.[61] So Verschobenes über so weite Strecken konnten wohl auch geschulte Merker kaum anhand des aufgezeichneten Reimschemas verfolgen.

Völlig aufgegeben gegenüber dem Älteren Meistergesang sind dagegen Spiele mit grammatischem Reim und einzelnen »fest eingebauten« Equivoca. Diese waren durch die Tabulatur verboten; halten konnte sich lediglich das ausschließlich in Equivoca reimende Lied in einem beliebigen Ton, der normalerweise so etwas nicht vorsieht, als Fastnachtsscherz. Einige Male sind auch *bloße gedicht* belegt, bei denen sich also entgegen der vorgeschriebenen Reimstruktur nichts reimt.

6. Zeilenlängen

Noch auffälliger als Reimspiele sind die Spiele mit Zeilenlängen. Denn überspitzt könnte man sagen: der ältere Meisterton bestand aus Zeilen, der jüngere aus Zahlen. Das soll heißen: tendenziell nehmen die rational-konstruktivistischen Elemente zu.[62] Man schuf extrem lange oder kurze Strophenformen, reihte die Silbenzahlen der Zeilen nach arithmetischen Gesichtspunkten, ordnete Reimschemata experimentell und näherte sich in einigen Fällen Erscheinungen, die dem Figurengedicht vergleichbar sind. Daß hier barocke Dichtungstraditionen nicht weit abliegen, macht spätestens die letzte Erwähnung deutlich. Natürlich hat auch diese der Jüngere Meistergesang nicht erfunden. Vorstufen sind z.B. Beheims Verkehrter Ton, der exakt 100

---

61 Schema bei Merzbacher, S. 150.
62 Diese Feststellung berührt sich mit den von Kugler <II> gemachten Beobachtungen am Nürnberger Meistergesang des 17. Jahrhunderts, ohne daß ich hier auf die von ihm (S. 118-137) gezogenen Folgerungen eingehen kann.

Silben besitzt, oder auch die Slegweise, die im Abgesang die Hebungszahlen nach rein arithmetischen Vorstellungen reiht[63]:

```
1  2  3  4  5  4  3  2  1  3'
e  e  e  e  e  e  e  e  e  d
```

Das Kunstbewußtsein der Jüngeren baut nicht in die zahlensymbolische Richtung aus, sondern erzeugt eher arithmetische Kunstfiguren, die, wo sie auch »geometrisch«, d.h. in der Niederschrift, sichtbar werden, sich dem Figurengedicht annähern. Ein erstes deutliches Beispiel in dieser Hinsicht scheint die Schlangenweise des Nürnbergers Sebastian Hilprant zu sein, die dieser spätestens 1554 erfunden hat, denn am 1. März dieses Jahres dichtet Sachs ein *Der schlangen streit* überschriebenes Lied (²S/4281) in diesem Ton. Solche Beziehungen zwischen Tonname und Text eines Liedes bestehen schon in älterer Zeit, im Jüngeren Meistergesang sind sie stark verbreitet, und nicht immer ist die Beziehung so äußerlich, wie wenn z.B. ein Ereignis der Römischen Geschichte in Römers Gesangweise dargestellt wird. Hier geht sie darüber hinaus.

Hilprant, Schlangenweise

```
4  5  4  4  4  4        4  5      4  5  4  4  4  4
a  b  c  d  e₅ f        g  g      h₁₅ g  h  i  h  i₂₀
a  b  c  d₁₀ e  f
```

Das Schema besteht beinahe nur aus Viersilblern, die Fünfer dazwischen sind kaum länger, und bei immerhin 20 Reimen pro Strophe entsteht in drei Strophen eine lange, dünne Schlange im Schriftbild. Im Höreindruck schlängelt sich der Ton auch ganz deutlich. Die Melodie geht in beinahe gleichmäßiger Bewegung auf und ab (Melodie z.B in Mel.y, 56ᵛ). Merkwürdigerweise ist der Ton niemals auf der Singschule gemerkt worden,[64] während die Verbreitung des Liedes mit zehn Überlieferungen für einen Text in einem selten gebrauchten Ton auffällig groß ist. *Der schlangen streit* ist seiner graphischen Form nach deutlich auf dem Weg zum Figurengedicht,

---

[63] Vgl. Petzsch <XVII>, insbesondere S. 301f. Petzsch versucht wahrscheinlich zu machen, daß für die auffällige Form möglicherweise Anknüpfung an den Musiktheoretiker Nikolaus von Dybin vorliegt. Ausgabe bei Mari, S. 467-486. Wie weit der Einfluß der Theoretiker bei ihm und Zeitgenossen geht, bedarf eingehender Prüfung. Sicher gilt er nicht für die Meister des 16. und 17. Jahrhunderts.

[64] Beim einzigen Eintrag in den Protokollen (Drescher <I>, Bd. 1, S. 238) ist ein Fehler unterlaufen. Das zu lange Initium (das wohl richtig sein wird) gehört zu ²S/3458 im Verschränkten Ton von Kaspar Betz.

obwohl – wie die Melodie lehrt – die Absicht mehr in Richtung einer »musikalischen Rhetorik«[65] geht.

Für die Mitte des 16. Jahrhunderts sind solche Silbenspiele noch untypisch. Die Experimentierfreude dokumentiert sich vor allem im Erfinden überlanger (vgl. Kapitel I) und überkurzer Töne (s.u.). Bahnbrechend bei der experimentellen Form scheint Benedict von Watt gegen Ende des 16. Jahrhunders zu sein, der z.B. als erster mit stetig zunehmenden oder abnehmenden Silbenzahlen operiert:[66]

Watt, Lange Bärenweise (nur Aufgesang)

2	4	6	8	10	12	12	10	8	6	4	2
a	b	c	d	e	f	f	e	d	c	b	a
g	h	i	k	l	m	m	l	k	i	h	g

Watt, Triangelweise

1_2	3	4	5	6	7	8		1_2	3	4	5	6	7	8	9
a	b	c	d	e	f_5	g	h		h	x_{15} g	f	e	d	c_{20}	a	b
i	k	l	m_{10}	l	m	k	i									

Aus diesen Tönen ergeben sich übrigens keine Figurengedichte, weil in den zugehörigen Liedern ein Bezug zur Form nicht beabsichtigt ist, bei der Langen Bärenweise ist nicht einmal ein Bezug zum Tonnamen zu erkennen. Bei der Triangelweise beachte man auch noch die »verwirrte« Reimführung im Gegensatz zur Langen Bärenweise, wo Zeilenlänge und Reim streng korrespondieren.

Bauttner, Spitzige Turmweise

4	5	6	7	8	9		11	11	4	5	6	4	5	6
a	b	c	d	e_5	f		g	g	h_{15}	i	k	h	i	k_{20}
9	8	7	6	5	4									
f	e	d	c_{10}	b	a									

Bauttners Ton ist ein imponierender Neuerungsversuch: erstmals und ohne Nachfolge im Jüngeren Meistergesang gibt er das Prinzip der strengen Stolligkeit auf.[67] Die Melodie ist nicht überliefert, dennoch ist wahrscheinlich, daß sie wie das Tonschema im zweiten Stollen den ersten spiegelte. Wozu so viel innovatorischer Elan? Ganz

---

[65] Vgl. Schmitz in MGG, Bd. 4, Sp. 176-183.

[66] Die bei Merzbacher, S. 131f, als Beispiel »barocker« Struktur angeführte Geblümte Goldweise von Watt ist allerdings völlig normal hinsichtlich ihrer Stollenstruktur. Die Differenzierung von 1. und 2. Stollen mittels Anreim ist seit Frauenlob geläufig und wird zu jeder Zeit – auch z.B. von Sachs – geübt. Die Häufung verschiedener Reimarten auf so engem Raum dagegen ist eine echte Neuerung, die für viele späte Töne typisch bleibt.

[67] Deswegen sind im Schema die Silbenzahlen für den zweiten Stollen gesondert notiert.

offenbar geht es abermals um Abbildung im Formalen. So beeindruckend das Ganze ist, leicht zu deuten ist die »Zeichnung« Bauttners nicht. Entweder man versteht den Aufgesang als »spitzigen Turm«, der Abgesang hat dann keine abbildende Funktion, oder man sieht die ganze Strophe als Kirche mit Aufgesang als Schiff, den beiden Elfsilblern als Turm und zwei anhängenden Kapellen.[68]

Jnn der spitzigen thuren weis wolff bautners
der thurn zu Babel

1

Wie all welt het
Einerley zungen,
da zogen sie hin fortt
gegen morgen vnd funden
5 *ein ewen im land sinear.*
Da wohneten sie gar eintrechtig.

Vnd sprachen zu sam vnbedechtig:
Lasset vns nun zigel für war
streichen zu disen stunden
10 *vnd bauen an dem ortt.*
Die alt vnd jungen
namen, ver stett,

zigel zu stein vnd thon zu kalch, thut schauen.
Sprachen: Last vns ein hohen thuren bauen,
15 *deß spitz biß an*
himel thu reichen.
Darmit ein namen heutt
vns machen than,

---

68 Die erste Lösung würde sich unmittelbar der gängigen mittelalterlichen Vorstellung von einem Babylonischen Turm, der sich von unten an verjüngt, fügen. Bauttner könnte sich aber den Babylonischen Turm auch als Kirchturm vorgestellt haben (oder seinen Ton in ganz anderem Zusammenhang entworfen). Lösung 1 scheint mir wahrscheinlicher, weil ich auch hier annehme, daß der Höreindruck im Vordergrund des Interesses stand; für ihn dürfte die 2. Lösung zu kompliziert sein. Für diese allerdings spricht eine noch engere Form-Inhalts-Beziehung: die Formulierung des Liedes (*Last vns ein hohen thuren bauen*) wäre nämlich in die Abbildung verlegt. Unabhängig vom Text hier steht die Tonbezeichnung auch mit Bauttners Beruf als Dachdecker in Verbindung. Ein zweiter von ihm komponierter Ton heißt Wohlgebrannte Ziegelweise.

wan wir hie weichen
20 *müssen vnd gar zerstreuett*

2

werden forthin
in andre lender.
Bald fuhr ernider gott,
dissen bau an zu schauen
5 *so die menschen kinder aleinn*
zu bauen hetten für genumen.

Da sprach der herr: Es ist in sumen
einerley volck vnd sprach gemein
vnder ihnen auf trauen,
10 *vnd sie haben ohn nott*
als gottes schender
solches jm sinn,

den bau zu thun vnd werden nicht ablassen
von jrem fürnemen brechtiger massen.
15 *Der herr zu sand*
sprach: Last vns fahren
zu jhn. Vnd er sprach: Hoch
verwiren vnd
kein fleiß nicht sparen,
20 *daß keiner versteh doch*

3

Deß andren sprach.
Also zer streuett
sie der herr her vnd hin
jn alle landen wuttig,
5 *das sie musten auff hören than,*
die stat zu bauen <so> gros mechtig.

Da her heisset noch die stat brechtig
Babel, dz der herr gott hat an
dem ortt ver wirtt vngütig
10 *die sprach nach seinem sin,*
die sich ver neuett
mit weh vnd ach.

> *Wie genessiß im ailfften thut einführen.*
> *Leider man iz in dem teutschland thut spüren*
> 15 *das fort vnd fortt*
> *an villen enden:*
> *frembde völcker, die gar,*
> *o Herr, dein wortt*
> *lestren vnd schenden.*
> 20 *Doch, Herr, dein wort bleibt war!*
>
> *den 21 marzi 1625*
> *dichts Wolff Bautner*[69]

Bauttners Idee des variierten Stollens ist nicht weitergeführt worden, doch ist um die Zeit des Entwurfs die zahlenorientierte Komposition der Töne längst gang und gäbe. Neben Metzger tut sich hier vor allem Hans Georg Findeisen hervor. Von ihm ist eine ganze Palette abstrakt aufgezeichneter Reimschemata in der Handschrift Weimar Fol 421/5 bekannt. Für einige dieser Töne sind gar keine Texte belegt, und es ist gut möglich, daß niemals welche vorhanden waren, daß für Findeisen also das abstrakte Entwerfen der Reimschemata wirklich vorausging und daß er gar nicht dazu kam, alle zu »bedichten«. Nach dem oben bereits angeführten Beispiel der Bläsigen Luftweise hier noch ein verhältnismäßig einfaches aus den nur als Schema überlieferten.

H. G. Findeisen, Weichkessel[= Weihwasserkessel]weise

8	5	5	5		1_5	5	
a	b	b	c		e	e	c₁₀
a₅	d	d	c				

Die Strophenform ist durch mehrere Auffälligkeiten geprägt: Der Abgesang ist deutlich kürzer als der Aufgesang, ja kürzer sogar als ein Stollen; es gibt einen Pausenreim auf das Ende der Zeile, die höchst seltene Reimstruktur der Stollen ist **a b b c**; die meisten Zeilen sind fünfsilbig, was dem seltenen weiblichen Zweiheber älterer Zeit entspricht, und gerade die jeweils erste Zeile ist längenmäßig abgesetzt. Abgesehen vielleicht von der extremen Kürze des Abgesangs ist keine dieser Eigenschaften völlig unbelegt; die Summe jedoch macht den konstruktiven und quasi »von außen« geformten Charakter solcher Strophenformen aus.

Die weitaus größte Zahl der Tonschemata des Jüngeren Meistergesangs ist nicht so auffällig von den hier gezeigten Besonderheiten

---

[69] Nürnberg Will III 782, S. 578-580 (Autograph).

geprägt. Manche sind sogar von älteren gar nicht zu unterscheiden, aber Entwicklungstendenzen zeigen die Beispiele sehr wohl auf. Wenigstens einzelne typisch späte Züge offenbaren sehr viele junge Tonschemata. Man darf in diesem Zusammenhang auch nicht vergessen, welch hohen Anteil die Meistertöne des Ambrosius Metzger am Gesamtbestand haben – und die weisen sehr häufig Besonderheiten auf.

7. Überkurze Töne

Ein Schnittpunkt von Besonderheiten sind überkurze Töne, die im Jüngeren Meistergesang im Gefolge und als Gegenentwurf zu den überlangen zu finden sind. Der Zuschreibung nach gehört allerdings einer dieser Töne schon einem der Zwölf alten Meister: der Überkurze Ton Heinrichs von Ofterdingen. Über seine Bewertung und wahre Einordnung war schon zu berichten (vgl. S. 277). Das Tönlein mit dem langen Namen ist wahrhaft überkurz.

Heinrich von Ofterdingen, Überkurzer Ton

```
1    1    2
a    b   b.a
a
```

Daß ein solcher Achtsilbenton über die Zweifel an der Echtheit hinaus Kritik auch wegen seiner inhaltlichen Möglichkeiten herausgefordert hat, ist mehr als verständlich. So formulierte Puschman denn:

> *Vnd ob Man schon von einem tönlein von 5. reimen sage der des Äfferdinges sein solte, habe jch den doch im alten buche zu Culmer nicht gefunden, kan jhn derwegen vor keinen Meisterton erkennen, weil kein verstendiger Spruch neben dem Capitel aus der Biblia darein kan im tichten begriffen werden. Auch so ist dieses tönlein wie ander, in der alten tichter namen fingiret worden, darvon im alten buch nichts zu finden, Wie billich solches geschehen, das gibt sich zu erkennen.*[70]

In der Tat fehlt der Überkurze Ton allen älteren Quellen.

Puschmans Kritik am Sinn der überkurzen Töne ist natürlich berechtigt, aber ganz unmöglich war es nicht, etwas in diesem Ton

---

[70] B. Taylor <V>, Bd. 2, II, S. 91. Zitiert nach der 2. Fassung. – In der 1. hält Puschman den Ton noch für eine Zuschreibung an Mügling, in der 3. ist der Passus über die überkurzen Töne gestrichen.

auszudrücken. Es griffe auch durchaus zu kurz, zu glauben, nur das Suchen nach neuen und bislang unbelegten Formen sei der einzige Grund, sich solche Töne auszudenken. Da hätte es genug konventionelle Möglichkeiten gegeben. Die extrem kurzen Töne kamen offenbar dem oft als typisch barock gekennzeichneten Streben nach »epigrammatischer« Aussage entgegen. Darum blieb es nicht bei dem einen Experiment, sondern es kamen immer neue entsprechende Töne hinzu. Der kürzeste Ton nach der Zahl der Reime ist die Überkurze Holzweise von Georg Holzbock mit nur vier Reimen. Da dieser Ton jedoch sieben Silben pro Zeile zählt, ist er mit der stattlichen Anzahl von 28 Silben bei weitem nicht der kürzeste. Hier sind Spitzenreiter zwei Töne Metzgers mit je neun Silben bei fünf Reimen. Wie bei den Überlangen ist er Rekordhalter damit auch bei den Überkurzen Tönen.[71] Die kürzesten Töne nach der Silbenzahl sind demnach:

Ambrosius Metzger, Überkurze Feltenweise	9 Silben
Ambrosius Metzger, Überkurze Senfkörnleinweise	9 Silben
Hans Georg Findeisen, Überkurze Tagweise	10 Silben
Ambrosius Metzger, Kurze Beilweise	11 Silben
Samuel Martin, Überkurze Marzellenweise	24 Silben
Ambrosius Metzger, Einbeerweise	25 Silben
Georg Holzbock, Überkurze Holzweise	28 Silben
Balthasar Loscher, Kurze Narrenweise	35 Silben

Das schließliche Ende des Meistergesangs hat Nagel mit dem »monodischen Eigensinn« der Meistersinger in Verbindung gebracht.[72] Das ist sicher richtig. Freilich hätten sie für jede andere Entwicklung ihren jahrhundertealten, auf Wettbewerb basierenden Kunstbetrieb völlig umstellen müssen. Zu einer solchen Umstellung waren sie nicht bereit. Ihr Kunstanspruch war zwar im Gegensatz zu einer häufig geäußerten Forschungsmeinung niemals auf den Wettbewerb reduziert, doch gehörte dieser untrennbar zum Gesamtbild. Im Rahmen der monodischen Möglichkeiten, die bis ins 17. Jahrhundert noch im Rahmen des Üblichen blieben (Kirchenlied), verwirklichten die Meister durchaus auch Neues. Ja man kann sagen, daß der Meistergesang zwischen 1550 und 1630 vorbarocken Bemühungen durchaus Vergleichbares zu bieten hat – was natürlich noch kein Qualitätsurteil per se ist. Alles was hier an Neuerungen vorzustellen war, geht den

---

[71] Ein Textbeispiel für die Überkurze Senfkörnleinweise bei Nagel <II>, S. 49-62 (²Met/404).
[72] Nagel <IV>, S. 92.

Erscheinungen der gelehrten Barockpoesie mindestens parallel, zum Teil auch voraus. Wirkung allerdings war den Meistersingern nicht beschieden: wenigstens Harsdörffer nimmt zwar von ihnen Notiz, doch vermutlich ohne ihre parallelen Bemühungen zur Kenntnis zu nehmen. Noch fehlt eine adäquate Darstellung der entsprechenden musikalischen Erscheinungen. Bei Metzger kann man – wie erwähnt – auch für seine Meistermelodien eine Orientierung am Standard der Zeit feststellen. Wie voraussetzungslos er innerhalb der Gattung ist, müßte überprüft werden.

Der Tradition bleibt auch der Jüngere Meistergesang gleichwohl in der Form verpflichtet. Nicht nur hält er die Töne der Alten Meister in Ehren und in Gebrauch, auch die theoretischen Regeln behält er – so wie sie überkommen sind und entsprechend der möglichen Interpretation – bei. Am Vergleich von Puschmans Regelwerk mit der dargestellten Praxis zeigt sich, daß nur wenige Regeln den zentralen Bereich des Gestaltens und Komponierens tangieren. An einigen Stellen kommt es zu um so interessanteren Konflikten mit Neuerungen. – Die fixierten Regeln für den Singschulbetrieb sind das eine, die immanenten Regeln für das Dichten und Komponieren offenbar auch noch im Jüngeren Meistergesang teilweise etwas anderes.

Verzeichnisse und Register

Abkürzungen für das Literaturverzeichnis
Abgekürzte Standardtitel s. Literaturverzeichnis

Abh.	Abhandlung, Abhandlungen
AfdA	Anzeiger für deutsches Altertum
ATB	Altdeutsche Textbibliothek
Archiv	Archiv für das Studium der neueren Sprachen und Literaturen
Aufl.	Auflage
Diss.	Dissertation
DTM	Deutsche Texte des Mittelalters
DVjs.	Deutsche Vierteljahrsschrift für Literaturwissenschaft und Geistesgeschichte
Fs.	Festschrift
GAG	Göppinger Arbeiten zur Germanistik
GRM	Germanisch-Romanische Monatsschrift
Hrsg.	Herausgeber
Jb.	Jahrbuch
masch.	maschinenschriftlich
Mf.	Die Musikforschung
mhd.	mittelhochdeutsch
MTU	Münchener Texte und Untersuchungen
N.F.	Neue Folge
PBB	(Paul und Braunes) Beiträge zur Geschichte der Deutschen Sprache und Literatur
PMLA	Publications of the Modern Language Association
QuF	Quellen und Forschungen
u.a.	und andere
StLV	Bibliothek des Litterarischen Vereins Stuttgart
WdF	Wege der Forschung
ZfdA	Zeitschrift für deutsches Altertum
Zs.	Zeitschrift

1. Literaturverzeichnis

Aarburg, Ursula: Melodien zum frühen deutschen Minnesang. In: Hans Fromm (Hrsg.): Der deutsche Minnesang. Darmstadt 1961 (WdF 15), S. 378-423.

Aarburg, Ursula: Walthers Goldene Weise. Mf. 11 (1958), S. 478-482.

Aarburg, Ursula: Wort und Weise im Wiener Hofton. ZfdA 88 (1957/59), S. 196-210.

Bansa, Helmut: Studien zur Kanzlei Ludwigs des Bayern. Kallmünz/Opf. 1968.

Bartsch <I>, Karl: Der Strophenbau in der deutschen Lyrik. Germania 2 (1857), S. 257-298.

Bartsch <II>, Karl (Hrsg.): Meisterlieder der Kolmarer Handschrift. Stuttgart 1862 (StLV 68).

Bartsch <III>, Karl: Der innere Reim in der höfischen Lyrik. Germania 12 (1867), S. 129-194.

Bartsch s. SMS

Bartsch, Karl: Untersuchungen zur Jenaer Liederhandschrift. Leipzig 1920 (Palaestra 140).

Batka, Richard: Die Lieder Mülichs von Prag (um 1300). Prag 1905 (Denkmäler deutscher Musik aus Böhmen 1).

Baumann, Franz Ludwig: Die Meistersänger und ein Volksfest zu Donauwörth. Zs. des Historischen Vereins f. Schwaben und Neuburg 3 (1876), S. 108-114.

Bell, Clair Hayden (Hrsg.): Georg Hager. A Meistersinger of Nürnberg 1552-1634. 4 Bde. Berkeley/Los Angeles 1947 (University of California Publications in Modern Philology 29-32).

Bell, Clair Hayden/Erwin G. Gudde (Hrsg.): The Poems of Lupold Hornburg. Berkeley/Los Angeles 1945 (University of California Publications in Modern Philology 27/4).

Bertau <I>, Karl Heinrich: Untersuchungen zur geistlichen Dichtung Frauenlobs. Diss. masch. Göttingen 1954.

Bertau <II>, Karl Heinrich: Sangverslyrik. Über Gestalt und Geschichtlichkeit mittelhochdeutscher Lyrik am Beispiel des Leichs. Göttingen 1964 (Palaestra 240).

Bertau <III>, Karl Heinrich: Genialität und Resignation im Werk Heinrich Frauenlobs. DVjs. 40 (1966), S. 316-327.

Bertau <IV>, Karl Heinrich: Zum *wip-frowe*-Streit. Anläßlich von Burghart Wachingers Sängerkrieg. Untersuchungen zur Spruchdichtung des 13. Jahrhunderts (MTU 42), München 1973. GRM 59 (1978), S. 225-232.

Beyschlag <I>, Siegfried: Altdeutsche Verskunst in Grundzügen. 6. Aufl. der Metrik der mhd. Blütezeit in Grundzügen. Nürnberg 1969.

Beyschlag <II>, Siegfried: Formverwandlung in Walthers Spruchdichtung. Eine Skizze. In: Fs. Hans Eggers. Hrsg. von Hartmut Backes. PBB (West) 94 (1972), Sonderheft, S. 726-744.

Beyschlag, Siegfried: Neidhart. In: VL², Bd. 6, Sp. 871-893.

Blank, Walter: Mittelhochdeutsche Spruchdichtung. Früher Meistersang. Der Codex palatinus germanicus 350 der Universitätsbibliothek Heidelberg. 2. Teil: Einführung und Kommentar. Wiesbaden 1974 (Facsimilia Heidelbergensia 3,2).

Blankenburg, Walter: Ambrosius Metzger. In: MGG, Bd. 9, Sp. 241.

Bleck, Reinhard: Versuch einer Datierung und Lokalisierung von Hawarts Kreuzzugsliedern. In: Philologische Untersuchungen. Fs. Elfriede Stutz. Hrsg. v. Alfred Ebenbauer. Wien 1984, S.79-89.

Blume s. MGG

Boemer, Johann Friedrich: Regesta Imperii inde ab anno 1314 usque ad annum 1347. Die Urkunden Kaiser Ludwigs des Baiern, König Friedrichs des Schönen und König Johanns von Böhmen. Frankfurt a.M. 1839.

Boesch, Bruno: Die Kunstanschauung in der mittelhochdeutschen Dichtung von der Blütezeit bis zum Meistergesang. Bern/Leipzig 1936.

Bohn, Emil: Die musikalischen Handschriften des 16. und 17. Jahrhunderts in der Stadtbibliothek zu Breslau. Breslau 1890.

Bolte, Johannes: Der Nürnberger Meistersinger Hans Vogel. In: Archiv für das Studium der neueren Sprachen und Literaturen 127 (1912), S. 273-301.

Boor, Helmut de: Langzeilen und lange Zeilen in Minnesangs Frühling. ZfdPh 58 (1933), S. 1-49. (Wieder abgedruckt in: H. de B., Kleine Schriften. Bd. 2. Berlin 1966, S. 283-329.)

Bottler, Helmut: Die Töne der Nürnberger Meistersinger vor Hans Sachs. Masch. Staatsexamensarbeit Erlangen 1974.

Boueke, Dietrich: Materialien zur Neidhart-Überlieferung. München 1967 (MTU 16).

Brandis, Thilo: Der Harder. Texte und Studien I. Berlin 1964 (QuF N.F. 13).

Braun, Werner: Die evangelische Kontrafaktur. Jb. für Liturgik und Hymnologie 11 (1966), S. 89-113.

Braun, Werner Friedrich: Zur mittelalterlichen Vorgeschichte des Schüttelreims. GRM 44 (1963), S. 91-93.

Brodt, Heinrich Peter: Meister Sigeher. Breslau 1913 (Germanistische Abh. 42).

Brunner <I>, Horst: Epenmelodien. In: Formen mittelalterlicher Literatur. Fs. Siegfried Beyschlag. Hrsg. von Otmar Werner und Bernd Naumann. Göppingen 1970 (GAG 25), S. 149-178.

Brunner <II>, Horst: Die alten Meister. Studien zu Überlieferung und Rezeption der mittelhochdeutschen Sangspruchdichter im Spätmittelalter und in der frühen Neuzeit. München 1975 (MTU 54).

Brunner <III>, Horst: Die Melodieüberlieferung von Reinmars von Brennenberg Ton IV (Hofton). Zum Neufund in Engelberg Cod. 314. In: Litterae Ignotae. Beiträge zur Textgeschichte des deutschen Mittelalters: Neufunde und Neuinterpretationen. Hrsg. von Ulrich Müller. Göppingen 1977.

Brunner <IV>, Horst: Das deutsche Liebeslied um 1400. In: Gesammelte Vorträge der 600-Jahrfeier Oswalds von Wolkenstein. Seis am Schlern 1977. Hrsg. von Hans-Dieter Mück und Ulrich Müller. Göppingen 1978 (GAG 206), S. 105-146.

Brunner <V>, Horst: Strukturprobleme der Epenmelodien. In: Deutsche Heldenepik in Tirol. Beiträge der Neustifter Tagung 1977 des Südtiroler Kulturinstituts. Hrsg. von Egon Kühebacher. Bozen 1979, S. 300-328.

Brunner <VI>, Horst: »Ahi, wie werdiclichen stat der hof in Peierlande!« Deutsche Literatur des 13. und 14. Jahrhunderts im Umkreis der Wittelsbacher. In: Wittelsbach und Bayern. Ausstellungskatalog. Hrsg. von Hubert Glaser. Bd. I/1. München 1980, S. 496-511.

Brunner <VII>, Horst: Tradition und Innovation im Bereich der Liedtypen um 1400. Beschreibung und Versuch der Erklärung. In: Textsorten und literarische Gattungen. Dokumentation des Germanistentages in Hamburg vom 1. bis 4. April 1979. Berlin 1983, S. 392-413.

Brunner <VIII>, Horst: Meistergesang und Reformation. Die Meistergesangbücher 1 und 2 des Hans Sachs. In: Literatur und Laienbildung im Spätmittelalter und in der Reformationszeit. Symposion Wolfenbüttel 1981. Hrsg. von Ludger Grenzmann/Karl Stackmann. Stuttgart 1984 (Germanistische Symposien-Berichtsbände 5), S. 732-742.

Brunner <IX>, Horst: Neidhart bei den Meistersingern. ZfdA 114 (1985), S. 241-254.

Brunner <X>, Horst: Die Töne Bruder Wernhers. Bemerkungen zur Form und zur formgeschichtlichen Stellung. In: Liedstudien. Fs. Wolfgang Osthoff. Hrsg. von Martin Just und Reinhard Wiesend. Tutzing 1989, S. 47-60.

Brunner <XI>, Horst: Dichter ohne Werk. In: Überlieferungsgeschichtliche Studien zur deutschen Literatur des Mittelalters. Fs. Kurt Ruh zum 75. Geburtstag. Hrsg. von Konrad Kunze, Johannes G. Mayer und Bernhard Schnell. Tübingen 1989 (Texte und Textgeschichte 31), S. 1-31.

Brunner <XII>, Horst: Stand und Aufgaben der Meistergesangsforschung. In: Quaestiones in musica. Fs. für Franz Krautwurst zum 65. Geburtstag. Hrsg. von Friedhelm Brusniak und Horst Leuchtmann. Tutzing 1989, S. 33-47.

Brunner, Horst: Bar form (Ger. *Barform*). In: The New Grove Dictionary of Music and Musicians. Bd. 2. London 1980, S. 156.

Brunner, Horst: Meistergesang. In: The New Grove Dictionary of Music and Musicians. Bd. 12. London 1980, S. 73-79.

Brunner, Horst: Ton (i) (Ger.; pl. *Töne*). In: The New Grove Dictionary of Music and Musicians. Bd. 19. London 1980, S. 49f.

Brunner, Horst: Fegfeuer. In: MGG, Bd. 16, Sp. 190f.

Brunner, Horst: Folz. In: MGG, Bd. 16, Sp. 322-324.

Brunner, Horst: Friedrich von Sonnenburg. In: MGG, Bd. 16, Sp. 370f.

Brunner, Horst: Gast. In: MGG, Bd. 16, Sp. 423f.

Brunner, Horst: Gervelin. In: MGG, Bd. 16, Sp. 460f.

Brunner, Horst: Hardegger. In: MGG, Bd. 16, Sp. 591f.

Brunner, Horst: Harder. In: MGG, Bd. 16, Sp. 593.

Brunner, Horst: Henneberger. In: MGG, Bd. 16, Sp. 667.

Brunner, Horst: Höllefeuer. In: MGG, Bd. 16, Sp. 709f.

Brunner, Horst: Kelin. In: MGG, Bd. 16, Sp. 931.

Brunner, Horst: Kettner. In: MGG, Bd. 16, Sp. 938.

Brunner, Horst: Konrad von Würzburg. In: MGG, Bd. 16, Sp. 1019-1021.

Brunner, Horst: Litschauer. In: MGG, Bd. 16, Sp. 1146.

Brunner, Horst: Marner. In: MGG, Bd. 16, Sp. 1206f.

Brunner, Horst: Meißner. In: MGG, Bd. 16, Sp. 1252f.

Brunner, Horst: Mülich von Prag. In: MGG, Bd. 16, Sp. 1302f.

Brunner, Horst: Muskatblut. In: MGG, Bd. 16, Sp. 1351.

Brunner, Horst: Regenbogen. In: MGG, Bd. 16, Sp. 1541f.

Brunner, Horst: Reinmar von Brennenberg. In: MGG, Bd. 16, Sp. 1546f.

Brunner, Horst: Barz, Heinrich. In: VL², Bd. 1, Sp. 625f.

Brunner, Horst: Bogner, Hans. In: VL², Bd. 1, Sp. 928f.

Brunner, Horst: Drabolt, Hieronymus. In: VL², Bd. 2, Sp. 218-220.

Brunner, Horst: Eislinger, Ulrich. In: VL², Bd. 2, Sp. 434-435.

Brunner, Horst: Hopfgart. In: VL², Bd. 4, Sp. 137-138.

Brunner, Horst: Hülzing. In: VL², Bd. 4, Sp. 294-297.

Brunner, Horst: Konrad von Würzburg. In: VL², Bd. 5, Sp. 272-304.

Brunner, Horst: Lilgenfein. In: VL², Bd. 5, Sp. 827f.

Brunner, Horst: Nachtigall, Konrad. In: VL², Bd. 6, Sp. 845-848.

Brunner, Horst: Nachtigall, Michel. In: VL², Bd. 6, Sp. 848f.

Brunner, Horst: Örtel (Ortel), Hermann. In: VL², Bd. 7, Sp. 49-50.

Brunner, Horst: Peter von Reichenbach. In: VL², Bd. 7, Sp. 448-451.

Brunner, Horst: Reinmar von Zweter. In: VL², Bd. 7, Sp. 1198-1207.

Brunner, Horst: Rember von Bibersee. In: VL², Bd. 7, Sp. 1222f.

Brunner, Horst: Römer von Zwickau. In: VL², Bd. 8, Sp. 158-160.

Brunner, Horst: Rone, Wolf. In: VL², Bd. 8, Sp. 162-164.

Brunner, Horst/Waltraud Dischner/Eva Klesatschke/Brian Taylor (Hrsg.): Die Schulordnung und das Gemerkbuch der Augsburger Meistersinger. Tübingen 1991 (Studia Augustana 1).

Brunner, Horst/Ulrich Müller/Franz Viktor Spechtler (Hrsg.): Walther von der Vogelweide. Die gesamte Überlieferung der Texte und Melodien. Abbildungen, Materialien, Melodietranskriptionen. Göppingen 1977 (Litterae 7).

Brunner, Horst/Johannes Rettelbach <I> (Hrsg.): Die Töne der Meistersinger. Die Handschriften der Stadtbibliothek Nürnberg Will III. 792, 793, 794, 795, 796. In Abbildung und mit Materialien. Mit einem Anhang von Klaus Kramer. Göppingen 1980 (Litterae 47).

Brunner, Horst/Johannes Rettelbach <II>: *Der vrsprung des maystergesangs*. Eine Schulkunst aus dem frühen 16. Jahrhundert und die Kolmarer Liederhandschrift. ZfdA 114 (1985), S. 221-240.

Brunner/Wachinger s. RSM

Bumke, Joachim: Mäzene im Mittelalter. Die Gönner und Auftraggeber der höfischen Literatur in Deutschland 1150-1300. München 1979.

CB = Alfons Hilka/Otto Schumann: Carmina Burana. Bd. 1,1-3: Text (Bd. 1,3 von Bernhard Bischoff). Heidelberg 1930-1970. Bd. 2: Kommentar. 2. Aufl. Heidelberg 1961.

Conrady, Carl Otto: Lateinische Dichtungstradition und deutsche Lyrik des 17. Jahrhunderts. Bonn 1962 (Bonner Arbeiten zur Deutschen Literatur 4).

Cramer <I>, Thomas (Hrsg.): Die kleineren Liederdichter des 14. und 15. Jahrhunderts. 4 Bde. München 1977-1985.

Cramer <II>, Thomas: Minnesang in der Stadt. In: Literatur – Publikum – historischer Kontext. Hrsg. von Joachim Bumke u.a. (Beiträge zur Älteren Deutschen Literaturgeschichte 1). Bern/Frankfurt a.M./Las Vegas 1977, S. 91-108.

Curschmann, Michael: Typen inhaltsbezogener formaler Nachbildung eines spätmittelalterlichen Liedes. In: Werk-Typ-Situation. Fs. Hugo Kuhn. Hrsg. von Ingeborg Glier u.a. Stuttgart 1969, S. 305-325.

Docen, Bernhard Joseph: Kritische Beschreibung einer Sammlung alter Meistergesänge in einer Handschrift des XV. Jahrhunderts, dem einzigen in der königlichen [Bibliothek] zu München befindlichen Manuscript der Art. Beyträge zur Geschichte und Literatur, hrsg. von Johann Christian Freiherrn von Aretin 9 (1807), S. 1128-1187.

Docen, Bernhard Joseph: Ueber den Unterschied und die gegenseitigen Verhältnisse der Minne- und Meistersänger. Museum für Altdeutsche Literatur und Kunst 1 (1809), S. 73-125.

Domanovszky, Alexander: Chronicon Rhythmicum Henrici de Mügeln. In: Scriptores rerum Hungaricarum temporum ducum regumque stirpis Arpadianae gestarum. Hrsg. von Emericus Szentpétery. Bd. 2. Budapest 1938, S. 226-272.

Drescher <I>, Karl (Hrsg.): Nürnberger Meistersinger-Protokolle von 1575-1689. 2 Bde. Stuttgart 1897 (StLV 213/214).

Drescher <II>, Karl (Hrsg.): Das Gemerkbüchlein des Hans Sachs (1555-1561) nebst einem Anhange: Die Nürnberger Meistersinger-Protokolle von 1595-1605. 2 Bde. Halle/S. 1898 (Neudrucke 149-152).

Eberth, Friedrich: Die Liedweisen der Kolmarer Hs. und ihre Einordnung und Stellung in der Entwicklungsgeschichte der deutschen Liedweise im 14.-16. Jahrhundert. Diss. Göttingen 1933.

Ellis, Frances H.: Analysis of the Berlin MS Germ. Quart. 414. PMLA 61 (1946), S. 947-996.

Ernst, Ulrich: Carmen figuratum. Geschichte des Figurengedichts von den antiken Ursprüngen bis zum Ausgang des Mittelalters. Köln/Weimar/Wien 1991 (Pictura et Poesis 1).

Ettmüller, Ludwig (Hrsg.): Heinrichs von Meissen, des Frauenlobs Leiche, Sprüche, Streitgedichte und Lieder. Quedlinburg/Leipzig 1843 (Bibliothek der gesammten deutschen National-Literatur 16).

Frank, Horst Joachim: Handbuch der deutschen Strophenformen. München/ Wien 1980.

Frank, Istvan: Répertoire métrique de la poésie des troubadours. 2 Bde. Paris 1952/57 (Bibliothèque de l'Ecole des Hautes Etudes. Sciences historiques et philologiques 302/308).

Frauchiger, Fritz (Hrsg.): Dresden M 13: A Fifteenth-Century Collection of Religious Meisterlieder. Diss. University of Chicago 1938.

Freistadt <I>, Gesine: Zur Abhängigkeit der Liederhandschriften Kolmar und Donaueschingen. Diss. masch. Göttingen 1966.

Freistadt <II>, Gesine: Zum unerkannten Ton Nestlers von Speyer. In: Fs. Heinrich Husmann. Hrsg. v. Heinz Becker und Reinhard Gerlach. München 1970, S. 153-158.

GA [Göttinger Ausgabe] = Stackmann, Karl/Karl Bertau (Hrsg.): Frauenlob (Heinrich von Meissen). Leichs, Sangsprüche, Lieder. Auf Grund der Vorarbeiten von Helmuth Thomas. 2 Bde. Göttingen 1982 (Abh. der Akademie der Wissenschaften in Göttingen, Philologisch-historische Klasse, 3.Folge, 119/120).

Geiger, Eugen: Der Meistergesang des Hans Sachs. Literarhistorische Untersuchung. Bern 1956.

Gennrich, Friedrich (Hrsg.): Die Kontrafaktur im Liedschaffen des Mittelalters. Langen b. Frankfurt 1965 (Summa musicae medii aevi 12, Fundamenta 2).

Gennrich, Friedrich: Grundriß einer Formenlehre des mittelalterlichen Liedes als Grundlage einer musikalischen Formenlehre des Liedes. Halle 1932.

Genseke, Rudolf: Die Kolmarer Handschrift und ihre Bedeutung für den deutschen Meistergesang. Diss. masch. Tübingen 1954.

Gerdes, Udo: Bruder Wernher. Beiträge zur Deutung seiner Sprüche. Göppingen 1973 (GAG 97).

Gerdes, Udo: Fegfeuer. In: VL², Bd. 2, Sp. 714f.

Gille, Hans/Ingeborg Spriewald (Hrsg.): Die Gedichte des Michel Beheim. Nach der Heidelberger Hs. cpg 334 unter Heranziehung der Heidelberger Hs. cpg 312 und der Münchener Hs. cgm 291 sowie sämtlicher Teilhandschriften. 3 Bde. Berlin 1968-1971 (DTM 60.64.65).

Goedeke, Karl: Grundriß zur Geschichte der deutschen Dichtung. Bd. 1 und 2. 2. Aufl. Dresden 1884/1886.

Goetze, Edmund/Karl Drescher (Hrsg.): Sämtliche Fabeln und Schwänke von Hans Sachs. 6 Bde. Halle 1893-1913 (Neudrucke deutscher Litteraturwerke des 16. und 17. Jahrhunderts 164-169).

Grimm, Jacob: Ueber den altdeutschen Meistergesang. Göttingen 1811.

Grimm, Wilhelm: Zur Geschichte des Reims. In: W. G.: Kleinere Schriften. Hrsg. von Gustav Hinrichs. Bd. 4. Gütersloh 1857, S. 125-341.

Grubmüller, Klaus: Johann von Ringgenberg. In: VL², Bd. 4, Sp. 721f.

Groote, Eberhard von (Hrsg.): Lieder Muskatblut's. Cöln 1852.

Hacker, Franz: Untersuchungen zur Weimarer Liederhandschrift F. PBB 50 (1927), S. 351-393.

Hagen s. HMS

Hahn, Gerhard: Eberhard von Sax. In: VL², Bd. 2, Sp. 286-287.

Hahn, Reinhard (Hrsg.): Das Generalregister des Hans Sachs. Reprintausgabe nach dem handschriftlichen Generalregister von 1560. Köln/Wien 1986 (Literatur und Leben N.F. 27).

Hahn, Reinhard: »Die löbliche Kunst«. Studien zu Dichtung und Poetik des späten Meistergesangs am Beispiel Adam Puschmans (1532-1600). Wroclaw 1984 (Acta Universitatis Wratislaviensis 737/Germanica Wratislaviensia LX).

Haltaus, Carl (Hrsg.): Liederbuch der Clara Hätzlerin. Aus der Handschrift des Böhmischen Museums zu Prag. Mit Einleitung und Wörterbuch. Quedlinburg/Leipzig 1840 (Bibliothek der gesammten deutschen National-Literatur 8). – Nachdruck mit einem Nachwort von Hanns Fischer. Berlin 1966 (Deutsche Neudrucke, Reihe: Texte des Mittelalters).

Hampe, Theodor: Lienhard Nunnenbeck. Mitteilungen des Vereins für Geschichte der Stadt Nürnberg 11 (1895), S. 173-190.

Harsdörffer, Georg Philipp/ Sigmund von Birken/ Johann Klaj: Pegnesisches Schäfergedicht. 1644-1645. Hrsg. von Klaus Garber. Tübingen 1966 (Deutsche Nachdrucke: Barock 8)

Heinzle, Joachim: 'Eckenlied'. In: VL², Bd. 2, Sp. 323-327.

Henkel, Nikolaus: Die Zwölf alten Meister. PBB 109 (1987), S. 375-389.

Hennig, Jörg: Chronologie der Werke Heinrichs von Mügeln. Hamburg 1972 (Hamburger Philologische Studien 27).

Heusler, Andreas: Deutsche Versgeschichte. 3 Bde. Berlin/Leipzig 1925-1929 (Grundriß der germanischen Philologie 8, 1-3).

HMS = Hagen, Friedrich Heinrich von der (Hrsg.): Minnesinger. Deutsche Liederdichter des 12., 13. und 14. Jahrhunderts. 4 Tle. Leipzig 1838.

Holtorf Arne: Losse, Rudolf. In: VL², Bd. 5, Sp. 913-919.

Holz, Georg/Franz Saran/Eduard Bernoulli (Hrsg.): Die Jenaer Liederhandschrift. 2 Bde. Leipzig 1901.

Honemann, Volker: Herger. In: VL², Bd. 3, Sp. 1035-1041.

Husmann, Heinrich: Aufbau und Entstehung des cgm 4997 (Kolmarer Liederhandschrift). DVjs. 34 (1960), S. 189-243.

Hülsse, Fritz: Meistersänger in der Stadt Magdeburg. Geschichtsblätter für Stadt und Land Magdeburg 21 (1886), S. 59-71.

Jacobsthal, G.: Über die musikalische Bildung der Meistersänger. In: Nagel <III>, S. 341-364.

Jammers, Ewald: Ausgewählte Melodien des Minnesangs. Tübingen 1963 (ATB Ergänzungsreihe 1).

Jammers, Ewald: Das königliche Liederbuch des deutschen Minnesangs. Heidelberg 1965.

Jammers, Ewald: Anmerkungen zur Musik Wizlaws von Rügen. In: Georg von Dadelsen/Kurt Dorfmüller (Hrsg.): Quellenstudien zur Musik. Fs. Wolfgang Schmieder. Frankfurt/London/New York 1972, S. 103-114.

Janota, Johannes: Studien zu Funktion und Typus des deutschen geistlichen Liedes im Mittelalter. München 1968 (MTU 23).

Janota, Johannes: Folz, Hans. In: VL², Bd. 2, Sp. 769-793.

Jonas, Richard (Hrsg.): Adam Puschman, Gründlicher Bericht des deutschen Meistergesangs. 1. Aufl. (1571). Halle/S. 1888 (Neudrucke 73).

Junghans, Hans-Martin: Studien zum Meistersinger Jörg Schiller. Diss. Greifswald 1931.

Kayser, Wolfgang: Die Klangmalerei bei Harsdörffer. Ein Beitrag zur Geschichte der Literatur, Poetik und Sprachtheorie der Barockzeit. Leipzig 1932 (Palaestra 179).

Keller, Adelbert von/Goetze, Edmund (Hrsg.): Hans Sachs. 26 Bde. Stuttgart 1870-1908 (StLV).

Kibelka, Johannes: der ware meister. Denkstile und Bauformen in der Dichtung Heinrichs von Mügeln. Berlin 1963 (Philologische Studien und Quellen 13).

Kiepe, Eva und Hansjürgen (Hrsg.): Gedichte 1300-1500. Nach Handschriften und Frühdrucken in zeitlicher Folge. München 1972 (Epochen der deutschen Lyrik, hrsg. von Walther Killy, Bd. II = dtv Wissenschaftliche Reihe 4016).

Kiepe-Willms <I>, Eva: Die Spruchdichtungen Muskatbluts. Vorstudien zu einer kritischen Ausgabe. München 1976 (MTU 58).

Kiepe-Willms <II>, Eva: Sus lêret Herman Dâmen. In: ZfdA 107 (1978), S. 33-49.

Kiepe-Willms <III>, Eva (Hrsg.): Muskatblut. Abbildungen zur Überlieferung: Die Kölner Handschrift und die Melodie-Überlieferung. Melodie-Teil bearbeitet von Horst Brunner. Göppingen 1987 (Litterae 98).

Kiepe-Willms, Eva: Anker. In: VL^2, Bd. 1, Sp. 363-364.

Kiepe-Willms, Eva: Damen, Hermann. In: VL^2, Bd. 2, Sp. 36-39.

Kiepe-Willms, Eva: Meffrid. In: VL^2, Bd. 6, Sp. 300-302.

Kiepe-Willms, Eva: Muskatblut. In VL^2, Bd. 6, Sp. 816-821.

Kippenberg, Burkhard: Der Rhythmus im Minnesang. München 1962 (MTU 3).

Klesatschke, Eva: Lienhart Nunnenbeck – die Meisterlieder und der Spruch. Text und Kommentar. Göppingen 1983 (GAG 363).

Klein, Karl Kurt: Die Lieder Oswalds von Wolkenstein. Musikanhang von Walter Salmen. 2. Aufl. Tübingen 1975 (ATB 55).

Klesatschke, Eva: Nunnenbeck, Lienhard. In VL^2, Bd. 6, Sp. 1247-1251.

KLD = Kraus, Carl von (Hrsg.): Deutsche Liederdichter des 13. Jahrhunderts. 2 Bde. (Bd. 2 besorgt von Hugo Kuhn), Tübingen 1952/1958. 2. Aufl. durchgesehen von Gisela Kornrumpf. Tübingen 1978.

Kochendörffer, Günter und Gisela (Hrsg.): Mittelhochdeutsche Spruchdichtung, früher Meistersang. Der Codex Palatinus Germanicus 350 der Universitätsbibliothek Heidelberg. 3 Bde. Wiesbaden 1974 (Facsimilia Heidelbergensia 3,1-3).

Koester, Leonard (Hrsg.): Albrecht Lesch. Ein Münchner Meistersinger des 15.Jahrhunderts. Diss. München 1933.

Kopp, Arthur: Volks- und Gesellschaftslieder des 15. und 16. Jahrhunderts. Bd. 1. Berlin 1905.

Kornrumpf <I>, Gisela: Mülich von Prag, Pfalz von Straßburg, Albrecht Lesch. Neues zur Überlieferung. ZfdA 106 (1977), S. 121-137.

Kornrumpf <II>, Gisela: Eine Melodie zu Marners Ton XIV in Clm 5539. ZfdA 107 (1978), S. 218-230.

Kornrumpf <III>, Gisela: Deutsche Lieddichtung im 14. Jahrhundert. In: Zur deutschen Literatur und Sprache des 14. Jahrhunderts. Dubliner Kolloquium 1981. Hrsg. von Walter Haug u.a. Heidelberg 1983, S. 292-304.

Kornrumpf <IV>, Gisela: Konturen der Frauenlob-Überlieferung. In: Wolfram-Studien 10 (1988), S. 26-50.

Kornrumpf <V>, Gisela: Walthers 'Elegie'. Strophenbau und Überlieferungskontext. In: Hamburger Kolloquium 1988 zum 65. Geburtstag von Karl Heinz Borck. Hrsg. von Jan-Dirk Müller und Franz Josef Worstbrock. Stuttgart 1989, S. 147-158.

Kornrumpf <VI>, Gisela: Die Kolmarer Liederhandschrift. Bemerkungen zur Provenienz. In: Ja muz ich sunder riuwe sin. Fs. Karl Stackmann. Hrsg. von Wolfgang Dinkelacker u.a. Göttingen 1990, S. 155-169.

Kornrumpf, Gisela: Albertus (socius intimus). In: VL^2, Bd. 1, Sp. 142f.

Kornrumpf, Gisela: Boppe. In: VL², Bd. 1, Sp. 953-957.

Kornrumpf, Gisela: Friedrich von Sonnenburg. In: VL², Bd. 2, Sp. 962-965.

Kornrumpf, Gisela: Gast. In: VL², Bd. 2, Sp. 1102-1104.

Kornrumpf, Gisela: Der Hardegger. In: VL², Bd. 3, Sp. 465-466.

Kornrumpf, Gisela: Heidelberger Liederhandschrift C. In: VL², Bd. 3, Sp. 584-594.

Kornrumpf, Gisela: Der Kanzler. In: VL², Bd. 4, Sp. 986-992.

Kornrumpf, Gisela: Künglein von Straßburg. In: VL², Bd. 5, Sp. 436.

Kornrumpf, Gisela: Litschauer. In: VL², Bd. 5, Sp. 851-852.

Kornrumpf, Gisela: Mülich von Prag. In: VL², Bd. 6, Sp. 743-745.

Kornrumpf, Gisela: 'Niederrheinische Liederhandschrift'. In: VL², Bd. 6, Sp. 995-998.

Kornrumpf, Gisela: Peter von Sachsen (Sachs). In: VL², Bd. 7, Sp. 452-454.

Kornrumpf, Gisela: Pfalz von Straßburg. In: VL², Bd. 7, Sp. 552-553.

Kornrumpf, Gisela: Reinmar der Fiedler. In: VL², Bd. 7, Sp. 1195-1198.

Kornrumpf, Gisela: Rubin. In: VL², Bd. 8, Sp. 293-296.

Kornrumpf, Gisela: Große Heidelberger Liederhandschrift. In: Literaturlexikon. Autoren und Werke deutscher Sprache. Bd. 5. Gütersloh 1990, S. 113-115.

Kornrumpf, Gisela: Jenaer Liederhandschrift. In: Literaturlexikon. Autoren und Werke deutscher Sprache. Bd. 6. Gütersloh 1990, S. 92-94.

Kornrumpf, Gisela: Kolmarer Liederhandschrift. In: Literaturlexikon. Autoren und Werke deutscher Sprache. Bd. 6. Gütersloh 1990, S. 461-463.

Kornrumpf, Gisela/Wachinger, Burghart: Alment. Formentlehnung und Tönegebrauch in der mittelhochdeutschen Spruchdichtung. In: Deutsche Literatur im Mittelalter, Kontakte und Perspektiven. Hugo Kuhn zum Gedenken. Hrsg. von Christoph Cormeau. Stuttgart 1979, S. 356-411.

Kramer, Klaus: Nachtigall, Konrad. In: MGG, Bd. 16, Sp. 1353f.

Kraus <I>, Carl von: Der rührende Reim im Mittelhochdeutschen. ZfdA 56 (1919), S. 1-76.

Kraus <II>, Carl von: Über einige Meisterlieder der Kolmarer Handschrift. In: Nagel <III>, S. 277-303.

Kraus s. KLD

Krieger, Harald: Der Kanzler. Ein mittelhochdeutscher Spruchdichter um 1300. Diss. Bonn 1931.

Kugler <I>, Hartmut: Handwerk und Meistergesang. Ambrosius Metzgers Metamorphosen-Dichtung und die Nürnberger Singschule im frühen 17. Jahrhundert. Göttingen 1977 (Palaestra 265).

Kugler <II>, Hartmut (Hrsg.): Ambrosius Metzger. Metamorphosis Ovidij in Meisterthöne gebracht. Berlin 1981 (Texte des späten Mittelalters und der frühen Neuzeit 31).

Kuhn <I>, Hugo: Minnesangs Wende. 2. Aufl. Tübingen 1967 (Hermaea N.F. 1).

Kuhn <II>, Hugo: Minnesang als Aufführungsform. In: H. K., Text und Theorie. Stuttgart 1969 (H. K., Kleine Schriften, Bd. 2), S. 182-190.

Kuhn, Hugo: Gottfried von Straßburg. In: VL², Bd. 3, Sp. 153-168.

Lachmann, Karl/Carl von Kraus/Hugo Kuhn (Hrsg.): Die Gedichte Walthers von der Vogelweide. 13. Aufl. Berlin 1965.

Lexer, Matthias: Mittelhochdeutsches Handwörterbuch. 3 Bde. Leipzig 1872-1878

Lipphart, Walther: Über die Begriffe Kontrafakt, Parodie, Travestie. Jb. für Liturgik und Hymnologie 12 (1967), S. 104-111.

Lomnitzer <I>, Helmut: Zur wechselseitigen Erhellung von Text- und Melodiekritik mittelalterlicher Lyrik. In: Moser <III>, S. 325-360.

Lomnitzer <II>, Helmut: Liebhard Eghenvelders Liederbuch. Neues zum lyrischen Teil der sog. Schratschen Handschrift. ZfdPh 90 (1971), Sonderheft, S. 190-216.

352

Lomnitzer, Helmut: Eghenvelder, Liebhard. In: VL², Bd. 2, Sp. 377-379.

Lomnitzer, Helmut: Gervelin. In: VL², Bd. 3, Sp. 12f.

Lomnitzer, Helmut: Höllefeuer. In: VL², Bd. 4, Sp. 108f.

Lomnitzer, Helmut: Kelin. In: VL², Bd. 4, Sp. 1105-1107.

Machabey, Armand: Machault, Guillaume de. In: MGG, Bd. 8, Sp. 1392-1399.

Mari, Giovanni: I trattati medievali di ritmica latina. Milano 1899 (Memorie del R. Istituto Lombardo di scienze e lettere 20).

Masser, Achim (Hrsg.): Die Sprüche Friedrichs von Sonnenburg. Tübingen 1979 (ATB 86).

Maurer <I>, Friedrich: Sprachliche und musikalische Bauformen des Deutschen Minnesangs um 1200. Poetica 1 (1967), S. 462-482.

Maurer <II>, Friedrich: Die politischen Lieder Walthers von der Vogelweide. Tübingen 1954.

Maurer <III>, Friedrich (Hrsg.): Die Lieder Walthers von der Vogelweide. Bd. 1: Die religiösen und die politischen Lieder. 2. Aufl. Tübingen 1960 (ATB 43).

Mayer, August L. (Hrsg.): Die Meisterlieder des Hans Folz aus der Münchener Originalhandschrift und der Weimarer Handschrift Q. 566 mit Ergänzungen aus anderen Quellen. Berlin 1908 (DTM 12).

Mayer, Günter: Probleme der Sangspruchüberlieferung. Beobachtungen zur Rezeption Konrads von Würzburg im Spätmittelalter. Diss. München 1974.

Mayer, Arnold/Heinrich Rietsch: Die Mondsee-Wiener Liederhandschrift und der Mönch von Salzburg. Eine Untersuchung zur Literatur- und Musikgeschichte. Nebst den zugehörigen Texten aus der Handschrift und mit Anmerkungen. 2 Bde. Berlin 1894/1896 (Acta Germanica Bd. 3, Heft 4 und Bd. 4).

Meid, Volker: Barocklyrik. Stuttgart 1986 (Sammlung Metzler 227).

Mertens <I>, Volker: Peter von Arberg, Minnesänger. ZfdA 101 (1971), S. 344-357.

Mertens, Volker: Stolle. In: MGG, Bd. 16, Sp. 1766f.

Mertens, Volker: Unverzagter. In: MGG, Bd. 16, Sp. 1893f.

Mertens, Volker: Wizlaw von Rügen. In: MGG, Bd. 16, Sp. 1963-1965.

Mertens, Volker: Gedrut. In: VL², Bd. 2, Sp. 1135.

Mertens, Volker: Geltar. In: VL², Bd. 2, Sp. 1187-1189.

Mertens, Volker: Leuthold von Seven. In: VL², Bd. 5, Sp. 735-738.

Mertens, Volker: Peter von Arberg. In: VL², Bd. 7, Sp. 426-429.

Mertens, Volker/Burghart Wachinger: Der Junge Stolle. In: VL², Bd. 4, Sp. 913-915.

Merzbacher, Dieter: Benedict von Watt. Meistergesang in Nürnberg um 1600. Untersuchungen zu den Texten und Sammlungen des Benedict von Watt (1596-1616). Nürnberg 1987 (Nürnberger Werkstücke zur Stadt- und Landesgeschichte 39).

Merzbacher, Dieter: Kettner, Fritz. In: VL², Bd. 4, Sp. 1138-1141.

Mey, Curt: Der Meistergesang in Geschichte und Kunst. Ausführliche Erklärung der Tabulaturen, Schulregeln, Sitten und Gebräuche der Meistersinger sowie deren Anwendung in Richard Wagners »Die Meistersinger von Nürnberg«. 2. Aufl. Leipzig 1901.

Meyer, Heinz/Rudolf Suntrup: Lexikon der mittelalterlichen Zahlenbedeutungen. München 1987 (Münstersche Mittelalterschriften 56).

MF = Des Minnesangs Frühling. Unter Benutzung der Ausgaben von Karl Lachmann und Moriz Haupt, Friedrich Vogt und Carl von Kraus bearbeitet von Hugo Moser und Helmut Tervooren. 36., neugestaltete und erweiterte Aufl. 2 Bde. Stuttgart 1977.

MGG = Blume, Friedrich (Hrsg.): Die Musik in Geschichte und Gegenwart. Allgemeine Enzyklopädie der Musik. 17 Bde. Kassel/Basel/London/ New York 1949-1986.

Mordhorst, Otto: Egen von Bamberg und 'die geblümte Rede'. Berlin 1911 (Berliner Beiträge zur Germanischen und Romanischen Philologie 43. Germanische Abteilung 30).

Mohr, Wolfgang: Zu Walthers 'Hofweise' und 'Feinem Ton'. ZfdA 85 (1954/55), S. 38-43.

Moser <I>, Hugo: Minnesang und Spruchdichtung? Über die Arten der hochmittelalterlichen deutschen Lyrik. Euphorion 50 (1956), S. 370-387.

Moser <II>, Hugo: Die hochmittelalterliche deutsche »Spruchdichtung« als übernationale und nationale Erscheinung. In: Moser <III>, S. 405-440.

Moser <III>, Hugo (Hrsg.): Mittelhochdeutsche Spruchdichtung. Darmstadt 1972 (WdF 154).

Moser <IV>, Hugo: Noch einmal: Mittelhochdeutsche »Spruchdichtung«. In: Medium aevum deutsch. Beiträge zur deutschen Literatur des hohen und späten Mittelalters. Fs. Kurt Ruh. Hrsg. von Dietrich Huschenbett u.a. Tübingen 1979, S. 247-250.

Moser, Hugo/Joseph Müller-Blattau (Hrsg.): Deutsche Lieder des Mittelalters von Walther von der Vogelweide bis zum Lochamer Liederbuch. Texte und Melodien. Stuttgart 1968.

Moser/Tervooren s. MF

Mölk, Ulrich/Friedrich Wolfzettel: Répertoire métrique de la poésie lyrique française des origines à 1350. Anexe: 74 fiches perforées. München 1972.

Müller, Carl: Der Kampf Ludwigs des Bayern mit der römischen Curie. 2 Bde. 1879.

Müller, Günther: Studien zum Formproblem des Minnesangs. DVjs. 1 (1923), S. 61-103.

Müller, Maria E.: Der Poet der Moralität. Untersuchungen zu Hans Sachs. Bern/Frankfurt a. M./New York 1985 (Arbeiten zur Mittleren Deutschen Literatur und Sprache 15).

Müller <I>, Ulrich (Hrsg.): Die Große Heidelberger (»Manessische«) Liederhandschrift in Abbildung. Mit einem Geleitwort von Wilfried Werner. Göppingen 1971 (Litterae 1).

Müller <II>, Ulrich: Beobachtungen und Überlegungen über den Zusammenhang von Stand, Werk, Publikum und Überlieferung mittelhochdeutscher Dichter: Oswald von Wolkenstein und Michel Beheim – ein Vergleich. In: Oswald von Wolkenstein. Beiträge der philologisch-musikwissenschaftlichen Tagung in Neustift bei Brixen 1973. Hrsg. von Egon Kühebacher. Innsbruck 1974 (Innsbrucker Beiträge zur Kulturwissenschaft, Germanistische Reihe 1), S. 167-181.

Müller <III>, Ulrich: Untersuchungen zur politischen Lyrik des deutschen Mittelalters. Göppingen 1974 (GAG 55/56).

Müller, Ulrich: Beheim, Michel. In: VL², Bd. 1, Sp. 672-680.

Müller, Ulrich: Hawart. In: VL², Bd. 3, Sp. 559-561.

Müller, Ulrich/Helmut Tervooren (Hrsg.): Die Jenaer Liederhandschrift in Abbildung. Mit einem Anhang: Die Basler und Wolfenbüttler Fragmente. Göppingen 1972 (Litterae 10).

Müller, Ulrich u.a. (Hrsg.): Die Kolmarer Liederhandschrift der Bayerischen Staatsbibliothek München (cgm 4997) in Abbildung. 2 Bde. Göppingen 1976 (Litterae 35).

Münzer, Georg (Hrsg.): Das Singebuch des Adam Puschman nebst den Originalmelodien des M. Behaim und Hans Sachs. Leipzig 1906.

Nagel <I>, Bert: Der deutsche Meistersang. Poetische Technik, musikalische Form und Sprachgestaltung der Meistersinger. Heidelberg 1952.

Nagel <II>, Bert (Hrsg.): Meistersang. Meisterlieder und Singschulzeugnisse. Stuttgart 1965 (Reclams Universalbibliothek 8977/78).

Nagel <III>, Bert (Hrsg.): Der deutsche Meistersang. Darmstadt 1967 (WdF 148).

Nagel <IV>, Bert: Meistersang. 2. Aufl. Stuttgart 1971 (Sammlung Metzler 12).

Nagel, Willibald: Studien zur Geschichte der Meistersänger. Langensalza 1909 (Musikalisches Magazin 27).

NDB = Neue Deutsche Biographie. Hrsg. von der Historischen Kommission der Bayerischen Akademie der Wissenschaften. Berlin 1953ff.

Neske, Ingeborg: Die spätmittelalterliche deutsche Sibyllenweissagung. Untersuchung und Edition. Göppingen 1985 (GAG 438).

Nyholm, Kurt: Studien zum sogenannten geblümten Stil. Åbo 1971 (Acta Academiae Aboensis Series A, Bd. 39,4).

Objartel, Georg (Hrsg.): Der Meißner der Jenaer Liederhandschrift. Untersuchungen, Ausgabe, Kommentar. Berlin 1977 (Philologische Studien und Quellen 85).

Objartel, Georg: Der Alte Meißner. In: VL², Bd. 1, Sp. 269f.

Objartel, Georg: Der Junge Meißner. In: VL², Bd. 4, Sp. 909-911.

Objartel, Georg: Der Meißner. In: VL², Bd. 6, Sp. 322-324.

Paul, Otto/Ingeborg Glier: Deutsche Metrik. 8. Aufl. München 1970.

Peperkorn, Günter (Hrsg.): Der Junge Meißner. Sangsprüche, Minnelieder, Meisterlieder. München 1982 (MTU 79).

Peschel, Christa und Gerd-Dietmar: Zur Reimbindung in den drei- und mehrzeiligen Stollen in Lied und Sangspruch des 12. und 13. Jahrhunderts. Variations- und Erweiterungsmöglichkeiten des Grundschemas aab/ccb. In: Formen mittelalterlicher Literatur. Fs. Siegfried Beyschlag. Hrsg. von Otmar Werner und Bernd Naumann. Göppingen 1970 (GAG 25).

Petzsch <I>, Christoph: Studien zum Meistergesang des Hans Folz. DVjs. 36 (1962), S. 190-247.

Petzsch <II>, Christoph: Zu Albrecht Lesch, Jörg Schechner und zur Frage der Münchner Meistersingerschule. ZfdA 94 (1965), S. 121-138.

Petzsch <III>, Christoph: Zur sogenannten, Hans Folz zugeschriebenen Meistergesangsreform. PBB(West) 88 (1967), S. 110-142.

Petzsch <IV>, Christoph: Kontrafaktur und Melodietypus. Mf. 21 (1968), S. 271-290.

Petzsch <V>, Christoph: Ein spätes Zeugnis der Lai-Technik. ZfdA 69 (1970), S. 310-370.

Petzsch <VI>, Christoph: Parat-(Barant-)Weise, Bar und Barform. Eine terminologische Studie. Archiv für Musikwissenschaft 28 (1971), S. 33-43.

Petzsch <VII>, Christoph: Frühlingsreien als Vortragsform und seine Bedeutung im Bîspel. DVjs. 45 (1971), S. 35-79.

Petzsch <VIII>, Christoph: Das mittelalterliche Lied: res non confecta. ZfdPh 90 (1971/Sonderheft), S. 1-17.

Petzsch <IX>, Christoph: Michel Beheims 'Buch von den Wienern'. Zum Gesangsvortrag eines spätmittelalterlichen chronikalischen Gedichtes. Anzeiger der Österreichischen Akademie der Wissenschaften, Philosophisch-historische Klasse 109 (1972), S. 266-315.

Petzsch <X>, Christoph: Vorgang als Strukturfaktor in mittelalterlicher Liedkunst. DVjs. 47 (1973), S. 551-571.

Petzsch <XI>, Christoph: Der magister scilicet scriptor der Kolmarer Liederhandschrift, sein 'unerkannter Ton' und nochmals zur Frage der Meistergesangsreform. Mf. 26 (1973), S. 445-473.

Petzsch <XII>, Christoph: Die Rubriken der Kolmarer Liederhandschrift. ZfdPh 93 (1974), S. 88-116. – Wieder in: Petzsch <XIV>, S. 246-272.

Petzsch <XIII>, Christoph: Singschule. Ein Beitrag zur Geschichte des Begriffes. ZfdPh 95 (1976), S. 400-416.

Petzsch <XIV>, Christoph: Die Kolmarer Liederhandschrift. Entstehung und Geschichte. München 1978.

Petzsch <XV>, Christoph: Albrecht Lesch – Frage der Generation und der Datierung eines Wasserzeichens. Archiv 216/131 (1979), S. 9-22.

Petzsch <XVI>, Christoph: Text-Form-Korrespondenz beim Vortrag mittelalterlicher Verse, auch bei der 'Tageweise' Albrecht Leschs. In: Deutsche Literatur im Mittelalter, Kontakte und Perspektiven. Hugo Kuhn zum Gedenken. Hrsg. von Christoph Cormeau. Stuttgart 1979, S. 412-446.

Petzsch <XVII>, Christoph: Michel Beheim Nr. 417. Zur Poetologie des Meisterliedes. Archiv 217/132 (1980), S. 293-311.

Petzsch <XVIII>, Christoph: Dem Usuellen nahe Zweiteiligkeit. Auch beim Marner und Oswald von Wolkenstein. ZfdPh 101 (1982), S. 370-389.

Petzsch <XIX>, Christoph: Michel Beheim Nr. 340. Zur Poetologie des Meisterliedes II. Archiv 220/135 (1983), S. 15-26.

Petzsch <XX>, Christoph: Zu Lesch Nr. VII sowie zu seiner und des Harders Identifizierung. ZfdPh 104 (1986/Sonderheft), S. 166-183.

Pflug, Emil (Hrsg.): Suchensinn und seine Dichtungen. Marburg 1908 (Germanistische Abh. 32).

Pickerodt-Uthleb, Erdmute: Die Jenaer Liederhandschrift. Metrische und musikalische Untersuchungen. Göppingen 1975 (GAG 99).

Plate, Otto: Die Kunstausdrücke der Meistersinger. In: Nagel <III>, S. 206-263.

Plenio <I>, Kurt: Beobachtungen zu Wolframs liedstrophik. PBB 41 (1916), S. 47-127.

Plenio <II>, Kurt: Metrische studie über Walthers palinodie. PBB 42 (1917), S. 225-276.

Plenio <III>, Kurt: Über deutsche strophik. PBB 42 (1917), S. 280-285.

Plenio <IV>, Kurt: Bausteine zur altdeutschen strophik. PBB 42 (1917), S. 410-502.

Pretzel, Ulrich: Deutsche Verskunst. Mit einem Beitrag über altdeutsche Strophik von Helmut Thomas. In: Deutsche Philologie im Aufriß. Berlin/Bielefeld/München 1957, Sp. 2327-2466.

Poynter, Durward S.: The Poetics of the Early Meistersänger as Reflected in the Kolmarer Handschrift [Cgm 4997]. Diss. (masch.) Los Angeles, University of California 1965.

Reallexikon der deutschen Literaturgeschichte. Hrsg. von Paul Merker und Wolfgang Stammler. 4 Bde. Berlin 1925-1931. 2., neu bearb. Aufl. hrsg. von Werner Kohlschmidt und Wolfgang Mohr. Berlin 1958ff.

Ranawake, Silvia: Höfische Strophenkunst. Vergleichende Untersuchungen zur Formtypologie von Minnesang und Trouvèrelied an der Wende zum Spätmittelalter. München 1976 (MTU 51).

Renk, Herta-Elisabeth: Der Manessekreis, seine Dichter und die Manessische Handschrift. Stuttgart 1974 (Studien zur Poetik und Geschichte der Literatur 33).

Rettelbach <I>, Johannes: Die geistlichen Meisterlieder des Jahres 1548 von Hans Sachs. Laientheologie nach der Reformation? In: Literatur und Laienbildung im Spätmittelalter und in der Reformationszeit. Symposion Wolfenbüttel 1981. Hrsg. von Ludger Grenzmann/Karl Stackmann. Stuttgart 1984 (Germanistische Symposien-Berichtsbände 5), S. 745-759.

356

Rettelbach <II>, Johannes: Zu dem Nürnberger Meistersinger Fritz Zorn. ZfdA 114 (1985), S. 255-260.

Rettelbach <III>, Johannes: Eine neue Neidhartmelodie. ZfdA 118 (1989), S. 43-49.

Rettelbach <IV>, Johannes: Aspis du meisterlicher Ton. Jb. der Oswald von Wolkenstein-Gesellschaft 5 (1988/1989), S. 133-146.

Rettelbach <V>, Johannes: Abgefeimte Kunst: Frauenlobs Selbstrühmung. In: Das Lied im deutschen Mittelalter. Überlieferung, Typen, Gebrauch. Hrsg. von Cyrill Edwards u.a. Tübingen 1993 (im Druck).

Rettelbach, Johannes: Liebe von Giengen. In: VL^2, Bd. 5, Sp. 781-783.

Rettelbach, Johannes: Meienschein. In: VL^2, Bd. 6, Sp. 308-309.

Rettelbach, Johannes: Schonsbekel. In: VL^2, Bd. 8 (im Druck).

Rettelbach, Johannes: Sighart. In: VL^2, Bd. 8 (im Druck).

Rettelbach, Johannes: Steinhem. In: VL^2, Bd. 9 (im Druck).

Rettelbach, Johannes: Metzger, Ambrosius. In: NDB, Bd. 16 (im Druck).

Rietsch, Heinrich (Hrsg.): Gesänge von Frauenlob, Reinmar von Zweter und Alexander, nebst einem anonymen Bruchstück nach der Handschrift 2701 der Wiener Hofbibliothek. Wien 1913, Nachdruck Graz 1960 (Denkmäler der Tonkunst in Österreich XX,2 = Bd. 41).

Rocher, Daniel: Critères formels et différence spirituelle du *Spruch* et du *Lied* chez Walther von der Vogelweide. In: Mélanges pour Jean Fourquet. 37 essais de linguistique germanique et de littérature du moyen âge français et allmand. Réunis par Paul Valentin et Georges Zink. München/Paris 1969, S. 309-322.

Röll <I>, Walter: Oswald von Wolkenstein und Graf Peter von Arberg. ZfdA 97 (1968), S. 219-234.

Röll <II>, Walter: Vom Hof zur Singschule. Überlieferung und Rezeption eines Tones im 14.-17. Jahrhundert. Heidelberg 1976 (Germanische Bibliothek, 3.Reihe). Rezension: Gisela Kornrumpf: AfdA 90 (1979), S. 14-22. Rezension: Johannes Rettelbach: ZfdPh 99 (1980), S. 121-125.

Röll <III>, Walter: Redaktionelle Notizen in der Kolmarer Liederhandschrift und in der anderen Überlieferung der Lieder des Mönchs von Salzburg. PBB 102 (1980), S. 215-231 .

Roethe, Gustav (Hrsg.): Die Gedichte Reinmars von Zweter. Leipzig 1887.

Roethe <I>, Gustav: Regelmäßige Satz- und Sinneinschnitte in mittelhochdeutschen Strophen. In: Fs. Johann von Kelle. Prag 1908, S. 505-514.

Rosenfeld, Hellmut: Der historische Meistersinger Sixt Beckmesser und der Meistergesang. Euphorion 47 (1953), S. 271-280.

Rosenfeld, Hellmut: Beckmesser, Sixt. In: VL^2, Bd. 1, Sp. 658-660.

Rostock, Fritz: Mittelhochdeutsche Dichterheldensage. Halle 1925 (Hermaea 15).

Roth, F.W.E.: Zur Geschichte der Meistersänger zu Mainz und Nürnberg. Zs. für Kulturgeschichte 3 (1896), S. 261-290.

RSM = Repertorium der Sangsprüche und Meisterlieder des 12. bis 18. Jahrhunderts. Hrsg. von Horst Brunner und Burghart Wachinger. 16 Bde. Tübingen 1986ff.

Ruh, Kurt: Mittelhochdeutsche Spruchdichtung als gattungsgeschichtliches Problem. In: Moser <III>, S. 205-226.

Ruh u.a. s. VL^2

Ruhnke, Martin: Musica theorica (theoretica), practica, poetica. In: MGG, Bd. 9, Sp. 949-958.

Runge, Paul (Hrsg.): Die Sangesweisen der Colmarer Handschrift und die Liederhandschrift Donaueschingen. Leipzig 1896.

Sappler, Paul (Hrsg.): Das Königsteiner Liederbuch, Berlin Ms.germ.qu. 719. München 1970 (MTU 29).

Schanze <I>, Frieder: Meisterliche Liedkunst zwischen Heinrich von Mügeln und Hans Sachs. 2 Bde. München 1983/84 (MTU 82/83).

Schanze <II>, Frieder: Zur Liederhandschrift X. In: Deutsche Handschriften 1100-1400. Oxforder Kolloquium 1985. Hrsg. von Volker Honemann und Nigel F. Palmer. Tübingen 1988, S. 316-329.

Schanze, Frieder: 'Der Bauer als Pfründner.' In: VL², Bd. 1, Sp. 637f.

Schanze, Frieder: Harder, Konrad (Der Harder). In: VL², Bd. 3, Sp. 467-472.

Schanze, Frieder: Hornburg, Lupold. In: VL², Bd. 4, Sp. 143-146.

Schanze, Frieder: Lesch, Albrecht. In: VL², Bd. 5, Sp. 731-733.

Schanze, Frieder: Meisterliederhandschriften. In: VL², Bd. 6, Sp. 342-356.

Schanze, Frieder: Regenbogen. In: VL², Bd. 7, Sp. 1077-1088.

Schanze, Frieder: Reinmar von Brennenberg. In: VL², Bd. 7, Sp. 1191-1195.

Schanze, Frieder: Reinolt von der Lippe. In: VL², Bd. 7, Sp. 1207f.

Scherer, Wilhelm: Deutsche Studien. Bd. 1. Spervogel. Sitzungsberichte der kaiserlichen Akademie der Wissenschaften, Philosophisch-historische Klasse. Wien 1870.

Schlütter, Hans Jürgen: Adam Puschmans Skansionsbegriff. ZfdA 97 (1968), S. 72-80.

Schlupkoten, Paul: Herman Dâmen. Untersuchung und Neuausgabe seiner Gedichte. Diss. Marburg 1911 (Teildruck).

Schmeisky, Günter: Die Lyrik-Handschriften m (Berlin, Ms.germ.qu. 795) und n (Leipzig, Rep.II fol.70a). Göppingen 1978 (GAG 243).

Schmeller, Johann Andreas: Bayerisches Wörterbuch. 2 Bde. Leipzig ³1939.

Schmitz, Arnold: Figuren, musikalisch-rhetorische. In: MGG, Bd. 4, Sp. 176-183.

Schnell, Fritz: Zur Geschichte der Augsburger Meistersingerschule. Augsburg 1958 (Abh. zur Geschichte der Stadt Augsburg. Schriftenreihe des Stadtarchivs Augsburg 11).

Schnorr von Carolsfeld, Franz: Zwei neue Meisterliederhandschriften. Archiv für Litteraturgeschichte 3 (1874), S. 49-62.

Schröder, Edward (Hrsg.): Konrad von Würzburg, Kleinere Dichtungen. Bd. 3: Die Klage der Kunst, Leiche, Lieder und Sprüche. 3. Aufl. Dublin/Zürich 1967.

Schröder, Werner: Zum Begriff der 'Binnengereimten Langzeile' in der altdeutschen Versgeschichte. In: Festschrift Josef Quint. Bonn 1964, S. 194-202.

Schröder <I>, Reinhold: Vorüberlegungen zu einer Regenbogen-Edition. In: Kolloquium über Probleme altgermanistischer Editionen Marbach 1966. Hrsg. von Hugo Kuhn u.a. Wiesbaden 1968 (Deutsche Forschungsgemeinschaft. Forschungsberichte 13), S. 138-143.

Schröder <II>, Reinhold: Die Regenbogen zugeschriebenen Schmiede-Gedichte. Zum Problem des Handwerkerdichters im Spätmittelalter. In: Literatur und Laienbildung im Spätmittelalter und in der Reformationszeit. Symposion Wolfenbüttel 1981. Hrsg. von Ludger Grenzmann/Karl Stackmann. Stuttgart 1984 (Germanistische Symposien-Berichtsbände 5), S. 289-313.

Schröder <III>, Reinhold: *Der Regenboge den vrouwenlop bestunt gelicher wer.* Zu einigen Strophen der frühen Regenbogen-Überlieferung. In: *Ja muz ich sunder riuwe sin.* Fs. Karl Stackmann. Hrsg. von Wolfgang Dinkelacker u.a. Göttingen 1990, S. 180-205.

Schröer, Karl Julius: Meistersinger in Österreich. Germanistische Studien 2 (1875) (Supplement zur Germania), S. 197-239.

Schütz <I>, Alois: Ludwig der Bayer, Kaiser. In: NDB, Bd. 15, Sp. 334-346.

Schütz <II>, Alois: Der Kampf Ludwigs des Bayern gegen Papst Johannes XXII. und die Rolle der Gelehrten am Münchner Hof. In: Wittelsbach und Bayern. Ausstellungskatalog. Hrsg. von Hubert Glaser. Bd. I/1. München 1980, S. 388-397.

Schütz <III>, Alois: Ludwig der Bayer, König und Kaiser. In: Balduin von Luxemburg, Erzbischof von Trier, Kurfürst des Reiches 1285-1354. Hrsg. von Franz-Josef Heynen. Mainz/Trier 1985 (Quellen und Abh. zur mittelrheinischen Kirchengeschichte 53), S. 55-87.

Schumann, Eva: Stilwandel und Gestaltveränderung im Meistersang. Vergleichende Untersuchungen zur Musik der Meistersinger. Kassel 1972 (Göttinger musikwissenschaftliche Arbeiten 3).

Schweikle, Günther (Hrsg.): Dichter über Dichter in mittelhochdeutscher Literatur. Tübingen 1970 (Deutsche Texte 12).

Seibicke, Wilfried: "wizlau diz scrip" oder: wer ist der Autor von J, fol. 72v-80v? Jb. des Vereins für niederdeutsche Sprachforschung 101 (1978), S. 68-85.

Seidel, Hellmut: Die Meistersingerschule in Breslau. Diss. masch. Breslau 1925.

Seydel, Wolfgang: Meister Stolle nach der Jenaer Handschrift. Diss. Leipzig 1892.

Siebert <I>, Johannes: Der Dichter Tannhäuser. Leben, Gedichte, Sage. Halle/S. 1934.

Siebert <II>, Johannes: Nestler von Speier. PBB 72 (1950), S. 141-150.

Siebert <III>, Johannes: Zum Tannhäuser. ZfdA 77 (1940), S. 55-60.

Simon, Eckehard: Neidharte und Neidhartianer. Zur Geschichte eines Liedkorpus. In: Neidhart. Hrsg. von Horst Brunner. Darmstadt 1986 (WdF 556), S. 196-250.

SMS = Die Schweizer Minnesänger. Hrsg. von Karl Bartsch. Frauenfeld 1886, Nachdruck Darmstadt 1964.

SMS^2 = Die Schweizer Minnesänger. Nach der Ausgabe von Karl Bartsch neu hrsg. von Max Schiendorfer. Tübingen 1990.

Spanke, Hans: Beziehungen zwischen romanischer und mittellateinischer Lyrik mit besonderer Berücksichtigung der Metrik und Musik. Berlin 1936 (Abh. der Gesellschaft der Wissenschaften zu Göttingen, Philologisch-historische Klasse. 3. Folge, Bd. 18).

Spechtler, Franz Viktor (Hrsg.): Die geistlichen Lieder des Mönchs von Salzburg. Berlin/New York 1972 (QuF N.F. 51).

Stackmann <I>, Karl: Der Spruchdichter Heinrich von Mügeln. Vorstudien zur Erkenntnis seiner Individualität. Heidelberg 1958 (Probleme der Dichtung 3).

Stackmann <II>, Karl (Hrsg.): Die kleineren Dichtungen Heinrichs von Mügeln. 1.Abteilung: Die Spruchsammlung des Göttinger Cod. Philos.21. 3 Teile, Berlin 1959 (DTM 50-52).

Stackmann <III>, Karl: Redebluomen. Zu einigen Fürstenpreisstrophen Frauenlobs und zum Problem des geblümten Stils. In: Verbum et Signum. Fs. Friedrich Ohly. Hrsg. von Hans Fromm u.a. Bd. 2. München 1975, S. 329-346.

Stackmann <IV>, Karl: Probleme der Frauenlob-Überlieferung. PBB (West) 98 (1976), S. 203-230.

Stackmann <V>, Karl: Frauenlob und Wolfram von Eschenbach. In: Studien zu Wolfram von Eschenbach. Fs. Werner Schröder. Hrsg. von Kurt Gärtner und Joachim Heinzle. Tübingen 1989, S. 75-84.

Stackmann <VI>, Karl: Wörterbuch zur Göttinger Frauenlob-Ausgabe. Göttingen 1990 (Abh. der Akademie der Wissenschaften in Göttingen. Philologisch-historische Klasse. 3. Folge 186).

Stackmann, Karl: Frauenlob; (Meister) Heinrich Frauenlob; Meister Heinrich von Meißen der Frauenlob. In: VL^2, Bd. 2, Sp. 865-877.

Stackmann, Karl: Heinrich von Mügeln. In: VL^2, Bd. 3, Sp. 815-827.

Stackmann/Bertau s. GA

Stahl, Irene: Die Meistersinger von Nürnberg. Archivalische Studien. Nürnberg 1982 (Nürnberger Werkstücke zur Stadt- und Landesgeschichte 33).

Staiger, Robert: Benedict von Watt. Ein Beitrag zur Kenntnis des bürgerlichen Meistergesangs um die Wende des 16. Jahrhunderts. Leipzig 1914 (Publikationen der Internationalen Musikgesellschaft, Beihefte 2/13).

Steer <I>, Georg: Dat dagelyt von der heiligen passien. Die sogenannte 'Große Tageweise' Graf Peters von Arberg. In: Beiträge zur weltlichen und geistlichen Lyrik des 13. bis 15. Jahrhunderts. Würzburger Colloquium 1970. Hrsg. von Kurt Ruh und Werner Schröder. Berlin 1973, S. 112-204.

Steer <II>, Georg: Zur Entstehung und Herkunft der Donaueschinger Handschrift 120 ('Donaueschinger Liederhandschrift'). In: Würzburger Prosastudien II. Fs. Kurt Ruh. Hrsg. von Peter Kesting. München 1975 (Medium aevum 31), S. 193-210.

Steer, Georg: 'Donaueschinger Liederhandschrift'. In: VL², Bd. 2, Sp. 196-199.

Steinmann, Martin: Handschriftenfunde zur Literatur des Mittelalters – 100. Beitrag. Das Basler Fragment einer Rolle mit mittelhochdeutscher Spruchdichtung. ZfdA 117 (1988), S. 296-310.

Strauch, Philipp (Hrsg.): Der Marner. Straßburg 1876 (QuF 14). – Nachdruck mit Nachwort, Register und Literaturverzeichnis von Helmut Brackert. Berlin 1965 (Deutsche Neudrucke, Reihe: Texte des Mittelalters).

Streinz <I>, Franz: Der Meistergesang in Mähren. PBB 19 (1894), S. 131-273.

Streinz <II>, Franz: Die Singschule in Iglau und ihre Beziehungen zum allgemeinen deutschen Meistergesang. München 1958 (Veröffentlichungen des Collegium Carolinum. Historisch-philologische Klasse 2).

Szklenar, Hans: Magister Nicolaus de Dybin. Vorstudien zu einer Edition seiner Schriften. Ein Beitrag zur literarischen Rhetorik im späteren Mittelalter. München 1981 (MTU 65).

Szklenar, Hans: Nikolaus von Dybin. In: VL², Bd. 6, Sp. 1062-1068.

Taylor <I>, Archer: The Literary History of Meistergesang. New York/London 1937. – Gekürzte Fassung (deutsch) in: Nagel <III>, S. 123-151.

Taylor <II>, Archer: The überlange Töne in Meistergesang. Modern Philology 32 (1935), S. 225-231.

Taylor, Archer/Ellis, Frances H.: A Bibliography of Meistergesang. Bloomington/Indiana 1936 (Indiana University Studies 23/113).

Taylor <I>, Brian: Der Beitrag des Hans Sachs und seiner Nürnberger Vorgänger zu der Entwicklung der Meistersinger-Tabulatur. In: Hans Sachs und Nürnberg. Bedingungen und Probleme reichsstädtischer Literatur. Hans Sachs zum 400. Todestag am 19. Januar 1976. Hrsg. von Horst Brunner u.a. Nürnberg 1976 (Nürnberger Forschungen 19), S. 245-274.

Taylor <II>, Brian: Die verschollene Straßburger Meistersinger-Tabulatur von 1494 und eine bisher übersehene Kolmarer Tabulatur von 1546 im Cgm 4997. ZfdA 105 (1976), S. 304-311.

Taylor <III>, Brian: Emendation and Misinterpretation: An Examination of the Editorial Treatment of Lied XXXIII of the Kolmarer Handschrift. Seminar 12 (1976), S. 129-155.

Taylor <IV>, Brian: Prolegomena to a History of the Tabulatur of the German Meistersinger from its 15th Century Metapoetic Antecedents to its Treatment in Richard Wagners Opera. Journal of the Australasian Universities Language and Literature Association 54 (1980), S. 201-219.

Taylor <V>, Brian (Hrsg.): Adam Puschman »Gründlicher Bericht des deutschen Meistergesangs« (Die drei Fassungen von 1571, 1584, 1596). 2 Bde. Göppingen 1984 (Litterae 84/I und II).

Taylor <I>, Ronald G.: 'Du doenediep!'. In: London Mediæval Studies 2 (1951), S. 125-132.

Taylor <II>, Ronald G. (Hrsg.): The Art of the Minnesinger. Songs of the Thirteenth Century. Transcribed and Edited with Textual and Musical Commentaries. 2 Bde. Cardiff 1968.

Tervooren <I>, Helmut: Einzelstrophe oder Strophenbindung? Untersuchungen zur Lyrik der Jenaer Handschrift. Diss. Bonn 1967.

Tervooren <II>, Helmut: Metrik und Textkritik. Eine Untersuchung zum dreisilbigen Takt in »Des Minnesangs Frühling«. ZfdPh 87 (1968/ Sonderheft), S. 14-34.

Tervooren <III>, Helmut: »Spruch« und »Lied«. Ein Forschungsbericht. In: Moser <III>, S. 1-25.

Tervooren, Helmut: Der Goldener. In: VL², Bd. 3, Sp. 92-93.

Tervooren, Helmut: Der Guter. In: VL², Bd. 3, Sp. 334f.

Tervooren, Helmut: Der Henneberger. In: VL², Bd. 3, Sp. 1006-1008.

Thomas, Helmuth: Untersuchungen zur Überlieferung der Spruchdichtung Frauenlobs. Leipzig 1939 (Palaestra 217).

Thurnher, Eugen/Manfred Zimmermann (Hrsg.): Die Sterzinger Miszellaneen-Handschrift in Abbildung. Göppingen 1979 (Litterae 61).

Timm, Erika: Die Überlieferung der Lieder Oswalds von Wolkenstein. Lübeck/Hamburg 1972 (Germanische Studien 242).
Rezension: Burghart Wachinger in ZfdA 95 (1976), S. 123-131.

Tolle, Georg: Der Spruchdichter Boppe. Versuch einer kritischen Ausgabe seiner Dichtungen. Programm Sondershausen 1894.

Touber <I>, Anthonius H.: Formale Ordnungsprinzipien in mittelhochdeutschen Liederhandschriften. ZfdA 95 (1966), S. 187-203.

Touber <II>, Anthonius H.: Deutsche Strophenformen des Mittelalters. Stuttgart 1975 (Repertorien zur Deutschen Literaturgeschichte 6).
Rezension: Gisela Kornrumpf: PBB (West) 99 (1977), S. 313-321.
Rezension: Burghart Wachinger: GRM 59 (1978), S. 485-488.

Tschirch, Fritz: Colores Rhetorici im 'Ackermann aus Böhmen' (Aequivoca, Synonyma, Figurae etymologicae und Reimformeln). In: Literatur und Sprache im Europäischen Mittelalter. Fs. Karl Langosch. Hrsg. v. A. Önnerfors u.a. Darmstadt 1973.

VL¹ = Verfasserlexikon: Die deutsche Literatur des Mittelalters. Verfasserlexikon. Hrsg. von Wolfgang Stammler und Karl Langosch. 5 Bde. Berlin 1933-1955.

VL² = Verfasserlexikon: Die deutsche Literatur des Mittelalters. Verfasserlexikon. 2., völlig neu bearb. Aufl., hrsg. von Kurt Ruh zus. mit Gundolf Keil, Werner Schröder, Burghart Wachinger, Franz Josef Worstbrock. Berlin 1978ff., bisher 8 Bde.

Wachinger <I>, Burghart: Die Bedeutung der Meistersingerhandschriften des 15. Jahrhunderts für die Edition der Spruchdichtung des 13. Jahrhunderts. In: Kolloquium über Probleme altgermanistischer Editionen Marbach 1966. Hrsg. von Hugo Kuhn u.a. Wiesbaden 1968 (Deutsche Forschungsgemeinschaft. Forschungsberichte 13), S. 114-122.

Wachinger <II>, Burghart: Sängerkrieg. Untersuchungen zur Spruchdichtung des 13. Jahrhunderts. München 1973 (MTU 42).

Wachinger <III>, Burghart: Michel Beheim. Prosabuchquellen – Liedvortrag – Buchüberlieferung. In: Poesie und Gebrauchsliteratur im deutschen Mittelalter. Würzburger Colloquium 1978. Hrsg. von Volker Honemann u.a. Tübingen 1979, S. 37-74.

Wachinger <IV>, Burghart: Notizen zu den Liedern Heinrich Laufenbergs. In: Medium aevum deutsch. Beiträge zur deutschen Literatur des hohen und späten Mittelalters. Fs. Kurt Ruh. Hrsg. von Dietrich Huschenbett u.a. Tübingen 1979, S. 349-385.

Wachinger <V>, Burghart: Ein Tönekatalog zu Spruchdichtung und Meistergesang. In: Maschinelle Verarbeitung altdeutscher Texte. Hrsg. von Paul Sappler und Erich Strassner. Tübingen 1980, S. 156-166.

Wachinger <VI>, Burghart: Der Anfang der Jenaer Liederhandschrift. ZfdA 110 (1981), S. 299-306.

Wachinger <VII>, Burghart: Von der Jenaer zur Weimarer Liederhandschrift. Zur Corpusüberlieferung von Frauenlobs Spruchdichtung. In: Philologie als Kulturwissenschaft. Fs. Karl Stackmann. Göttingen 1987, S. 193-207.

Wachinger <VIII>, Burghart: Der Mönch von Salzburg. Zur Überlieferung geistlicher Lieder im späten Mittelalter. Tübingen 1989 (Hermaea 57).

Wachinger, Burghart: Alblin. In: VL^2, Bd. 1, Sp. 155f.

Wachinger, Burghart: Ehrenbote. In: VL^2, Bd. 2, Sp. 387-389.

Wachinger, Burghart: Heidelberger Liederhandschrift cpg 350. In: VL^2, Bd. 3, Sp. 597-606.

Wachinger, Burghart: Heinrich von Ofterdingen. In: VL^2, Bd. 3, Sp. 855f.

Wachinger, Burghart: Jenaer Liederhandschrift. In: VL^2, Bd. 4, Sp. 512-516.

Wachinger, Burghart: Jöriger. In: VL^2, Bd. 4, Sp. 870f.

Wachinger, Burghart: Der Junge Spervogel. In: VL^2, Bd. 4, Sp. 911-913.

Wachinger, Burghart: Klingsor. In: VL^2, Bd. 4, Sp. 1220-1221.

Wachinger, Burghart: Der Marner. In: VL^2, Bd. 6, Sp. 70-79.

Wachinger, Burghart: Mönch von Salzburg. In: VL^2, Bd. 6, Sp. 658-670.

Wachinger, Burghart: Mondsee-Wiener Liederhandschrift. In: VL^2, Bd. 6, Sp. 672-674.

Wachinger, Burghart: Nestler von Speyer. In: VL^2, Bd. 6, Sp. 905-907.

Wachinger, Burghart: Oswald von Wolkenstein. In: VL^2, Bd. 7, Sp. 134-169.

Wachinger, Burghart: Rubin und Rüdeger (Robin, Rudinger). In: VL^2, Bd. 8, Sp. 297f.

Wachinger, Burghart: 'Salve Regina' (deutsch). In: VL^2, Bd. 8, Sp. 552-559.

Wackernagel, Philipp (Hrsg.): Das deutsche Kirchenlied von der ältesten Zeit bis zum Anfang des XVII. Jahrhunderts. 5 Bde. Leipzig 1864-1877.

Wagenknecht, Christian: Weckherlin und Opitz. Zur Metrik der deutschen Renaissancepoesie. Mit einem Anhang: Quellenschriften zur Versgeschichte des 16. und 17. Jahrhunderts. München 1971.

Wagenseil, Johann Christoph: »Buch von der Meister-Singer Holdseligen Kunst«. Hrsg. von Horst Brunner. Göppingen 1975 (Litterae 38).

Wangenheim, Wolfgang von: Das Basler Fragment einer mitteldeutsch-niederdeutschen Liederhandschrift und sein Spruchdichter-Repertoire (Kelin, Fegfeuer). Bern/Frankfurt a.M. 1972 (Europäische Hochschulschriften, Reihe I, 55).

Wapnewski, Peter: Ein Fremder im Königlichen Liederbuch. Süßkind von Trimberg. In: Kontroversen, alte und neue. Akten des VII. Internationalen Germanisten-Kongresses Göttingen 1985. Bd. 1. Tübingen 1986, S. 111-125.

Werg, Sabine: Die Sprüche und Lieder Wizlaws von Rügen. Untersuchung und kritische Ausgabe der Gedichte. Diss. Hamburg 1969.

Wustmann, Rudolf: Die Hofweise Walthers von der Vogelweide. In: Fs. Rochus von Liliencron. Leipzig 1910, S. 440-463.

Zimmermann, Manfred: Die Sterzinger Miszellaneen-Handschrift. Kommentierte Edition der deutschen Dichtungen. Innsbruck 1980 (Innsbrucker Beiträge zur Kulturwissenschaft, Germanistische Reihe 8).

Zingerle, Ignaz V.: Bericht über die Wiltener Meistersänger-Handschrift. Wien 1861.

Zitzmann, Rudolf: Die Melodien der Kolmarer Handschrift. Würzburg 1944 (Literarhistorisch-Musikwissenschaftliche Abh. 9).

2. Handschriftenliste und -register

Auf benutzte Faksimilia ist ins Literaturverzeichnis querverwiesen. Handschriften ohne Siglen, die im Text erwähnt sind, stehen im Anschluß an das Siglenverzeichnis.

a → Muskatblut *a*

A Heidelberg, Universitätsbibliothek, Cpg 357 'Kleine Heidelberger Liederhandschrift'
    66, 80, 82, 86, 269, 271

B Stuttgart, Württembergische Landesbibliothek, HB XIII, 1 'Weingartner Liederhandschrift'
    82, 86, 156, 269

b Basel, Universitätsbibliothek, O IV 28
    70, 91, 96, 122, 123, 124, 126, 132, 135, 281, 283

C Heidelberg, Universitätsbibliothek, Cpg 848 'Manessische Liederhandschrift' 'Große Heidelberger Liederhandschrift'
    Faksimile: s. Müller <I>
    38, 39, 59, 67, 70, 82, 83, 84, 86, 87, 88, 90, 92, 93, 95, 96, 97, 98, 107, 109, 111, 125, 128, 130, 142, 148 A 5, 149, 150, 151, 152 A 15, 153, 155, 156, 168, 180, 184 A 83, 191, 207, 216, 235, 240, 251 A 54, 269, 271, 273, 274, 275, 277 A 31, 278, 280, 283, 284, 288, 291

c → Neidhart *c*

D Heidelberg, Universitätsbibliothek, Cpg 350, Bl.1-42
    Faksimile: s. Kochendörfer
    67, 83, 88, 166, 269, 273

d Dresden, Sächsische Landesbibliothek, M 13
    35, 38, 39, 53, 90, 94, 100, 101, 117, 119, 120, 122, 123, 125, 143, 168, 172, 173, 187, 216, 221, 274, 275, 276, 281, 282, 283, 284, 286, 289, 290 A 46, 295

E München, Universitätsbibliothek, 2^0 Cod. ms. 731 'Hausbuch des Michael de Leone'
    275, 283

F Weimar, Herzogin Anna Amalia Bibliothek, Q 564 'Weimarer Liederhandschrift'
    100, 104, 105, 106, 107, 111-119, 122, 123, 124, 125, 140, 141, 191, 283

f → Neidhart *f*

g → Heinrich von Mügeln *g*

H Heidelberg, Universitätsbibliothek, Cpg 350, Bl.43-64
    Faksimile: s. Kochendörfer
    38, 68, 83, 84, 87, 93, 98, 99, 107, 111, 124, 140-142, 269, 275, 280

h Heidelberg, Universitätsbibliothek, Cpg 392
    85, 90, 101, 122, 123, 124, 132, 150 A 9, 167, 168, 169, 188, 192, 194, 204, 213, 215, 216, 247 A 43, 273, 282, 283, 284, 292

Heinrich von Mügeln *g* Göttingen, Staats- und Universitätsbibliothek, Ms. Philos. 21 'Göttinger Mügeln-Handschrift'
    166, 292

J Jena, Universitätsbibliothek, El. fol. 101 'Jenaer Liederhandschrift'
Faksimile: s. Müller/Tervooren
9, 10, 11, 13, 27 A 19, 49, 55, 67, 68, 69, 70, 71, 80, 84, 85, 92 A 64, 94,
95, 99, 100, 107, 108, 109, 111, 124, 130, 142, 144 A 155, 146, 148 A 5,
149, 150, 151, 152, 153, 154 A 21, 155, 163, 164, 165, 166, 169, 171, 173,
174, 206, 207, 208, 214 A 144, 219, 227, 234, 235, 236, 238, 239, 240, 241,
242, 250 A 51, 251 A 53, 271, 274, 275, 278, 280, 283, 287

k München, Bayerische Staatsbibliothek, Cgm 4997 'Kolmarer Liederhandschrift'
Faksimile: s. Müller u.a.
11, 14, 19, 20, 21, 25, 28, 29, 30, 31, 34, 35, 38, 39, 45, 46, 47, 50, 51-63,
65, 70, 83, 85, 86, 88, 89, 90, 91, 92, 94, 95, 96, 97, 98, 99, 100, 101, 103,
105, 106, 107, 109, 111, 112, 117, 119, 120, 121, 122, 123, 124, 126, 127,
129, 131, 132, 133, 134, 139 A 149, 143, 144, 150, 152, 153 A 18, 156,
158, 160, 161, 162, 164, 165, 167, 168, 169, 175, 179, 181, 182, 187, 188,
189, 190, 192, 193, 194, 195, 196, 197, 203, 204 A 129, 205, 206, 207, 208,
209, 211, 212, 213, 214, 215, 216, 218 A 152, 219, 225 A 163, 229, 231,
235, 236, 237, 238, 240, 241, 256, 258, 242, 267, 268, 269, 270, 271, 272,
273, 274, 275, 276, 277, 278, 279, 281, 282, 283, 284, 285, 286, 290, 291,
292, 293, 294, 295, 296 A 58, 299, 310, 315, 321 A 35

m München, Bayerische Staatsbibliothek, Cgm 351
14, 20, 21, 24, 25, 30, 31, 52, 96, 119, 124, 126, 140, 170, 171, 187 A 88,
188, 189, 273, 276, 283, 284, 288, 296

n Leipzig, Universitätsbibliothek, Rep. II 70ᵃ 'Niederrheinische Liederhandschrift'
Faksimile: s. Schmeisky
22, 85, 91, 97, 107, 124, 140, 182, 251, 275, 281, 282, 283

Muskatblut *a* Köln, Stadtarchiv, W 4⁰ 8*
297

Neidhart *c* Berlin, Staatsbibliothek Preußischer Kulturbesitz, Mgf 779
144, 194

Neidhart *f* Berlin, Staatsbibliothek Preußischer Kulturbesitz, Mgq 764
191

p Heidelberg, Universitätsbibliothek, Cpg 680
90, 119, 131, 135, 150 A 9, 167, 168, 188, 192, 205, 276, 281

q Berlin, Staatsbibliothek Preußischer Kulturbesitz, Mgq 414
20, 35, 38, 39, 52, 75, 76, 79, 85, 89, 90, 92, 94, 96, 97, 99, 101, 103, 105,
106, 107 A 94, 111, 112, 117, 119, 120, 121, 122, 123, 125, 126, 127, 130,
131, 132, 135, 139, 140, 144, 150 A 9, 163, 167, 168, 173, 178, 179, 182,
187, 188, 192, 193, 197, 198, 204, 205, 207, 213, 214, 224, 229, 235, 247 A
43, 256, 268, 270, 273, 274, 276, 282, 283, 286, 292, 293, 294, 297, 299,
300, 302, 306, 307, 308, 313, 314, 315, 316

R Heidelberg, Universitätsbibliothek, Cpg 350, Bl.65-68
Faksimile: s. Kochendörfer
288

r München, Bayerische Staatsbibliothek, Cgm 847
175

s Sterzing (Vipiteno), 'Sterzinger Miszellaneenhandschrift'
Faksimile: s. Thurnher/Zimmermann
84, 97

t	Trier, Stadtbibliothek, 1032/1943
	134, 167, 175, 283
u	Donaueschingen, Fürstlich Fürstenbergische Hofbibliothek, Cod 120
	'Donaueschinger Liederhandschrift'
	14, 21, 29, 30, 31, 32, 34, 54, 55, 83, 101, 111, 112, 117, 119, 124, 165,
	167, 168, 181, 196, 197, 273, 281, 286
W	Wien, Österreichische Nationalbibliothek, Cod. vind. 2701 'Wiener
	Leichhandschrift'
	107, 122, 239 A 30, 262, 263, 283, 287
w	München, Bayerische Staatsbibliothek, Cgm 5198 'Wiltener Handschrift'
	35, 85, 94, 96, 101, 120, 122, 124, 132, 133, 167, 168, 179, 207, 229, 270,
	283, 284, 293 A 52
X	Nicht erhalten. Vgl. Schanze <II>
	251 A 54
x	München, Bayerische Staatsbibliothek, Cgm 1018
	5, 91, 103, 122, 192, 281, 283, 284
y	München, Bayerische Staatsbibliothek, Cgm 1019
	5, 96, 124, 168, 269, 283, 284
Mel.*i*	Berlin, Staatsbibliothek Preußischer Kulturbesitz, Mgf 24
	92, 124, 152 A 16, 161, 194 A 108, 208, 211
Mel.*l*	Berlin, Staatsbibliothek Preußischer Kulturbesitz, Mgf 25
	89, 96, 161, 162, 168, 190, 214
Mel.*m*	Dresden, Sächsische Landesbibliothek, M 6
	29, 39, 40, 52
Mel.*n*	Nürnberg, Stadtbibliothek, Will III 784
	161, 165, 168, 197 A 115, 209, 211, 214, 216, 238
Mel.*o*	Nürnberg, Landeskirchliches Archiv, Fen V 4⁰ 182
	29, 39, 161, 208, 210, 211, 225 A 163, 238
Mel.*p*	Breslau, Universitätsbibliothek, 1009 'Singebuch des Adam Puschman'
	29, 39, 40, 45, 52, 124, 136, 161, 165, 168, 172 A 58, 188 A 91, 190, 194 A
	108, 208, 210, 211, 212, 214, 225 A 163, 224, 312, 313, 321, 325, 326
Mel.*q*	Weimar, Herzogin Anna Amalia Bibliothek, Q 576/1
	60, 63, 125, 130, 165, 213, 225 A 163, 230, 239, 327
Mel.*s*	München, Bayerische Staatsbibliothek, Cgm 4999
	39
Mel.*v*	Jena, Universitätsbibliothek, El. fol. 100 'Handschrift des Valentin Voigt'
	29, 39, 75, 124, 126, 130, 168, 174, 190, 196 A 115
Mel.*x*	Nürnberg, Stadtbibliothek, Will III 792
	Faksimile: s. Brunner/Rettelbach <I>
	29, 39, 45, 80, 89, 124, 125, 130, 152 A 16, 161, 165, 168, 169, 188 A 91,
	190, 194 A 108, 208, 210, 213, 225 A 163, 239, 327 A 51
Mel.*y*	Nürnberg, Stadtbibliothek, Will III 793
	Faksimile: s. Brunner/Rettelbach <I>
	45, 75, 238, 239, 305 A 76, 335
Mel.*z*	Nürnberg, Stadtbibliothek, Will III 794
	Faksimile: s. Brunner/Rettelbach <I>
	130, 239
Mel.*z*$_2$	Nürnberg, Stadtbibliothek, Will III 796
	Faksimile: s. Brunner/Rettelbach <I>
	43 A 50

3. Orts-, Personen-, Sachregister

4. Töneregister

Halbfett gedruckte Seitenzahlen verweisen auf Wiedergabe des vollständigen Tonschemas.

5. Werkregister

Aufgenommen sind in dieses Register die mit RSM-Nummern zitierten Strophen und Lieder. Es dient zugleich der Auflösung der Autorensiglen aus dem RSM.

Älterer Teil

Alblin
  [1]Albl/1 220
Anker
  [1]Ank/1 189
  [1]Ank/4 188
Albrecht Baumholz
  [1]Baumh/1 121
Sixt Beckmesser
  [1]Beckm/2/1 44
Michel Beheim
  [1]Beh/284 247 A 43, 297
  [1]Beh/328 246
  [1]Beh/438 71, 217 A 149
  [1]Beh/453-455 245
  [1]Beh/500-501 247 A 43
Boppe
  [1]Bop/1/30 280
  [1]Bop/1/100 99, 166, 280
  [1]Bop/1/521 99
  [1]Bop/1/533 168
  [1]Bop/1/563 268, 313, 314
Hermann Damen
  [1]Damen/1/6 150
  [1]Damen/2/1-10 68
Hieronymus Drabolt
  [1]Drab/1/1-2 231
  [1]Drab/2/1 193
Ehrenbote
  [1]Ehrb/2/16 169
Hans Folz
  [1]Folz/7 190
  [1]Folz/14 256
  [1]Folz/20 192 A 104
  [1]Folz/36 256
  [1]Folz/51 192
  [1]Folz/53 198
  [1]Folz/56 256
  [1]Folz/57 198
  [1]Folz/58 256
  [1]Folz/62 192 A 104
  [1]Folz/65 253

[1]Folz/73 75, 231
[1]Folz/74 231 A 14
[1]Folz/78 266 A 1
[1]Folz/82 293 A 52
[1]Folz/83 190, 192 A 104
[1]Folz/84 190
[1]Folz/85 128 A 134
[1]Folz/100 246
[1]Folz/150-151 256
[1]Folz/160 198
Heinrich Frauenlob
[1]Frau/2/14 110
[1]Frau/2/23 107 A 94
[1]Frau/2/31 110
[1]Frau/2/55 110
[1]Frau/2/55-60 149 A 6
[1]Frau/2/56 111
[1]Frau/2/57 110
[1]Frau/2/64 111
[1]Frau/2/73 111, 142
[1]Frau/2/75-79 111
[1]Frau/2/109 156
[1]Frau/2/500 111
[1]Frau/2/518 111
[1]Frau/2/520 106, 111
[1]Frau/2/542 111
[1]Frau/2/545 111
[1]Frau/2/567 111
[1]Frau/2/569-571 111
[1]Frau/3/100 100
[1]Frau/4/2 93 A 66, 109
[1]Frau/4/5 93 A 66, 109
[1]Frau/4/6 107
[1]Frau/4/11-15 107
[1]Frau/4/14 109
[1]Frau/4/16 93 A 66
[1]Frau/4/16-18 109
[1]Frau/4/109 107
[1]Frau/6/100-110 123
[1]Frau/6/103-105 122
[1]Frau/6/500-502 122

Jüngerer Teil